CW00508940

Edition HMD

Die Fachbuchreihe „Edition HMD“ wird herausgegeben von Hans-Peter Fröschle, Prof. Dr. Knut Hildebrand, Dr. Josephine Hofmann, Prof. Dr. Matthias Knoll, Prof. Dr. Andreas Meier, Stefan Meinhardt, Dr. Stefan Reinheimer, Prof. Dr. Susanne Robra-Bissantz und Prof. Dr. Susanne Strahringer.

Seit über 50 Jahren erscheint die Fachzeitschrift „HMD – Praxis der Wirtschaftsinformatik“ mit Schwerpunktausgaben zu aktuellen Themen. Erhältlich sind diese Publikationen im elektronischen Einzelbezug über SpringerLink und Springer Professional sowie in gedruckter Form im Abonnement. Die Reihe „Edition HMD“ greift ausgewählte Themen auf, bündelt passende Fachbeiträge aus den HMD-Schwerpunktausgaben und macht sie allen interessierten Lesern über online- und offline-Vertriebskanäle zugänglich. Jede Ausgabe eröffnet mit einem Geleitwort der Herausgeber, die eine Orientierung im Themenfeld geben und den Bogen über alle Beiträge spannen. Die ausgewählten Beiträge aus den HMD-Schwerpunktausgaben werden nach thematischen Gesichtspunkten neu zusammengestellt. Sie werden von den Autoren im Vorfeld überarbeitet, aktualisiert und bei Bedarf inhaltlich ergänzt, um den Anforderungen der rasanten fachlichen und technischen Entwicklung der Branche Rechnung zu tragen.

Weitere Bände in dieser Reihe: http://www.springer.com/series/13850

Stefan Meinhardt
Alexander Pflaum
Hrsg.

Digitale Geschäftsmodelle – Band 1

Geschäftsmodell-Innovationen, digitale Transformation, digitale Plattformen, Internet der Dinge und Industrie 4.0

Hrsg.
Stefan Meinhardt
SAP Deutschland SE & Co KG
Walldorf, Deutschland

Alexander Pflaum
Otto-Friedrich-Universität Bamberg
Bamberg, Deutschland

Das Herausgeberwerk basiert auf vollständig neuen Kapiteln und auf Beiträgen der Zeitschrift HMD – Praxis der Wirtschaftsinformatik, die entweder unverändert übernommen oder durch die Beitragsautoren überarbeitet wurden. Zudem basieren einzelne Kapitel auf Beiträgen des Tagungsbandes zur Multikonferenz Wirtschaftsinformatik (MKWI) 2018, die entweder unverändert übernommen oder durch die Beitragsautoren überarbeitet wurden.

ISSN 2366-1127 ISSN 2366-1135 (electronic)
Edition HMD
ISBN 978-3-658-26313-3 ISBN 978-3-658-26314-0 (eBook)
https://doi.org/10.1007/978-3-658-26314-0

Die Deutsche Nationalbibliothek verzeichnet diese Publikation in der Deutschen Nationalbibliografie; detaillierte bibliografische Daten sind im Internet über http://dnb.d-nb.de abrufbar.

Springer Vieweg

Springer Vieweg ist ein Imprint der eingetragenen Gesellschaft Springer Fachmedien Wiesbaden GmbH und ist ein Teil von Springer Nature.
Die Anschrift der Gesellschaft ist: Abraham-Lincoln-Str. 46, 65189 Wiesbaden, Germany

Vorwort

Digitale Geschäftsmodelle und die damit verbundenen Änderungen stellen Unternehmen vor vielfältige Herausforderungen: Betroffen sind nicht nur die gesamte Wertschöpfungskette und die Interaktion mit dem Kunden, sondern oftmals auch die gesamte Organisation, ihre Prozesse und die zugrundeliegenden IT-Systeme. Eine ganzheitliche, zielführende Digitalstrategie zeigt nicht nur Chancen für neue datengetriebene Lösungen und entsprechende Umsätze auf, sondern verfolgt in erster Linie auch die digitale Transformation des bisherigen Geschäfts. Bei der Diskussion von digitalen Geschäftsmodellen stehen oftmals bahnbrechende, Markt- oder Industriegrenzen verändernde Entwicklungen im Fokus. Durch diese „disruptiven" Entwicklungen, getrieben von innovativen digitalen Technologien und darauf basierenden Geschäftsmodellen, können sich Marktmechanismen stark verändern. Beispiele für solche Entwicklungen sind Technologien, die neuartige digitale Geschäftsmodelle erst möglich machen, wie z. B. Cloud-Plattformen, Internet of Things, Robotics, Artificial Intelligence & Machine Learning, 3D-Printing, Big Data & Data Intelligence sowie Blockchain. Die Wertschöpfung mit smarten Produkten und damit verknüpfbaren, häufig datenbasierten, Diensten wird bei digitalen Geschäftsmodellen in der Regel neu definiert und es ist notwendig, in neuartigen System- bzw. Lösungszusammenhängen anstatt in Produkten zu denken. Wertschöpfungssysteme müssen zunehmend als Business-Ökosysteme verstanden werden, die von digitalen Plattformen dominiert werden und anderen Gesetzen und Regeln gehorchen.

Investitionen in die Digitalisierung ohne ein grundlegendes Verständnis des digitalen Marktes und der passenden digitalen Geschäftsmodelle sind in der Regel nicht erfolgreich. Um unternehmerische Fehlentscheidungen zu verhindern, müssen ein klares strategisches Zielbild und ein digitales Transformationskonzept entwickelt werden, das die jeweiligen Chancen und Risiken adäquat bewertet. Aber wie kann die Transformation im Unternehmen hin zu digitalen Geschäftsmodellen nun auch erfolgreich gelingen? Wie müssen digitale Geschäftsmodelle in die Unternehmensstrategie eingebettet sein? Was bedeutet eine Transformation hin zu digitalen Geschäftsmodellen für die IT-Systeme und Prozesse im Unternehmen? Welche Chancen und Risiken gibt es bei Digitalisierungs-Projekten? Wie sehen praktische Anwendungsszenarien für digitale Geschäftsmodelle aus und wie werden diese umgesetzt? Diesen Fragestellungen haben sich die Autoren aus Wissenschaft und Praxis im vorliegenden Band der „Edition HMD“ facettenreich gewidmet. Sie liefern mit ihren Beiträgen entsprechende Antworten, gepaart mit Konzepten, Lösungsvorschlägen und Fallbeispielen aus der Praxis.

Der Einführungsbeitrag von „Digitale Geschäftsmodelle – Band 1“ zeigt, nach Erläuterungen zu Geschäftsmodellen, und Basistechnologien, einen Referenzprozess für die digitale Transformation auf. Anschließend werden im zweiten Teil des Buches mit der Überschrift „Digitale Geschäftsmodell Transformation“ in drei Beiträgen Steuerungs- und Vorgehensmodelle sowie Erfolgsfaktoren für digitale Transformationsprojekte vorgestellt. Es schließen sich zwei Beiträge zu Bewertungsansätzen für Digitalisierungsprojekte an. Dann folgen drei weitere Beiträge, die sich mit dem Einfluss von Plattformen sowie Wertschöpfungsnetzwerken und Distributionsmodellen im Kontext von digitalen Geschäftsmodellen beschäftigen. Zum Abschluss des zweiten Teils wird die Rolle des CDO in einer empirischen Studie beleuchtet. Im dritten Teil zum Themenfeld „Digitale Geschäftsmodell Innovation“ werden in drei Beiträgen Handlungsempfehlungen, Nutzen und Akzeptanzbarrieren sowie das Erschaffen ganz neuartiger Geschäftsmodell Kategorien durch digitale Innovationen in das Blickfeld gerückt. Es folgen im vierten Teil zwei interessante Beiträge unter der Überschrift „Enabler für Digitale Geschäftsmodelle“, die das Konzept des digitalen Zwillings sowie der Blockchain behandeln.

„Digitale Geschäftsmodelle – Band 2“ beinhaltet im ersten Teil drei Beiträge, die sich mit Geschäftsmodellinnovationen bei der Interaktion mit dem Kunden beschäftigen, hier stehen Technologie-Enabler wie Robotic Process Automation, Artificial Intelligence und Machine Learning sowie die Umsetzung einer Omnichannel-Management Strategie bei der Deutsche Bahn Vertriebs GmbH im Zentrum der Betrachtung. Im zweiten Teil widmen sich fünf Beiträge den Veränderungen von Geschäftsmodellen im Mobilitätssektor sowohl aus Hersteller als auch als Nutzersicht. Insbesondere der Aspekt von digitalen Plattformen stellt eine große Herausforderung und Chance dar und wird von verschiedenen Seiten in den Beiträgen beleuchtet. Der letzte Teil des deszweibändigen Werkes behandelt Geschäftsmodellinnovationen und deren Auswirkungen im Kontext von Industrie und Dienstleistung. Hier liegt der Fokus neben den klassischen produzieren Industrien vor allem auf den digitalen Transformationspotentialen bei Logistikkonzepten, neuen Modellen in der Versicherungs-, Wirtschaftsprüfungs- sowie Beratungsbranche.

Die Beiträge in den vorliegenden Bänden der „Edition HMD“ zeigen einerseits die Komplexität des Prozesses der digitalen Transformation auf, berichten aber andererseits auch von erfolgreichen Praxisbeispielen aus den unterschiedlichsten Branchen. Die einzelnen Beiträge und Beispiele verdeutlichen, wie neue digitale Geschäftsmodelle unter Verwendung von modernen Informationstechnologien und deren Auswirkung auf die Unternehmensorganisation entstanden bzw. aktuell am Entstehen sind. Wir hoffen, dass insbesondere kleine und mittelständische Unternehmen die Beiträge als Anregung nehmen, eigene Transformationsprojekte zu starten und so die eigene Wettbewerbsfähigkeit in einer sich stetig verändernden digitalen Welt zu sichern.

Unser Dank gilt den Autoren aus Wissenschaft und Praxis für die fundierten Beiträge, den Gutachtern für ihre vielfältigen Anregungen zur Verbesserung der Beitragsinhalte sowie dem gesamten HMD Springer Team. Wir wünschen Ihnen nun viel Spaß und spannende, neue Erkenntnisse beim Lesen der Beiträge, die Ihnen bei der Umsetzung Ihrer Digitalisierungsstrategie hoffentlich interessante Impulse mit auf den Weg geben.

Walldorf und Nürnberg im Frühjahr 2019

Stefan Meinhardt
Alexander Pflaum

Inhaltsverzeichnis

Über die Autoren

Prof. Dr.-Ing. Jürgen Anke ist Professor für Betriebliche Anwendungssysteme und Grundlagen der Wirtschaftsinformatik an der Hochschule für Telekommunikation Leipzig (HfTL). Davor war er zehn Jahre in der Industrie tätig, u. a. im Smart Items Research Programm der SAP, als Geschäftsführer eines IT-Startups für cloud-basierte Logistiksoftware sowie als Principal Business Developer bei der T-Systems MMS. Jürgen Anke wurde an der TU Dresden mit einer Arbeit über Verteilungsplanung von Softwarekomponenten in IoT-Infrastrukturen zum Dr.-Ing. im Fach Informatik promoviert. Seine Forschungsschwerpunkte sind datengetriebene Dienstleistungen im Internet der Dinge sowie Datenschutz in Anwendungssystemen. Als Mitinitiator des LESSIE-Projekts arbeitet er an der Etablierung eines Innovationsnetzwerks für das Smart Service Engineering in der Region Mitteldeutschland. Im März 2019 wird Jürgen Anke an die HTW Dresden wechseln und dort die Professur für Softwaretechnologie und Informationssysteme übernehmen.

Philipp Barthel studierte von 2010 bis 2016 Betriebswirtschaftslehre an der LMU München. Im Anschluss arbeitete er als Consultant in einer IT-Beratung. Seit April 2018 ist er wissenschaftlicher Mitarbeiter und Doktorand am Institut für Wirtschaftsinformatik und Neue Medien. Sein Forschungsschwerpunkt liegt im Bereich der digitalen Transformationsprojekte.

Jan Heinrich Beinke studierte Wirtschaftsinformatik an der Universität Osnabrück und ist seit 2016 wissenschaftlicher Mitarbeiter am Fachgebiet für Unternehmensrechnung und Wirtschaftsinformatik. Seine Forschungsschwerpunkte liegen auf der Gestaltung der digitalen Transformation, Blockchain, Kryptowährungen und Multi-sided Platforms.

Prof. Dr. Alexander Benlian ist seit 2012 Inhaber des Fachgebiets für Information Systems & E-Services an der Technischen Universität Darmstadt. Zuvor war er an der Universität München (LMU) tätig, wo er promovierte und als Assistenzprofessor arbeitete. Zwischen Promotion und Assistenzprofessur arbeitete er zwei Jahre als Unternehmensberater bei McKinsey & Company für Kunden aus der Finanz-, Telekommunikations- und Softwarebranche. In seiner Forschung untersucht er, wie

Unternehmen von digitaler Transformation, Cloud Services und agiler Produktentwicklung profitieren können. Seine Forschungen wurden in führenden akademischen und praxisorientierten Zeitschriften veröffentlicht.

Gerrit Berghaus absolvierte 2017 den Master of Science in Wirtschaftsinformatik an der Universität Oldenburg und spezialisierte sich während seines Studiums auf die Forschungsbereiche des IT-Managements und der „Very Large Business Applications“. Für seine akademischen Leistungen erhielt Gerrit Berghaus 2016 die Auszeichnung des Deutschlandstipendiums. Durch Projekte und Kooperationen mit Unternehmen wie der Deutsche Post DHL Group oder der abat AG kombinierte Gerrit Berghaus theoretische Konzepte mit praktischen Lösungen. Seine Erkenntnisse veröffentliche Gerrit Berghaus in seiner Abschlussarbeit über Digitalisierungsmöglichkeiten nicht-digitaler Geschäftsprozesse. Seit 2017 ist Gerrit Berghaus als Berater im Personalwesen für die Kommunale Datenverarbeitung Oldenburg (KDO) tätig.

Micha Bosler arbeitet seit 2015 als akademischer Mitarbeiter und Doktorand am Lehrstuhl für ABWL, insb. Innovations- und Dienstleistungsmanagement des Betriebswirtschaftlichen Instituts der Universität Stuttgart. Im Rahmen seiner Promotion fokussiert er sich auf das Management digitaler Innovationen im Kontext der vernetzten Fahrzeuge. Ein weiterer Forschungsschwerpunkt richtet sich auf Kooperationen zwischen Start-ups und etablierten Unternehmen.

Dr. Laura Sophie Brandt ist Gruppenleiterin in der Elektrik Elektronik Entwicklung bei der BMW Group und verantwortlich für den Bereich Entwicklung von Vernetzten Diensten. Ihre Forschungsinteressen umfassen Plattform Design und Automotive Software Plattformen, Software Engineering und agile Software Entwicklungsmethoden. Ihre Forschungsarbeiten wurden in der Zeitschrift HMD Praxis der Wirtschaftsinformatik veröffentlicht sowie auf der internationalen NEIS Konferenz und DESIGN Conference vorgestellt.

Veronika Brandt verantwortet das IoT Business Consulting bei Bosch Software Innovations. Sie und ihr Team unterstützen Bosch und externe Kunden bei der digitalen Transformation und der Entwicklung innovativer, vernetzter Lösungen. Sie ist Co-Autorin des IoT Business Model Builders, eines Vorgehensmodells für die Entwicklung erfolgreicher IoT Geschäftsmodelle. Veronika Brandt hat Betriebswirtschaftslehre an der LMU München studiert. Sie war bei BearingPoint und Siemens tätig, bevor sie 2010 in die Bosch Gruppe eintrat.

Mag. Gert Breitfuß ist Senior Researcher am Know-Center (Forschungszentrum für datengetriebenes Business und Big Data Analytics) in Graz. Seine Forschungsinteressen liegen im Bereich Innovationsmanagement mit Schwerpunk auf (datengetriebene) Geschäftsmodellinnovationen. Sein Berufsweg führte ihn nach einer technisch-betriebswirtschaftlichen Ausbildung und mehreren Stationen in internationalen Industrieunternehmen in die Wissenschaft. Von 2009 bis 2012 lehrte und forschte er als hauptberuflicher Lektor an der Studienrichtung Innovationsmanagement der FH CAMPUS 02 in Graz. Danach leitete er den Forschungsbereich Open Innovation am Kompetenzzentrum für digitale Assistenzsysteme Evolaris.

Prof. Dr. Walter Brenner ist Professor für Wirtschaftsinformatik an der Universität St. Gallen und geschäftsführender Direktor des Instituts für Wirtschaftsinformatik. Davor war er von 1999 an Professor für Wirtschaftsinformatik und Betriebswirtschaftslehre an der Universität Essen und von 1993 bis 1999 Professor an der TU Bergakademie Freiberg. Seine Forschungsschwerpunkte sind unter anderem: Informationsmanagement, Design Thinking und Big Data; daneben übernimmt er freiberufliche Tätigkeiten als Berater in Fragen des Informationsmanagements und der Vorbereitung von Unternehmen auf die digitale vernetzte Welt. Prof. Brenner hat mehr als 30 Bücher und mehr als 300 Artikel veröffentlicht. Er arbeitet seit über 30 Jahren im Bereich des Einsatzes der Informations- und Kommunikationstechnologie auf Geschäftsleitungsebene und ist ein Wirtschaftsinformatiker „der ersten Stunde".

Dr. Christoph Buck, M.Sc., ist wissenschaftlicher Assistent am Lehrstuhl Wirtschaftsinformatik der Universität Bayreuth und in der Fraunhofer Projektgruppe Wirtschaftsinformatik des Fraunhofer FIT. Nach dem Diplom-Studium der Betriebswirtschaftslehre an der Universität Bayreuth legte er seine Promotion an der an der Recht- und Wirtschaftswissenschaftlichen Fakultät der Universität Bayreuth ab. Seine Forschungsschwerpunkte sind die digitale Transformation, Information Privacy, eHealth und datengetriebene Geschäftsmodelle.

Prof. Dr. Wolfgang Burr ist seit 2007 Professor an der Universität Stuttgart als Inhaber des Lehrstuhls für ABWL, insb. Innovations- und Dienstleistungsmanagement. Zu seinen Forschungsschwerpunkten zählen das Innovationsmanagement in der herstellenden Industrie, Service Engineering, die Digitalisierung von Dienstleistungen sowie Innovationen in der Pharma- und in der Uhrenindustrie.

Prof. Dr. Peter Buxmann ist Inhaber des Lehrstuhls für Wirtschaftsinformatik an der Technischen Universität Darmstadt und leitet dort das Innovations- und Gründungszentrum HIGHEST. Seine Forschungsschwerpunkte sind die Digitalisierung von Wirtschaft und Gesellschaft, Methoden und Anwendungen der Künstlichen Intelligenz, Entrepreneurship und die Entwicklung innovativer Geschäftsmodelle sowie die ökonomische Analyse von Cybersecurity-Investitionen und Privatsphäre.

M.Sc. Antonio D'Imperio studierte an der Hochschule für Oekonomie und Management (FOM) Wirtschaftsinformatik und IT Management und evaluierte die Einsatzpotentiale und Marktchancen der Connected-Car-Technologie. Er war mehrere Jahre als Consultant bei der Geschäftskundensparte T-Systems International GmbH beschäftigt und in diversen SAP und Business Warehouse IT-Projekten im Einsatz. Seit 2017 ist er Data Scientist bei der Deutschen Telekom Service Europe SE im Bereich „Procure to Pay" (P2P) und treibt wesentlich durch Einsatz von

Process Mining die Digitalisierung interner Geschäftsprozesse im P2P und vermehrt bereichsfremder Bereiche voran.

Viktor Dmitriyev studierte Informatik an der Kasachisch-Britischen Technischen Universität in Almaty. Seit 2014 ist Viktor Dmitriyev Wissenschaftlicher Mitarbeiter in Lehre und Forschung an der Abteilung Wirtschaftsinformatik/Very Large Business Applications (VLBA) am Department für Informatik der Universität Oldenburg. Seine Forschungsschwerpunkte sind unter anderem Big Data, Business Intelligence, Datenbanksysteme und In-Memory Computing.

Christian Dremel ist wissenschaftlicher Mitarbeiter am Institut für Wirtschaftsinformatik der Universität St. Gallen und promoviert im Bereich Big Data Analytics. Zu seinen Forschungsgebieten zählt insbesondere die Adoption und erfolgreiche organisationale Verankerung von Big Data Analytics im Unternehmenskontext. Seine Forschungsergebnisse wurde in Proceedings führender Wirtschaftsinformatikkonferenzen, wie der International Conference on Information Systems (ICIS) und der Internationalen Tagung der Wirtschaftsinformatik (WI), sowie in Journals, wie MISQ Executive und Electronic Markets veröffentlicht.

Verena Eitle ist seit Juli 2017 als externe Doktorandin am Lehrstuhl für Wirtschaftsinformatik an der Technischen Universität Darmstadt tätig. Ihr Forschungsbereich bezieht sich auf den Software-Vertrieb, in dem sie unter anderem die Anwendung von Machine Learning Modellen untersucht. Neben ihrer Promotionstätigkeit arbeitet sie als Prozessberaterin bei SAP Deutschland SE & Co. KG.

Semra Ersöz ist Apothekerin und Doktorandin am Lehrstuhl für Marketing und Handel der Universität Duisburg-Essen sowie Mitarbeiterin an der Forschungsstelle für Apothekenwirtschaft in Essen.

Prof. Dr. Alexander Fliaster ist Inhaber des Lehrstuhls für BWL, insbesondere Innovationsmanagement an der Otto-Friedrich-Universität Bamberg. Zu seinen aktuellen Forschungsschwerpunkten zählen Wissensnetzwerke von Führungskräften sowie Stakeholder-Management und Innovationskooperationen zwischen den Unternehmen, insbesondere in digitalen Ecosystemen.

Lea Fortmann-Müller ist wissenschaftliche Mitarbeiterin am Lehrstuhl für Information Systems & E-Services der Technischen Universität Darmstadt. Ihre Forschungsschwerpunkte sind insbesondere die digitale Transformation und agile Softwareentwicklungsmethoden. Neben ihrer Forschung betreut sie Veranstaltungen zu Enterprise Architecture Management. Frau Fortmann-Müller hält einen Master of Science in Betriebswirtschaftslehre der Universität München (LMU). Nach dem Studium arbeitete sie drei Jahre als IT-Management-Beraterin bei der Detecon International in München und San Francisco, bevor sie in Darmstadt ihre Promotion begann.

Bernhard Freiseisen, Mag., ist seit 2014 Lehrbeauftragter für Strategisches Management an der Johannes Kepler Universität Linz und forscht aktuell zum Thema Preismanagement in Industrieunternehmen. Seit 30 Jahren ist er bei Fronius International tätig und begleitet den fortlaufenden Veränderungsprozess des österreichischen Industriegüterherstellers. Seine Berufslaufbahn führte ihn von leitenden Tätigkeiten im Bereich Forschung & Entwicklung hin zum internationalen Marketing- und Vertriebsmanagement bei Fronius. Heute leitet er als Senior Manager das Strategische Marketing der Business Unit Perfect Welding.

Prof. Dr. Christian Gärtner ist Professor für Betriebswirtschaftslehre mit dem Schwerpunkt Digitale Transformation & Leadership an der Quadriga Hochschule Berlin. Zuvor hatte er Professurvertretungen an der Helmut-Schmidt-Universität (Hamburg) und der Universität Witten/Herdecke inne und war Berater bei Capgemini Consulting. Zudem berät er seit über 15 Jahren im Themenfeld „People & Business Transformation". Er ist u. a. Mitherausgeber des Springer-Bandes „Fallstudien zur Digitalen Transformation".

Prof. Dr. Steffi Haag ist Juniorprofessorin am Institut für Wirtschaftsinformatik der Friedrich-Alexander-Universität Erlangen-Nürnberg (FAU). Ihre Forschung zu Schatten-IT, dem Management von Informationssicherheit sowie technologie-basierten Innovationen ist u. a. in den Zeitschriften Business Information Systems Engineering, Communications of the Association for Information Systems, dem Journal of Business Economics und in den führenden Konferenzbeiträgen der Wirtschaftsinformatik, wie z. B. der International Conference on Information Systems, veröffentlicht.

Prof. Dr. Björn Häckel ist seit 2016 Inhaber der Forschungsprofessur für Digitale Wertschöpfungsnetze an der Fakultät für Informatik der Hochschule Augsburg. Zugleich ist er stellvertretender wissenschaftlicher Leiter des Kernkompetenzzentrums Finanz- & Informationsmanagement und arbeitet eng mit der Projektgruppe Wirtschaftsinformatik des Fraunhofer FIT zusammen. Er konzentriert sich in seiner Forschung im Rahmen von angewandten Forschungsprojekten mit Unternehmen und in öffentlich geförderten Forschungsprojekten auf das Chancen- und Risikomanagement der Industrie 4.0 und in digitalen Wertschöpfungsnetzen, die ökonomische Bewertung von Technologien sowie auf das Gebiet des finanzwirtschaftlichen Energiemanagements.

Dr. Ingmar Haffke ist Unternehmensberater bei Detecon Consulting und berät weltweit Kunden zu Fragen der digitalen Strategie und Innovation. Er besitzt einen Doktortitel in Wirtschaftsinformatik der Technischen Universität Darmstadt sowie einen M.B.A. in Finance der State University of New York in Buffalo. Seine Forschungsinteressen umfassen digitale Führungsrollen, digitale Geschäftsmodelle und die sich wandelnde Rolle der IT im Zeitalter der digitalen Transformation. Seine Veröffentlichungen erschienen in internationalen Zeitschriften, wie dem Journal of Strategic Information Systems, und wurden auf internationalen Konferenzen vorgestellt.

Prof. Dr. Bastian Halecker ist Professor für Entrepreneurship an der Beuth Hochschule in Berlin. Er ist unternehmerisch vielseitig aktiv. Neben der Rolle als CEO von NESTIM ist er noch Gründer von Startup Tour Berlin sowie Gründungspartner von Hungry Ventures. Neben der aktiven Matchmaker-Rolle zwischen etablierten Unternehmen und Startups, begleitet er Unternehmen bei der digitalen Transformation und beteiligt sich frühphasig an FoodTech Startups. Promoviert hat Bastian Halecker an der Universität Potsdam zum Thema Geschäftsmodellinnovation in reifen Industrien.

Prof. Dr. Matthias Hartmann lehrt Produktion und Logistik sowie Informations- und Technologiemanagement an der Hochschule für Technik und Wirtschaft (HTW) Berlin. Er ist Mitglied des Kuratoriums der HTW Berlin sowie Leiter des Labors Unternehmenssimulationen und des EU-Projekts Digital Value Lab zur Digitalisierung Kleiner und Mittlerer Unternehmen in Berlin. Zudem verfügt Prof. Dr. Matthias H. Hartmann über langjährige Beratungserfahrung in verschiedenen Industrie- und Dienstleistungs-Unternehmen (Automobil, Telekom, Medien, Medizin, Banken, Finanzdienstleister, Transport, Bau, Energie, Öffentlicher Sektor) und war vor seiner Berufung für die Top Management Beratung A.T. Kearney tätig.

Prof. Dr. Georg Herzwurm ist seit 2003 Inhaber des Lehrstuhls für allgemeine Betriebswirtschaftslehre und Wirtschaftsinformatik II an der Universität Stuttgart. Georg Herzwurm ist Mitglied des Normenausschusses für Qualitätsmanagement, Statistik und Zertifizierung (NQSZ), des Deutschen Instituts für Normung e.V. (DIN), ISO/TC 69/SC 8 der International Organization for Standardization (ISO) sowie Vorstandsmitglied und Direktor des Clusters „Management of Global Manufacturing Networks" an der GSaME (Graduate School for Advanced Manufacturing Engineering) der Universität Stuttgart. In Forschung und Lehre beschäftigt sich Georg Herzwurm mit Ansätzen und Konzepten zur Wertschöpfung durch digitale Produkte und Dienstleistungen.

Prof. Dr. Thomas Hess promovierte, nach dem Diplom in Wirtschaftsinformatik an der TU Darmstadt, an der Universität St. Gallen und ist seit 2001 Professor an der LMU München. An der LMU München ist Prof. Hess u. a. Direktor des Instituts für Wirtschaftsinformatik und Neue Medien. Seine langfristigen Forschungsschwerpunkte sind die digitale Transformation von Unternehmen, das Management von Medien- und Technologieunternehmen und die Grundlagen der Wirtschaftsinformatik.

Prof. Dr. Katharina Hölzle, MBA, ist Inhaberin des Lehrstuhls für Innovationsmanagement und Entrepreneurship an der Universität Potsdam. Sie lehrt Entrepreneurship, Innovations- und Technologiemanagement im Bachelor-, Master und Executive Masterbereich an nationalen und internationalen Universitäten. Katharina Hölzle ist seit 2009 Coach an der HPI School of Design Thinking in Potsdam sowie Mitglied des Design Thinking Research Programmes. Seit 2015 ist sie Herausgeberin der Zeitschrift Creativity and Innovation Management (CIM). Sie ist außerdem

Visiting Professor an der University of International Business and Economics (UIBE) in Peking, der University of Technology Sydney (UTS) Business School und Macquarie Graduate School of Management (MGSM) in Sydney. Ihre Forschungsgebiete sind die Umsetzung von Kreativität und Innovation in Unternehmen, Design Thinking, Digitalisierung, Geschäftsmodellinnovation und Strategic Foresight. Sie berät Unternehmen in Fragen des strategischen Technologie- und Innovationsmanagements und ist als Mentorin für Start-up-Unternehmen tätig.

Leonie Ihring studierte technisch orientierte Betriebswirtschaftslehre an der Universität Stuttgart und befasst sich seit mehreren Jahren mit der zunehmenden Vernetzung der Fahrzeuge. Sie verfügt über praktische Erfahrungen im Management von Connected-Car-Services bei einem führenden deutschen Automobilhersteller.

Christopher Georg Jud war von 2014 bis 2018 akademischer Mitarbeiter am Lehrstuhl für Allgemeine Betriebswirtschaftslehre und Wirtschaftsinformatik II des Betriebswirtschaftlichen Instituts der Universität Stuttgart. Nach Abschluss der Tätigkeit an der Universität ist er Technical Manager bei der Giesecke+Devrient advance52 GmbH und für die Konzeption und Entwicklung digitaler Produkte zuständig. In seiner Forschung beschäftigt er sich mit der Auswirkung von Plattformen auf Entwickler und Unternehmen.

Mohamed Kari studierte Wirtschaftsinformatik an der Universität Duisburg-Essen. Derzeit forscht er als Wissenschaftliche Hilfskraft am Lehrstuhl für Wirtschaftsinformatik und integrierte Informationssysteme zu datenbasierter Entscheidungsunterstützung und -automatisierung, unter anderem zu den Themen Deep Learning im Connected-Car-Umfeld sowie Preis- und Sortimentsbildung im Einzelhandel. Sein berufliches Erfahrungsprofil zeichnet sich durch die Verbindung technischer Umsetzung von Software- und Data-Science-Projekten mit analytisch-konzeptueller Strategie-Arbeit aus. Herr Kari ist Alumnus der deutsch-amerikanischen Fulbright-Kommission.

Prof. Dr. Jürgen Karla ist Professor für Wirtschaftsinformatik an der Hochschule Niederrhein und Angehöriger der Fakultät für Wirtschaftswissenschaften an der RWTH Aachen. Seine Forschungstätigkeiten bewegen sich mit den Themenfeldern Social Media, Mobile Business Ecosystems und Geschäftsprozessmanagement in den Kernfeldern der Wirtschaftsinformatik. In den letzten Jahren hat Prof. Dr. Jürgen Karla Beiträge zu diesen Themen in internationalen Journals, auf Konferenzen sowie in Büchern veröffentlicht. Daneben dozierte er Inhalte der Wirtschaftsinformatik an deutschen und ausländischen Hochschulen und Universitäten.

Laura Kempf ist studentische Mitarbeiterin am Lehrstuhl Wirtschaftsinformatik der Universität Bayreuth und der Fraunhofer Projektgruppe Wirtschaftsinformatik des Fraunhofer FIT. Nach ihrem Bachelor-Studium begann Sie ihr Masterstudium in Betriebswirtschaftslehre an der Universität Bayreuth.

René Kessler studierte von 2012–2017 Wirtschaftsinformatik an der Universität Bremen und der Universität Oldenburg. Schon während des Studiums sammelte René Kessler durch universitäre Projekte und Abschlussarbeiten Erfahrungen in den Themenfeldern Augmented Reality, ERP-Systeme und User Experience-Design. Kooperationspartner waren hierbei unter Anderem die Deutsche Post DHL Group, Ubimax GmbH und die abat AG. Seit dem erfolgreichen Master-Abschluss im Jahr 2017 ist er als wissenschaftlicher Mitarbeiter in einer Forschungskooperation zwischen der Universität Oldenburg (Abteilung VLBA) und der abat AG tätig. Schwerpunktthemen dieser Kooperation sind Industrie 4.0, Artificial Intelligence und Augmented Reality.

Dr. Andreas Kiesow untersuchte als Mitarbeiter am Fachgebiet für Informationsmanagement und Wirtschaftsinformatik an der Universität Osnabrück die Digitalisierung der Abschlussprüfung und die Entwicklung innovativer Geschäftsmodelle für die externe Revision. Im Frühjahr 2017 schloss er seine Promotion in diesem Forschungsschwerpunkt erfolgreich ab.

Tim Kleinschmidt studierte Wirtschaftsinformatik an der Hochschule Niederrhein, Mönchengladbach und beschäftigte sich im Rahmen seines Studiums mit den Themenschwerpunkten Mobile Business sowie Wirtschaftsinformatik und Gesellschaft. Im Rahmen eines Forschungsprojektes hat er sich mit dem Themengebiet Robotic Process Automation beschäftigt. Seinen Abschluss erzielte er mit einer Arbeit zum Thema „Relevanz von Predictive Maintenance in der Verkehrsleittechnik: State of the Art, Chancen und Herausforderungen".

M.Sc. Robin Klostermeier ist Unternehmensberater bei der KARON Beratungsgesellschaft mbH und berät Kunden zu Fragen der digitalen Transformation und Datenintegration im Product Lifecycle Management. Seinen Master of Science absolvierte er im Bereich Wirtschaftsingenieurswesen mit der technischen Fachrichtung Maschinenbau. Die hier fokussierten Forschungsschwerpunkte umfassen neben digitalen Geschäftsmodellen auch die Optimierung von Unternehmensprozessen durch Simulation.

Univ.-Prof. Dr. Stefan Koch seit 2016 das Institut für Wirtschaftsinformatik – Information Engineering der Johannes Kepler Universität. Nach dem Studium der Wirtschaftsinformatik an der Universität Wien lehrte und forschte er an der Wirtschaftsuniversität Wien, wo er 2001 promovierte und sich dann 2006 habilitierte. Zwischen 2008 und 2016 war er an der Bogazici University in Istanbul tätig, und leitete dort vier Jahre das Department of Management. Seine Hauptforschungsgebiete sind IT-Management, -Strategie und -Governance in Unternehmen, sowie Geschäftsmodelle und offene Innovationsprozesse in der digitalen Ökonomie.

Kim Kordel berät Unternehmen zu neuen Geschäftsmodellen und digitalen Strategien im Internet der Dinge. Im Berliner Ökosystem engagiert sie sich zudem als

Mentorin für IoT Startups und ist mitverantwortlich für die Gestaltung des Bosch eigenen Inkubators. Sie hält einen Bachelor der Betriebswirtschaftslehre mit dem Schwerpunkt Innovationsmanagement von der Universität Potsdam.

Prof. Dr. Helmut Krcmar ist ordentlicher Professor für Wirtschaftsinformatik am Lehrstuhl für Wirtschaftsinformatik der Technischen Universität München (TUM). Von 1987 bis 2002 war er Inhaber des Lehrstuhls für Wirtschaftsinformatik an der Universität Hohenheim, Stuttgart. Seine Forschungsinteressen umfassen Informations- und Wissensmanagement, Service Management, Geschäftsprozessmanagement und Informationssysteme im Gesundheitswesen und in der elektronischen Verwaltung. Seine Arbeiten erschienen in den Zeitschriften Management Information Systems Quarterly, Journal of Management Information Systems, Wirtschaftsinformatik, Information Systems Journal und International Journal of Medical Informatics.

Felix Kruse absolvierte ein duales Bachelorstudium der Wirtschaftsinformatik an der IBS Oldenburg mit der Oldenburgische Landesbank AG. Im Anschluss arbeitete er 3 Jahre im Bereich Business Intelligence bei der Oldenburgischen Landesbank AG und studierte parallel an der Carl von Ossietzky-Universität Oldenburg im Studiengang M.Sc. Wirtschaftsinformatik mit Schwerpunkt Data Science. Durch ein einjähriges Universitäts-Projekt mit der CEWE Stiftung & Co. KGaA sammelte er erste Erfahrungen im Bereich Hadoop und Big Data (Analytics). Aktuell ist er als wissenschaftlicher Mitarbeiter in einem Forschungsprojekt mit der Volkswagen AG angestellt, dass die Data Science im Hinblick auf die Integration und Analyse von externen Unternehmensdaten untersucht.

Johannes Langhein ist wissenschaftlicher Mitarbeiter am Fachgebiet für Informationsmanagement und Wirtschaftsinformatik an der Universität Osnabrück. Seine Forschungsschwerpunkte liegen in der Digitalisierung des Steuer- und Prüfungswesens.

Mag. Dr. Markus Lassnig ist Senior Consultant im Innovation Lab der Salzburg Research. Seine Forschungsarbeiten konzentrieren sich auf folgende Schwerpunkte: Neuartiges Innovationsmanagement für Produkt-, Dienstleistungs-, Prozess- und Geschäftsmodellinnovationen; Internet-Ökonomie, digitale Transformation der Wirtschaft und Industrie 4.0, Analyse von neuartigen e-Business-Formaten, Innovationsmanagement in Netzwerken und Trendforschung.

Thomas Löwer hat in Huntingdon, USA (Juniata College) und in Marburg Medien- und Kommunikationswissenschaften studiert und arbeitet seit 2008 bei dem internationalen Beratungshaus Expense Reduction Analysts als Leiter Kommunikation. Im Rahmen seines MBA-Studiums an der Quadriga Hochschule in Berlin hat Löwer untersucht, welche Auswirkungen die Digitalisierung auf das Geschäftsmodell Unternehmensberatung hat.

Dr. Petra Martinek-Kuchinka ist geschäftsführende Gesellschafterin der KUCHINKA & PARTNER GmbH, einem Consulting-Unternehmen für wertbasierte B2B-Geschäftsmodellentwicklung und Digitalisierung von Geschäftsmodellen, Strategie und Marketing. Im Fokus ihrer Tätigkeit stehen Industrie und B2B-Branchen. Sie verfügt über mehr als zehn Jahre Praxiserfahrung in Industrieunternehmen in verschiedenen leitenden Positionen und ist darüber hinaus als Managementtrainerin und Vortragende in der Erwachsenenbildung an der LIMAK Austrian Business School tätig.

Prof. Dr.-Ing. Jorge Marx Gómez studierte technische Informatik und Wirtschaftsingenieurwesen an der Technischen Fachhochschule Berlin. Anschließend war er als Entwicklungsingenieur für digitale Übertragungs- und Vermittlungstechnik tätig. Nach der abgeschlossenen Promotion im Jahre 2001 folgte 2004 die Habilitation. Von 2002 bis 2003 vertragt Marx Gómez die Professor für Wirtschaftsinformatik an der TU Clausthal. Seit 2006 ist Marx Gómez Professor für Wirtschaftsinformatik am Department für Informatik der Universität Oldenburg. Seine Forschungsschwerpunkte sind unter anderem Betriebliche Umweltinformationssysteme, Business Intelligence und Big Data.

Stefan Meinhardt ist seit 1988 Mitarbeiter der SAP SE in Walldorf. Aktuell ist er als Vice President und Managing Partner für Kunden im Handel und der Konsumgüterindustrie im Rahmen des Strategic Customer Programms der SAP Deutschland tätig. In den letzten Jahren verantwortete er als Vice President SAP Leonardo die Entwicklung von strategischen Partnerschaften rund um digitale Geschäftsmodelle bei der SAP SE. Zuvor leitete er über viele Jahre als Geschäftsbereichsleiter die Branchen Konsumgüter, Chemie, Pharma und Life Science sowie die Service Industrien innerhalb der SAP Digital Business Service Organisation und unterstützte mit seinem Team SAP Kunden bei digitalen Transformation- und Innovations- Projekten mit dem Ziel der Optimierung von Geschäftsprozessen oder der Implementierung neuer Business Modelle. Darüber hinaus ist er seit 1997 Mitherausgeber der HMD - Praxis der Wirtschaftsinformatik und engagiert sich an der Schnittstelle zwischen Wissenschaft und Praxis. Seinen Abschluss als Diplom Kaufmann machte er 1988 an der Otto-Friedrich-Universität Bamberg.

Manuel Mühlburger, MSc., ist Doktorand am Institut für Wirtschaftsinformatik – Information Engineering an der Johannes Kepler Universität Linz. Er lehrt und forscht im Schnittfeld des klassischen Informationsmanagements mit den Herausforderungen der digitalen Transformation.

Prof. Dr. Arno Müller war nach Tätigkeiten in Forschung und Beratung zu den Themen Logistik und Produktionsorganisation Leiter Logistik bei einem Automobilzulieferanten. Derzeit lehrt er an der NORDAKADEMIE Hochschule der Wirtschaft die Fachgebiete Logistik, IT- und Prozessmanagement und ist geschäftsführender Gesellschafter der bps business process solutions GmbH. In Beratung und Forschung befasst er sich mit der Optimierung von Geschäftsprozessen unter Nutzung der Digitalisierung und dem IT-Management.

Dr. Julian M. Müller ist Senior Researcher an der Fachhochschule Salzburg. Hier ist er am Fachbereich Logistik und Operations Management sowie am Digitalen Transferzentrum Salzburg, einer gemeinsamen Initiative der Fachhochschule Salzburg sowie Salzburg Research tätig. Am Digitalen Transferzentrum Salzburg leitet er die Arbeitspakete „Smart Logistics & Mobility" sowie „Digitale Geschäftsmodelle & Smart Services". Seine Forschungsschwerpunkte umfassen Digitale Transformation im Kontext von Industrie 4.0 mit Fokus auf Supply Chain Management, Nachhaltigkeit, kleine und mittlere Unternehmen sowie die Veränderung existierender oder die Entstehung neuer Geschäftsmodelle. Er hat die Bachelor- und Masterstudiengänge Wirtschafsingenieurwesen sowie Maschinenbau an der Friedrich-Alexander-Universität Erlangen-Nürnberg absolviert und anschließend dort am Lehrstuhl für Industrielles Management promoviert. Praxiserfahrung sammelte er durch langjährige Mitarbeit im Unternehmen der Eltern.

Dr. Anna Neumeier studierte bis 2013 informationsorientierte Betriebswirtschaftslehre an der Universität Augsburg. Danach promovierte sie am Kernkompetenzzentrum Finanz & Informationsmanagement und der Projektgruppe Wirtschaftsinformatik des Fraunhofer FIT in Augsburg. Ihr Forschungsschwerpunkt lag dabei im Bereich des strategischen IT-Managements vorwiegend auf dem Thema Projekt- und Projektportfoliomanagement. Seit Abschluss ihrer Promotion arbeitet Frau Dr. Neumeier an Digitalisierungsthemen im Finanzdienstleistungsbereich.

Prof. Dr. rer.-pol. Dipl.-Ing. Alexander Pflaum ist Experte für den Einsatz von Informations- und Kommunikationstechnologien in Wertschöpfungsprozessen. Seit über 20 Jahren ist er für das Fraunhofer-Institut für Integrierte Schaltungen in unterschiedlichsten Funktionen tätig; u. a. als Leiter der Fraunhofer-Arbeitsgruppe für Supply Chain Services SCS mit Standorten in Nürnberg und Bamberg, deren Vision es ist, aus Daten Erfolg und Mehrwert für Unternehmen zu schaffen. Seit Oktober 2011 hat der 50-jährige außerdem den Lehrstuhl für Betriebswirtschaftslehre, insbes. Supply Chain Management, an der Otto-Friedrich-Universität Bamberg inne.

Henrik Rackow studierte BWL mit Schwerpunkt Marketing und Distributionsmanagement an der Universität in Göttingen sowie Innovation Management and Entrepreneurship an der Technischen Universität Berlin und University of Virginia. Danach begann er seinen beruflichen Werdegang als Unternehmensberater und unterstützt als Teil des NESTIM Teams seither etablierte Unternehmen bei der Identifikation, Konzeption und Umsetzung von digitalen Lösungen und Geschäftsmodellen.

Fabian Reck, M.Sc., ist wissenschaftlicher Mitarbeiter am Lehrstuhl für Betriebswirtschaftslehre, insbesondere Innovationsmanagement der Otto-Friedrich-Universität Bamberg und am Kompetenzzentrum für Geschäftsmodelle in der digitalen Welt. Seine Forschung beschäftigt sich mit dem Einfluss von Personen- und Unternehmensnetzwerken auf die erfolgreiche digitale Transformation von Industrieunternehmen.

Prof. Dr. René Riedl geboren 1977, arbeitete nach Abschluss des Diplomstudiums 1999 als Projektleiter in einem IT-Unternehmen. Seit 2001 ist er im Hochschulbereich tätig und seit 2013 ist er Inhaber einer Professur für Digital Business und Innovation an der University of Applied Sciences Upper Austria; zudem ist er Assoziierter Universitätsprofessor am Institut für Wirtschaftsinformatik – Information Engineering an der Johannes Kepler Universität (JKU) Linz, wo er 2004 promoviert und 2009 habilitiert hat.

Prof. Dr. Daniel Schallmo ist Ökonom, Unternehmensberater und Autor zahlreicher Publikationen. Er ist Professor an der Hochschule Ulm, leitet das privatwirtschaftliche Institut für Business Model Innovation und ist Mitglied am Institut für Digitale Transformation. Daniel Schallmo Gründer und Gesellschafter der Dr. Schallmo & Team GmbH, die auf Beratung und Trainings spezialisiert ist. Er ist ebenso Initiator der Digital Excellence Group, einer Plattform für Beratung, Trainings und Studien zu dem Thema der Digitalen Transformation.

Dr. Alexander Schauberger promovierte 2017 an der Johannes Kepler Universität Linz zur digitalen Transformation von Industriegüter-Geschäftsmodellen und ist seit 2018 bei der Greiner Packaging International GmbH für Marketing und Innovation Management zuständig. Zusätzlich lehrt er marktorientiertes Management und Innovations- und Produktmanagement an der University of Applied Sciences Upper Austria.

Sebastian Scherer, M.Sc., ist Unternehmensberater bei der Deloitte Consulting GmbH im Bereich Technology Strategy & Architecture. Er studierte Betriebswirtschaftslehre an der Otto-Friedrich-Universität Bamberg, er Johannes-Gutenberg-Universität Mainz und der Dongbei University of Finance and Economics.

Maximilian Schreieck ist wissenschaftlicher Mitarbeiter am Lehrstuhl für Wirtschaftsinformatik der Technischen Universität München (TUM). Seine Forschungsinteressen liegen in den Bereichen Platform Governance und Enterprise Software Systeme. Seine Forschungsarbeiten wurden in den Zeitschriften ITD Journal und HMD Praxis der Wirtschaftsinformatik veröffentlicht sowie auf internationalen Konferenzen wie ICIS, AOM, ECIS, AMCIS und PACIS vorgestellt.

Univ.-Prof. Dr. Hendrik Schröder ist nach Studium, Promotion und Habilitation an der WWU Münster seit 1995 an der Universität Essen tätig. Dort ist er Inhaber des Lehrstuhls für Marketing und Handel, Leiter der Forschungsstelle für Category Management und Channel Management.

Prof. Dr. Hinrich Schröder ist als Professor für Wirtschaftsinformatik an der NORDAKADEMIE Hochschule der Wirtschaft in Elmshorn tätig und verantwortet dort als Studiengangsleiter den Bachelorstudiengang Wirtschaftsinformatik. Seine aktuellen Forschungs- und Beratungsschwerpunkte liegen in den Themengebieten IT- und Prozessmanagement, IT-Controlling sowie Digitale Transformation.

Esther Schulz arbeitet seit 2015 als wissenschaftliche Mitarbeiterin in der Fraunhofer Arbeitsgruppe für Supply Chain Services SCS in der Gruppe Business Transformation. Insbesondere beschäftigt sie sich mit der Veränderung von Geschäftsmodellen durch Daten und wie aus Daten Mehrwert geschaffen werden kann. Zuvor absolvierte sie ihr Masterstudium an der Philipps Universität Marburg mit dem Schwerpunkt Innovation und Information sowie marktorientierte Unternehmensführung. Dabei vertiefte sie ihre Kenntnisse in den Bereichen Geschäftsmodellinnovation und strategische Agilität durch die parallele Tätigkeit als studentische Hilfskraft am Lehrstuhl für innovative Wertschöpfungskonzepte. Von 2008 bis 2011 studierte sie Betriebswirtschaftslehre an der Universität Hamburg.

Prof. Dr. Reinhard Schütte ist Inhaber des Lehrstuhls für Wirtschaftsinformatik und integrierte Informationssysteme im Institut für Informatik und Wirtschaftsinformatik der Universität Duisburg-Essen. Er promovierte und habilitierte in Wirtschaftsinformatik an der renommierten Westfälischen Wilhelms-Universität Münster. In seinen wissenschaftlichen Arbeiten, hat er sich mit der Informationsmodellierung, Handelsinformationssystemen und der Wissenschaftstheorie auseinandergesetzt. Er hat große Softwareprojekte geleitet und verantwortet, zuletzt die weltweit größte SAP-Einführung in einem Handelsunternehmen bei der EDEKA Gruppe und ist daher auch intimer Kenner hochkomplexer unternehmensweiter und -übergreifender Softwaresysteme. Die wissenschaftlichen Schwerpunkte von Prof. Schütte sind vielfältig und liegen u. a. in den Gebieten Enterprise Systems, IS-Architekturen, Digitalisierung von Institutionen, Informationsmodellierung und Wissenschaftstheoretischen Problemen der Wirtschaftsinformatik. Prof. Schütte veröffentlichte bis heute acht Bücher und mehr als neunzig Beiträge in nationalen und internationalen Fachzeitschriften.

Manuel Skrzypczak ist seit Juli 2014 als Akademischer Mitarbeiter am Lehrstuhl für Innovations- und Dienstleistungsmanagement am Betriebswirtschaftlichen Institut der Universität Stuttgart tätig. Seine Forschung fokussiert die Evaluation und Adoption von Produktinnovationen, Produktentwicklungsprozesse und Maßnahmen zur Förderung intraorganisationaler Innovationen.

Dr. Axel Sprenger ist Geschäftsführer der UScale GmbH. Davor war er 16 Jahre in verschiedenen Management-Funktionen bei Mercedes-Benz Pkw tätig. Schwerpunkt seiner Tätigkeit war die Bewertung und Optimierung von Produkten, Dienstleistungen und Prozessen aus Kundensicht. Im Anschluss war er als Senior Director und Geschäftsführer bei J.D. Power, einem US-amerikanischen Automotive-Marktforschungs- und Beratungsunternehmen für die Region Europa verantwortlich. 2017 gründete er die UScale GmbH, ein Beratungsunternehmen, das sich auf die Kundenakzeptanz von digitalen Geschäftsmodellen spezialisiert hat.

Petra Stabauer, M.Sc., ist Researcher im InnovationLab von Salzburg Research. In ihrer Arbeit fokussiert sie sich auf die Themenbereiche Geschäftsmodellinnovationen im Kontext von Digitalisierung, Smart Services, Industrie 4.0 und Nachhaltigkeit. Ein weiterer Schwerpunkt liegt in der Entwicklung, Testung und Evaluierung digitaler User-Incentivierungsmethoden. Ihren Masterabschluss hat Sie von der Karl-Franzens-Universität Graz im Bereich Umweltsystemwissenschaften mit Schwerpunkt nachhaltigkeitsorientiertes Management.

Emanuel Stöckli ist wissenschaftlicher Mitarbeiter am Institut für Wirtschaftsinformatik der Universität St. Gallen und promoviert im Bereich der Digitalisierung der Finanzindustrie in Zusammenarbeit mit der Allianz Technology. Zu seinen Forschungsgebieten zählt die digitale vernetzte Arbeit mit einem Fokus auf die Rollen sozialer Software im Austausch von Feedback im Unternehmenskontext. Seine Forschungsergebnisse wurden in Journals wie dem Electronic Markets und in zahlreichen akademischen Konferenz-Proceedings veröffentlicht. Er hat einen Hintergrund als Software Engineer und betreut als Design Thinking Coach seit 2015 Projekte an der Universität St. Gallen.

Mathias Streich hat von 2014 bis 2017 Wirtschaftsinformatik an der Hochschule für Telekommunikation in Leipzig studiert. Seitdem arbeitet er als Berater bei einem IT-Dienstleister in der Branche Automotive. Schwerpunkte sind im fachlichen Bereich der Produktions- und Kapazitätsplanung von OEMs angesiedelt.

Christian Strobel entwickelt als externer Doktorand am Fachgebiet für Informationsmanagement und Wirtschaftsinformatik an der Universität Osnabrück innovative Ansätze für den Wirtschaftsprüfer 4.0. Des Weiteren begleitet er die Implementierung und Evaluierung von prototypischen Umsätzen.

Prof. Dr. Frank Teuteberg leitet seit dem Wintersemester 2007/08 das Fachgebiet Unternehmensrechnung und Wirtschaftsinformatik im Institut für Informationsmanagement und Unternehmensführung (IMU) an der Universität Osnabrück. Herr Teuteberg ist Verfasser von mehr als 280 wissenschaftlichen Publikationen, darunter die Zeitschriften Business & Information Systems Engineering (BISE), Electronic Markets oder das Journal of Cleaner Production. Seine Forschungsschwerpunkte sind u. a. Digitale Gesellschaft/Digitale Transformation, Open Innovation, eHealth, Mensch-Technik-Interaktion sowie Smart Service Systems.

Dipl.-Wirtsch. Ing. (FH) Lars von Thienen ist Geschäftsführer der Hamburger Unternehmensberatung bps business process solutions GmbH und Handelsrichter am Landgericht Hamburg. Seine Beratungsschwerpunkte sind die organisatorische Begleitung von Transformations-Projekten in Shared-Service-Organisationen (IT/HR) sowie die kundenorientierte Neuausrichtung von Prozessen im Zuge der digitalen Transformation.

Prof. Dr. Oliver Thomas ist Professor für Informationsmanagement und Wirtschaftsinformatik an der Universität Osnabrück und Direktor am dortigen Institut für Informationsmanagement und Unternehmensführung. Er ist stellvertretender Sprecher des Fachbereichs Wirtschaftsinformatik in der Gesellschaft für Informatik

(GI) sowie Mitglied im Beirat des vom niedersächsischen Wirtschaftsministerium eingerichteten Netzwerks Industrie 4.0 Niedersachsen.

Stefan Tönnissen studierte Wirtschaftsinformatik, Business Administration und Steuerwissenschaften und ist als Konzerncontroller in der Industrie tätig. Seit 2016 ist er externer Doktorand im Fachgebiet Unternehmensrechnung und Wirtschaftsinformatik an der Universität Osnabrück und erforscht die Auswirkungen der Blockchain-Technologie auf Geschäftsmodelle und Geschäftsprozesse von Unternehmen.

Prof. Dr. Falk Uebernickel ist Titularprofessor am Institut für Wirtschaftsinformatik der Universität St. Gallen und Managing Partner der ITMP St. Gallen AG. Seine Forschungs- und Beratungsschwerpunkte liegen in den Bereichen IT- und Innovationsmanagement, Produkt- und Servicedigitalisierung, sowie Design Thinking. Er ist aktiver Dozent von Executive MBA Programmen und unterrichtet Masterstudenten der Universität St. Gallen unter anderem in Design Thinking in Zusammenarbeit mit der Stanford University. In über 100 Projekten hat er für zahlreiche Unternehmen wie etwa Deutsche Bank, FIFA, Audi, UBS, RBS, Allianz, Merck, Swisscom, ThyssenKrupp, und Airbus gearbeitet.

Dr. Jochen Übelhör ist wissenschaftlicher Mitarbeiter bei der Projektgruppe Wirtschaftsinformatik des Fraunhofer FIT und dem Kernkompetenzzentrum Finanz- & Informationsmanagement der Universität Augsburg und promovierte zum Thema „Risk and Return Management in Digitized Value Networks“ bei Prof. Dr. Hans Ulrich Buhl. Sein Forschungsschwerpunkt liegt auf dem Chancen- und Risikomanagement im Kontext digitaler Wertschöpfungsnetze und fokussiert sich insbesondere auf die Entwicklung digitaler Geschäftsmodelle und die ökonomische Bewertung von informationsbasierten, systemischen Risiken.

Johann Valentowitsch ist seit März 2014 als Akademischer Mitarbeiter am Lehrstuhl für Innovations- und Dienstleistungsmanagement am Betriebswirtschaftlichen Institut der Universität Stuttgart tätig. Seine Forschungsschwerpunkte liegen im Bereich der modellgestützten Simulation von Diffusionsprozessen. Darüber hinaus interessiert sich Johann Valentowitsch für angewandte empirische Innovationsforschung sowie für ausgewählte Aspekte der ökonometrischen Zeitreihenmodellierung.

Manuela Walchshofer, BA MSc, geboren 1987, arbeitet seit 2016 als Requirements Engineer in einem Softwarehause im Bankensektor. Im Rahmen des Joint-Masterstudiums Digital Business Management an der Johannes Kepler Universität Linz und der University of Applied Sciences Upper Austria forschte sie im deutschsprachigen Raum zur neuartigen Management-Position des Chief Digital Officers.

Niklas Weiß ist Teilnehmer des Promotionsprogramms der BMW Group und Gastwissenschaftler am Lehrstuhl für Wirtschaftsinformatik der Technischen Universität München (TUM). Seine Forschungsinteresse liegen in den Bereichen Plattform Design und Automotive Software Plattformen. Seine Forschungsarbeiten wurden in der Zeitschrift HMD Praxis der Wirtschaftsinformatik veröffentlicht sowie auf der internationalen ICE/IEEE ITMC Konferenz vorgestellt.

Andreas Welsch ist externer Doktorand am Lehrstuhl für Wirtschaftsinformatik an der Technischen Universität Darmstadt und erforscht im Rahmen seiner berufsbegleitenden Promotion Themen der Künstlichen Intelligenz im Unternehmenskontext sowie der Digitalen Transformation. Neben seiner Promotionstätigkeit ist er für das Thema Business Development Machine Learning bei der SAP in Nordamerika zuständig.

Prof. Dr. Thomas Werani ist am Institut für Handel, Absatz und Marketing der Johannes Kepler Universität Linz tätig und leitet dort die Abteilung Business-to-Business-Marketing. Seine Forschungsschwerpunkte liegen im B2B-Marketing mit Fokus auf Geschäftsmodelle, Wert-, Innovations- und Beziehungsmanagement. Prof. Werani hat verschiedene renommierte Forschungspreise, darunter den 1996 Business Marketing Doctoral Support Award des Institute for the Study of Business Markets (ISBM) an der Pennsylvania State University (USA) und den 4. Nestlé-Preis für Wirtschaftswissenschaften, erhalten. Neben seiner universitären Tätigkeit ist Prof. Werani in Beratungsprojekten für nationale und internationale Unternehmen tätig.

Dr. Manuel Wiesche ist Forschungsgruppenleiter am Lehrstuhl für Wirtschaftsinformatik der Technischen Universität München (TUM). Seine Forschungsinteressen umfassen Dienstleistungsinnovationen, digitale Plattformen und IT Projektmanagement. Seine Forschungsergebnisse wurden in führenden Zeitschriften wie Management Information Systems Quarterly, Journal of Management Accounting Research und Information and Management veröffentlicht sowie auf internationalen Konferenzen vorgestellt.

Anastasia Wolf studierte Wirtschaftsinformatik an der Hochschule Niederrhein, Mönchengladbach und beschäftigte sich im Rahmen ihres Studiums mit den Themenschwerpunkten Mobile Business sowie Wirtschaftsinformatik und Gesellschaft. Im Rahmen eines Forschungsprojektes hat sie sich mit dem Themengebiet Robotic Process Automation und den notwendigen Voraussetzungen in Künstlicher Intelligenz beschäftigt.

Teil I

Digitale Geschäftsmodelle – Einführung

1 Auf dem Weg zum digitalen Geschäftsmodell: „Tour de Force" von der Vision des digitalisierten Unternehmens zum disruptiven Potenzial digitaler Plattformen

Alexander Pflaum und Esther Schulz

Zusammenfassung

Im Zeitalter der Digitalisierung verändern sich traditionelle produktorientierte Geschäftsmodelle in signifikanter Weise. Der vorliegende Artikel bildet den Grundlagenbeitrag für die aktuelle Ausgabe der Praxis der Wirtschaftsinformatik. Er liefert Erläuterungen zu Geschäftsmodellen einerseits und Basistechnologien der digitalen Transformation andererseits. Ausgehend von der Vision des datengetriebenen Unternehmens und einem Referenzprozess der digitalen Transformation werden Auswirkungen auf das Geschäftsmodell beschrieben, die Bedeutung unternehmerischer Ökosysteme herausgearbeitet sowie die Rolle digitaler Plattformen in solchen Ökosystemen und deren disruptives Potenzial für die Wirtschaft erläutert. Abschließend werden Handlungsempfehlungen für die Praxis und die Wissenschaft dargestellt. Die Ausführungen basieren zum einen auf existierender wissenschaftlicher Literatur und zum anderen auf den in den vergangenen Jahren am Bamberger Kompetenzzentrum für Geschäftsmodelle in der digitalen Welt durchgeführten Forschungsarbeiten. Sie sollen als Rahmenwerk dienen und dabei helfen, die einzelnen Beiträge dieser Ausgabe in einen Gesamtkontext zu setzen.

Unveränderter Original-Beitrag Pflaum & Schulz (2018) Auf dem Weg zum digitalen Geschäftsmodell, HMD – Praxis der Wirtschaftsinformatik Heft 320, 55(2):234–251.

A. Pflaum (✉)
Sozial- und Wirtschaftswissenschaftliche Fakultät, Lehrstuhl Supply Chain Management, Otto-Friedrich Universität, Bamberg, Deutschland
E-Mail: alexander.pflaum@uni-bamberg.de

E. Schulz
Business Transformation, Fraunhofer Arbeitsgruppe für Supply Chain Services SCS, Bamberg, Deutschland
E-Mail: esther.schulz@scs.fraunhofer.de

S. Meinhardt, A. Pflaum (Hrsg.), *Digitale Geschäftsmodelle – Band 1*, Edition HMD, https://doi.org/10.1007/978-3-658-26314-0_1

Schlüsselwörter
Digitalisierung · Geschäftsmodelle · Digitale Transformation · Unternehmerische Ökosysteme · Digitale Plattformen

1.1 Von Smarten Produkten und Services

Die im Zusammenhang mit den Digitalisierungsanstrengungen der Wirtschaft auf Veranstaltungen und Konferenzen immer wieder genannten Beispiele sind vielfältig. In der Agrarwirtschaft entstehen neue Service Systeme, die auf vernetzten und smarten Landmaschinen basieren und den Ertrag auf den vorhandenen Flächen weiter steigern sollen. Im Maschinenbau soll die Werkzeugmaschine 4.0 in Kombination mit entsprechenden Wartungsdienstleistungen permanente Verfügbarkeit zu geringstmöglichen Kosten garantieren. Smarte Logistiksysteme auf Basis intelligenter Behälter und Flurförderzeuge haben die Aufgabe, Fertigungsmaschinen und Montageplätze in der Industrie sicher und flexibel mit Materialien und Zulieferteilen zu versorgen. Elektrische Zahnbürsten mit eingebetteter Mikroelektronik in Verbindung mit Smartphones und entsprechenden Apps unterstützen den modernen Menschen bei der Zahnpflege und reduzieren auf diese Weise die Gesundheitskosten. Sowohl in der Arbeitswelt als auch im privaten Leben nimmt die Dichte an smarten Produkten und darauf aufbauenden smarten Services kontinuierlich zu (Geisberger und Broy 2012; Arbeitskreis Smart Service Welt 2015; Klötzer und Pflaum 2015).

Wissenschaft und Praxis sind sich inzwischen einig, dass smarte Produkte in Verbindung mit datengetriebenen Services nicht nur Unternehmen und deren Geschäftsmodelle sondern darüber hinaus ganze Branchen verändern und deren Grenzen aufweichen können (Vermesan und Friess 2013; Kreutzer und Land 2013; Porter und Heppelmann 2015). Porter und Heppelmann (2015) zeigen beispielsweise sehr anschaulich, wie in der Agrarwirtschaft aus einem traditionellen Produkt in mehreren Schritten ein komplexes Service System bzw. unternehmerisches Ökosystem erwachsen kann. Papert und Pflaum (2017) wiederum verdeutlichen, dass in solchen Ökosystemen nicht mehr das physische Produkt sondern Daten, insbesondere die vom Produkt generierten, als Asset im Vordergrund stehen und dass vor allem digitale Plattformen eine ganz wesentliche Rolle in den entsprechenden Wertschöpfungssystemen spielen. Beachtet werden muss in diesem Zusammenhang die Tatsache, dass sich Geschäftsmodelle produktorientierter Unternehmen maßgeblich von Plattformgeschäftsmodellen unterscheiden. Während im klassischen Fall der Kundenwert im Zentrum betriebswirtschaftlicher Überlegungen steht, ist es im Falle des Plattformunternehmens der Wert des Netzwerks bzw. der Community (Evans und Gawer 2016; van Alstyne et al. 2016; Engels et al. 2017).

Vor diesem Hintergrund ist es lohnenswert, die entsprechenden Zusammenhänge etwas detaillierter zu analysieren und so ein Rahmenwerk für die Einordnung aktueller wissenschaftlicher Arbeiten zu schaffen. Genau dies ist das Ziel des vorliegenden Artikels. Die präsentierten Ideen, Ergebnisse und Zusammenhänge wurden zu einem großen Teil im Rahmen von Dissertationsarbeiten und Forschungsprojekten am gemeinsam von der Otto-Friedrich-Universität Bamberg und dem Fraunhofer Institut für Integrierte Schaltungen IIS betriebenen Kompetenzzentrum für Geschäftsmodelle in der digitalen Welt erarbeitet. Zusätzlich wird auf Erkenntnisse aus der wissenschaftlichen Literatur sowie auf Studien von Beratungshäusern und Verbänden zurückgegriffen. Im nachfolgenden, zweiten Kapitel, werden Grundlagen zu den beiden Themen „Geschäftsmodelle“ und „Basistechnologien der Digitalisierung“ gelegt. Das dritte Kapitel beschreibt die Vision des datengetriebenen Unternehmens, zeigt den Wandel vom traditionellen, produktorientierten zum datenzentrierten, digitalen Geschäftsmodell auf, stellt den Zusammenhang mit unternehmerischen Ökosystemen her und diskutiert die Bedeutung digitaler Plattformen in diesem Kontext. Auch auf das Thema „Disruption“ wird in diesem Zusammenhang Bezug genommen. Das Paper schließt mit dem Vorschlag einer Research Agenda und fasst Handlungsempfehlungen für die unternehmerische Praxis knapp zusammen.

1.2 Grundlagen zu Digitalisierung und Geschäftsmodellen

1.2.1 Basistechnologien der Digitalisierung

Das Portfolio an Basistechnologien der Digitalisierung hat inzwischen eine gewisse Breite erreicht und wächst weiter. Zu den wichtigsten zählen Data Analytics, Cloud und Mobile Computing, Social Media, das Internet der Dinge, Additive Manufacturing und Advanced Robotics (Kress 2018). Hinzu kommen in jüngster Zeit Data Lakes und Blockchain. Auch wenn Details zu diesen Technologien bei einer zunehmenden Zahl von Anwendern bekannt sind, sind aufgrund des grundlegenden Charakters dieses Beitrags zumindest einige kurze Erklärungen zu diesen Technologien angebracht.

Das Internet der Dinge basiert auf smarten Produkten bzw. auf cyber-physischen Systemen, welche eine eigene Identität besitzen und in der Lage sind, die eigene Position zu bestimmen, Sensordaten aufzunehmen, Daten zu verarbeiten, sich kommunikationstechnisch miteinander und der Umgebung zu vernetzen sowie Prozesse dezentral zu steuern. Radiofrequenzidentifikation, drahtlose Sensornetze, Echtzeitlokalisierungssysteme und eingebettete Systeme sind hierfür die technische Basis. Mobile Computing-Geräte wie Smartphones und Tablets, Smart Glasses oder intelligente Kleidung wiederum bildet die Grundlage für die Einbindung des Menschen in die smarten Umgebungen von morgen. Digitale soziale Medien wiederum verbinden die Menschen untereinander. Smarte Produkte und mobile Endgeräte werden über digitale Plattformen aus der Cloud mit Apps versorgt. Über Apps werden Daten generiert und in die virtuelle Welt zurückgespiegelt bzw. Daten aus der virtuellen Welt in Anspruch genommen. Wert wird in der digitalen Welt von morgen über Data Analytics-Software entweder auf den digitalen Plattformen in der Cloud oder auf den smarten Produkten selbst generiert. Statistik, Mathematik und Maschine Learning-Methoden bilden den Kern der entsprechenden

Softwareprodukte. Auf semantischen Technologien basierende Data Lakes wiederum sollen die Verfügbarkeit der Daten garantieren, Blockchain-Technologien schaffen die Rahmenbedingungen für den vertrauensvollen und vollautomatisierten Informationsaustausch zwischen Unternehmen und sind hierfür die Voraussetzungen. Für eine weitergehende Automatisierung physischer Prozesse werden zukünftig Advanced Robotics-Systeme zum Einsatz kommen, welche in der Lage sind, die Sicherheitsbereiche zu verlassen und direkt mit dem Menschen zu kooperieren. Additive Manufacturing-Technologien erlauben schließlich flexible und individualisierte Produktionsprozesse, wie sie mit den bisherigen Produktionstechnologien nicht oder allenfalls im Ansatz möglich wären.

Bereits jede der genannten Technologien für sich stellt für das Innovationsmanagement in Unternehmen eine Herausforderung dar. Untersuchungen haben allerdings gezeigt, dass bei den meisten, im Zusammenhang mit der Digitalisierung der Wirtschaft diskutierten Anwendungen tatsächlich zwei und mehr Basistechnologien gleichzeitig zum Einsatz kommen (Kress 2018). Klötzer und Pflaum (2015) weisen in diesem Zusammenhang darauf hin, dass die unterschiedlichen Basistechnologien zu grundlegend neuen informations- und kommunikationstechnischen Systemen verschmelzen, die dann wiederum völlig neue datengetriebene Services und neue Geschäftsmodelle ermöglichen.

1.2.2 Geschäftsmodell und Geschäftsmodellinnovation

Das Thema Geschäftsmodell erfährt sowohl in der Praxis als auch in der Wissenschaft zunehmende Beachtung. Die Zahl wissenschaftlicher Artikel wächst seit 1995 stetig. Eine umfassende Literaturanalyse (Zott et al. 2011) zum Thema identifiziert Forschungsarbeiten in den Bereichen e-Business, Strategie und Innovation. Die Autoren kommen zum Schluss, dass sich Geschäftsmodellkonzepte als neuer Gegenstand betriebswirtschaftlicher Analysen etablieren, dass solche Konzepte eine ganzheitliche Perspektive auf den Geschäftsbetrieb erlauben, dass neben der Monetarisierung vor allem auch das Schaffen von Werten im Fokus steht und dass vor diesem Hintergrund Aktivitäten eine große Rolle spielen. Sie weisen aber auch darauf hin, dass kaum Verbindungen zwischen den genannten Bereichen existieren und dass es angesichts dessen an einer gemeinsamen Definition mangelt. Im Bereich Innovation werden Strömungen unterschieden, die sich mit Geschäftsmodellen als Vehikel für die Vermarktung technologischer Innovationen einerseits beziehungsweise als Gegenstand von Innovationsprozessen andererseits auseinandersetzen. Genau hier sind Arbeiten zu digitalen Geschäftsmodellen einzuordnen. Interessant ist in diesem Zusammenhang übrigens der Hinweis auf einen zunehmenden Konsens innerhalb der wissenschaftlichen Community, welcher der Geschäftsmodellinnovation in Verbindung mit der Performance eines Unternehmens eine Schlüsselrolle zuweist (Zott et al. 2011, S. 15).

Bisherige wissenschaftliche Veröffentlichungen zum Thema Geschäftsmodellinnovation werden in einer weiteren, umfassenden Arbeit von Foss und Saebi (2017) analysiert. Mit „Konzeptualisierung von Geschäftsmodellinnovationen“,

„Geschäftsmodellinnovation als Prozess des organisatorischen Wandels", „Geschäftsmodellinnovation als Ergebnis" und „Auswirkungen von Geschäftsmodellinnovationen" werden vier verschiedene Forschungsströmungen identifiziert. Die Autoren kritisieren, dass auch hier wenig Verbindung zwischen den Strömungen existiert, dass bislang konzeptionellen und deskriptiven Fragestellungen Vorrang gegenüber theoretischen und erklärenden eingeräumt wurde und dass Merkmale eines gut definierten und kumulativen Forschungsstroms in Summe leider fehlen. Als Forschungslücken werden „Definition und Dimensionierung des Konstrukts [Geschäftsmodellinnovation]", „Kongruenz und Identifikation von Treibern und Ergebnissen", „Kontingenz und Moderatorvariablen" sowie „Randbedingungen" genannt. Die Autoren entwickeln ein Rahmenmodell für zukünftige Forschungsarbeiten. Der Begriff Geschäftsmodell wird hier nach Teece (2010) als „design or architecture of the value creation, delivery, and capture mechanisms" eines Unternehmens definiert, der Begriff Geschäftsmodellinnovation konsequenterweise als „designed, novel, nontrivial changes to the key elements of a firm's business model and/or the architecture linking these elements." (Foss und Saebi 2017, S. 216) Treiber können externer (z. B. Verfügbarkeit neuer Technologien) oder interner Natur (z. B. Veränderung der Strategie) sein. Im Zusammenhang mit dem Ergebnis spielen finanzielle Performance, Innovationskraft und Kostenreduktion eine Rolle. Moderatoren existieren auf der Makroebene (z. B. Wettbewerbsrecht), der Unternehmensebene (z. B. Innovationskultur) und der Mikroebene (z. B. Offenheit). Im Zusammenhang mit Randbedingungen werden die Themen Entrepreneurship, Open Innnovation, Servitization und Nachhaltigkeit diskutiert.

In der Literatur finden sich Hinweise, dass die frühe wissenschaftliche Diskussion rund um das Thema Geschäftsmodelle vor allem durch die zunehmende Nutzung des Internets und dessen Auswirkungen auf Wertschöpfungsprozesse motiviert wurde (Amit und Zott 2001, S. 493; Magretta 2002; Zott und Amit, 2017, S. 19). Mit den weiter vorne im Text vorgestellten Basistechnologien der Digitalisierung stehen heute weitere informations- und kommunikationstechnische Innovationen zur Verfügung, welche letztlich zur digitalen Transformation von Unternehmen führen, etablierte Geschäftsmodelle verändern und neue generieren. Erste diesbezügliche Veröffentlichungen sind bereits verfügbar. Fleisch et al. (2014) weisen auf das wirtschaftliche Potenzial von Internet der Dinge-Anwendungen hin, präsentieren eine Reihe von Geschäftsmodellmustern und erläutern Herausforderungen, mit denen sich Start-Ups im Internet der Dinge-Umfeld auseinandersetzen müssen. Turber et al. (2014) entwickeln auf Basis eines Design Science Research Ansatzes ein Referenzmodell zur Beschreibung von Geschäftsmodellen für Anwendungen im Internet der Dinge, bei dem neue Technologien als Wertschöpfungsquelle, Kooperation in Wertschöpfungsnetzen und Customer-Co-Creation besondere Berücksichtigung finden. Bilgeri und Wortmann (2017) setzen sich ebenfalls im Zusammenhang mit dem Internet der Dinge im Rahmen von Experteninterviews mit potenziellen Barrieren für die Implementierung auseinander. Burmeister et al. (2016) analysieren im Zusammenhang mit Geschäftsmodellinnovationen im Industrie 4.0-Umfeld Vorgehensweisen, Werkzeuge, Best Practices und Kompetenzen in Industrieunternehmen. Hartmann et al. (2014) wiederum entwickeln auf Basis von

Informationen zu ca. 100 Start-Up-Unternehmen eine Taxonomie datengetriebener Geschäftsmodelle sowie ein entsprechendes Framework, mit dessen Hilfe solche Geschäftsmodelle analysiert und gestaltet werden können. Eine Forschungsagenda zu Geschäftsmodellen aus der Perspektive der Wirtschaftsinformatik liefern Veit et al. (2014). Sie identifizieren „digitale Geschäftsmodelle" als eines von drei zentralen Forschungsthemen. Sie bezeichnen ein Geschäftsmodell dann als digital, wenn digitale Technologien zu einer fundamentalen Veränderung von Geschäftsprozess und Ertragsmechanik führen. Remane et al. (2017) greifen diese Definition auf und erläutern den Begriff beispielhaft für Smartphone-basierte Ökosysteme.

1.3 Digitale Transformation

1.3.1 Die Vision des datengetriebenen Unternehmens

Die digitale Transformation eines Unternehmens und dessen Geschäftsmodell können nur dann wirksam getrieben werden, wenn das Ziel des Transformationsprozesses bekannt ist. Reifegradmodelle, wie sie in den vergangenen Jahren insbesondere in Beraterstudien zu Industrie 4.0 präsentiert wurden (z. B. Kempermann und Millack 2016; Bloching et al. 2015; Lichtblau et al. 2015) bieten für die Beschreibung des Zielsystems zumindest auf den ersten Blick eine gute Basis. Allerdings bleibt bei solchen Studien in der Regel unklar, auf welcher Grundlage und mit welcher wissenschaftlichen Methodik die Vision des digitalen Unternehmens und die einzelnen Schritte dorthin erarbeitet wurden. Für eine wissenschaftliche Auseinandersetzung mit dem Thema reichen die verfügbaren Modelle also nicht aus.

Vor diesem Hintergrund entwickeln Klötzer und Pflaum (2017) unter Verwendung eines Grounded Theory-Ansatzes gemeinsam mit einer Reihe von Digitalisierungsexperten aus der produzierenden Wirtschaft ein eigenes Reifegradmodell für die digitale Transformation. Abb. 1.1 zeigt die Grundidee. Startpunkt der Überlegungen ist das traditionelle produzierende Unternehmen mit einem klaren Fokus auf Design, Produktion, Vermarktung und Distribution physischer Produkte in Kombination mit produktnahen Dienstleistungen. Die Autoren gehen davon aus, dass mit der Realisierung smarter Produkte und smarter Services für den Kunden und deren Anwendung in den eigenen Produktionsprozessen zwei sehr unterschiedliche Wege der digitalen Transformation unterschieden werden können. Am Ende des Transformationsprozesses steht das datengetriebene Unternehmen, in dem Daten für die Steigerung von Effizienz, Flexibilität und Agilität der Produktionsprozesse einerseits und für die Steigerung des Umsatzes andererseits herangezogen werden. Im Detail unterscheidet sich das datengetriebene Unternehmen in vielfacher Hinsicht von der traditionellen Variante.

Klötzer und Pflaum (2017) identifizieren 9 Dimensionen der digitalen Transformation und leiten auf dieser Basis wesentliche Merkmale für das datengetriebene Unternehmen ab. Tab. 1.1 fasst die Ergebnisse zusammen.

Ganz offenbar unterscheiden sich datengetriebene Unternehmen also sehr deutlich von klassischen produktorientierten. Inwieweit sich die im Rahmen der

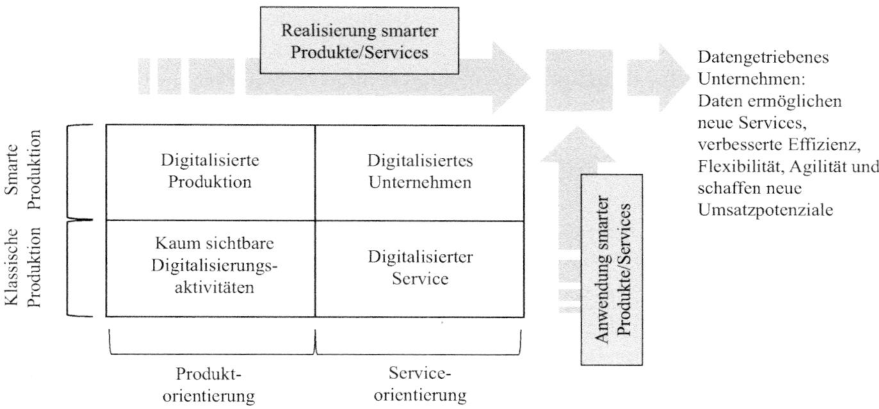

Abb. 1.1 Rahmenmodell für die digitale Transformation produzierender Unternehmen (in Anlehnung an Klötzer und Pflaum 2017)

Tab. 1.1 Charakteristische Merkmale datengetriebener Unternehmen

Betrachtungsdimension	Charakteristische Merkmale
Unternehmensstrategie	Im Zentrum strategischer Überlegungen stehen nicht mehr physische Produkte und produktnahe Services sondern Daten und darauf aufbauende datengetriebene Services.
Angebot an den Kunden	Kernleistung sind Services mit deren Hilfe Daten in konkrete Werte für den Kunden umgesetzt werden.
Assets	Daten stammen aus unternehmensinternen Systemen, aus dem Unternehmensumfeld sowie von smarten Produkten, die entweder beim Kunden oder in den eigenen Prozessen zum Einsatz kommen.
Technische Ressourcen	Die Wertschöpfung basiert auf informationstechnischen Infrastrukturen für das Generieren, Beschaffen, Verarbeiten sowie das Verwerten von Daten. Neben smarten Produkten kommen andere komplementäre Informations- und Kommunikationstechnologien zum Einsatz.
Prozessorganisation	Wertschöpfung erfolgt im Rahmen von vollständig automatisierten Prozessen, welche den gesamten Datenlebenszyklus von der Generierung bzw. Beschaffung über die Verarbeitung bis hin zur Verwertung der Daten unterstützen.
Aufbauorganisation	Entlang des datenorientierten Wertschöpfungsprozesses miteinander verknüpfte Organisationseinheiten, organisiert in Form eines klassisch gewinnorientiert arbeitenden Unternehmens.
Kooperation	Intensive Kooperation mit Partnern im Rahmen eines unternehmerischen Ökosystems bei klarem Fokus auf die eigenen Kernkompetenzen im Zusammenhang mit dem datengetriebenen und automatisierten Wertschöpfungsprozess.
Menschliche Ressourcen	Beschäftigung von flexiblen und agilen Mitarbeitern mit Kompetenzen in den Bereichen der Informatik, der Wirtschaftsinformatik, der Data Sciences in Verbindung mit flachen Managementstrukturen.
Unternehmenskultur	Offene, kreative und innovationsfreudige Unternehmenskultur gepaart mit ausgeprägtem Service-Denken.

qualitativ-exploratorischen Untersuchung erarbeiteten Ergebnisse allerdings generalisieren lassen, ist aktuell noch ungeklärt. Hier sind weitere, empirisch-konfirmatorische Arbeiten erforderlich.

1.3.2 Der Prozess der digitalen Transformation

Die wissenschaftliche Literatur zum Thema Innovationsmanagement bietet eine Fülle von Erkenntnissen zum Umgang mit Neuerungen im Unternehmen. Im Zusammenhang mit Geschäftsmodellinnovationen weisen Foss und Saebi (2017) auf einen Forschungsstrom hin, der sich insbesondere mit organisationalem Wandel auseinandersetzt. Entsprechende Studien beschäftigen sich mit den verschiedenen Phasen des Geschäftsmodellinnovationsprozesses, identifizieren notwendige Kompetenzen und Prozesse, verweisen auf die Bedeutung von Experimenten und Lernprozessen und schlagen praxisorientierte Werkzeuge vor, mit denen Innovationsprozesse unterstützt werden können. Wissenschaftliche Arbeiten, die sich spezifisch mit der digitalen Transformation und den Konsequenzen auf das Geschäftsmodell etablierter Unternehmen auseinandersetzten, werden in den verfügbaren Literatur Reviews allerdings nicht erwähnt. (z. B. Zott et al. 2011; Wirtz et al. 2016; Foss und Saebi 2017). Wirtz et al. (2016, S. 13) weist aber zumindest auf die Relevanz entsprechender Forschungsarbeiten hin. Erste pragmatische, Vorgehensmodelle finden sich in Studien und Arbeitspapieren etablierter Beratungshäuser und wissenschaftlicher Einrichtungen (z. B. Geisbauer et al. 2016; Pflaum und Gölzer 2018). Pflaum und Gölzer (2018) schlagen beispielsweise den in Abb. 1.2 dargestellten, iterativen und im Rahmen verschiedener Beratungsprojekte entwickelten Prozess vor.

Der Prozess beginnt in einem ersten Schritt mit der Entwicklung einer Vision für das datengetriebene Unternehmen. Die Vision wird im Anschluss in ein Set datengetriebener Use Cases oder Services heruntergebrochen, welche die strategische

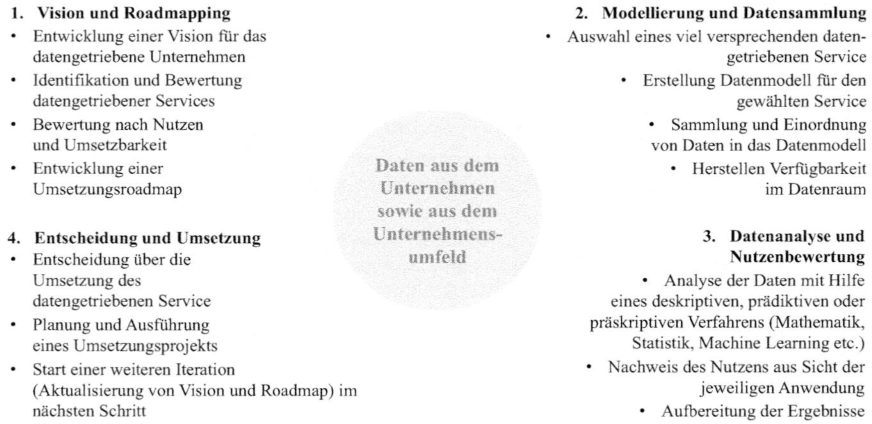

Abb. 1.2 Referenzprozess „digitale Transformation" (in Anlehnung an Pflaum und Gölzer 2018)

Zielsetzung unterstützen. Im Hintergrund müssen im Zusammenhang mit informationstechnischen Infrastrukturen, Partnernetzwerk, menschlichen Ressourcen, Innovationskultur etc. Rahmenbedingungen so gesetzt werden, dass während der eigentlichen Implementierungsphase keine bzw. möglichst wenig Reibungsverluste entstehen (Klötzer und Pflaum 2017). Die Einordnung des eigenen Unternehmens anhand eines Reifegradmodells für den Transformationsprozess kann hierbei sehr hilfreich sein. Im Anschluss sind die einzelnen Services im Hinblick auf den jeweiligen Wertbeitrag, die Verfügbarkeit der erforderlichen Daten und der technischen Machbarkeit zu evaluieren, zu priorisieren und in eine Umsetzungsroadmap einzuordnen. Im zweiten Schritt kann mit der Umsetzung des interessantesten Service begonnen werden. Hier ist zunächst ein Datenmodell zu erarbeiten, welches alle relevanten Informationen für die Lösung des entsprechenden Anwendungsproblems enthält und aus Datenquellen innerhalb und außerhalb des Unternehmens befüllt wird. Techniken aus dem Bereich der künstlichen Intelligenz werden im dritten Schritt genutzt, um neue Einsichten zu gewinnen. Die entsprechenden Methoden und Algorithmen kommen aus der Statistik, der Mathematik und aus dem maschinellen Lernen. Sie sind in eine technische Lösung zu integrieren, mit deren Hilfe das anwendungsspezifische Kernproblem adressiert und entsprechender Mehrwert für das Unternehmen generiert werden kann. Ob dies anhand der Beschreibung der aktuellen Situation bzw. der bisherigen Entwicklung („descriptive analytics"), anhand einer Prognose des zukünftigen Verhaltens von Systemparametern („predictive analytics") oder anhand automatisierter Optimierungsroutinen („prescriptive analytics") erfolgt, hängt letztlich vom jeweiligen Anwendungsfall ab. Im vierten und letzten Schritt muss das Unternehmen darüber entscheiden, ob bzw. inwieweit der entwickelte datengetriebene Service im Unternehmen implementiert werden soll. Anschließend kann die zweite Iteration beginnen. Vision und Roadmap werden überprüft, Rahmenbedingungen werden angepasst, der Prozess beginnt mit der Betrachtung des nächsten datengetriebenen Service erneut. Mit jeder Iteration kommt die eigene Organisation der strategischen Vision des datengetriebenen Unternehmens ein Stück näher.

Der beschriebene Prozess kann als Beispiel für eine zielorientierte und strukturierte Vorgehensweise für die digitale Transformation gelten. Ein Zusammenhang zwischen einzelnen Eigenschaften des Vorgehensmodells einerseits und der Unternehmensperformance andererseits ist auch für diesen Prozess bislang empirisch-konfirmatorisch noch nicht nachgewiesen. Auch hier sind weitere wissenschaftliche Arbeiten erforderlich.

1.3.3 Auswirkungen auf das Geschäftsmodell

Im letzten Abschnitt wurde deutlich, dass der Prozess der digitalen Transformation letztlich zur Umsetzung der Vision des datengetriebenen Unternehmens führt. Diese Transformation bleibt nicht ohne Auswirkungen auf das Kerngeschäft eines Unternehmens. Die Tab. 1.2 basiert auf einer Analyse bereits existierender Beispiele aus der Praxis und zeigt, wie die Realisierung von smarten Produkten, smarten Services

Tab. 1.2 Vom produktzentrierten zum datenzentrierten Geschäftsmodell

	Produktzentriertes Geschäftsmodell	Datenzentriertes Geschäftsmodell
Wert-versprechen	Physisches Produkt als Potenzial in Kombination mit produktnahen Services im Sinne eines zusätzlichen Wertangebots (Value Added Services)	Produkte und produktnahe Services verlieren an Bedeutung, Daten werden als Asset verstanden, datengetriebene Services generieren Wert
Einnahme-quellen	Vermarktung physischer Produkte als Investitionsgut zu einem Festpreis, zusätzliche Gebühren für Value Added Services fallen an	Vermarktung von datengetriebenen Dienstleistungen auf Basis sogenannter „as-a-service"-Bezahlmodelle (Infrastruktur, Hardware, Service, Daten)
Kunden-segmente	Beschränkung auf finanzkräftige Kundensegmente, Kundensegmente mit weniger Finanzkraft werden vernachlässigt	Adressierung des Gesamtmarkts; untere Marktsegmente werden über neue Bezahlmodelle (siehe oben) angesprochen
Kunden-beziehungen	Kunden sind aufgrund des hybriden Charakters des Geschäfts mit starkem Fokus auf das Produktgeschäft entlang des Lebenszyklus nur begrenzt eingebunden	Potenzielle Kunden sind über den gesamten Lebenszyklus des Angebots eingebunden (Entwicklung, Ramp-Up, operativer Betrieb)
Vermarktungs-kanäle	Vermarktung von Produkten über klassische offline- und online Vermarktungskanäle	Smarte Produkte als zusätzlicher Vermarktungskanal; Verwertung von Nutzungsdaten durch das Marketing
Schlüssel-aktivitäten	Traditionelle Wertschöpfungsprozesse von Entwicklung über Beschaffung, Produktion, Vertrieb und Distribution; zusätzliche Dienstleistungsprozesse	Automatisierte Erfassung, Speicherung, Verarbeitung, Auswertung von Daten sowie die anschließende Verwertung aus dem Unternehmen und dessen Umfeld
Schlüssel-ressourcen	Softwarewerkzeuge, Maschinen, Anlagen, Materialien, menschliche Ressourcen, Intellectual Property Rights etc.	Digitale Plattformen, Softwareprodukte zur Unterstützung der genannten Schlüsselaktivitäten
Schlüssel-partner	Akteure entlang der Versorgungskette von der Urproduktion bis hin zum Recycling, zusätzlich Dienstleistungsunternehmen (Finanzen, IT, Logistik etc.)	Akteure eines unternehmerischen Ökosystems über das „extended enterprise" hinaus (Wettbewerber, Politik, Wissenschaft, Verbände, Berater etc.)
Kosten-strukturen	Kosten für Ressourcen im Bereich Entwicklung, Produktion, Logistik sowie im Bereich der produktnahen Zusatzdienstleistungen	Kosten für den Aufbau und den Betrieb einer digitalen Plattform sowie den Aufbau und die nachhaltige Gestaltung eines unternehmerischen Ökosystems

und smarter Produktion die einzelnen Elemente des traditionellen produktzentrierten Geschäftsmodells verändert. Die Darstellungen folgen dabei der von Osterwalder und Pigneur (2010) vorgeschlagenen Beschreibungslogik „Business Model Canvas". Auf die Nutzung neuerer und gezielt für Geschäftsmodellen im Internet der Dinge entwickelten Beschreibungsvarianten (Turber et al. 2014; Hartmann et al. 2014) wird hier verzichtet, um den Unterschied zwischen traditionellen produktzentrischen und digitalen datenzentrischen Geschäftsmodellen gut verdeutlichen zu können. Das Modell von Osterwalder und Pigneur wird in der Praxis zudem intensiv genutzt, so dass ein hoher Bekanntheitsgrad und entsprechende Grundkenntnisse vorausgesetzt werden können.

Die Tabelle macht deutlich, dass sich nicht nur das Werteversprechen des Unternehmens dem Kunden gegenüber und die Marktseite des Geschäftsmodells sondern auch die Ressourcenseite deutlich verändert. Ursache für die Veränderungen im Geschäftsmodell ist vor allem der Paradigmenwechsel im Bereich des Werteversprechens. Nicht mehr das physische Produkt sondern die durch das Produkt generierten Daten sind das eigentliche Asset bzw. der eigentliche Werteträger (Hartmann et al. 2014; Bleicher und Stanley 2016, S. 64; Iansiti und Lakhani 2014, S. 3). Alle anderen Veränderungen im Geschäftsmodell resultieren letztlich aus diesem Paradigmenwechsel.

1.3.4 Zur Bedeutung unternehmerischer Ökosysteme

Im letzten Abschnitt wurde deutlich, dass unternehmerische Ökosysteme im Zusammenhang mit digitalen Geschäftsmodellen eine besondere Rolle spielen. Entsprechende Hinweise sind auch in der wissenschaftlichen Literatur zu finden (z. B. Zott et al. 2011; Frankenberger et al. 2013; Porter und Heppelmann (2015); Turber et al. 2014; Kress et al. 2016; Foss und Saebi 2017; Papert und Pflaum 2017).

Grundlegende Überlegungen zum Ökosystem im betriebswirtschaftlichen Kontext präsentiert Moore bereits 1996. Er charakterisiert ein unternehmerisches Ökosystem (in der deutschen Übersetzung) wie folgt: „Eine wirtschaftliche Gemeinschaft von miteinander in Beziehung stehenden Organisationen und Menschen – den Organismen der Geschäftswelt. Die wirtschaftliche Gemeinschaft produziert nützliche Güter und Dienstleistungen für ihre Kunden, die ebenfalls zum Ökosystem gehören. Zu den Mitgliedsorganismen zählen darüber hinaus die Zulieferer, die Marktführer, die Mitbewerber und andere Stakeholder. Mit der Zeit entwickeln sie ihre Fähigkeiten und Funktionen im Sinne koevolutionären Verhaltens, wobei sie sich tendenziell an den Vorgaben des oder der zentralen Unternehmen(s) orientieren. Welche Unternehmen die Führungsrolle innehaben, kann sich mit der Zeit ändern, aber die ökologische Führungsfunktion selbst wird von der Marktgemeinschaft geachtet, weil die Führung allen Mitgliedern eine gemeinsame Vision vermittelt, die es ihnen erlaubt, ihre Investitionen aufeinander abzustimmen und sich so zu spezialisieren, dass sich ihre jeweiligen Leistungen gegenseitig ergänzen und unterstützen." Ein oft genanntes Beispiel ist das Ökosystem, welches das amerikanische Unternehmen Apple rund um das i-Phone aufgebaut hat. Zukünftig werden nicht mehr Unternehmen oder Versorgungsketten sondern ganze Ökosysteme miteinander im Wettbewerb stehen. Direkter Wettbewerber von Apple ist beispielsweise das Ökosystem rund um Googles Android-Plattform. Moore (1996) beschreibt für Ökosysteme einen Lebenszyklus, der aus den Phasen „Pioneering", „Expansion", „Authority" und „Renewal or Death" besteht. Iansiti und Levien (2004) ergänzen die Überlegungen von Moore um ein Rollenmodell. Überhaupt sind in den vergangenen Jahren eine ganze Reihe von Veröffentlichungen entstanden, welche das Konstrukt „Ökosystem" aus den unterschiedlichsten Perspektiven wie z. B. Kundensicht, e-Business, IT, Innovation, Netzwerksicht, Servitization betrachten (Fragidis et al. 2007; Marín et al. 2008; Iansiti und Richards 2006; Adner 2006; Borgh et al. 2012; Perrone et al. 2010; Vargo und Lusch 2010). Wissenschaftliche Literatur, welche das Konzept des Ökosystems in Zusammenhang mit der digitalen Transformation der produzierenden Wirtschaft diskutiert, ist bislang allerdings nur im Ansatz vorhanden (Papert und Pflaum 2017; Kress et al. 2016).

Papert und Pflaum (2017) modellieren im Rahmen einer Grounded Theory-Analyse Ökosysteme für die Realisierung smarter Services im Internet der Dinge. Sie finden drei Subsysteme, die im Sinne einer Gesamtlösung zusammenwirken. Im „Smart Produkt-Teilökosystem" arbeiten Unternehmen zusammen, um klassische Produkte in ihr smartes Pendant zu verwandeln und Verbindung mit dem Internet herzustellen. Im „Applikationsteilökosystem" übernimmt eine digitale Plattform die Auswertung von Daten aus den smarten Produkten und generiert im Rahmen konkreter technischer Lösungen Wert für den Kunden. Ein „zentrales Teilökosystem" verknüpft die beiden Subsysteme miteinander. In Summe finden die Autoren 20 unterschiedliche Rollen, die zum Gesamtwertversprechen beitragen. Kress et al. (2016) untersuchen digitale Ökosysteme in der Produktion in ganz ähnlicher Weise. Die Autoren finden in Summe 26 Rollen. Sie weisen darauf hin, dass sich im Zusammenhang mit der Digitalisierung der Wirtschaft neue Rollen im Bereich der IT entwickelt haben, dass vor allem Industrial Internet of Things-Plattformen zunehmend eingesetzt werden und dass sich klassische Produktionssysteme von heute in Service Systeme (Porter und Heppelmann (2015); Lusch 2011) verwandeln. Wie unternehmerische Ökosysteme im Internet der Dinge bzw. in der Produktion von morgen nachhaltig erfolgreich gestaltet werden können, lassen die beiden letztgenannten Veröffentlichungen weitestgehend offen. Papert et al. (2018) erarbeiten für die Rolle des Lösungsanbieters im IoT vor dem Hintergrund der Action Theory eine Reihe erster Leistungskonfigurationen, die zu betriebswirtschaftlichem Erfolg im Internet der Dinge führen. Zukünftige Forschungsarbeiten können an dieser Stelle ansetzen, die theoretische Basis stärken und Handlungsempfehlungen für die Praxis generieren.

1.3.5 Die Rolle digitaler Plattformen und deren disruptives Potenzial

In den bereits genannten Veröffentlichungen von Papert und Pflaum (2017) und Kress et al. (2016) fällt auf, dass innerhalb der beschriebenen unternehmerischen Ökosysteme vor allem (Industrial) Internet of Things-Plattformen eine zentrale Rolle spielen. Der Plattformbegriff selbst wird in der Literatur bereits seit vielen

Jahren diskutiert (z. B. Gawer und Cusumano 2002, 2014; Evans et al. 2006; van Alstyne et al. 2016; Evans und Gawer 2016). Nach van Alstyne et al. (2016) existieren mit Produzenten, Konsumenten, dem Plattformbesitzer und dem Plattformanbieter vier wesentliche Rollen, welche gemeinsam mit weiteren Akteuren ein komplexes Ökosystem bilden. Produzenten bieten Leistungen über die Plattform an, Konsumenten nehmen diese in Anspruch. Der Plattformanbieter stellt die hierfür erforderlichen Schnittstellen zur Verfügung, der Plattformbesitzer wiederum ist für die Governance der Plattform verantwortlich. Der Erfolg eines Plattformunternehmens basiert vor allem auf direkten und indirekten Netzeffekten. Im Kern geht es darum, ein Matching zwischen Produzenten und Konsumenten herzustellen, kontinuierlich komplementäre Angebote für Konsumenten zu attrahieren und die Zahl der Transaktionen auf der Plattform zu erhöhen. Während sich klassische produktorientierte Geschäftsmodelle durch die Kontrolle limitierter Ressourcen, die Optimierung interner Prozesse und die Maximierung des Kundenwerts charakterisieren lassen, stehen bei plattformorientierten Geschäftsmodellen vor allem die Orchestrierung von durch Partner eingebrachter Ressourcen, die Schaffung von Wert durch Interaktion sowie die Maximierung des Werts des Ökosystems hinter der Plattform selbst im Vordergrund.

Internet of Things-Plattformen, wie sie im Zusammenhang mit der digitalen Transformation produzierender Unternehmen zum Einsatz kommen, dienen vor allem der Verarbeitung großer und heterogener Datenmengen. Sie stellen generische Software Services, spezifische Apps, Tools für deren Entwicklung, Datenanalyseverfahren sowie Sicherheitsmechanismen für die Ende-zu-Ende-Kommunikation zwischen smarten Produkten und Nutzern zur Verfügung (Papert und Pflaum 2017). Krause et al. (2017) detaillieren diese Funktionen und vergleichen auf dieser Basis in einer Markstudie 24 unterschiedliche Plattformprodukte. Engels et al. (2017) wiederum betrachten digitale Plattformen im industriellen Kontext eher aus der Anwendungsperspektive. Die Autoren weisen darauf hin, dass im Rahmen von Digitalisierungsprozessen nicht die Plattform alleine sondern das gesamte Ökosystem zu betrachten ist und dass sich insbesondere produzierende Unternehmen vor diesem Hintergrund öffnen müssen. Sie betonen in diesem Zusammenhang die Forderung der Anwender nach offenen Plattformen, nach Interoperabilität und entsprechenden Standards. Sie machen aber auch deutlich, dass dem Thema Plattformen zwar zunehmend Aufmerksamkeit gezollt wird, dass es aber an einem gemeinsamen Verständnis mangelt, dass sowohl im Zusammenhang mit technischen und betriebswirtschaftlichen Fragestellung in der Praxis Wissenslücken existieren und dass der Begriff der digitalen Plattform leider sehr inflationär verwendet wird. Auch hier sind also weitere Forschungs- und Aufklärungsarbeiten erforderlich. Geklärt werden muss zum Beispiel, wie Plattformen in der industriellen Wertschöpfung miteinander verknüpft werden und wie Plattformgeschäftsmodelle in diesem doch neuen Anwendungsfeld funktionieren und skalieren können. Eine erste Analyse von Geschäftsmodellen für Industrial Internet of Things-Plattformen findet sich bei Kress (2018). Er analysiert die Geschäftsmodelle einer Auswahl an Plattformen im Detail und arbeitet im Rahmen von Experteninterviews vier unterschiedliche Typen von Plattformen heraus, die sich vor allem hinsichtlich des Umfangs und der Komplexität der unterstützten Applikationen einerseits und der Intensität der Verknüpfung mit physischen Assets bzw. smarten Produkten andererseits unterscheiden.

Digitalen Plattformen wird in der Literatur disruptives Potenzial zugeschrieben (z. B. Engels et al. (2017)). Es besteht tatsächlich eine gewisse Gefahr, dass etablierte Unternehmen oder Start-Ups mit neuen datengetriebenen und plattformbasierten Services Lücken in vorhandenen Wertschöpfungssystemen finden und disruptive Entwicklungen auslösen. Apples Erfolg mit dem i-Phone und der dahinter liegenden digitalen Plattform ist ein hervorragendes Beispiel für einen erfolgreichen disruptiven Prozess. Digitale Plattformen für Predictive Maintenance im Maschinen- und Anlagenbau haben unter Umständen ebenfalls disruptives Potenzial. Allerdings erfolgt die Diskussion zu disruptiven Innovationen in der Praxis aktuell oft ohne wirklichen Bezug zu den entsprechenden wirtschaftstheoretischen Grundlagen (Christensen 1997, 2006; Christensen et al. 2015, 2016). Angesichts der Tatsache, dass sich die inzwischen reichhaltige Disruptionstheorie zu einer normativen Theorie entwickelt hat, sind solche Diskussionen durchaus kritisch zu sehen. In Fällen, in denen eine disruptive Innovation unterstellt wird, die in der Theorie formulierten Voraussetzungen aber nicht gegeben sind, kann das Befolgen von, aus der Disruptionstheorie abgeleiteten Handlungsempfehlungen sehr schnell zu negativen Ergebnissen führen. Für Christensen et al. (2016) ist „Plattform Business" als eines von vier neuen Themengebieten für zukünftige Forschungsarbeiten im Bereich der Disruptionstheorie zu sehen. Die Autoren zeigen in ihrem Arbeitspapier entsprechende Fragestellungen auf. Interessant ist beispielsweise der Zusammenhang zwischen, für das Plattformgeschäft typischen modularen Produktarchitekturen und Disruption, der Zeitablauf der Transformation produktorientierter in plattformorientierter Geschäftsmodelle, die Auswirkung von Netzeffekten auf die Geschwindigkeit disruptiver Prozesse oder die Verbreitung disruptiver Innovationen in unternehmerischen Ökosystemen. Gerade weil digitale Plattform disruptives Potenzial besitzen, müssen Forschungen in diesem Bereich vorangetrieben werden.

1.4 Handlungsempfehlungen

1.4.1 Empfehlungen für die Wissenschaft

In Abschn. 1.2.2 wurde bereits auf die Forschungsagenden zum Thema Geschäftsmodellinnovation verwiesen, die in der aktuellen Literatur zu finden sind. Foss und Saebi (2017, S. 215) präsentieren einen umfassenden Forschungsrahmen, in den aktuelle wissenschaftliche Arbeiten zu digitalen Geschäftsmodellen eingeordnet werden können. Die in Abschn. 1.2.1 dargestellten Basistechnologien der Digitalisierung können in diesem Kontext als externe Treiber des Transformationsprozesses verstanden werden. Es gilt also, in zukünftigen Arbeiten herauszufinden, welche Veränderungen die zunehmende Digitalisierung bezüglich der einzelnen Elemente eines Geschäftsmodells, des Ausmaßes der Veränderungen bezogen auf das Gesamtmodell, des Neuigkeitsgrad, der finanziellen Performanz eines Unternehmens sowie dessen Innovationskraft und Effizienz mit sich bringt. Zusätzlich ist zu analysieren, welche Auswirkungen Moderatorvariablen volkswirtschaftlicher, betriebswirtschaftlicher und persönlich-kognitiver Natur auf den eigentlichen Innovationsprozess haben.

In Ergänzung lassen sich aus den einzelnen Abschnitten des Abschn. 1.3 weitere Forschungsthemen bzw. Fragestellungen für die Zukunft ableiten. Im Zusammenhang mit der in Abschn. 1.3.1 formulierten Vision des datengetriebenen Unternehmens fehlt es an Konkretisierungen für unterschiedliche Branchen und Wertschöpfungsstufen zum Beispiel im Rahmen von Fallstudien. Zusätzlich ist zu klären, inwieweit das dargestellte Modell und die entwickelte Vision auch auf Dienstleistungsunternehmen unterschiedlicher Art übertragen werden können. Der in Abschn. 1.3.2 beschriebene Referenzprozess für die digitale Transformation von Unternehmen bzw. Geschäftsmodellen muss sukzessive, zum Beispiel im Rahmen eines Design-Science-Ansatzes weiterentwickelt und vor allem in der Praxis evaluiert werden. Ähnliches gilt für die Auswirkungen zunehmender Digitalisierung, die bereits in Abschn. 1.3.3 generisch beschrieben wurden. Auch hier fehlt es an Konkretisierungen für unterschiedliche Typen von Unternehmen. Von besonderer Bedeutung dürften weitere Forschungsarbeiten im Zusammenhang mit den in Abschn. 1.3.4 diskutierten unternehmerischen Ökosystemen sein. Auf Basis der bisher entwickelten Beschreibungsmodelle können Vorgehensweisen, Methoden und Werkzeuge für den nachhaltig erfolgreichen Aufbau von digitalen Ökosystemen bzw. für die Positionierung von Unternehmen in bereits vorhandenen entwickelt werden. Darüber hinaus müssen die in Abschn. 1.3.5 skizzierte Rolle digitaler Plattformen in den digitalen Ökosystemen der Zukunft und die damit verbundenen Auswirkungen auf einzelne Akteure und Wettbewerb noch besser verstanden werden. Besonderes Augenmerk verdienen in diesem Zusammenhang Fragestellungen zu den disruptiven Eigenschaften digitaler Plattformen in industriellen Wertschöpfungsketten.

1.4.2 Empfehlungen für die Praxis

Auch für das Management in den Unternehmen lassen sich aus den bisherigen Überlegungen eine Reihe von Handlungsempfehlungen herauskristallisieren. Nachfolgend sind die wichtigsten stichpunktartig genannt:

- Smarte Produkte und Services werden unsere Zukunft dominieren. Unternehmen der produzierenden Wirtschaft müssen sich grundsätzlich mit entsprechenden Basistechnologien und Systemen auseinandersetzen.
- Das Geschäftsmodellkonzept ist geeignet, die Auswirkungen der Digitalisierung auf das Unternehmen umfänglich zu analysieren. Manager müssen sich mit den entsprechenden Konzepten vertraut machen.
- Ohne eine konkrete Vision zur datengetriebenen Version eines Unternehmens können Transformationsprozesse nicht zielorientiert verlaufen. Die Entwicklung einer solchen Vision muss zu Beginn des Prozesses stattfinden.

- Die digitale Transformation sollte sich nach Möglichkeit an einem geeigneten Referenzprozess orientieren. Die Literatur bietet solche Prozesse bereits.
- Manager dürfen das Ausmaß der Veränderung des Geschäftsmodells durch Digitalisierung nicht unterschätzen. Neben dem eigentlichen Werteversprechen verändern sich Module auf der Markt- und Ressourcenseite signifikant.
- Der mit der Digitalisierung verbundene Paradigmenwechsel vom produkt- zum datenzentrierten Geschäftsmodell erfordert einen grundlegenden Wandel im Denken auf allen Ebenen des Managements.
- Bei digitalen Geschäftsmodellen bilden Daten und nicht das Produkt selbst das eigentliche Asset. Bei der Nutzung digitaler Infrastrukturen und Plattformen darf die Hoheit über die eigenen Daten aus Wettbewerbsgründen auf keinen Fall aufgegeben werden.
- Die Komplexität des digitalen Wandels ist durch ein Unternehmen alleine nicht mehr beherrschbar. Das Management ist gezwungen, sich mit dem Konzept des unternehmerischen Ökosystems auseinanderzusetzen, ein eigenes aufzubauen oder sich in einem vorhandenen sinnvoll zu positionieren.
- Digitale Plattformen bilden zukünftig den Kern digitaler Ökosysteme. Manager müssen sich mit plattformorientierten Geschäftsmodellen beschäftigen und vor allem die Auswirkungen solcher Plattformen auf das eigene Geschäft verstehen.
- Insbesondere die Einschätzung des disruptiven Potenzials digitaler Plattformen für das eigene Geschäft verdient in diesem Zusammenhang besondere Beachtung. Unternehmen sollten proaktiv herangehen, Szenarien entwickeln und die mögliche Disruption z. B. im Rahmen einer Ausgründung selbst vorantreiben.
- Der Begriff Disruption wird aktuell inflationär und ohne Bezug zur existierenden Theorie verwendet. Das Management muss sich mit den bisherigen Erkenntnissen der Disruptionstheorie auseinandersetzen, um richtige Entscheidungen zu treffen.

1.5 Abschließende Bemerkung

Ausgehend von grundlegenden Überlegungen zu den Basistechnologien der digitalen Transformation und zu Geschäftsmodellen wurde im Rahmen dieses Beitrags das Thema „digitale Transformation“ umfassend beleuchtet. Eine wesentliche Erkenntnis besteht darin, dass die Entwicklung einer Vision für das datengetrieben Unternehmen und die Orientierung an einem Referenzprozess Voraussetzungen für den Erfolg des Transformationsprozesses darstellen. Es wurde gezeigt, dass im Laufe der Transformation nahezu alle Elemente existierender Geschäftsmodelle mehr oder weniger signifikanten Veränderungen unterworfen sind. Im Vordergrund steht das Werteversprechen mit datengetriebenen Services. Zudem gewinnen digitale Plattformen als zentrales Element digitaler Ökosysteme aufgrund ihres disruptiven Potenzials gesteigerte Aufmerksamkeit. Der vorliegende Beitrag zeigt eine ganze Reihe von Handlungsempfehlungen für Wissenschaft und Praxis auf. Es ist die Hoffnung der Autoren, dass Forscher und Manager diese Empfehlungen aufnehmen und so die zukünftige wissenschaftliche Arbeit zum Thema digitaler Geschäftsmodelle befruchten bzw. nutzbringend für die eigenen Unternehmen umsetzen.

Literatur

Adner R (2006) Match your innovation strategy to your innovation ecosystem. Harv Bus Rev 84(4):98–107

Amit R, Zott C (2001) Value creation in e-business. Strateg Manag J 22:493–520

Arbeitskreis Smart Service Welt (2015) Smart Service Welt – Umsetzungsempfehlungen für das Zukunftsprojekt Internetbasierte Dienste für die Wirtschaft. Acatech, Berlin. https://www.digitale-technologien.de/DT/Redaktion/DE/Downloads/Publikation/smart-service-welt-umsetzungsempfehlungen_lang.pdf?__blob=publicationFile&v=3. Zugegriffen am 11.02.2018

Bilgeri D, Wortmann F (2017) Barriers to IoT business model innovation. In: Leimeister JM, Brenner W (Hrsg) Proceedings der 13. Internationalen Tagung Wirtschaftsinformatik (WI 2017). St. Gallen, S 987–990

Bleicher J, Stanley H (2016) Digitization as a catalyst for business model innovation: a three-step approach to facilitating economic success. J Bus Manag (12):62–71

Bloching B, Leutiger P, Oltmanns T, Rossbach C, Schlick T, Remane G, Quick P, Shafranyuk O (2015) Die digitale Transformation der Industrie. Was sie bedeutet. Wer gewinnt. Was jetzt zu tun ist. Roland Berger Strategy Consultants und Bundesverband der Deutschen Industrie (BDI). München/Berlin. https://bdi.eu/media/user_upload/Digitale_Transformation.pdf. Zugegriffen am 12.02.2018

Borgh M, Cloodt M, Romme AGL (2012) Value creation by knowledge-based ecosystems: evidence from a field study. R&D Manag 42(2):150–169

Burmeister C, Lüttgens D, Piller F (2016) Business model innovation for industrie 4.0: why the „industrial internet" mandates a new perspective on innovation. Die Unternehmung 70(2):124–152

Christensen C (1997) The innovator's dilemma: when new technologies cause great firms to fail. Harvard Business School Press, Boston

Christensen CM (2006) The ongoing process of building a theory of disruption. J Prod Innov Manag 23:39–55

Christensen CM, Raynor M, McDonald R (2015) What is disruptive innovation? Harv Bus Rev 93:44–53

Christensen MC, Altman EJ, McDonald R, Palmer J (2016) Disruptive innovation: intelectual history and future paths. Harvard Business School. Working paper

Engels G, Plass C, Ramming F-J (2017) IT-Plattformen für die Smart Service Welt: Verständnis und Handlungsfelder. acatech, Berlin

Evans CP, Gawer A (2016) The rise of the platform enterprise: a global survey. The emerging platform economy series, No. 1. https://www.thecge.net/archived-papers/the-rise-of-the-platform-enterprise-a-global-survey/. Zugegriffen am 12.02.2018

Evans DS, Hagiu A, Schmalensee R (2006) Invisible engines: how software platforms drive innovation and transform industries. MIT Press, Cambridge

Fleisch E, Weinberger M, Wortmann F (2014) Business models and the internet of things. Bosch IoT Lab White paper

Foss NJ, Saebi T (2017) Fifteen years of research on business model innovation: how far have we come, and where should we go? J Manag 43(1):200–227

Fragidis G, Koumpis A, Tarabanis K (2007) The impact of customer participation on business ecosystems. In: Camarinha-Matos LM, Afsarmanesh H, Novais P, Analide C (Hrsg) Establishing the foundation of collaborative networks. Springer, Boston, S 399–406

Frankenberger K, Weiblen T, Gassmann O (2013) Network configuration, customer centricity, and performance of open business models: a solution provider perspective. Ind Mark Manag 42:671–682

Gawer A, Cusumano MA (2002) Platform leadership: how Intel, Microsoft, and Cisco drive industry innovation. Harvard Business School Press, Boston

Gawer A, Cusumano MA (2014) Industry platforms and ecosystem innovation. J Prod Innov Manag 31(3):417–433

Geisbauer R, Vedso J, Schrauf S (2016) Industry 4.0: building the digital enterprise. pwc. https://www.pwc.com/gx/en/industries/industries-4.0/landing-page/industry-4.0-building-your-digital-enterprise-april-2016.pdf. Zugegriffen am 12.02.2018

Geisberger E, Broy M (2012) agendaCPS: Integrierte Forschungsagenda Cyber-Physical Systems. acatech Studie. Springer, Berlin/Heidelberg

Hartmann PM, Zaki M, Feldmann N, Neely A (2014) Big data for big business?: a taxonomy of data-driven business models used by start-up firms. Working paper. Cambridge Service Alliance. https://cambridgeservicealliance.eng.cam.ac.uk/resources/Downloads/Monthly%20Papers/2014_March_DataDrivenBusinessModels.pdf. Zugegriffen am 12.02.2018

Iansiti M, Lakhani KR (2014) Digital ubiquity: how connections, sensors, and data are revolutionizing business. Harv Bus Rev 92(11):90–99

Iansiti M, Levien R (2004) The keystone advantage: what the new dynamics of business ecosystems mean for strategy, innovation, and sustainability. Harvard Business School Press, Boston

Iansiti M, Richards GL (2006) Information technology ecosystem: structure, health, and performance. Antitrust Bull 51(1):77–110

Kempermann H, Millack A (2016) Industrie 4.0 in Nordbayern: Potenzialstudie für das Aktionsfeld „vernetzte Produktion“. IHK Nürnberg. https://www.ihk-nuernberg.de/de/media/PDF/Innovation-Umwelt/industrie-4.0-in-nordbayern-potenzialstudie-fuer-das-aktionsfeld-vernetzte-prod.pdf. Zugegriffen am 12.02.2018

Klötzer C, Pflaum A (2015) Cyber-physical systems as the technical foundation for problem solutions in manufacturing, logistics and supply chain management. In: Proceedings of the 2015 5th international conference on the Internet of Things (IOT). Institute of Electrical and Electronics Engineers (IEEE), Seoul, S 12–19

Klötzer C, Pflaum A (2017) Toward the development of a maturity model for digitalization within the manufacturing industry's supply chain. In: Proceedings of the 50th Hawaii international conference on system sciences 2017. Hawaii, S 4210–4219

Krause T, Strauß O, Scheffler G, Kett H, Lehmann K, Renner T (2017) IT-Plattformen für das Internet der Dinge (IoT). Fraunhofer, Stuttgart

Kress P (2018) The impact of digital technologies on the value creation of companies in the manufacturing industry. In: Pflaum A (Hrsg) Schriftenreihe Logistik und Informationstechnologien, Bd 4. Fraunhofer Verlag, Stuttgart

Kress P, Löwen U, Pflaum A (2016) A role model of production value networks. at – Automatisierungstechnik 2017 65(1):19–25

Kreutzer RT, Land K-H (2013) Digitaler Darwinismus: Der stille Angriff auf Ihr Geschäftsmodell und Ihre Marke. Springer, Wiesbaden

Lichtblau K, Stich V, Bertenrath R, Blum M, Bleider M, Millack A, Schmitt K, Schmitz E, Schröter M (2015) Industrie 4.0-Readiness. VDMA S 77

Lusch RF (2011) Reframing supply chain management: a service-dominant logic perspective. J Supply Chain Manag 47(1):14–18

Magretta J (2002) Why business models matter. Harv Bus Rev 80(5):86–92

Marín C A, Stalker I, Mehandjiev N (2008) Engineering business ecosystems using environment-mediated interactions. In: Weyns D, Brueckner S A, Demazeau Y (Hrsg) Engineering environment-mediated multi-agent systems, Band 5049. Springer, Berlin/Heidelberg. S 240–258

Moore JF (1996) The death of competition: leadership and strategy in the age of business ecosystems. Harper Business, New York

Osterwalder A, Pigneur Y (2010) Business model generation: a handbook for visionaries, game changers, and challengers. Wiley, Hoboken

Papert M, Pflaum A (2017) Development of an ecosystem model for the realization of Internet of Things (IoT) services in supply chain management: a grounded theory study. Electron Mark 27(2):175–189

Papert M, Pflaum A, Leischnig A (2018) Implementation of smart technology: an exploratory comparative case analysis. In: Proceedings of the international conference on information systems, 2018. Korea

Perrone G, Scarpulla L, Cuccia L (2010) Developing business networking opportunities for SMEs through business ecosystem and ICT. Int J Entrep Innov Manag 11(3):356–367

Pflaum A, Gölzer P (2018) Internet of things and the company – a game changing innovation. IEEE Pervasive Comput

Porter ME, Heppelmann JE (2015) How smart, connected products are transforming competition. Harv Bus Rev 93(10):96–114

Remane G, Hanelt A, Nickerson R, Kolbe LM (2017) Discovering digital business models in traditional industries. J Bus Strategy 38(2):41–51

Teece DJ (2010) Business models, business strategy and innovation. Long Range Plann 43(2–3):172–194

Turber S, vom Brocke J, Gassmann O, Fleisch E (2014) Designing business models in the era of internet of things. In: Tremblay MC et al (Hrsg) Advancing the impact of design science: moving from theory to practice, DESRIST 2014. Lecture Notes in Computer Science 8463. Springer, Cham, S 17–31

Van Alstyne MW, Parker GG, Choudary S (2016) Plattform statt Pipeline. Harv Bus Manager 6:22–31

Vargo SL, Lusch RF (2010) From repeat patronage to value co-creation in service ecosystems: a transcending conceptualization of relationship. J Bus Mark Manag 4(4):169–179

Veit D, Clemons E, Benlian A, Buxmann P, Hess T, Spann M, Kundisch D, Leimeister M, Loos P (2014) Business models – an information systems research agenda. Bus Inf Syst Eng 1:45–53

Vermesan O, Friess P (Hrsg) (2013) Internet of things: converging technologies for smart environments and integrated ecosystems. River Publishers, Aalborg

Wirtz BW, Göttel V, Daiser P (2016) Business model innovation: development, concept and future research directions. J Bus Models 4(1):1–28

Zott C, Amit R (2017) Business model innovation: how to create value in a digital world. GFK Mark Intell 9(1):18–23

Zott C, Amit R, Massa L (2011) The business model: recent developments and future research. J Manag 37(1):1019–1042

Teil II
Digitale Geschäftsmodell-Transformation

Steuerung der digitalen Transformation mit der Transformations-Matrix

2

Arno Müller, Hinrich Schröder und Lars von Thienen

Zusammenfassung

Die Entwicklung und Umsetzung neuer digitaler Geschäftsmodelle stellt gerade etablierte Unternehmen vor große Herausforderungen, da agile Arbeitsweisen und Startup-Methoden mit gewachsenen Strukturen und Prozessen kollidieren. Die mit einer digitalen Transformation einhergehenden Veränderungen erfassen die gesamte Organisation und erfordern ein darauf abgestimmtes Change Management anstelle eines situationsgetriebenen Aktionismus.

Gegenstand des Beitrags ist die Unterstützung der Transformation einer großen, bestehenden Organisation hin zu neuen digitalen Geschäftsmodellen und Prozessen. Die Komplexität, die sich aus der phasenübergreifenden und ganzheitlichen Betrachtung ergibt, steht im Zentrum des Beitrages. Mit der Transformations-Matrix wird ein geeignetes Steuerungsmodell für die digitale Transformation entwickelt.

Nach einer Einführung in die wesentlichen Rollen einer digitalen Transformation wird zunächst das Steuerungsmodell erläutert. Für die zentrale Phase der Auswahl und Priorisierung von Transformationsprojekten werden darauf aufbauend geeignete Methoden vorgestellt und Basisstrategien abgeleitet. Schließlich werden das vorgestellte Rollenmodell und das methodische Framework als Matrix in der Umsetzungsphase der Transformation eingesetzt. Dafür werden

Überarbeiteter Beitrag basierend auf Müller et al. (2018) Von Entdeckern und Pionieren – Steuerungsmodell für die digitale Transformation, HMD – Praxis der Wirtschaftsinformatik Heft 320, 55(2):252–270.

A. Müller · H. Schröder (✉)
Nordakademie Hochschule der Wirtschaft, Elmshorn, Deutschland
E-mail: arno.mueller@nordakademie.de; hinrich.schroeder@nordakademie.de

L. von Thienen
bps business process solutions GmbH, Hamburg, Deutschland
E-Mail: lvt@bps.de

S. Meinhardt, A. Pflaum (Hrsg.), *Digitale Geschäftsmodelle – Band 1*, Edition HMD, https://doi.org/10.1007/978-3-658-26314-0_2

operative Handlungsempfehlungen für die Projektorganisation sowie für ein zielgerichtetes Steuerungsinstrumentarium gegeben.

Schlüsselwörter
Digitale Transformation · Geschäftsmodelle · Projektpriorisierung · Organisationsmodell · Management von Transformationsprojekten

2.1 Herausforderungen der digitalen Transformation etablierter Unternehmen

Digitale Transformation besteht aus einer simultanen und tiefgreifenden Veränderung von Strategie, Geschäftsmodell, Prozessen und Kultur in Unternehmen, die durch den Einsatz von digitalen Technologien ermöglicht wird (Berghaus et al. 2015; Malik 2015). Um diese Transformation zu gestalten, werden in vielen etablierten Unternehmen Initiativen gestartet, um neue Geschäftsmodelle zu entwickeln und zu implementieren bzw. bestehende Geschäftsmodelle zu verändern (Westerman et al. 2014; Jahn und Pfeiffer 2014; Schallmo und Rusnjak 2017; BITKOM 2017). Eine zentrale Herausforderung besteht darin, diese Initiativen zu kanalisieren und die Transformation des gesamten Unternehmens zu steuern. Digitale Transformation erfordert ein speziell drauf ausgerichtetes Programmmanagement, für das in diesem Beitrag Lösungsansätze aufgezeigt werden.

Anders als Startups sind bestehende Organisationen durch Fachabteilungen gekennzeichnet, in denen langjährige Expertise in zentralen Themenfeldern aufgebaut wurde. Auch wenn die Startup-Kultur vielfach propagiert wird (Christensen 1997; Kotter 2012, 2015; Euchner 2013; Glatzel und Lieckweg 2016), sollten diese vorhandenen Spezialisten gezielt genutzt werden, um neue Geschäftsmodelle in etablierten Unternehmen umzusetzen. Bestehende Fachabteilungen können zum Erfolgsfaktor der Transformation werden. Dies wird aber nur gelingen, wenn deren Rolle im Rahmen der Transformation klar definiert ist – traditionelles Silodenken behindert in bestehenden Organisationen den Wandel (Gulati 2007; Keese 2016; Trachsel und Fallegger 2017). Das hier vorgestellte Konzept soll einen Beitrag dazu leisten, die Transformation einer großen, bestehenden Organisation hin zu neuen digitalen Geschäftsmodellen und Prozessen zu unterstützen. Durch organisatorische und technische Maßnahmen sowie die optimale methodische Vorbereitung lässt sich die Erfolgswahrscheinlichkeit des notwendigen Wandels erhöhen.[1]

[1] Die folgenden Überlegungen und Ansätze basieren auf einem von den Autoren in Zusammenarbeit mit dem ITOP der Universität Ulm durchgeführten Arbeitskreis, an dem regelmäßig etwa 35 Führungskräfte aus den IT-Organisationen von 12 Unternehmen unterschiedlicher Branchen und Größenordnungen beteiligt waren.

2.2 Entdecker und Pioniere – im Team die neue Welt erobern

Die Entwicklung und Implementierung eines neuen Geschäftsmodells kann mit der Expedition in eine unbekannte Welt verglichen werden. Eine solche Expedition, die über ein noch unerforschtes Gebirge führt, unterscheidet sich grundsätzlich von einer klassischen Urlaubsreise über bekannte Routen zu bekannten Zielen. Die Unsicherheit und Komplexität einer Expedition in eine unbekannte Welt erfordert andere Methoden und Rollen der handelnden Personen. Um eine solche Herausforderung zu bewältigen, benötigt man Entdecker und Pioniere.

Warum ist es sinnvoll diese beiden Rollen zu unterscheiden? Entdecker sind die treibende Kraft für die Umsetzung eines digitalen Geschäftsmodells. Im Bild der Expedition sind sie es, die die neue Welt erobern wollen. Sie definieren die Idee, sie kämpfen für deren Erfolg und sie sind auch für das wirtschaftliche Ergebnis verantwortlich. In diesen Führungspersönlichkeiten mit Unternehmergeist wird ein wesentlicher Erfolgsfaktor der Digitalisierung gesehen (Petry 2016). Es ist jedoch nicht zielführend, die Entdecker alleine in die unerforschten Gebirge zu schicken und den Gefahren auszusetzen. Man benötigt auch Pioniere im militärischen Sinne,[2] die die Bewegung der Entdecker fördern und deren Überlebensfähigkeit erhöhen sollen. Pioniere bauen Straßen oder Brücken und ermöglichen es somit den Entdeckern, ihre Expedition erfolgreich durchführen zu können

Insbesondere wenn im Unternehmen Digitalisierungsprojekte parallel durchgeführt werden, können die vorhandenen spezialisierten Fachabteilungen, wie IT, Einkauf, Business Development oder HR als Pioniere den Entdeckern den Weg ebnen. Gegengenüber einem Startup besitzen sie die höhere Kompetenz und Erfahrung und meist deutlich größere Kapazitäten, so dass sie als Erfolgsfaktor der Umsetzung einer digitalen Transformation dienen können. Ein guter Pionier schafft eine optimale Infrastruktur, auf der die Entdecker schnell und erfolgreich zum Ziel gelangen können. Die erfolgreiche Einführung neuer digitaler Geschäftsmodelle erfordert somit eine intensive Zusammenarbeit dieser beiden Rollen. Hierin liegt ein Schlüsselfaktor zur erfolgreichen Wandlung der Organisation (vgl. auch das bimodale Modell bei Kotter 2012 oder das Modell des beidhändigen Management bei O'Reilly und Tushman 2004).

2.3 Die Transformations-Matrix – Neugier und Stabilität kombinieren

Was benötigt eine Organisation, um die Expedition in eine unbekannte digitale Welt zu wagen? Zur Beschreibung des Weges existieren Vorgehensmodelle bzw. Phasenkonzepte, die die Transformation bestehender Geschäftsmodelle bzw. unternehmensweite Veränderungsprozesse beschreiben (Westerman et al. 2014; Kotter 2015; Schallmo 2016; Schallmo und Rusnjak 2017).

[2] Zu einer anderen Auslegung des Pionierbegriffs vgl. Bouncken und Rauth (2010).

Als Start der Transformation ist eine Digitale Vision des zukünftigen Geschäftsmodells unabdingbar, die Bestandteil der Unternehmensstrategie ist (Westerman et al. 2014). Diese Vision wird unscharf, nebulös formuliert sein, da es sich um eine noch nicht erkundete, neue Welt handelt. Deshalb benötigt man Entdecker, die sich nach vorne wagen, die ersten Schritte in diese Welt gehen und vor allem das Bild des zukünftigen Geschäftsmodells schärfen. In dieser Phase ist Kreativität, Veränderungsbereitschaft und radikales Neudenken bestehender Geschäftsmodelle erforderlich.

Als Instrumente zur Erarbeitung der Digital Vision dienen die klassische Analyse von zukünftigen Chancen und Risiken, die Analyse des Ecosystems des Unternehmens und die Wettbewerbsanalyse. Auch die bewährten Ansätze des Prozessmusterwechsels und Business Engineering können eingesetzt werden (Österle 1995; Österle und Blessing 2003; Müller und von Thienen 2015). Ein weiteres Instrument könnte bspw. der Digital Nightmare Competitor (Brecht und Kauffeldt 2015; Sauer et al. 2016) sein. Dieser fiktive Wettbewerber hat alle Instrumente einer digitalen Transformation bereits umgesetzt und bedroht damit die Unternehmung. Aus diesem Nightmare Competitor lassen sich eigene Anregungen für die Digital Vision ableiten.

Die Digital Vision umfasst die Beschreibung der folgenden Elemente des Geschäftsmodells (Gassmann et al. 2017; Osterwalder und Pigneur 2011):

- Leistungsversprechen – Produkte und Services
- Zielgruppe – exakte Definition der relevanten Kundensegmente
- Ertragsmodell –Wertgenerierung beim Kunden

Das folgende Beispiel soll dies verdeutlichen: Ein fiktives Unternehmen, das Heizungssysteme für Einfamilienhäuser herstellt, sieht sich der Gefahr eines Nightmare Competitors ausgesetzt, der die komplette Haustechnik aus einer Hand anbietet und mit Smart Home Technologie ein völlig neues Kundenerlebnis bei Bedienung und Service ermöglicht. Eine Digital Vision für dieses Unternehmen könnte stark vereinfacht wie folgt aussehen

- Leistungsversprechen
  Die Heizungsanlagen sind einfach per App zu bedienen und in Smart Home-Umgebungen eingebettet. Die Anlage wird 24/7 an 365 Tagen bereitgestellt. Störungen werden innerhalb eines Tages behoben.
- Zielgruppe
- Die Interaktion erfolgt direkt mit dem Heizungsbetreiber und nicht über den Fachhandel. Dies gilt auch im Service. Die Anzahl der Kunden steigt dadurch sprunghaft an.
- Ertragsmodell
- Der Kunde kann ein „Rundum-sorglos-Paket“ wählen, das die Fernwartung und alle Reparaturen beinhaltet. In Verbindung mit einem Leasingmodell und monatlicher Zahlungen stellt dies quasi eine Heizungs-Flatrate dar.

In einer zweiten Phase ist die kritische Auseinandersetzung mit der Digitalen Realität (Schallmo und Rusnjak 2017) durch die Fachabteilungen erforderlich. Hierbei werden Projekte aufgenommen, die aus Sicht einzelner Abteilungen initiiert wurden, ohne sich auf eine gemeinsame Vision oder ein zukünftiges Geschäftsmodell auszurichten. Diese Projekte werden in der digitalen Inventur erfasst und hinsichtlich ihres Beitrages zum Erreichen der digitalen Vision beurteilt. Viele dieser Initiativen werden zur Umsetzung der Digitalisierung förderlich sein, einige passen nicht in das zukünftige Konzept.

Als weiterer Aspekt wird das Potenzial der Mitarbeiter bewertet. Schließlich wird beurteilt, wie weit die bestehende Organisation bereits in den Prozessen, Produkten und in den Kundenbeziehungen digitale Lösungen realisiert hat, die als Basis zur Umsetzung der zukünftigen Geschäftsmodelle genutzt werden können. Die Organisation beginnt die Reise nicht bei Null, sondern hat bereits Erfahrungen mit der Digitalisierung. Als Ergebnis dieser Phase entsteht somit ein klares Bild der aktuellen Situation

Darauf aufbauend planen die Entdecker grob die Routen für ihre Reise zur Digital Vision. Sie beschreiben ihre Ambitions, d. h. konkrete Innovationsvorhaben zur Umsetzung der digitalen Vision.[3] In großen Organisationen ist davon auszugehen, dass parallel mehrere Ambitions definiert werden, die auf folgende drei Bereiche ausgerichtet sein können (in Anlehnung an Ross et al. 2016):

- Produkte und Leistungsangebote des Unternehmens können verändert sowie digitale Services kreiert werden.
- Die Customer Journey und alle Phasen der Kundenbeziehung können völlig neu gestaltet werden.
- Das „Operational Backbone“ (interne Prozesse des Unternehmens) wird digital transformiert.

In dieser Phase suchen die Entdecker mögliche Wege zum Ziel durch das unbekannte Terrain. Die Planung einer vollständigen Route ist nicht möglich, da vor dem Start keine „Karten“ bzw. konkrete Vorgaben vorliegen. Also besteht nur die Option, sich vorsichtig vorzuwagen und aus den Erfahrungen zu lernen. Insbesondere sollten Ambitions zügig abgebrochen werden, wenn sie sich als Irrweg herausstellen. Methoden wie Lean Startup (Blank 2013; Furr und Dyer 2014; Ries 2017) und agiles Management (Brandes et al. 2014; Kaltenecker 2017) sind hier geeignet. Dieses iterative Vorgehen erfordert es, Erfahrungen permanent zu teilen, damit die Entdecker voneinander lernen.

Alle Ambitions werden in Summe dazu beitragen, zukünftige Geschäftsmodelle zu realisieren. Allerdings sind zur Umsetzung Voraussetzungen zu schaffen, die nicht im unmittelbaren Einflussbereich der Entdecker liegen. Die dafür notwendi-

[3] (LeHong und Waller 2017) sowie (Schallmo und Rusnjak 2017) verwenden den Begriff der Ambition weiter gefasst im Sinne der Festlegung von Zielen einer Digitalstrategie bzw. Priorisierung der Geschäftsmodelldimensionen.

gen Veränderungen lassen sich den folgenden Bausteinen zuordnen (in Anlehnung an Ross et al. 2016):

- Technologie,
- Führung und Kultur,
- Struktur, Aufbauorganisation und Kollaboration,
- Einbindung von neuen Partnern,
- Prozessarchitektur und insbesondere auch
- Fähigkeiten und Verhaltensweisen von Mitarbeitern

An dieser Stelle kommen die Pioniere ins Spiel. Jeder Baustein steht für einen Verantwortungsbereich, der in der hier verwendeten Terminologie die Pioniersicht repräsentiert. Für Maßnahmen im Baustein Technologie ist typischerweise der IT-Bereich zuständig, die Handlungsbereiche des Managementsystems werden u. a. vom HR-Bereich, dem Prozessmanagement, dem Einkauf oder der Organisationsabteilung bedient. Für das oben erläuterte Beispiel eines fiktiven Heizungsherstellers könnte der Aufbau einer eigenen Smart Home Solution mit Wettbewerbern und Partnern eine Ambition im Produktbereich darstellen. Dafür wären bspw. die folgenden Maßnahmen in den sechs Bausteinen erforderlich:

- Technologie: Entwicklung einer Smart Home-Cloud und Schnittstellen, Einführung von Smart Home-Standards
- Führung und Kultur: Bereitschaft zur Kooperation mit Wettbewerbern und Partnern, Entwicklung einer Fehlerkultur
- Struktur: Aufbau eines interdisziplinären Teams zum Management der Smart Home Solution
- Partner: Einbettung von Lieferanten in die neue Smart Home Solution
- Prozesse: Design und Einführung neuer Prozesse zum Vertrieb und Betrieb der Plattform
- Mitarbeiter: Aufbau von Kenntnissen in den Bereichen Smart Home und Mobile Apps

Bevor die einzelnen Entdecker unkoordiniert starten, stellt sich die Frage, ob es nicht sinnvoll sein könnte, zunächst den Weg zu ebnen. Wenn mehrere Entdecker die gleichen Hindernisse erkannt haben, ist es angebracht, diese von einem Pionier einmalig beseitigen zu lassen, bevor jeder Entdecker das gleiche Problem mehrfach löst. Es bedarf also einer übergeordneten Steuerung über alle Ambitionen hinweg, aber auch einer Abstimmung hinsichtlich der Bausteine der Digitalisierung.

Als zentrales Instrument wird dafür die Transformations-Matrix vorgeschlagen, die alle Maßnahmen sowohl nach Ambitions als auch nach den sechs Bausteinen der Digitalisierung sortiert und somit aus beiden Sichten steuerbar macht (vgl. Abb. 2.1). Jede Maßnahme ist grob mit einem Zeitplan und Budget hinterlegt. Somit haben die Bausteinverantwortlichen, die Pioniere, eine neue Sicht auf das digitale Vorhaben. Jeder Pionier kann aus seiner fachlichen Sicht den Blick auf diese

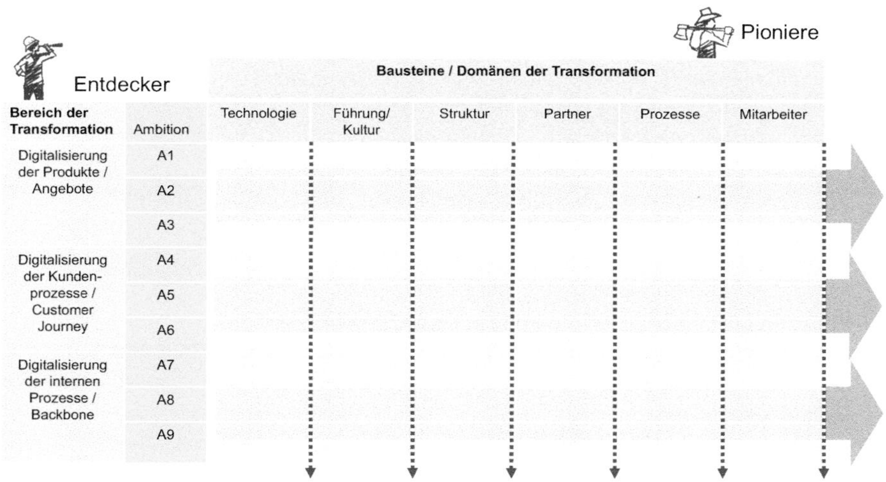

Pioniere

Entdecker

Bereich der Transformation	Ambition	Technologie	Führung/ Kultur	Struktur	Partner	Prozesse	Mitarbeiter
		Bausteine / Domänen der Transformation					
Digitalisierung der Produkte / Angebote	A1						
	A2						
	A3						
Digitalisierung der Kunden-prozesse / Customer Journey	A4						
	A5						
	A6						
Digitalisierung der internen Prozesse / Backbone	A7						
	A8						
	A9						

Abb. 2.1 Transformations-Matrix

Matrix werfen. So können in den Folgephasen gemeinsame Aktivitäten für mehrere Ambitions zusammengefasst werden. Es ist zu entscheiden, ob zuerst Pioniere einen Weg ausbauen oder die Entdecker voraneilen und ihre Probleme selbst lösen. Die Aufstellung aller Projekte in Form dieser Matrix fördert somit die Kommunikation zwischen Pionieren und Entdeckern.

Die Gefahr von großen Pionierprojekten, wie bspw. der Aufbau einer geeigneten Technologie-Plattform, besteht darin, dass einzelne Ambitions zunächst auf das Ergebnis warten müssen und verzögert werden. Allerdings lässt sich die Geschwindigkeit in späteren Phasen der Transformation steigern. Ein späterer Start einer Expedition muss nicht heißen, dass man auch später am Ziel ankommt. Deshalb müssen Entdecker und Pioniere gemeinsam entscheiden, ob man zunächst mit dem Bau der Infrastruktur beginnt oder ob mit provisorischen Lösungen schon mal gestartet werden soll. Auch wenn man die Rolle der Pioniere relativ schwach ausprägt, ist es sinnvoll, diese Matrix aufzubauen, die folgende Nutzenpotenziale bietet:

- Herstellen von Transparenz über alle Maßnahmen aller Ambitions
- Aufdecken gemeinsamer Probleme in den sechs Bausteinen (View je Baustein)
- Erkennen von Synergien/Abhängigkeiten/Cluster
- Basis zur Festlegung der Reihenfolge der Implementierung
- Basis zur Steuerung der Implementierung

Durch die Verteilung der Entscheidungsrechte auf Entdecker und Pioniere ergeben sich verschiedene Szenarien für die Transformation. Von Szenario 1 bis zu Szenario 4 steigt der Einfluss der Pioniere an. Während die Pioniere in Szenario 1 keine aktive Rolle haben, dominieren sie bei Szenario 4 die Transformation.

1. Entdeckerfokussiert – Helden gesucht
   Die Entdecker genießen hohe Freiheit und setzen Ihre Ambitionen losgelöst von der „Altorganisation" und den anderen Entdeckern um.
2. Entdecker im Schwarm – Teamplayer gesucht
   Die Entdecker genießen hohe Freiheit, tauschen sich aber mit anderen Entdeckerteams und bei Bedarf mit Pionieren aus.
3. Von Pionieren unterstützte Entdeckungsreisen – die Matrix in Perfektion
   Die Entdecker stimmen sich eng mit den Pionieren für die Expeditionen ab. Die Pioniere können bekannte Barrieren, die sich den Entdeckern stellen, beseitigen, bevor das Expeditionsteam auf diese trifft.
4. Pionierfokussierte Transformation – keine Experimente
   Die Pioniere bauen je Baustein der Transformation die nötigen Straßen, Brücken, Raststationen etc. für die Entdecker. Diese können dann ganz leicht den Berg überwinden

Zunächst sollen die beiden Extrempositionen verglichen werden. Das erste Szenario ist die rein entdeckerfokussierte Vorgehensweise. In diesem Konzept setzen die Entdecker ihre Ambitionen im Bereich Produkte, Customer Journey und interne Prozesse losgelöst voneinander möglichst schnell um. Der Vorteil dieser Vorgehensweise ist der schnelle Start der Reise ins Unbekannte und die zunächst hohe Geschwindigkeit sowie die Unabhängigkeit der Entdecker. Diese können sich voll auf ihre Ambition fokussieren und werden nicht von anderen Einflüssen behindert. Nachteil dieses Vorgehens ist es, dass verschiedene Entdecker im Rahmen ihrer Entdeckungsreise vermutlich die gleichen Barrieren aus dem Weg räumen müssen und somit die Effizienz der Umsetzung fragwürdig ist. Gerade im Bereich Technologie werden vermutlich verschiedene Projekte gleichartige technologische Lösungen benötigen. Mobile Plattformen, Social Media-Anwendungen oder auch Lösungen für das Internet der Dinge oder 3D-Drucktechnologie werden in mehreren Ambitions parallel entdeckt. Bei diesem Szenario löst jeder Entdecker alleine diese Probleme. Dies gilt auch für die Bereiche fehlender Mitarbeiter-Skills oder die Veränderung von Führungskultur und Aufbauorganisation.

Diese Nachteile würden in einer rein pioniergetriebenen Vorgehensweise vollständig vermieden. Hier würden zunächst Plattformen für die Technologie entwickelt, dann Mitarbeiter qualifiziert, das Managementsystem vorbereitet und die Aufbauorganisation sowie die Zusammenarbeit mit externen Partnern neugestaltet, um den Entdeckern die Reise in die neue Welt leicht zu machen. Die Gefahr hierbei ist, dass die Umsetzung der Ambitions erheblich verzögert wird und die ersten Entdeckungsreisen erst nach einigen Jahren starten. Zudem ist zu Beginn der Transformation die Unsicherheit für die einzelnen Pioniere sehr groß. Es ist nicht bekannt, was die Entdecker wirklich benötigen oder welche Technologie sich als tragfähig erweisen wird, um darauf eine Plattform zu bauen.

So scheiden die beiden Extrempositionen für eine erfolgreiche Transformation eigentlich aus. Es ist erforderlich, gemeinsam an der Transformation zu arbeiten, wobei die Umsetzung der in Szenario 3 erläuterten idealen Matrix sehr schwierig erscheint. Das „Gleichgewicht der Kräfte" lässt sich in der Praxis schwer herbeiführen, wenn die Pioniere als etablierte Fachabteilungsleiter die organisatorische

Macht und auch die Budgets haben und so die Transformation dominieren und ihre Eigeninteressen vor das Ziel der Ambitions setzen.

So scheint das Szenario 2 der Entdecker im Schwarm, unterstützt von Pionieren, die sich der Vision verpflichtet fühlen, am besten geeignet zu sein. Hierbei muss eine entdeckerorientierte Schwarmintelligenz aufgebaut werden und eine Netzwerkstruktur mit intensiver Kollaboration etabliert werden. Digitale Transformation sollte nicht als klassisches Programm mit klaren Hierarchien geführt werden. Die Matrix ist nicht als formale Weisungsstruktur, sondern als Bild für das Netzwerk der beteiligten Akteure zu interpretieren.

Nachdem in der vierten Phase die Roadmap erarbeitet wurde, beginnt die Umsetzung und somit der Aufbruch in die unbekannte Welt. Erste Entdecker starten ihre Ambitions und Pioniere bauen die Straßen aus. Um die gesamte Organisation in diese digitale Transformation einzubinden ist im Sinne eines guten Change Management (Doppler und Lauterburg 2008; Kotter 1996; Kotter 2015) vor der eigentlichen Implementierung (Phase 6) eine Awareness Campaign (Phase 5) erforderlich. Diese Kampagne soll in der gesamten Organisation den Wunsch zum Aufbruch in die unbekannte Welt wecken. Vergleichbar ist dies mit dem Goldrausch in Kalifornien – die positive Erwartung einer goldenen Zukunft mobilisiert die Organisation. Die Reise in die unbekannte Welt wird mit Begeisterung begonnen. Die Roadmap mit den erwarteten Ergebnissen muss deshalb im Unternehmen bekannt und akzeptiert sein. Dies erfordert ein sichtbares Signal vom Top Management.

Zusammengefasst kann die digitale Transformation somit in sechs Phasen strukturiert werden (Kotter 2015), die im Unterschied zum klassischen Change-Prozess jedoch als iterativer Veränderungsprozess mit mehreren Feedbackschleifen zu durchlaufen sind. Die einzelnen Phasen gelten nach dem ersten Durchlauf nicht als abgeschlossen (Kotter 2015). Die in Phase 1 entwickelte digitale Vision wird sich auf Grund neuer Technologien der Digitalisierung, neuer Player im Eco-System der Unternehmung und veränderten Erwartungen von Kunden und Mitarbeitern in kurzen Zyklen ändern und so die Transformation in Gang halten. Erst wenn diese Treiber der Veränderung an Dynamik verlieren, kann eine Phase der Stabilisierung einsetzen.

2.4 Ganzheitliche Steuerung der Transformation

In dem oben erwähnten Arbeitskreis der Autoren wurden die Transformations-Matrix sowie unterstützende Methoden und Tools erarbeitet und erprobt. Im Folgenden werden Bespiele dafür aufgezeigt, wie dieses Modell zur Priorisierung von Projekten, zur konkreten Gestaltung eines Programmmanagements sowie zur operativen Steuerung der digitalen Transformation genutzt werden kann.

2.4.1 Auswahl und Abfolge der Transformationsprojekte

Ambitions sind Projekte, die in Verantwortung der Entdecker liegen. Aber auch aus Pioniersicht werden Projekte gebildet, indem Maßnahmen in den einzelnen Bausteinen in geeigneter Weise gebündelt werden. Ein zentrales Element in dem vorgestellten Phasenmodell stellt die Priorisierung dieser Transformationsprojekte dar, um einen Startpunkt sowie die sinnvolle Reihenfolge vorzugeben.

Betrachtet man die oben vorgestellte Transformations-Matrix aus der Perspektive der einzelnen Bausteine, lassen sich jeweils Themenfelder erkennen. Im Baustein Technologie könnte dies bspw. der Ausbau einer Social Media Plattform sein, im Baustein Führung/Kultur bspw. der Aufbau einer Fehlerkultur oder die Einführung agiler Managementprinzipien, im Baustein Sourcing/Partner bspw. der Aufbau von Entwicklungs- oder Cloud-Partnerschaften. Die Zuordnung mehrerer Maßnahmen zu einem Themenfeld gibt dann Hinweise zur Definition konkreter Projekte. Eine solche Bündelung verhindert Doppelarbeiten, die bei einer isolierten Umsetzung einzelner Maßnahmen auftreten könnten.

Aus dieser Perspektive betrachtet können unterschiedliche Muster bezüglich der von den Ambitions geforderten Maßnahmen auftreten. So könnte deutlich werden, dass mehrere Ambitions identische Maßnahmen in einem Baustein fordern. In diesem Fall sollten die Pioniere die damit verbundenen Projekte mit hoher Priorität umsetzen, um Wege freizumachen. Ähnlich verhält es sich, wenn nicht identische aber zumindest thematisch verwandte Maßnahmen erkannt werden, die, wenn sie auf mehrere Ambitions einzahlen, mit hoher Priorität umzusetzen sind.

Weiterhin können Maßnahmen identifiziert werden, die kaum überwindbare Barrieren für einzelne Ambitions darstellen. Die Entdecker kommen mit ihren Projekten erst weiter, wenn diese Barrieren behoben sind. Auch in diesem Fall sollten die fachlich spezialisierten Pioniere genutzt werden.

Eine methodische Unterstützung für die Auswahl und Priorisierung der Pionierprojekte kann durch das klassische Projektportfolio (Baumöl 2007; Hirzel et al. 2011; Kesten et al. 2013; Jirsak et al. 2015) geboten werden. Übertragen auf den hier vorgestellten Ansatz muss für die Pionierprojekte gegenüber der klassischen Variante die Nutzendimension angepasst werden. „Behebung von Barrieren für wichtige Ambitions" oder „Thema/Domain des Projekts betrifft Maßnahmen aus vielen Ambitions" sind hier sinnvolle Kriterien. Die Pionierprojekte haben somit keinen Eigennutzen, sondern gewinnen ihren Wert dadurch, dass sie die Vorhaben der Entdecker in geeigneter Weise unterstützen und diese letztlich erst ermöglichen. Methodisch ist dafür eine Kriterienliste zu erstellen, auf deren Grundlage die Projekte dann bewertet werden.

Wird die Transformations-Matrix aus Sicht der Ambitions betrachtet, können in ähnlicher Weise Erkenntnisse für eine Projektauswahl abgeleitet werden. Hierbei geht es allerdings stärker um die Beurteilung der Umsetzbarkeit. So ist denkbar, dass Ambitions identifiziert werden, die nur wenige Maßnahmen erfordern. Diese Projekte weisen eine vergleichsweise geringe Komplexität auf, wenn nur wenige Bausteine betroffen sind, und könnten daher unmittelbar gestartet werden.

Ambitions, die zahlreiche Maßnahmen in vielen oder sogar allen Bausteinen erfordern, sind als schwierige Expeditionen zu klassifizieren. Hier ist ein erheblicher Abstimmungsbedarf mit den verantwortlichen Pionieren zu erkennen und vermutlich zunächst die Umsetzung entsprechender Pionierprojekte erforderlich. Dies ist ebenso der Fall, wenn nur schwer überwindliche Barrieren identifiziert werden, vor allem, wenn diese für mehrere Ambitions bestehen. Ein Beispiel könnte die Anforderung sein, eine bisher streng funktionale Organisationsstruktur in selbstorganisierende Teams umzuwandeln, um Agilität und Innovationsfähigkeit zu steigern. Dieses Organisationsprojekt (aus Pioniersicht) muss zuerst durchgeführt werden, bevor die darauf basierenden Ambitions gestartet werden können.

Da anzunehmen ist, dass regelmäßig eine größere Anzahl von Ambitions und Pionierprojekten auf der Agenda steht, lässt sich ein schlüssiger Fahrplan für die Umsetzung unter Berücksichtigung der vorangegangenen Überlegungen nicht ohne Weiteres ableiten. Zur Strukturierung dieses Prozesses kann die Interdependenzanalyse als bewährte Methode des Multiprojektmanagements genutzt werden (Vester 1970; Kunz 2007; Kesten et al. 2013).

Übertragen auf das hier vorgestellte Modell sollten die Ambitions und Pionierprojekte in den Zeilen und Spalten einer Matrix gegenübergestellt werden. Zeilenweise wird beurteilt, wie stark ein jedes Projekt auf ein jeweils anderes einwirkt. Die Einflussstärke wird dabei über ein geeignetes Punktbewertungssystem (im Beispiel: 0 = kein Einfluss/3 = mittlerer Einfluss/6 = starker Einfluss) abgebildet (vgl. Abb. 2.2).

In der praktischen Umsetzung zeigt sich, dass Pionierprojekte regelmäßig starken Einfluss auf die Ambitions haben, aber auch untereinander Wechselwirkungen aufweisen. Ambitions können sich ebenfalls gegenseitig beeinflussen, werden aber im Regelfall nicht oder nur ganz vereinzelt die Pionierprojekte tangieren.

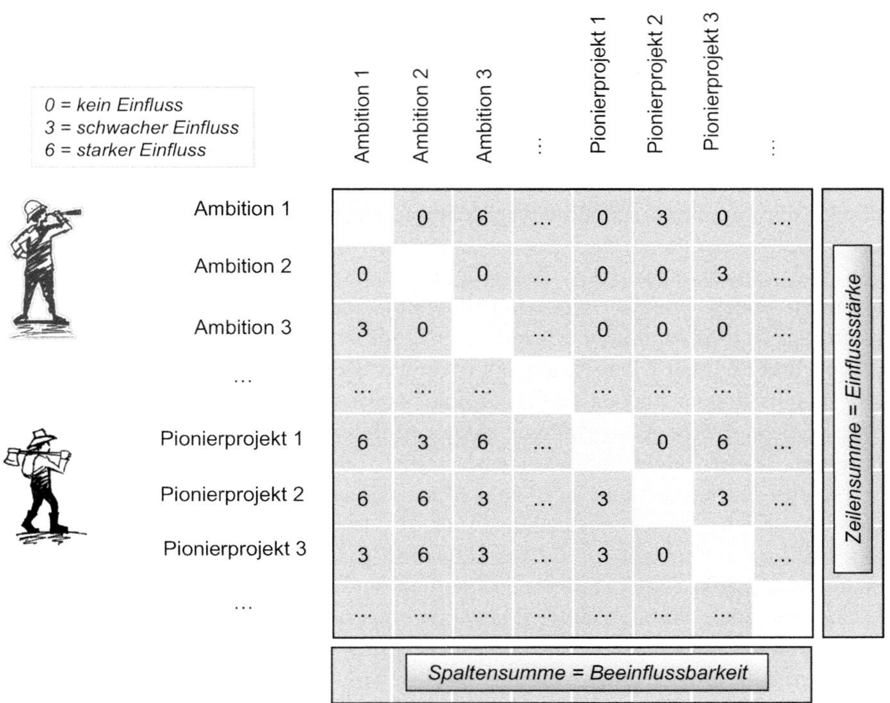

Abb. 2.2 Interdependenzen zwischen Ambitions und Pionierprojekten

In der Weiterentwicklung wird jedes Projekt in Abhängigkeit der Zeilen- und Spaltensumme klassifiziert. Die Zeilensumme ist dabei eine Maßgröße für die Einflussstärke. Je höher dieser Wert ist, desto stärker wirkt das Projekt auf andere. Die Spaltensumme stellt demgegenüber die Beeinflussbarkeit dar. Je höher dieser Wert ausfällt, desto stärker wird diese Projekt von anderen getrieben.

Übernimmt man diese Bewertung schließlich zur Positionierung in einer Matrix, ergeben sich vier Basiskategorien (Kesten et al. 2013):

- Kritische Projekte
  beeinflussen stark viele andere Projekte bzw. werden von vielen Projekten stark beeinflusst und sind daher schwierig zu führen. Der Projektfortschritt sollte ständig beobachtet werden. Probleme in diesem Segment müssen frühzeitig kommuniziert und behoben werden.
- Aktive Projekte
  beeinflussen andere Projekte stark, werden aber selbst eher gering beeinflusst. Projektmanager müssen Störungen frühzeitig kommunizieren und eine Lösung finden.
- Passive Projekte
  beeinflussen kaum andere Projekte, werden aber von anderen Projekten beeinflusst. Projektmanager müssen darauf achten, wie die Vorprojekte, von denen sie abhängen, laufen.
- Neutrale Projekte
  beeinflussen wenig andere Projekte und werden von wenigen anderen Projekten beeinflusst. Sie können daher relativ unabhängig geführt werden.

Übertragen auf das hier vorgestellte Modell ergeben sich aus diesen Überlegungen unterschiedliche Basisstrategien für die beiden Projektkategorien (vgl. Abb. 2.3).

Aktive Pionierprojekte (P1) entsprechen dem Idealtyp: Pioniere müssen Vorarbeit leisten, bevor einzelne Entdecker loslegen können. Diese Projekte sind mit hoher Priorität zu starten. Als „kritisch“ klassifizierte Pionierprojekte mit gegenseitigen Wechselwirkungen (P2) sind seltener: Auch hier sollten Pioniere zunächst Vorarbeit leisten. Diese Projekte sind ebenfalls schnell zu starten, allerdings ist eine wechselseitige Abstimmung erforderlich. Neutrale Pionierprojekte (P3) sind unabhängig und könnten jederzeit gestartet werden. Denkbar ist, dass solche Projekte eine Voraussetzung für künftige Ambitions werden. Sie haben jedoch eine niedrigere Priorität, da die Auswirkungen auf die Ambitions gering sind. Passive Pionierprojekte (P4) sind nicht zu erwarten.

Für die Ambitions zeigt sich ein anderer Transformationspfad: Hier sollte mit den neutralen Projekten (A1) begonnen werden. Diese weisen nur wenige Barrieren auf und können unabhängig von anderen sofort gestartet werden. Die verantwortlichen Entdecker können Erfahrungen sammeln und diese an die restliche Organisation weitergeben. Wenn Ambitions als aktiv eingestuft wurden (A2), stellen sie Voraussetzungen für andere Ambitions dar. Auch diese Projekte sollten schnell gestartet werden, allerdings sind die Wechselwirkungen zu anderen Vorhaben zu beobachten. Diese Aufgabe sollte den Pionieren obliegen.

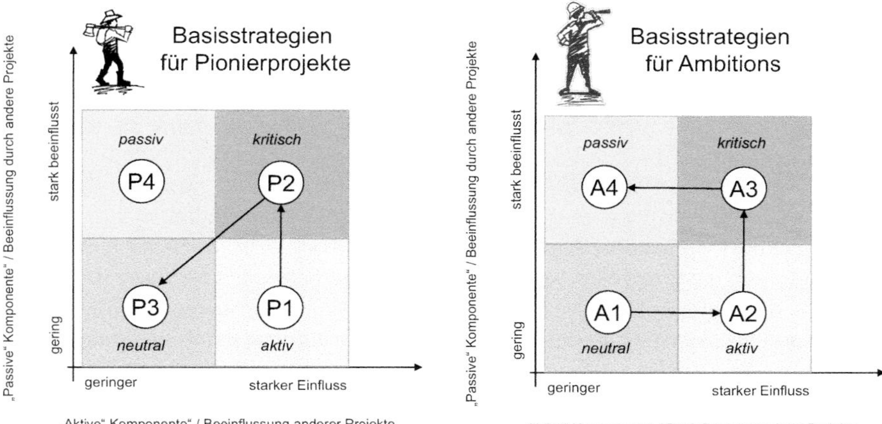

Abb. 2.3 Basisstrategien

Für die als kritisch klassifizierten Ambitions (A3) gilt, dass Pioniere hier erst Vorarbeit leisten müssen, bevor einzelne Entdecker starten können. Diese Projekte müssen daher genauso warten wie die als passiv eingestuften Vorhaben (A4). Pioniere müssen Vorbereitungen treffen, da Entdecker stark abhängig von anderen Einflüssen sind.

Unter Einbeziehung der erläuterten Vorüberlegungen zur Projektbündelung und Priorisierung lassen sich so unternehmensspezifische Transformationspfade methodisch herleiten. Benötigt wird dazu ein Programmanagement, für das im folgenden Kapitel Handlungsempfehlungen gegeben werden.

2.4.2 Organisationsmodell der Transformation

Digitale Transformation sollte als ein komplexes Programm mit innovativen Managementmethoden gesteuert werden. Die Programmorganisation muss aufgrund der hohen Komplexität auf dem Netzwerkgedanken aufbauen und kann nicht als klassische Hierarchie etabliert werden (Scholz 2003). Die hier eingeführten Begriffe „Pionier" und „Entdecker" dienen als Leitbild für die nun mit Leben zu füllende Projektstruktur. Die gemäß ihres jeweiligen Charakters illustrierten Rollen müssen im täglichen Geschäft für die Mitarbeiter ansprechbar sein und mit tatsächlichen Personen aus der Organisation verbunden werden. So gilt es zunächst, die Pioniere für die 6 Bausteine zu identifizieren. Ein Pionier muss vor allem strukturelle Standards in seinem Bereich schaffen und gleichzeitig die Erwartungen der Entdecker kurzfristig erfüllen.

Der erste naheliegende Gedanke mag in der Zuordnung der Pionier-Rollen zu den unternehmerischen Funktionen liegen, d. h. dem IT-Leiter die Aufgabe des Technologie-Pioniers oder bspw. der HR-Leitung die Rolle des Mitarbeiter-Pioniers geben. Die Gefahr dieser Vorgehensweise liegt jedoch im Konflikt mit dem bestehenden Tagesgeschäft – Pioniere müssen frei vom Tagesgeschäft die Zukunft gestalten können. Funktionale Führungskräfte haben aber vor allem die Aufgabe, das operative Geschäft zu verantworten. Daher würde sich eine Doppelrolle Funktionsleitung und Pionier widersprechen. Es bietet sich in der Praxis daher an, die Rolle des Pioniers mit erfahrenen Fachkräften aus den zuständigen Unternehmensabteilungen zu besetzen. Damit wird man dem häufig geforderten „beidhändigen Management", also dem Steuern des Tagesgeschäftes und der parallelen Ausrichtung auf die Zukunft, gerecht (O'Reilly und Tushman 2004).

Die Benennung konkreter Zuständigkeiten im Unternehmen für diese Rollen ermöglicht die zielgerichtete Abstimmung aller Maßnahmen, denn die Umsetzung eines digitalen Geschäftsmodells bedarf weit mehr als nur der Einführung neuer digitaler IT-Applikationen. Der Technologie-Pionier stellt die nachhaltige Umsetzung und Einführung der Technologien sicher, während der Prozess-Pionier die kundenzentrierte, End-To-End Ausrichtung der Prozesse im Unternehmensmodell gewährleistet. Parallel dazu muss der HR/Mitarbeiter-Pionier konkrete Maßnahmen für Training sowie Aus- und Weiterbildung in die Wege leiten.

Der Pionier generiert mit seinen abgeleiteten Pionierprojekten keinen direkten Wertbeitrag im Unternehmen. Der Nutzen der Pionierarbeit wird stattdessen im Realisierungserfolg der Maßnahmen von den Entdeckern gemessen. Deshalb muss sichergestellt werden, dass die Pioniere keine funktionalen Silos bilden und Eigeninteressen verfolgen. Das Interesse der Pioniere muss darin liegen, die Entdecker bei der Implementierung der Ambitions zu unterstützen. Beim Denken in Hierarchien würde sich daraus ableiten, dass die Entdecker die alleinige Entscheidungsgewalt haben und die Pioniere zuarbeiten. In einer Netzwerkorganisation ist dies nicht so einfach geregelt. Netzwerke basieren auf Vertrauen und intensiver Kollaboration. Letzteres kann durch die Programmstruktur und die eingesetzten Tools gewährleistet werden. Ersteres beruht auf den Persönlichkeitsmerkmalen der handelnden Personen, die eine hohe Teamfähigkeit und Sachorientierung mitbringen sollten.

Im Programm wird ein organischer Dialog zwischen Entdeckern und Pionieren sichergestellt bzw. in die Wege geleitet. Es geht daher beim Ernennen der Personen für die Rolle der Pioniere nicht um eine klassische Programm-Organisation im Sinne von hierarchischer Weisungskompetenz, sondern vielmehr um das „Leben" eines Netzwerkgedankens – gesteuert in zentralen Themenfeldern durch die Pioniere. Die Pioniere stellen somit die übergreifende Integration in das laufende Geschäft, die fachliche Expertise für die Maßnahmen der Entdecker und eine nachhaltige, langfristige Modernisierung und den Ausbau der sechs Komponenten sicher.

Für die Übertragung der hier bildhaft beschriebenen Rollen „Pionier" und „Entdecker" in eine reale Projektorganisation sollten international gängige Begriffe eingesetzt werden. Daher wird im Folgenden für die Pioniere die Rollenbezeichnung Domain-Lead („Leiter einer Domäne"), für die Entdecker die Bezeichnung Ambition-Owner und Workstream-Lead („Leiter Arbeitsgruppe") verwendet.

Domain-Leads („Pioniere") stimmen sich untereinander mit Koordination durch den Transformation-Manager ab und agieren und entscheiden eigenständig in ihrer fachlichen Komponente. Der Transformation-Manager steuert die Domain-Leads nur im Hinblick auf den gesamten Transformationsprozess. Lediglich bei Interessenskonflikten hat der Transformation-Manager die Aufgabe, den Eskalationsprozess zu moderieren. Er steuert die Netzwerkorganisation und orchestriert die Zusammenarbeit aller Beteiligten.

Neben diesen mit Kollegen aus der Organisation gefüllten Pionierrollen gilt es, die Rolle der Entdecker personell zu verankern. Zunächst ist insbesondere für große Organisation mit vielen Ambitions eine ergänzende Rolle auszuprägen: Da die Ambitionen schon konkrete Ziele und Maßnahmen darstellen gilt es, diese zuvor in den drei Bereichen der Digitalisierung – Produkte, Kundenbeziehung und interne Prozesse/Backbone – zu koordinieren. Diese drei Bereiche stellen elementare Einheiten eines digitalen Geschäftsmodells dar. So werden im Bereich Produkte alle Ambitionen gebündelt, die sich mit der Weiterentwicklung der Produkte oder neuen, produktgetriebenen Geschäftsmodellen befassen. Hier gilt es im Unternehmen zu prüfen, wer diese Ambitionen hinsichtlich Wechselwirkungen und Reihenfolge priorisieren und bewerten kann. Die Ambition-Owner erhalten somit einen konkreten Ansprechpartner für ihren Bereich. Die Rolle der Bündelung von Ambitionen eines Bereichs wird in der Programmorganisation als Workstream-Lead („Leiter Arbeitsgruppe") bezeichnet. Ein Workstream-Lead bündelt also die Anforderungen aus den Ambitions und balanciert die Reihenfolge und Priorität für eine Umsetzung mit den Verantwortlichen in der aktuellen Linienorganisation. Seine Rolle besteht somit darin, die grundsätzlichen Anforderungen der aktuellen Ambitionen zu erkennen und mit den Domain-Leads zu besprechen. Dies ermöglicht es, frühzeitig grundsätzliche Engpässe oder Restriktionen zu erkennen und ggfs. zu beseitigen.

Die oben vorgestellte Transformations-Matrix wird so durch die benannten Personen Workstream- und Domain-Leads geprägt. Diese stellen zusammen mit dem Transformation-Manager das Kernteam der Transformation eines digitalen Geschäftsmodells dar und sind der organisatorische Treiber und gleichzeitig Koordinator für den Weg vom aktuellen zum digitalen Geschäftsmodell.

Die folgende Darstellung (Abb. 2.4) veranschaulicht die Sicht auf ein mögliches Organigramm.

Die sich daraus ergebenden konkreten Mitarbeiter in einer Organisation sollten für diese Aufgabe einen angemessenen Teil ihrer verfügbaren Kapazität bereitstellen können. Die Erfahrungen zeigen, dass eine digitale Transformation nicht mit geringem Aufwand neben dem Tagesgeschäft als Teilzeit-Job erfolgen kann. Es ist somit erforderlich, ein 10-köpfiges Kernteam personell auszustatten und namentlich in der Organisation mit Leben zu füllen. Das Transformation-Management-Office übernimmt die inhaltliche, organisatorische und steuernde Unterstützung der Kernteammitglieder.

Nachdem die Rollen und Personen definiert sind, muss die Form der kontinuierlichen Zusammenarbeit festgelegt werden. In einer Netzwerkorganisation sind zwischen den zentralen Rollen feste und regelmäßige Abstimmungen erforderlich. Die Tab. 2.1 zeigt typische regelmäßige Abstimmungstermine, die zum „Leben" in der digitalen Netzwerkstruktur empfohlen werden:

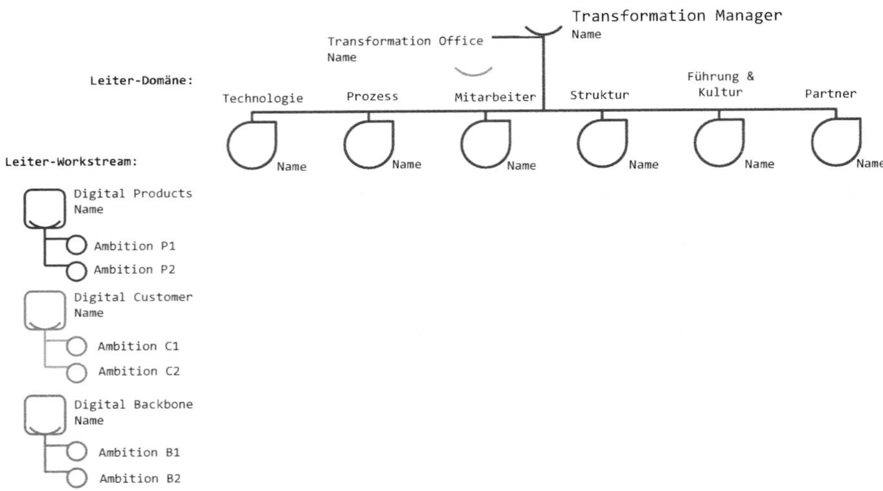

Abb. 2.4 Kernteam der Digitalen Transformation als Netzwerkorganisation mit 10 Personen

Diese 9 Meeting-Typen sind in einen Transformationskalender einzutragen, damit feste Zeiten bei den Teilnehmern vorgehalten werden. Zunächst sollten gewisse Fixpunkte und Tage für diese Events festgelegt werden.

2.5 Berichtswesen zur Steuerung der Transformation

Zur Steuerung bedarf es neben den Personen und der terminlichen Organisation auch eines regelmäßigen Berichtswesens. Dabei ist die Form der Visualisierung ein zentrales Element. Die Maßnahmen müssen während der ganzen Projektlaufzeit ständig visuell präsent und verständlich sein. Wird keine visuelle Unterstützung für die tägliche Projektarbeit geliefert, verlieren sich die Projektteams im operativen Abarbeiten von Aufgaben.

Ein Erfolgsmerkmal des Lean Management ist die visuelle Kontrolle, die auch bei agilen Methoden genutzt wird (Müller et al. 2011). Im visuellen Management werden Ziele und der aktuelle Stand so aufbereitet, dass für jedermann jederzeit transparent ist, wie die Situation einzuschätzen ist und welche Maßnahmen abzuleiten sind.

Der Status der einzelnen Ambitions und deren Maßnahmen muss für Domains und Workstreams daher übersichtlich visualisiert werden. Eine agile Netzwerkorganisation lebt von der Kommunikation und Visualisierung komplexer Zusammenhänge (Schwaber 2004). Das Transformation-Office muss daher einfache Templates zur Verfügung stellen. Die folgende Struktur (Abb. 2.5) ermöglicht beispielsweise, die Statusinformation Ambition-übergreifend einheitlich darzustellen.

Tab. 2.1 Überblick der regelmäßigen Meetings und Events im Transformation-Team

Nr.	Titel	Thema/Ziel	Teilnehmer	Zyklus/Dauer
1	Abstimmung zwischen Transformation-Manager und Domain-Lead (6×)	Treffen der Domain-Leads mit der Programmleitung. Ziel: Bündelung von Maßnahmen aus den Ambitions in Projekten, Priorisierung von Maßnahmen, Statusverfolgung, Eskalationen	Transformation-Manager, Domain-Lead, Domain-Projektleiter (optional)	1× Monat, 2 h
2	Abstimmung zwischen Workstream-Lead und Ambition-Ownern im Bereich *Products*	Treffen der Entdecker/ Projektleiter im Baustein „Products" mit dem WS-Lead. Ziel: Prioritäten der Ambitionen, Wechselwirkungen, Neue Ambitionen, Scoping und Ziele abstimmen	Transformation-Manager, Workstream-Lead, Ambition-Owner	1× Monat, 2–3 h
3	Abstimmung zwischen Workstream-Lead und Ambition-Ownern im Bereich *Customer*	Treffen der Entdecker/ Projektleiter im Baustein „Products" mit dem WS-Lead. Ziel: Prioritäten der Ambitionen, Wechselwirkungen, Neue Ambitionen, Scoping und Ziele abstimmen	Transformation-Manager, Workstream-Lead, Ambition-Owner	1× Monat, 2–3 h
4	Abstimmung zwischen Workstream-Lead und Ambition-Ownern im Bereich *Backbone*	Treffen der Entdecker/ Projektleiter im Baustein „Products" mit dem WS-Lead. Ziel: Prioritäten der Ambitionen, Wechselwirkungen, Neue Ambitionen, Scoping und Ziele abstimmen	Transformation-Manager, Workstream-Lead, Ambition-Owner	1× Monat, 2–3h
5	Digitaler Marktplatz/ Konferenz	Konferenz mit den Unternehmensvertretern der 1. und 2. Führungsebene zur Statusrückmeldung zu den laufenden Ambitionen und gemeinsame Ableitung und Priorisierung neuer Ambitionen	Transformation-Manager, Workstream-Leads, Ambition-Owner, Domain-Leads sowie 1. und 2. Führungsebene	2× Jahr, 6–8 h

(Fortsetzung)

Tab. 2.1 (Fortsetzung)

Nr.	Titel	Thema/Ziel	Teilnehmer	Zyklus/Dauer
6	Transformation-Board (Kernteam-Meeting – G10 Treffen)	Abstimmung der Program-Leitung „Digitalisierung", dem Transformation-Manager, zur gemeinsamen Statusrückmeldung, Priorisierung bei Abhängigkeiten und Eskalationen	Transformation-Manager, Workstream- und Domain Leads („G10")	1× Quartal, 4 h
7	Projekt JF Meetings	Individuelle JF Termine zwischen den einzelnen Projekten (Ambitionen und Baustein-Projekten) und der digitalen Programm-Leitung, Transformation-Manager	Transformation-Manager, Ambition-Owner, Workstream-Lead sowie relevante Domain-Leads (optional)	2-wöchentlich rollierend, 1,5 h (nach Bedarf)
8	Program-Management Status Call	Program-Management Status Call zu aktuellen Themen, Status, Entwicklungen und Eskalationen	Transformation-Manager, Ambition-Owner, Workstream-Leads, Domain-Leads	wöchentlich, 0,5 h
9	Agile Teamwork	Feste Projekt-Zeiten – Arbeitsumgebung ist der Digitale Projektbereich für alle Projektmitarbeiter (auch aus der Linienorganisation, die nur zeitweise im Projekt mitarbeiten)	alle Projektmitarbeiter	wöchentlich, 2–3 h, feste Tage im Projektraum

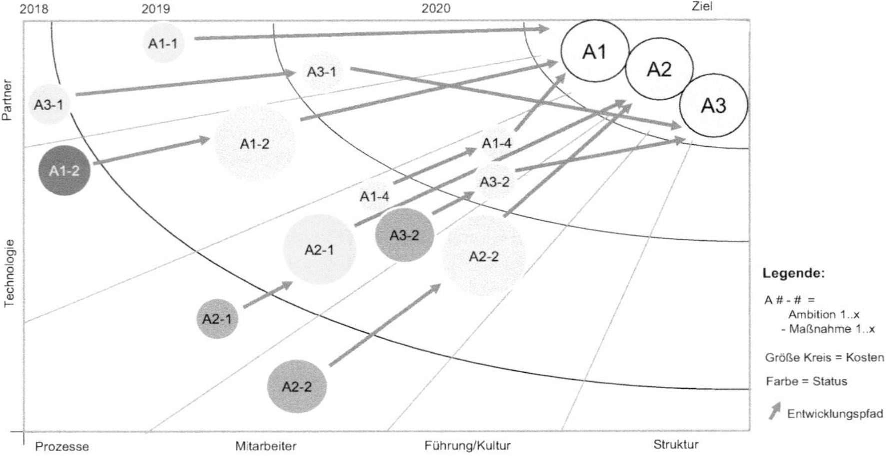

Abb. 2.5 Visueller Statusbericht pro Transformationsbereich (in Anlehnung an Hanschke 2016)

Im Statusbericht werden die einzelnen Maßnahmen mit ihren aktuellen Status je Ambition je Bereich der Transformation (d. h. Kunde, Produkt, Backbone) dargestellt. So können auf einen Blick ambitionsübergreifend kritische Maßnahmen in einem Transformationsbereich erkannt werden.

Diese Roadmap-Sicht kann gleichermaßen pro Domäne („Pionier-Sicht") oder pro Workstream („Entdecker-Sicht") genutzt werden. Daraus leiten sich 9 Transformation-Roadmap-Berichte ab: 3× pro Workstream/Bereich der Transformation und 6× pro Domäne.

Die Berichte basieren auf der gleichen Datengrundlage und werden automatisiert aus Echtdaten generiert. Noch bevor mögliche Tools zur Steuerung der Transformation in Betracht gezogen werden, gilt es das Datenmodell vorzugeben. Nur durch eine einheitliche Datenbasis können anschließend tabellenbasierte Datenerhebungen und Visualisierungen ausgeprägt werden.

Zur Visualisierung können moderne Business-Intelligence (BI) Suiten eingesetzt werden. Mit geringem Aufwand lassen sich so anspruchsvolle Dashboards für ein kontinuierliches Reporting erstellen. Die folgende Darstellung (Abb. 2.6) ist ein auf dem dargestellten Datenmodell erstellte Sicht aus einem Microsoft PowerBI Dashboard.

Die Steuerung des Transformation-Framework ist ohne den Einsatz eines IT-Tools, das Aspekte wie dezentrale Verantwortung, visuelle Kontrolle oder Kollaboration in großen verteilten Teams ermöglicht, nicht denkbar.

Ein Tool muss jederzeit einen Gesamtblick auf das Projekt ermöglichen. Ein toolgestütztes Reporting muss sicherstellen, dass die Sichten für Pioniere und Entdecker aus einer gemeinsamen Datenquelle erfolgen. Diese Statusinformationen müssen jederzeit, ohne manuelle Zwischenberichte und statische PowerPoint Dateien, aus Echtdaten visuell konsolidiert werden.

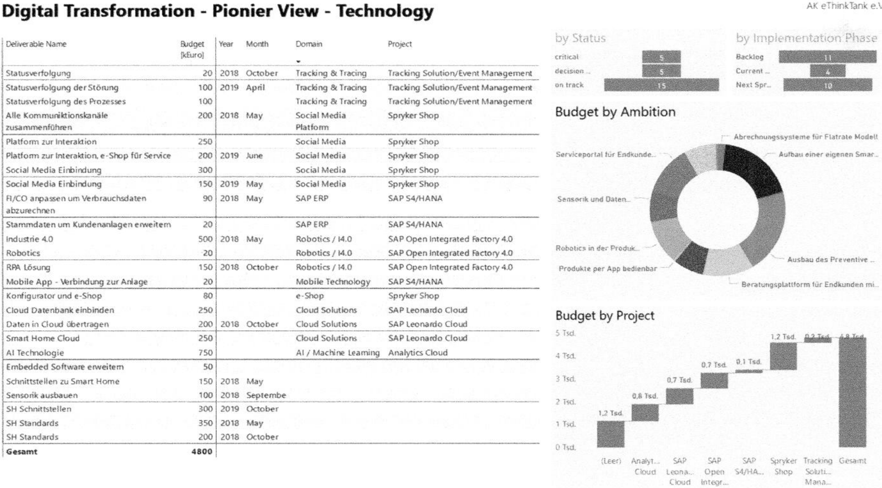

Digital Transformation - Pionier View - Technology

Deliverable Name	Budget [kEuro]	Year	Month	Domain	Project
Statusverfolgung	20	2018	October	Tracking & Tracing	Tracking Solution/Event Management
Statusverfolgung der Störung	100	2019	April	Tracking & Tracing	Tracking Solution/Event Management
Statusverfolgung des Prozesses	100			Tracking & Tracing	Tracking Solution/Event Management
Alle Kommuniktionskanäle zusammenführen	200	2018	May	Social Media Platform	Spryker Shop
Platform zur Interaktion	250			Social Media	Spryker Shop
Platform zur Interaktion, e-Shop für Service	200	2019	June	Social Media	Spryker Shop
Social Media Einbindung	300			Social Media	Spryker Shop
Social Media Einbindung	150	2019	May	Social Media	Spryker Shop
FI/CO anpassen um Verbrauchsdaten abzurechnen	90	2018	May	SAP ERP	SAP S4/HANA
Stammdaten um Kundenanlagen erweitern	20			SAP ERP	SAP S4/HANA
Industrie 4.0	500	2018	May	Robotics / I4.0	SAP Open Integrated Factory 4.0
Robotics	20			Robotics / I4.0	SAP Open Integrated Factory 4.0
RPA Lösung	150	2018	October	Robotics / I4.0	SAP Open Integrated Factory 4.0
Mobile App - Verbindung zur Anlage	20			Mobile Technology	SAP S4/HANA
Konfigurator und e-Shop	80			e-Shop	Spryker Shop
Cloud Datenbank einbinden	250			Cloud Solutions	SAP Leonardo Cloud
Daten in Cloud übertragen	200	2018	October	Cloud Solutions	SAP Leonardo Cloud
Smart Home Cloud	250			Cloud Solutions	SAP Leonardo Cloud
AI Technologie	750			AI / Machine Learning	Analytics Cloud
Embedded Software erweitern	50				
Schnittstellen zu Smart Home	150	2018	May		
Sensorik ausbauen	100	2018	Septembe		
SH Schnittstellen	300	2019	October		
SH Standards	350	2018	May		
SH Standards	200	2018	October		
Gesamt	**4800**				

Abb. 2.6 Pionier-Dashboard „Technologie" – Muster auf Basis des Datenmodells mit PowerBI

Moderne Business-Intelligence Suiten wie Microsoft PowerBI, QlikView oder Tableau bieten hierzu heutzutage die Möglichkeit dezentrale Statusinformationen aus lokalen, fragmentierten Tabellen der Projektteams in zentrale, visuelle Dashboards zu überführen. Es ist daher möglich, eine Kombination aus dezentralen Datentabellen der Ambition- und Domain-Projekte in ein BI-Dashboard mittels BI zu überführen. Es geht somit nicht um ein „neues Tool" oder eine zentrale „Projektdatenbank", sondern vielmehr um die Nutzung der Daten vom Ort der Entstehung (d. h. aus dem Projektteam) und die direkte Einbindung in ein zentrales, visuelles Monitoring für die Gesamtorganisation – ohne Übertragen, „Abtippen" oder manuelle PowerPoint Berichte.

2.6 Fazit und Ausblick

Die Implementierung digitaler Geschäftsmodelle ist ein komplexes Vorhaben, das ein darauf ausgerichtetes Vorgehensmodell und Steuerungsinstrumentarium erfordert. In den unterschiedlichen Rollen – hier als Entdecker/Ambition-Owner sowie Pionier/Domain-Lead bezeichnet – liegt einerseits Konfliktpotenzial begründet, andererseits wurde deutlich gemacht, dass beide Rollen kooperieren müssen, um eine digitale Transformation erfolgreich zu bestehen.

Das hier vorgestellte Framework kann dabei eine wertvolle Hilfe darstellen. Die Transformations-Matrix schafft die notwendige Transparenz über alle Transformationsprojekte hinweg, unterstützt deren Priorisierung, liefert einen Rahmen für die Gestaltung der Organisationsstrukturen und ermöglicht schließlich den Aufbau eines Steuerungsinstrumentariums. Dieses Modell liefert damit einen Lösungsansatz, der große, stabile Organisationen bei der digitalen Transformation und dem dabei geforderten beidhändigen Management unterstützen kann.

Erste Erfahrungen aus Projekten der Autoren, zeigen, dass die Aufteilung in die beiden Sichtweisen hilfreich ist, um die Komplexität einer Transformation zu verdeutlichen und beherrschbar zu machen. Allerdings zeigt sich auch, dass die Vermittlung der Rollen „Pionier" und „Entdecker" mitunter Schwierigkeiten bereitet, zumal einzelne Personen durchaus beide Rollen vereinen können. Weiterer Handlungsbedarf liegt in der weiteren operativen Ausgestaltung des Modells, bspw. im Zusammenhang mit dem Controlling der in der Transformations-Matrix gelisteten Projekte.

Literatur

Baumöl U (2007) Business-IT-Alignment durch Projektportfolio-Management und -Controlling. HMD-Prax Wirtschaftsinformatik 44(2):71–81

Berghaus S, Back A, Kaltenrieder B (2015) Digital transformation report 2015. Institut für Wirtschaftsinformatik, Universität St. Gallen

Bouncken RB, Rauth A (2010) Erfolg von Timingstrategien im Innovationsmanagement: Pionier- vs. Folgerstrategie in der deutschen Ernährungsindustrie. In: Meyer J-A (Hrsg) Strategien von kleinen und mittleren Unternehmen. Eul, Lohmar/Köln

BITKOM (2017) Studie: Digitale Transformation der Wirtschaft. Berlin
Blank S (2013) Schneller gründen. Die Lean-Start-up Methode macht Businesspläne überflüssig. HBM 07:22–31
Brandes U, Gemmer P, Koschek H, Schültken L (2014) Management Y: Agile, Scrum, Design, Thinking & Co.: So gelingt der Wandel zur attraktiven und zukunftsfähigen Organisation. Campus, Frankfurt/New York
Brecht L, Kauffeldt J (2015) Digital Nightmare Competitor – Workshopbeschreibung. Interne Arbeitsunterlage, Ulm
Christensen C (1997) The innovator's dilemma. When new technologies cause great firms to fail. HBR, Boston
Doppler K, Lauterburg C (2008) Change Management: Den Unternehmenswandel gestalten. Campus, Frankfurt/New York
Euchner J (2013) What large companies can learn from start-ups. Res Technol Manag 56(4):12–16
Furr N, Dyer J (2014) The innovator's method: bringing the lean startup into your organization. Harvard Business Press, Boston
Gassmann O, Frankenberg K, Csik M (2017) Geschäftsmodelle entwickeln: 55 innovative Konzepte mit dem St. Galler Business Model Navigator, 2. Aufl. Carl Hanser, München
Glatzel L, Lieckweg T (2016) Führung unter Unsicherheit – Was man von Start-Ups lernen kann. In: Geramanis O, Hermann K (Hrsg) Führen in ungewissen Zeiten. Gabler, Wiesbaden
Gulati R (2007) Abschied vom Silodenken. HBM 12:90–106
Hanschke I (2016) Enterprise Architecture Management – Einfach und Effektiv. Hanser, München
Hirzel M, Alter W, Sedlmeyer M (2011) Projektportfolio-Management. Strategisches und operatives Multi-Projektmanagement in der Praxis. Gabler, Wiesbaden
Jahn B, Pfeiffer M (2014) Die digitale Revolution – Neue Geschäftsmodelle statt (nur) neue Kommunikation. Mark Rev (St. Gallen) 31(1):79–93
Jirsak J, Schröder H, Steinwandel U (2015) Projektportfoliomanagement am Flughafen Hamburg. In: Kütz M, Wagner R (Hrsg) Mit Kennzahlen zum Erfolg. Projekte, Programme und Portfolios systematisch steuern. Symposion Publishing, Düsseldorf, S 271–290
Kaltenecker S (2017) Selbstorganisierte Unternehmen. Dpunkt, Heidelberg
Keese C (2016) Silicon Germany: Wie wir die digitale Transformation schaffen. Penguin, München
Kesten R, Müller A, Schröder H (2013) IT-Controlling, IT-Strategie, Multiprojektmanagement, Projektcontrolling und Performancekontrolle. Vahlen, München
Kotter JP (1996) Leading change. HBR Press, Boston
Kotter JP (2012) Die Kraft der zwei Systeme. HBM 12:22–36
Kotter JP (2015) Accelerate – Strategischen Herausforderungen schnell, agil und kreativ begegnen. Vahlen, München
Kunz C (2007) Strategisches Multiprojektmanagement: Konzeption, Methoden und Strukturen. Deutscher Universitätsverlag, Wiesbaden
LeHong H, Waller GP (2017) Digital Business Ambition: Transform or Optimize? Gartner 30 June 2017 ID: G00333254
Malik F (2015) Navigieren in Zeiten des Umbruchs: Die Welt neu denken und gestalten. Campus, Frankfurt am Main
Müller A, Schröder H, von Thienen L (2011) Lean IT-Management. Was die IT aus Produktionssystemen lernen kann. Gabler, Wiesbaden, S 1–14, 149–186
Müller A, von Thienen L (2015) Digitalisierung der Vertriebsprozesse – Framework zur erfolgreichen Transformation. In: Binckebanck L, Elste R (Hrsg) Digitalisierung im Vertrieb: Strategien zum Einsatz neuer Technologien in Vertriebsorganisationen. Springer Gabler, Wiesbaden, S 65–84
Österle H (1995) Business Engineering – Prozess- und Systementwicklung. Band 1: Entwurfstechniken, 2. Aufl. Springer, Berlin/Heidelberg
Österle H, Blessing D (2003) Business Engineering Modell. In: Österle H, Winter R (Hrsg) Business Engineering. Auf dem Weg zum Unternehmen des Informationszeitalters. Springer, Berlin/Heidelberg

O'Reilly C, Tushman M (2004) The ambidextrous organization. Harvard Business Review, Boston

Osterwalder A, Pigneur Y (2011) Business Model Generation. Ein Handbuch für Visionäre, Spielveränderer und Herausforderer. Campus, Frankfurt/New York

Petry T (2016) Digital Leadership: Erfolgreiches Führen in Zeiten der Digital Economy. Haufe, Freiburg

Ries E (2017) Lean startup. Redline, München

Ross JW et al (2016) Designing digital organizations. CISR working paper No. 406. Cambridge MA

Sauer R, Dopfer M, Schmeiss J, Gassmann O (2016) Geschäftsmodell als Gral der Digitalisierung. In: Gassmann O, Sutter P (Hrsg) Digitale Transformation im Unternehmen gestalten: Geschäftsmodelle – Erfolgsfaktoren – Fallstudien. Carl Hanser, München

Schallmo D (2016) Jetzt digital transformieren: So gelingt die erfolgreiche Digitale Transformation Ihres Geschäftsmodells. Springer Gabler, Wiesbaden

Schallmo D, Rusnjak A (2017) Roadmap zur Digitalen Transformation von Geschäftsmodellen. In: Schallmo D, Rusnjak A, Anzengruber J, Werani T, Jünger M (Hrsg) Digitale Transformation von Geschäftsmodellen – Grundlagen, Instrumente und Best Practices. Springer Gabler, Wiesbaden, S 1–31

Scholz C (2003) Netzwerkorganisation und virtuelle Organisation – Eine dynamische Perspektive. In: Zentes J, Swoboda B, Morschett D (Hrsg) Kooperationen, Allianzen und Netzwerke. Gabler, Wiesbaden

Schwaber K (2004) Agile project management with Scrum. Microsoft Press, Redmond

Trachsel V, Fallegger M (2017) Silodenken überwinden. Control Manag Rev 61(6):42–49

Vester, F (1970) Kunst des vernetzten Denkens. dtv, Frankfurt

Westerman G, Bonnet D, McAfee A (2014) Leading digital: turning technology into business transformation. HBR Press, Boston

Die Digitale Transformation von Geschäftsmodellen als Erfolgsfaktor: Grundlagen, Beispiele und Roadmap

3

Daniel Schallmo

Zusammenfassung

Die Digitale Transformation betrifft unterschiedliche Bereiche der Wirtschaft und Gesellschaft. Sie eröffnet neue Möglichkeiten der Vernetzung und Kooperation unterschiedlicher Akteure, die z. B. Daten austauschen und somit Prozesse anstoßen. In diesem Zusammenhang spielt insbesondere die Digitale Transformation von Geschäftsmodellen eine wichtige Rolle, da Geschäftsmodelle unterschiedliche Elemente enthalten, die digital transformiert werden können. Zu diesen Elementen gehören z. B. Kundenkanäle, Produkte, Dienstleistungen, Ressourcen und Prozesse.

Im Kontext der Digitalen Transformation von Geschäftsmodellen spielen technologische Potenziale, die eine Digitalisierung ermöglichen, eine wichtige Rolle. Produkte bestanden früher aus mechanischen und elektrischen Komponenten und stellen heute komplexe Systeme dar, die eine Verknüpfung von Hardware, Software und Datenspeichern ermöglichen – Produkte sind folglich intelligenter und vernetzter, als in der Vergangenheit. Neben Produkten werden auch Dienstleistungen, Prozesse und Wertschöpfungsketten digitalisiert, was neue Geschäftsmodelle erfordert, aber auch ermöglicht.

Die Zielsetzung des vorliegenden Beitrags ist es, den Begriff der Digitalen Transformation von Geschäftsmodellen zu erläutern und Beispiele in diesem Kontext aufzuzeigen. Anschließend wird eine Roadmap vorgestellt, die ein Vorgehen mit fünf Phasen beinhaltet: 1. Digitale Realität, 2. Digitale Ambition, 3. Digitale Potenziale, 4. Digitaler Fit und 5. Digitale Implementierung.

Überarbeiteter Beitrag, basierend auf Schallmo, D. (2019): Jetzt digital transformieren. So gelingt die erfolgreiche Digitale Transformation Ihres Geschäftsmodells, Springer Verlag, Wiesbaden, 2. Auflage

D. Schallmo (✉)
Hochschule Neu-Ulm, Neu-Ulm, Deutschland
E-Mail: daniel.schallmo@hs-neu-ulm.de

S. Meinhardt, A. Pflaum (Hrsg.), *Digitale Geschäftsmodelle – Band 1*, Edition HMD, https://doi.org/10.1007/978-3-658-26314-0_3

Schlüsselwörter
Digitale Transformation · Roadmap · Digitalisierung · Wertschöpfungskette · Kundenerfahrung · Geschäftsmodell

3.1 Einleitung

Im Kontext der Digitalen Transformation von Geschäftsmodellen spielen technologische Potenziale, die eine Digitalisierung ermöglichen, eine wichtige Rolle. Produkte bestanden früher aus mechanischen und elektrischen Komponenten und stellen heute komplexe Systeme dar, die eine Verknüpfung von Hardware, Software und Datenspeichern ermöglichen – Produkte sind folglich intelligenter und vernetzter, als in der Vergangenheit (Porter und Heppelmann 2014, S. 36). Neben Produkten werden auch Dienstleistungen, Prozesse und Wertschöpfungsketten digitalisiert, was neue Geschäftsmodelle erfordert, aber auch ermöglicht (Porter und Heppelmann 2015, S. 58).

Ein Beispiel für intelligentere Produkte ist Hagleitner, ein Hersteller von Hygieneartikeln. Mittels Hagleitner senseManagement werden Waschräume und Seifen-, sowie Papierhandtuchspender mittels Sensoren überwacht. Die erhobenen Daten werden eingesetzt, um den Reinigungs- und Nachfüllprozess beim Kunden zu managen.

Ein weiteres Beispiel ist ThyssenKrupp Elevator, einem Hersteller und Serviceanbieter für Aufzüge. Mittels ThyssenKrupp MAX wurde ein Monitoring der Aufzüge in Echtzeit ermöglicht, was eine geringere Ausfalldauer von Aufzügen zur Folge hat.

Neben technologischen Potenzialen und der Veränderung von Geschäftsmodellen spielen veränderte Kundenanforderungen eine große Rolle. Kunden fordern heute statt einzelner Produkte „Rundum-sorglos-Pakete" mit passenden Serviceleistungen.

Die Zielsetzung der vorliegenden Beitrags ist es, die wesentlichen Grundlagen und Beispiele im Kontext der Digitalen Transformation von Geschäftsmodellen aufzuzeigen. Eine weitere Zielsetzung ist die Erläuterung einer Roadmap für die Digitale Transformation von Geschäftsmodellen, die aus fünf Phasen besteht und eine strukturierte Vorgehensweise mit Instrumenten beinhaltet.

3.2 Digitale Transformation von Geschäftsmodellen

Ausgehend von bestehenden Definitionen im Kontext der Digitalen Transformation, Digitalisierung, und Geschäftsmodell-Innovation (Schallmo 2013, S. 29), definieren wir die Digitale Transformation von Geschäftsmodellen wie folgt:

Definition: Digitale Transformation von Geschäftsmodellen
Die Digitale Transformation von Geschäftsmodellen betrifft einzelne Geschäftsmodell-Elemente, das gesamte Geschäftsmodell, Wertschöpfungsketten, sowie die Vernetzung unterschiedliche Akteure in einem Wertschöpfungsnetzwerk.

Der Grad der Digitalen Transformation betrifft sowohl die inkrementelle, also geringfügige, als auch die radikale, also fundamentale, Veränderung eines Geschäftsmodells. Die Bezugseinheit im Hinblick auf den Neuigkeitsgrad ist primär der Kunde; sie kann allerdings auch das eigene Unternehmen, die Partner, die Industrie und Wettbewerber betreffen.

Innerhalb der Digitalen Transformation von Geschäftsmodellen werden Enabler, bzw. Technologien, wie z. B. Big Data, eingesetzt, die neue Anwendungen, bzw. Leistungen, wie z. B. Bedarfsvorhersagen, erzeugen. Diese Enabler erfordern Fähigkeiten, die die Gewinnung und den Austausch von Daten sowie deren Analyse und Nutzung zur Berechnung und Bewertung von Optionen ermöglichen. Die bewerteten Optionen dienen dazu, neue Prozesse innerhalb des Geschäftsmodells zu initiieren.

Die Digitale Transformation von Geschäftsmodellen erfolgt anhand eines Vorgehens mit einer Abfolge von Aufgaben und Entscheidungen, die in logischem und zeitlichem Zusammenhang zueinanderstehen. Sie betrifft vier Zieldimensionen: Zeit, Finanzen, Raum und Qualität.

Definition: Geschäftsmodell-Dimensionen und -Elemente
Mit Hilfe eines einheitlichen Rasters erfolgt die Beschreibung des bestehenden Geschäftsmodells anhand von fünf Dimensionen und 13 Elementen (Schallmo 2013, S. 119 und 139 f.). Die Dimensionen von Geschäftsmodellen lassen sich wie folgt erläutern (Schallmo 2013, S. 118 f.):

Kundendimension: Welche Kundensegmente sollen mit dem Geschäftsmodell erreicht werden? Mittels welcher Kundenkanäle sollen die Kundensegmente erreicht werden? Wie soll die Beziehung zu Kundensegmenten ausgestaltet werden?

Nutzendimension: Welcher Nutzen soll durch welche Leistungen für Kundensegmente gestiftet werden?

Wertschöpfungsdimension: Welche Ressourcen und Fähigkeiten sind notwendig, um die Leistungen zu erstellen und das Geschäftsmodell zu betreiben? Welche Prozesse sollen ausgeführt werden?

Partnerdimension: Welche Partner sind für das Geschäftsmodell notwendig? Mittels welcher Partnerkanäle soll mit den Partnern kommuniziert werden und wie sollen die Leistungen beschafft werden? Welche Beziehung soll zu den jeweiligen Partnern vorliegen?

Finanzdimension: Welche Umsätze werden mit den Leistungen erzielt? Welche Kosten werden durch das Geschäftsmodell verursacht? Welche Mechanismen sollen jeweils für Umsätze und Kosten zum Einsatz kommen?

3.3 Beispiele für die Digitale Transformation von Geschäftsmodellen

In diesem Kapitel werden zwei Beispiele für erfolgreich digital transformierte Geschäftsmodelle erläutert. Hierbei werden jeweils die Ausgangssituation, die Problemstellung, die Zielsetzung und der Lösungsansatz aufgezeigt.

3.3.1 Hagleitner senseManagement

Hagleitner ist ein österreichischer Hersteller für Hygieneartikel. Neben flüssigen Reinigungs- und Desinfektionsmitteln werden auch Papiertücher und passende Spender für die flüssigen Mittel und Papiertücher hergestellt. Ferner werden den Kunden Hygieneschulungen angeboten.

Die wichtigsten Kunden kommen aus dem Gesundheitswesen, der Gastronomie und der Lebensmittelindustrie, da in diesen Branchen ein sehr hoher Hygienestandard vorgeschrieben ist (Hagleitner 2016a).

Ausgangssituation und Problemstellung
Bislang hat Hagleitner seine Kunden darin unterstützt, Hygieneanforderungen zu erfüllen, indem Spender (insb. berührungslose Spender) und dazugehörige Inhalte an Kunden verkauft und geliefert wurden. Die Inhalte, wie z. B. Flüssigseife und Papierhandtücher, sind dabei so konzipiert, dass sie eine einfache und schnelle Befüllung ermöglichen.

Steigende Hygieneanforderungen seitens der Kunden, eine fehlende Transparenz, welche Spender wann befüllt werden müssen, eine ungeeignete Personalplanung, die hohe Personalkosten verursacht und eine großzügige Bedarfsplanung, die hohe Lagerbestände bei Kunden verursacht, haben Hagleitner dazu veranlasst, ein neues System zu entwickeln: Hagleitner senseManagement (Hagleitner 2016b).

Zielsetzung und Lösungsansatz
Die Zielsetzung von Hagleitner senseManagement besteht darin, für Kunden einen Nutzen zu stiften, indem mittels Sensoren der Waschraum überwacht wird, was eine Kosten- und Zeitersparnis im Hinblick auf die Befüllung von Hygieneartikeln ermöglicht. Zusätzlich wird die Kunden- bzw. Nutzerzufriedenheit erhöht, indem notwendige Hygieneartikeln immer verfügbar sind.

Das System besteht aus Seifenspendern, Desinfektionsmittelspendern, Papiertuchspendern und Duftspendern mit integrierten Sensoren, die die Messung des aktuellen Füllzustands ermöglichen und die Daten an eine Basisstation senden. Diese Basisstation sendet die Daten an einen Hagleitner-Server, der den Kunden, wie z. B. dem Reinigungspersonal, diese Daten mittels internetfähiger Geräte zur Verfügung stellt.

Der Nutzen für Kunden besteht darin, dass eine Transparenz zu Verbräuchen und Kosten vorliegt, was die Berechnung einer genauen Material- und Personalplanung ermöglicht. Der Nutzen für Hagleitner besteht darin, dass die eigene Produktionsplanung und die Lagerbestände optimiert werden können, was eine Kostensenkung ermöglicht (Hagleitner 2016b).

In Abb. 3.1 ist das Konzept Hagleitner senseManagement dargestellt.

3.3.2 ThyssenKrupp Elevator MAX

ThyssenKrupp ist ein deutscher Industriekonzern mit unterschiedlichen Sparten. Die Sparte Elevator Technology stellt Personen- und Lastenaufzüge, sowie Rolltreppen für Bürogebäude, Wohngebäude, Hotels, Flughäfen und Einkaufszentren

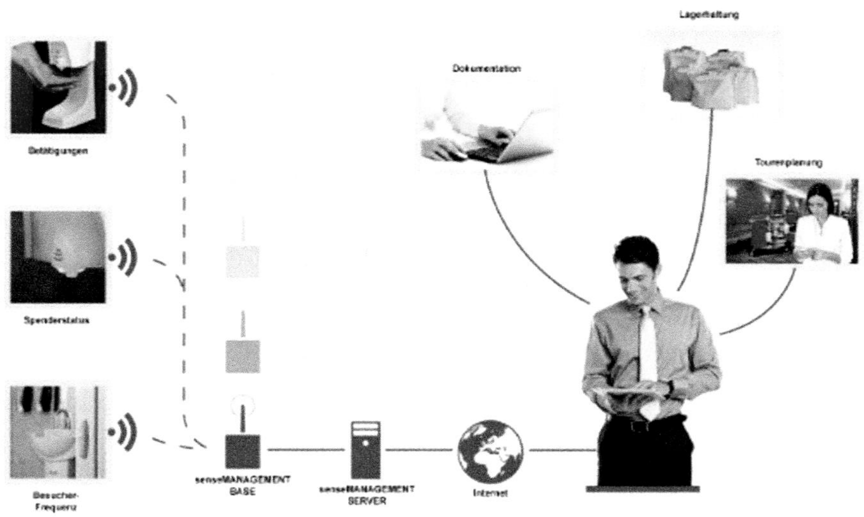

Abb. 3.1 Hagleitner senseManagement (Hagleitner 2016b)

etc., her. Neben dem Verkauf und der Installation von Aufzügen und Rolltreppen werden auch Wartungen, Reparaturen und Modernisierungen angeboten (ThyssenKrupp 2016a).

Ausgangssituation und Problemstellung

Das bisherige Geschäftsmodell von ThyssenKrupp bestand darin, Aufzüge herzustellen, diese zu installieren und bei Bedarf die Wartung durchzuführen. Eine zunehmende Anzahl hoher Gebäude in Großstädten führt zu einer steigenden Nachfrage nach leistungsfähigen Aufzügen. Ferner fordern Kunden und Nutzer eine höhere Zuverlässigkeit von Aufzügen. Zudem stellen viele bereits installierte Aufzüge aufgrund eines Wartungsrückstands ein Risiko für Nutzer dar (ThyssenKrupp 2016b; Wetzel 2016).

Daneben bieten Wettbewerber von ThyssenKrupp Elevator ebenfalls Wartungsleistungen an, was zu geringeren Umsätzen und somit zu geringeren Margen führt; gerade im Wartungsbereich sind im Vergleich zum reinen Produktverkauf vergleichsweise hohe Margen erzielbar (Dispan 2007, S. 22; Odermatt und Kressbach 2011).

Zielsetzung und Lösungsansatz

Die Zielsetzung von ThyssenKrupp Elevator war es, die Ausfalldauer von Aufzügen zu senken, indem Ursachen für mögliche Ausfälle rechtzeitig identifiziert werden und Reparaturen und Wartungen schneller durchgeführt werden können. Dabei handelt es sich um ThyssenKrupp MAX, einem Elevator Monitoring System.

Eine rechtzeitige Identifikation von Ursachen für mögliche Ausfälle erfordert einen Informationsfluss in Echtzeit, der Auskunft über die aktuellen Zustände der Aufzüge bereitstellt. Hierfür hat ThyssenKrupp Elevator Auszugkomponenten, wie

z. B. Antriebsmotoren, Aufzugtüren und Aufzugschächte mit Sensoren ausgestattet. Diese Sensoren erheben zu den Funktionen des Aufzugs Informationen, wie z. B. die Kabinengeschwindigkeit und die Temperatur des Antriebsmotors. Die gewonnen Informationen werden durch Predictive Analytics ausgewertet und den Mitarbeitern, die für die Wartung und die Technik verantwortlich sind, zur Verfügung gestellt. Hierbei werden einerseits Warnmeldungen und andererseits Empfehlungen für die auszuführende Wartung übermittelt.

Somit kann ThyssenKrupp Elevators die Wartungsarbeit proaktiv und vorausschauend durchführen und die Ausfallzeiten von Aufzügen reduzieren. Ferner kann bei ThyssenKrupp Elevators die Kosten-, Ressourcen- und Wartungsplanung verbessert werden (CGI 2016).

In Abb. 3.2 ist das Konzept MAX von ThyssenKrupp Elevator dargestellt.

3.4 Roadmap für die Digitale Transformation von Geschäftsmodellen

Auf Basis bestehender Ansätze zur Digitalen Transformation und auf Basis bestehender Ansätze zur Innovation von Geschäftsmodellen (siehe hierzu: Bucherer 2010, S. 63 ff.; Rusnjak 2014, S. 109 ff.; Schallmo 2013, S. 47 ff., 2014, S. 52 ff., 2015, S. 5 ff.; Wirtz und Thomas 2014, S. 37 ff.) erfolgt nun die Darstellung einer Roadmap, die aus fünf Phasen besteht: 1. Digitale Realität, 2. Digitale Ambition, 3. Digitale Potenziale, 4. Digitaler Fit und 5. Digitale Implementierung.

3.4.1 Überblick über die Roadmap

Die Abb. 3.3 stellt die Roadmap zur digitalen Transformation von Geschäftsmodellen mit den Phasen und Aktivitäten dar. Die vorgestellten Phasen werden im Folgenden jeweils mit den Aktivitäten und den Instrumenten aufgezeigt. Ausgewählte Aktivitäten werden anhand eines Beispiels erläutert, das nachfolgend kurz beschrieben ist, erläutert.

General Electric mit Pivotal (GE 2016; Pivotal 2016)
GE verfügt über insgesamt neun Geschäftsbereiche und sieht sich als führendes digitales Industrieunternehmen. GE möchte die Industrie durch softwarebasierte

Abb. 3.2 MAX von ThyssenKrupp Elevator (ThyssenKrupp 2016c)

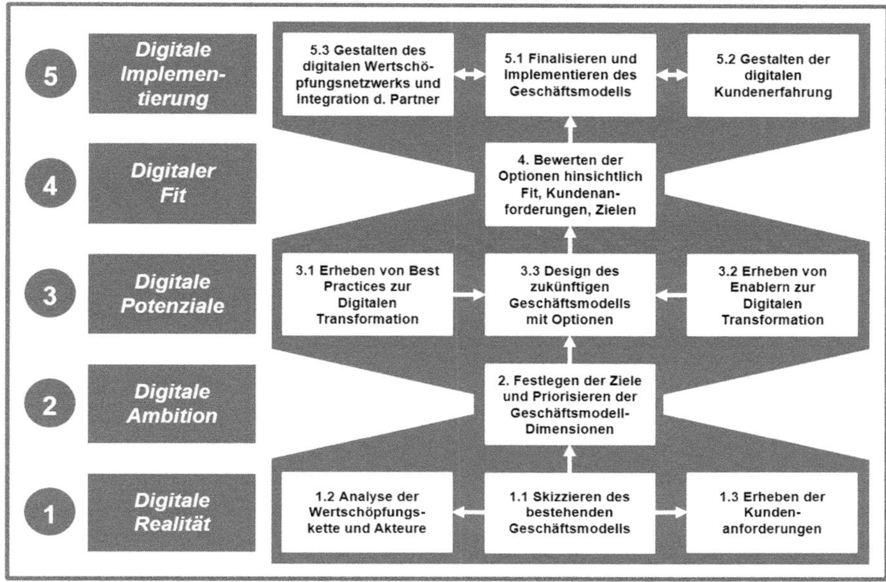

Abb. 3.3 Roadmap zur Digitalen Transformation von Geschäftsmodellen

Technologien und Lösungen vernetzen, die schnell und vorausschauend sind. GE hat sich aus diesem Grund mit 105 Mio. $ für 10 % an Pivotal beteiligt. Pivotal wandelt Daten in Informationen um, die für Dienstleistungen genutzt werden. Intel und Cisco sind ebenfalls Partner und insgesamt hat Pivotal mehr als 100 Technologiepartner und zwei Systemintegratoren: Capgemini und Accenture.

Bislang liegen GE über 50 Mio. Datensätze vor, die von über 10 Mio. installierten Sensoren an Maschinen, Anlagen etc. erhoben wurden. Pivotal hat für GE bislang über 40 Anwendungen entwickelt, darunter z. B. Flugroutenoptimierung, Stillstandvermeidung.

Das nachfolgende Beispiel bezieht sich auf den Geschäftsbereich „Aviation“, insbesondere die Herstellung und Wartung von Treibwerken. Als Kunden von GE Aviation kommen Fluggesellschaften in Frage. Dazu gehört z. B. der Low-Cost-Carrier Air Asia, der über eine Flotte mit 160 Flugzeugen verfügt und 340.000 Flüge pro Jahr durchführt. Das Streckennetz umfasst über 100 Destinationen in 22 Ländern.

Anhand von Analysen hat GE festgestellt, dass weltweit, bei allen Fluggesellschaften, eine Ineffizienz durch Flugzeit, Treibstoffverbrauch, und Routen von 18 bis 22 % vorliegt. Würde es gelingen, den Treibstoffverbrauchs um 1 % p.a. zu reduzieren, die wäre eine Ersparnis von insg. 30 Mrd. $ in den nächsten 15 Jahren.

GE hat das bestehende Geschäftsmodell, den Verkauf und die Wartung von Treibwerken, um GE Flight Efficiency Services erweitert. Hierbei werden insbesondere Treibstoffmanagement, Navigationsdienste, Flugdatenanalyse, Risikomanagement und weitere Leistungen angeboten. Die Zielsetzung ist dabei die Reduktion der Betriebskosten und eine bessere Auslastung, um Kosteneinsparungen zu erzielen.

3.4.2 Digitale Realität: Den Status quo erfassen

Innerhalb der digitalen Realität werdend das bestehende Geschäftsmodell skizziert, die Wertschöpfungskette analysiert und die Kundenanforderungen erhoben.

Skizzieren des bestehenden Geschäftsmodells
Die Digitale Transformation bezieht sich auf die Veränderung bestehender Geschäftsmodelle. Aus diesem Grund ist es entscheidend, ein Verständnis zum aktuellen Geschäftsmodell aufzubauen. Mit Hilfe eines einheitlichen Rasters erfolgt dabei die Beschreibung des bestehenden Geschäftsmodells anhand von fünf Dimensionen und 13 Elementen (Schallmo 2013, S. 119 und 139 f.).

Analyse der Wertschöpfungskette und der Akteure
Diese Aktivität dient dazu, ein Verständnis über die Industrie und den Digitalisierungsgrad aufzubauen. Hierfür werden die Stufen der Wertschöpfungskette der Industrie aufgeführt. Anschließend werden die relevanten Akteure jeder Wertschöpfungsstufe mit ihrem Geschäftsmodell skizziert (Hitt et al. 2008, S. 24; Grant 2005, S. 123; Gadiesh und Gilbert 1998, S. 149; Schallmo 2013, S. 182 f.). Darauf aufbauend wird jeweils anhand einheitlicher Kriterien (z. B. Einsatz von Technologien, Vernetzung untereinander) der Digitalisierungsgrad der Wertschöpfungsstufe und der Akteure ermittelt und in einem Diagramm abgebildet. Der Digitalisierungsgrad und die damit verbundene Veränderung von Geschäftsmodellen variiert je nach Industrie, was in unterschiedlichen Studien analysiert wurde (KPMG 2013, S. 9; Bouée und Schaible 2015, S. 27 ff.; Geissbauer et al. 2014, S. 3). Anhand der Analyse der Wertschöpfungskette und der Akteure ist es auf einen Blick möglich, attraktive Wertschöpfungsstufen und potentielle Partner zu identifizieren. In Abb. 3.4 sind die Wertschöpfungsstufen, Akteure und der jeweilige Digitalisierungsgrad dargestellt.

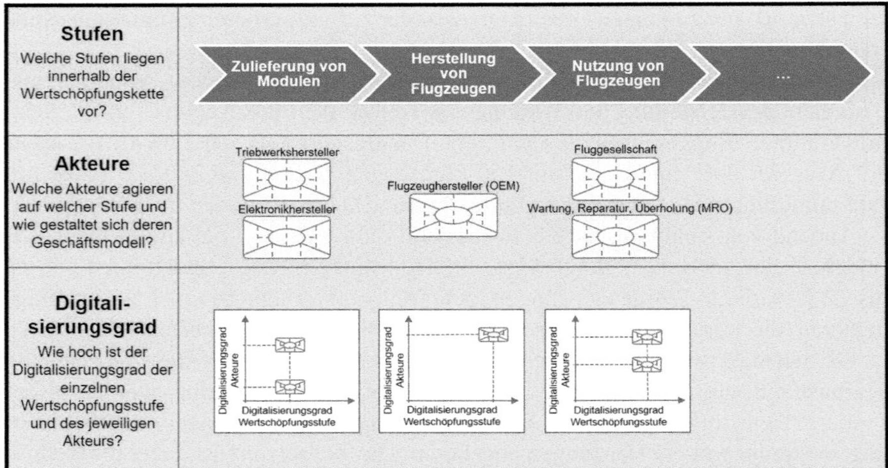

Abb. 3.4 Wertschöpfungsstufen, Akteure und Digitalisierungsgrad einer Industrie

Erheben der Kundenanforderungen
Um Kundenanforderungen zu erheben, erfolgt die Erstellung eines Kundenprofils (bzw. eines Nutzerprofils) anhand von Kriterien (Plattner et al. 2009, S. 167; Curedale 2013, S. 224; Gray et al. 2010, S. 65 f.). Das Kundenprofil wird üblicherweise im Business-to-Consumer-Bereich eingesetzt, kann aber auch im Business-to-Business-Bereich eingesetzt werden, um Personengruppen (z. B. Einkäufer, Produktionsleiter) oder Unternehmen in Form einer Person zu beschreiben. In Abb. 3.5 ist Kundenprofil eines Wartungsspezialisten einer Fluggesellschaft exemplarisch dargestellt.

3.4.3 Digitale Ambition: Die Ziele festlegen

Im Rahmen der Phase digitale Ambition werden Ziele und Prioritäten für die Geschäftsmodell-Dimensionen festgelegt.

Festlegen der Ziele und Priorisieren der Geschäftsmodell-Dimensionen
Für das bestehende Geschäftsmodell und enthaltene Geschäftsmodell-Elemente werden anhand von vier Kategorien Ziele abgeleitet. Zu den Kategorien gehören: die Zeit, die Finanzen, der Raum und die Qualität (in Anlehnung an: Österle 1995, S. 109 f.; Schallmo 2013, S. 194; Kreutzer und Land 2013, S. 48).

- **Zeit**: Mittels der Kategorie „Zeit" lassen sich Ziele ableiten, die sich auf die zeitlichen Aspekte des Geschäftsmodells beziehen, wie z. B. schnellere Bereitstellung von Leistungen, schnellere Produktion.

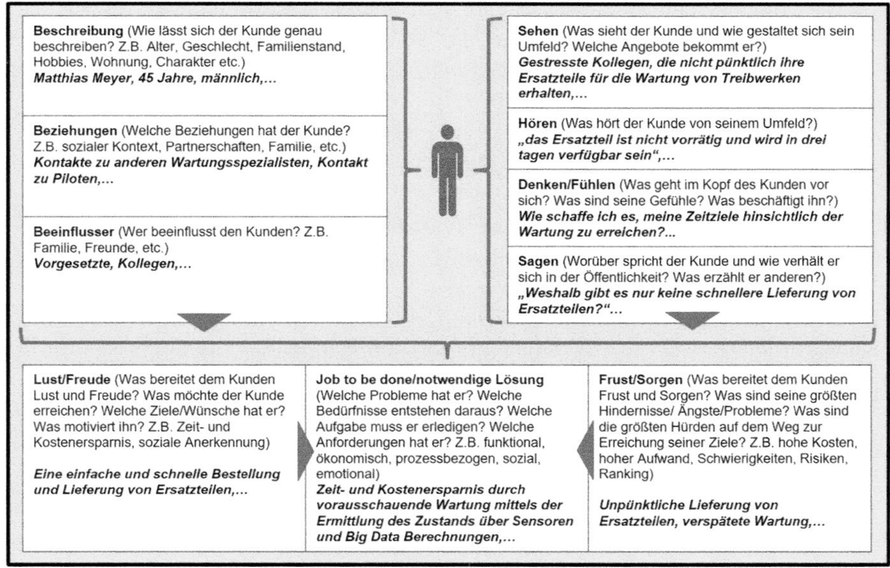

Abb. 3.5 Kundenprofil mit Kundenanforderungen

- **Finanzen**: Innerhalb der Kategorie „Finanzen" lassen sich Ziele ableiten, die sich auf die finanziellen Aspekte des Geschäftsmodells beziehen, wie z. B. Kosteneinsparungen, Umsatzsteigerungen.
- **Raum**: Mittels der Kategorie „Raum" können Ziele abgeleitet werden, die die räumlichen Aspekte des Geschäftsmodells berücksichtigen, wie z. B. Vernetzung, Automatisierung.
- **Qualität**: Die Kategorie „Qualität" enthält Ziele, die sich auf die qualitativen Aspekte des Geschäftsmodells beziehen, wie z. B. Produktqualität, Beziehungsqualität, Prozessqualität.

Die vorgestellten Kategorien dienen dazu, alle relevanten Aspekte zu berücksichtigen und sich z. B. nicht nur auf zeitliche Aspekte zu konzentrieren. Die abgeleiteten Ziele können mehrere Kategorien betreffen und sich somit überschneiden. Aus diesem Grund werden die Ziele anschließend priorisiert. Daraus ergibt sich dann eine Priorisierung der Geschäftsmodell-Dimensionen, die bearbeitet werden sollen.

3.4.4 Digitale Potenziale: Die Optionen ableiten

Innerhalb der Phase der Erhebung digitaler Potenziale werden Best Practices und Technologien analysiert und anschließend Optionen für das zukünftige Geschäftsmodell abgeleitet.

Erheben von Best Practices zur Digitalen Transformation
Um Ideen für die Digitale Transformation des Geschäftsmodells zu gewinnen, werden Best Practices aus der eigenen und aus fremden Industrien gewonnen und beschrieben (Bucherer 2010, S. 77; Giesen et al. 2007, S. 32; Schallmo 2013, S. 185).

Eine Reihe von Best Practices für die Digitale Transformation findet sich in der bestehenden Literatur (Brand et al. 2009; Boueé und Schaible 2015, S. 9 ff.; Botthof und Bovenschulte 2009, 15 ff.; Hoffmeister 2015; Jahn und Pfeiffer 2014, S. 81 ff.; Bauernhansl und Emmrich 2015, S. 24).

Erheben von Enablern zur Digitalen Transformation
Enabler dienen dazu, Anwendungen bzw. Leistungen zu ermöglichen, die zur digitalen Transformation des Geschäftsmodells dienen.

Für Enabler und Anwendungen/Leistungen liegen vier Kategorien vor, die nachfolgend erläutert sind (in Anlehnung an: Boueé und Schaible 2015, S. 19 f.):

- **Digitale Daten**: Die Erfassung, Verarbeitung und Auswertung digitalisierter Daten ermöglichen es, bessere Vorhersagen und Entscheidungen zu treffen.
- **Automatisierung**: Die Kombination von klassischen Technologien mit künstlicher Intelligenz ermöglicht den Aufbau von autonom arbeitenden, sich selbst organisierenden Systemen. Dadurch ist die Senkung von Fehlerquoten, die Erhöhung der Geschwindigkeit und die Reduktion der Betriebskosten möglich.

- **Digitaler Kundenzugang**: Das mobile Internet ermöglicht den direkten Zugang zum Kunden, der dadurch eine hohe Transparenz und neue Dienstleistungen erhält.
- **Vernetzung**: Die mobile oder leitungsgebundene Vernetzung der gesamten Wertschöpfungskette über hochbreitbandige Telekommunikation ermöglicht die Synchronisation von Lieferketten, was zu einer Verkürzung von Produktionszeiten und Innovationszyklen führt.

Die Enabler werden mit Ihren Anwendungen/Leistungen in einem Digitalradar aufgeführt, was in Abb. 3.6 dargestellt ist.
Das Digitalradar wird bei Bedarf um weitere Enabler und Anwendungen/Leistungen ergänzt. Nachfolgend ist ein Beispiel für die additive Fertigung für bionische Bauteile von Flugzeugen aufgeführt. Die Additive Fertigung ist analog für den Druck von Ersatzteilen für Triebwerke einsetzbar (Jakob 2015).

Beispiel: Additive Fertigung für bionische Bauteile von Flugzeugen (Flugrevue 2016)
Airbus hat im Juli 2014 eine bionisch geformte Halterung in ein A350-Testflugzeug eingebaut und ist damit bereits geflogen (Abb. 3.7). Es handelt sich um ein mit Titanpulver „gedrucktes" Bauteil, das die gleichen Vorgaben hinsichtlich Funktion und Festigkeit, wie ein herkömmliches Bauteil hat. Die Vorteile sind:

- Weniger Material und geringeres Gewicht, bis zu 30 Prozent leichter
- Senkung des Treibstoffverbrauchs
- Erhöhung der Flexibilität, da Werften Ersatzteile ohne große Fertigungsanlagen direkt an Ort und Stelle nach Originalplänen „drucken" können.

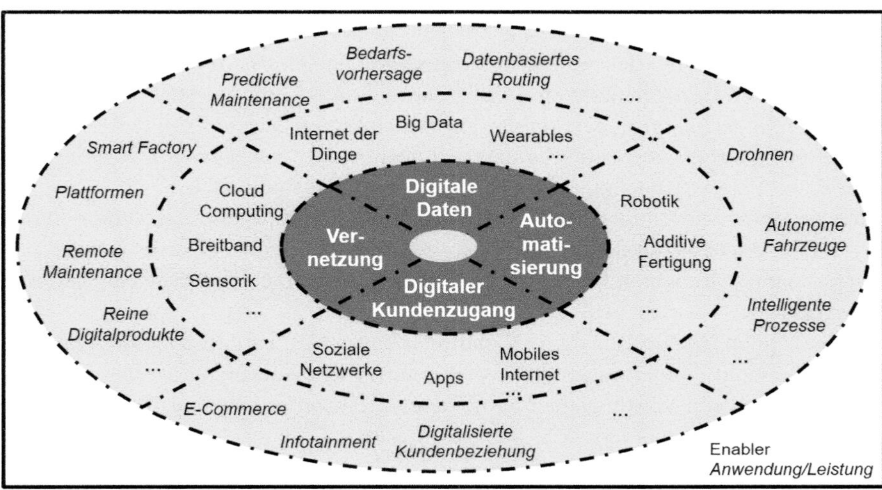

Abb. 3.6 Digitalradar mit Enablern und Anwendungen (in Anlehnung an Bouée und Schaible 2015, S. 20)

Abb. 3.7 Bionisches und herkömmliches Bauteil (Flugrevue 2016)

Mittels des Erhebens von Enablern zur Digitalen Transformation ist es möglich, das Geschäftsmodell, die digitale Kundenerfahrung und das digitale Wertschöpfungsnetz zu gestalten bzw. festzulegen, welche Enabler im Rahmen des Wertschöpfungsnetzwerks zum Einsatz kommen (Boueé und Schaible 2015, S. 19).[1]

Design der Optionen des zukünftigen digitalen Geschäftsmodells

Auf Basis der Best Practices und der Enabler, die erhoben wurden, werden nun Optionen für die zukünftige Ausgestaltung der einzelnen Geschäftsmodell-Elemente abgeleitet. Hierbei ist es entscheidend, zunächst alle Optionen aufzulisten, ohne eine Bewertung vorzunehmen. Die beiden Kernfragen sind dabei:

- Welche Geschäftsmodell-Elemente sollen in welcher Form digitalisiert werden? So könnten Benchmarks zu Verbrauchdaten über eine Plattform bereitgestellt werden.
- Wie können Enabler aus dem Digitalradar eingesetzt werden, um Geschäftsmodell-Elemente zu verbessern? Die Verbesserung des Wartungsprozesses, bzw. die Vorhersage von Wartungsintervallen eines Treibwerks könnte z. B. mittels Big Data ermöglicht werden.

[1] Siehe zur Analyse technologischer Trends auch: Schallmo und Brecht 2014, S. 118 ff.

Die Gestaltung der Optionen für das zukünftige Geschäftsmodell orientiert sich dabei an den abgeleiteten Zielen. Die abgeleiteten Optionen für das Geschäftsmodell sollen dabei ebenfalls die Kundenanforderungen und die Wertschöpfungskette mit Akteuren berücksichtigen und somit Ideen für die Gestaltung der digitalen Kundenerfahrung und des digitalen Wertschöpfungsnetzwerks ableiten.

Im Rahmen des Designs der Optionen für das zukünftige Geschäftsmodell können neben den Best Practices und Enablern zusätzlich grundlegende Digitale Geschäftsmodell-Muster herangezogen werden (siehe hierzu: Hoffmeister 2013, S. 17 ff., 2015, S. 120 ff.; Esser 2014).

3.4.5 Digitaler Fit: Die Eignung bewerten

Im Rahmen des digitalen Fits werden Kombinationen der Optionen festgelegt und bewertet, um sich auf eine Kombination zu fokussieren.

Festlegen von Kombinationen der Optionen
Für die abgeleiteten Optionen werden nun passende Kombinationen festgelegt, d. h. dass die Optionen kongruent zueinander sein müssen. Die jeweilige Kombination der Optionen wird anschließend in das bestehende Geschäftsmodell integriert.

Bewerten der Kombinationen
Das Bewerten der Kombinationen erfolgt hinsichtlich des Geschäftsmodell-Fits, der Erfüllung von Kundenanforderungen und der Erreichung von Zielen.

Im Rahmen der Bewertung des digitalen Fits, werden zudem, je ach Ausgangslage und der Präferenz des Unternehmens, unterschiedliche Pfade berücksichtigt, um die Digitale Transformation voranzutreiben (IBM Institute for Business Value 2011). Das IBM Institute for Business Value definiert hierzu zwei Dimensionen definiert: Das „WAS“, also die Veränderung des Nutzens für den Kunden und das „WIE“, also die Gestaltung des operativen Modells. Daraus ergeben sich dann drei Pfade: 1. Digitalisierung der Unternehmensprozesse, 2.Digitalisieurng der Nutzenangebote und 3. Aufbau zukünftiger notwendiger Kompetenzen.

In Anlehnung an die vorangegangenen Ausführungen werden folgende zwei Perspektiven vorgeschlagen: die interne und die externe Digitalisierung, woraus sich dann drei Pfade ergeben (in Anlehnung an IBM Institute for Business Value 2011 und Esser 2014):

Intern: Die Transformation der Nutzen- und Wertschöpfungsdimension, z. B.:

- Erstellung neuer digitaler Produkte wie eBooks, Apps
- Erweiterung des bestehenden Produktangebots auf digitalen Plattformen und Technologien wie E-Business und M-Commerce
- Einsatz von Technologien, um die Kosten in der Supply Chain und in Management-Prozessen zu reduzieren.
- Einsatz von Technologien, um z. B. weltweit virtuelle Konferenzen durchzuführen.

Extern: Die Transformation der Kunden- und Partnerdimension und der Wertschöpfungslette

- Einsatz von Tracking und Analysetools, um das Kundenverhalten zu analysieren und Aussagen bzgl. des Kaufverhaltens zu treffen
- Einsatz multipler und integrierter Kanäle wie Filiale, Mobiltelefon, Internetauftritt, Social Media, für e verbessertes Kundenerlebnis.

Direkt: Die parallele interne und externe Transformation.

In Abb. 3.8 sind die Pfade in Abhängigkeit der Perspektiven dargestellt.

3.4.6 Digitale Implementierung: Die Realisierung ermöglichen

Im Rahmen der digitalen Implementierung spielen folgende drei Aktivitäten eine Rolle: Finalisieren und Implementieren des digitalen Geschäftsmodellen, Gestalten der digitalen Kundenerfahrung und Gestalten des digitalen Wertschöpfungsnetzwerks und Integration der Partner.

Finalisieren und Implementieren des digitalen Geschäftsmodells
Auf Basis der vorangegangenen Bewertung wird die erfolgversprechendste Kombination von Optionen in das Geschäftsmodell integriert, um eine Finalisierung vorzunehmen. Anschließend wird ein Projekt- und Maßnahmenplan entwickelt, um das finale Geschäftsmodell zu implementieren. Hierbei spielen auch die notwendigen Ressourcen und Fähigkeiten eine Rolle, um das digitale Geschäftsmodell zu erstellen.

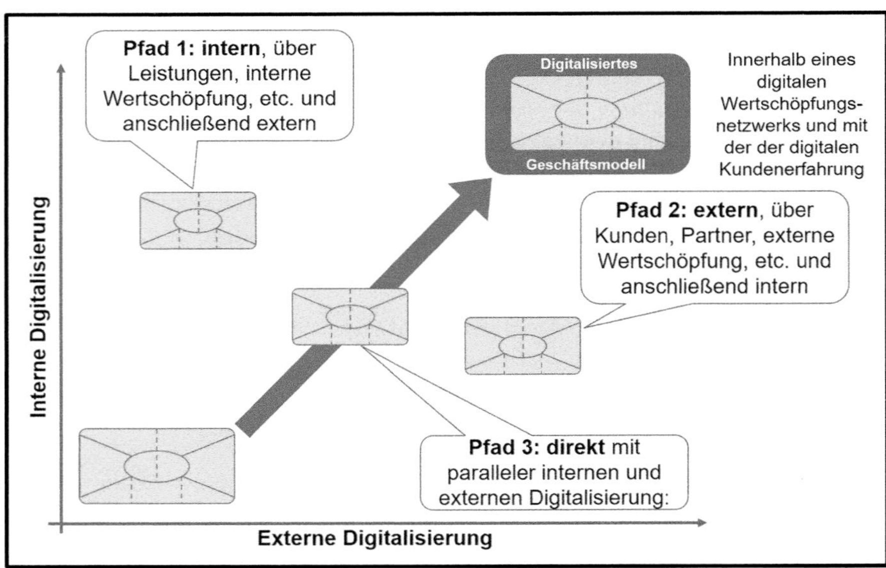

Abb. 3.8 Pfade der Digitalen Transformation

In Abb. 3.9 ist exemplarisch die Einbettung des Produkts „Triebwerk“ in das Geschäftsmodell und das System von Systemen dargestellt. Hierbei sind verschiedene Entwicklungsstufen aufgezeigt, die Idee der Entwicklungsstufen entstammt von Porter und Heppelmann (2014, S. 44 f.).

Bei dem Produkt handelt es sich um ein Triebwerk, das in einem Flugzeug eingebaut ist. Das intelligente Produkt wird bereitgestellt, indem mittels Triebwerksensoren Daten erhoben werden, wodurch ein Soll-Ist-Verbrauch von Treibstoff und eine Optimierung möglich sind. Wird das Triebwerk innerhalb des Flugzeugs vernetzt, um z. B. Landeklappen zu steuern, so handelt es sich um ein intelligentes, vernetztes Produkt. Die Vernetzung kann ebenfalls mit der gesamten Flotte der Fluggesellschaft, oder Flotten andere Fluggesellschaften erfolgen.

Werden nun weitere Leistungen zu dem intelligenten und vernetzten Produkt hinzugefügt, so handelt es sich um ein Produktsystem. In dem vorliegenden Beispiel ist es das Flugzeugsystem, das Navigationsdienst, Treibstoffmanagement und Risikomanagement beinhaltet (GE 2016).

Der Navigationsdienst ermöglicht es, die geflogenen Meilen und somit den Treibstoffverbrauch zu reduzieren. Ferner trägt der Navigationsdienst zur Verbesserung der Planung und Durchführung von leistungsbezogenen Navigationsverfahren bei. Hierbei haben Experten aus unterschiedlichen Domänen einen Zugriff darauf und es können maßgeschneiderten Kundenlösungen bereitgestellt werden.

Das Treibstoffmanagement beinhaltet die Bereitstellung von Erkenntnissen, um nachhaltige Einsparungen von Treibstoff zu erzielen. Dabei werden Einsparungen gemessen und beobachtet. Das Treibstoffmanagement enthält Analyse- und Reporting-Funktionen, um Erkenntnisse für zusätzliche Einsparmöglichkeiten zu liefern.

Das Risikomanagement stellt die Flugsicherheit und die Flottenproduktivität mit einer Flug-Datenanalyse-Software sicher. Über eine automatisierte Integration erfolgen die Auswertung und Validierung von mehrere Datenquellen, wie

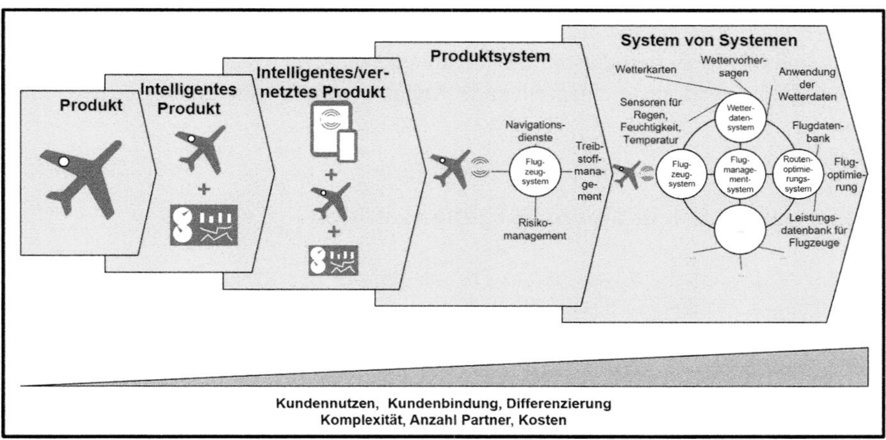

Abb. 3.9 Entwicklungsstufen vom Produkt zum System von Systemen (in Anlehnung an Porter und Heppelmann 2014, S. 44 f.)

Flug-, Wetter- und Navigationsdaten. Dabei können die Funktionen an alle Flottentypen angepasst werden. Präzise Analysefunktionen enthalten ebenfalls eine anpassbare Navigation.

Es zeigt sich einerseits, dass je Entwicklungsstufe der Nutzen, der für Kunden erzeugt wird, die Kundenbindung zunimmt. Dies ermöglicht auch eine höhere Differenzierung gegenüber Wettbewerbern. Andererseits nehmen je Entwicklungsstufe die Komplexität, die Anzahl der Partner und somit die Kosten für den Anbieter zu.

Gestalten der digitalen Kundenerfahrung
Ausgehend von den Kundenanforderungen, die in der ersten Phase erhoben wurden, erfolgt nun das Gestalten der digitalen Kundenerfahrung. Dabei werden die wichtigsten Phasen aus Kundensicht festgelegt. Für jede Phase werden dann Bedürfnisse, Aufgaben und geforderte Erfahrungen abgeleitet und Leistungen, sowie digitale Enabler definiert (in Anlehnung an: Stickdorn und Schneider 2014, S. 158 f.; Curedale 2013, S. 213).

Je nach Industrie, Kunde und Geschäftsmodell können andere Phasen aus Kundensicht relevant sein; die Phasen sind daher individuell zu erarbeiten. In Abb. 3.10 ist die Gestaltung der digitalen Kundenerfahrung exemplarisch für den Einsatz eines Flugzeug-Triebwerks dargestellt.

Gestalten des digitalen Wertschöpfungsnetzwerks und Integration der Partner
Auf Basis der Analyse der Wertschöpfungskette und der Akteure sowie des finalen Geschäftsmodells erfolgt die Gestaltung des digitalen Wertschöpfungsnetzwerks mit der Integration von Partnern.

Dabei soll die Rolle des Integrators eingenommen werden; ferner werden digitale Enabler genutzt, um das Wertschöpfungsnetzwerk zu gestalten. In Abb. 3.11 ist das integrierte, digitale Wertschöpfungsnetzwerk exemplarisch dargestellt.

Innerhalb der letzten Phase ist es entscheidend, dass das Finalisieren und Implementieren des Geschäftsmodells, das Gestalten des digitalen Wertschöpfungsnetzwerks und das Gestalten der digitalen Kundenerfahrung iterativ erfolgt. Das heißt, dass auf Basis von Tests entsprechende Anpassungen vorgenommen werden können.

3.4.7 Überblick in einem Vorgehensmodell

In Abb. 3.12 sind die zuvor beschriebenen Phasen der Roadmap innerhalb eines Vorgehensmodells zusammengefasst. Dabei sind Ziele Aktivitäten und Ergebnisse aufgeführt.

Das Vorgehensmodell verfolgt das Ziel die Digitale Transformation von Geschäftsmodellen zu ermöglichen. Neben der Anwendung des gesamten Vorgehensmodells besteht die Möglichkeit, das Vorgehensmodell anzupassen, indem einzelne Phasen und Aktivitäten zusammengefasst, bzw. übersprungen werden.

	1 Vor-Prüfung des Triebwerks	2 Einsatz des Triebwerks	3 Nach-Prüfung des Triebwerks	4 Reparatur des Triebwerks	5 …
Bedürfnisse	• Erfüllen der relevanten Sicherheitsbestimmungen, hinsichtlich des Einsatzes des Triebwerks • …	• Einsparen von Treibstoff • Kostengünstiger Einsatz des Triebwerks • …	• Zeitnahes Ermitteln des Zustands des Triebwerks • Zuverlässiges Ermitteln des Zustands des Triebwerks • …	• Schnelle und zuverlässige Verfügbarkeit von Ersatzteilen • …	• …
Aufgaben	• Durchführen der Vor-Prüfung anhand der Sicherheitsbestimmungen • …	• Auswahl geeigneter Flugrouten • Optimierter Start und optimierte Landung • …	• Durchführen der Nach-Prüfung anhand der Sicherheitsbestimmungen • …	• Schnelle und einfache Bestellung von Ersatzteilen • Schnelle Reparatur des Treibwerks • …	• …
Leistungen	• Bereitstellen von Treibwerkszuständen • …	• Vergleiche zum Treibstoffverbrauch • Berechnen und Vorschlag geeigneter Flugrouten • …	• Informationen zu präventiver Wartung • Ermitteln von Triebwerkszuständen • …	• Schnelle und zuverlässige Ersatzteillieferung innerhalb weniger Stunden • …	• …
Digitale Enabler	• Einsatz von Sensoren zum Ermitteln des Treibwerkszustands • …	• Erheben von Daten mittels Triebwerksensoren • Auswerten der Daten mittels Big Data → Soll-Ist-Verbrauch, Optimierung • Vernetzen mit anderen Komponenten innerhalb Flugzeug, (z.B. Landeklappen) • …	• Einsatz von Big Data zum Ermitteln eines Wartungsbedarfs • Einsatz von Sensoren zum Ermitteln des Wartungsbedarfs • …	• Additive Fertigung von Ersatzteilen bei Kunden • …	• …

Abb. 3.10 Digitale Kundenerfahrung für den Einsatz eines Triebwerks

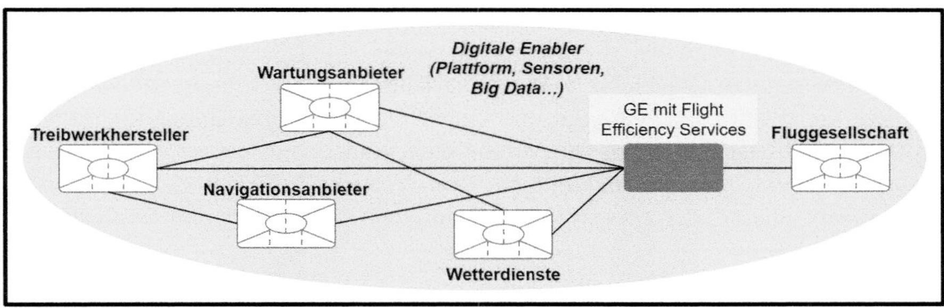

Abb. 3.11 Integriertes und digitales Wertschöpfungsnetzwerk

3.5 Zusammenfassung

Der Beitrag hat relevante Grundlagen im Kontext der Digitalen Transformation von Geschäftsmodellen erläutert. Im Anschluss wurden zwei Beispiele für die Digitale Transformation von Geschäftsmodellen aufgezeigt.

Die nachfolgend erläuterte Roadmap besteht aus den folgenden fünf Phasen: Digitale Realität, Digitale Ambition, Digitale Potenziale, Digitaler Fit und Digitale Implementierung. Die Phasen der Roadmap wurden mit den wichtigsten Aktivitäten und den dazugehörigen Instrumenten aufgezeigt. Das vorgestellte Vorgehensmodell fasst alle Phasen der Roadmap zusammen und enthält Ziele, Aktivitäten und Ergebnisse.

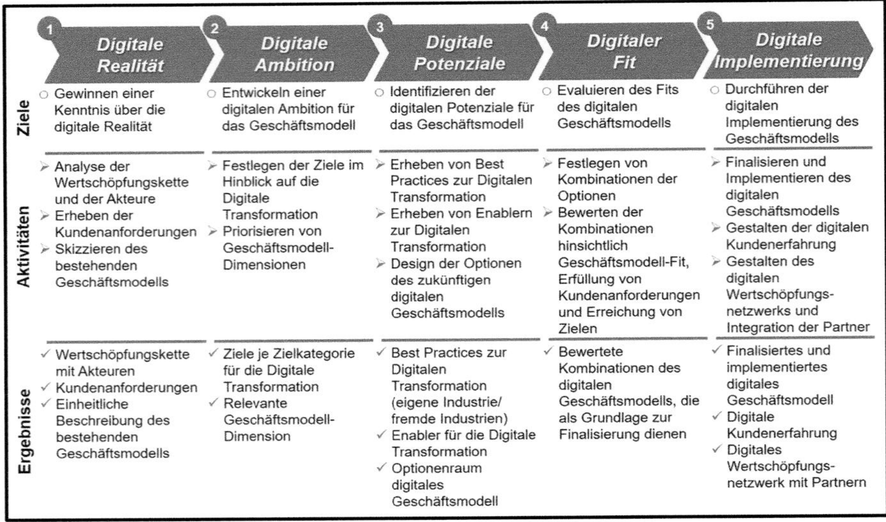

Abb. 3.12 Vorgehensmodell der Digitalen Transformation von Geschäftsmodellen

Die Roadmap und das Vorgehensmodell der Digitalen Transformation von Geschäftsmodellen basiert auf bestehenden Ansätzen, Fallstudien, Interviews und den Erfahrungen, die im Rahmen von Beratungs- und Forschungsprojekten gewonnen wurden.

Die aufgezeigten Ergebnisse helfen Unternehmen dabei, bestehende Geschäftsmodelle digital zu transformieren und neue digitale Geschäftsmodelle zu entwickeln. Dabei bietet der Ansatz die Möglichkeit, Kundenanforderungen zu erheben und neue, digitale Geschäftsmodelle mit Best Practices und Technologien, strukturiert zu entwickeln. Diese neuen Geschäftsmodelle setzen dabei die Kundenanforderungen um.

Literatur

Bauernhansl T, Emmrich V (2015) Geschäftsmodell-Innovation durch Industrie 4.0 – Chancen und Risiken für den Maschinen- und Anlagenbau, Dr. Wieselhuber & Partner GmbH und Fraunhofer-Institut für Produktionstechnik und Automatisierung IPA

Botthof A, Bovenschulte M (2009) Das „Internet der Dinge" – die Informatisierung der Arbeitswelt und des Alltags. Hans-Böckler-Stiftung, Düsseldorf

Bouée, C-E, Schaible S (2015) Die Digitale Transformation der Industrie, Roland Berger Strategy Consultans und Bundesverband der Deutschen Industrie e.V.

Brand L, Hülser T, Grimm V, Axel Z (2009) Internet der Dinge – Perspektiven für die Logistik – Übersichtsstudie. Zukünftige Technologien Consulting der VDI Technologiezentrum GmbH, Düsseldorf

Bucherer E (2010) Business model innovation: guidelines for a structured approach. Shaker, Aachen

CGI (2016) Predictive Maintenance. https://www.de.cgi.com/casestudy/thyssenkrupp-elevator-predictive-maintenance. Zugegriffen am 20.04.2016

Curedale R (2013) Design thinking – process and methods manual. Design Community College, Topanga

Dispan J (2007) Aufzüge und Fahrtreppen Branchenstudie 2007. IMU-Institut, Stuttgart

Esser M (2014) Chancen und Herausforderungen durch Digitale Transformation. http://www.strategy-transformation.com/digitale-transformation-verstehen/. Zugegriffen am 02.02.2016.

Flugrevue (2016) Bionisches und herkömmliches Bauteil. http://www.flugrevue.de/zivilluftfahrt/flugzeuge/airbus-a350-fliegt-erstmals-mit-3d-gedrucktem-bauteil/581076. Zugegriffen am 13.04.2016

Gadiesh O, Gilbert J (1998) How to map your industry's profit pool. Harv Bus Rev 76:149–162

GE (2016) Data and analytics driving success at AirAsia. https://www.ge.com/digital/stories/Data-and-Analytics-driving-Success-at-AirAsia. Zugegriffen am 02.02.2016

Geissbauer R, Schrauf S, Koch V, Kuge S (2014) Industrie 4.0 – Chancen und Herausforderungen der vierten industriellen Revolution. PwC, Frankfurt

Giesen E, Berman S, Bell R, Blitz A (2007) Three ways to successfully innovate your business model. Strateg Leadersh 35(6):27–33

Grant R (2005) Contemporary strategy analysis. Wiley-Blackwell, Oxford

Gray D, Brown S, Macanufo J (2010) Gamestorming: a playbook for innovators, rulebreakers, and changemakers. O'Reilly and Associates, Sebastopol

Hagleitner (2016a) Homepage von Hagleitner. http://www.hagleitner.com. Zugegriffen am 20.04.2016

Hagleitner (2016b) Pressemeldung von Hagleitner. http://www.hagleitner.com/de/presselounge/hagleitner-sensemanagement-624/. Zugegriffen am 20.04.2016

Hitt M, Ireland D, Hoskisson R (2008) Strategic management: competitiveness and globalization: concepts and case. Cengage Learning, Mason

Hoffmeister C (2013) Digitale Geschäftsmodelle richtig einschätzen. Carl Hanser, München

Hoffmeister C (2015) Digital Business Modelling – Digitale Geschäftsmodelle entwickeln und strategisch verankern. Carl Hanser, München

IBM Institute for Business Value (2011) Digital transformation creating new business models where digital meets physical. http://www-935.ibm.com/services/us/gbs/thoughtleadership/pdf/us_ibv_digita_transformation_808.PDF. Zugegriffen am 02.02.2016

Jahn B, Pfeiffer M (2014) Die digitale Revolution – Neue Geschäftsmodelle statt (nur) neue Kommunikation. Mark Rev (St Gallen) 1:80–92

Jakob (2015) Airbus über 3D-Druck in der Luftfahrt. http://3druck.com/industrie/airbus-ueber-3d-druck-der-luftfahrt-4919624/. Zugegriffen am 02.02.2016

KPMG (2013) Survival of the smartest – Welche Unternehmen überleben die digitale Revolution? KPMG, Berlin

Kreutzer R, Land K (2013) Digitaler Darwinismus. Springer, Wiesbaden

Odermatt P, Kressbach M (2011) Liftkonzerne schröpfen Mieter und Eigentümer. http://www.srf.ch/sendungen/kassensturz-espresso/themen/wohnen/liftkonzerne-schroepfen-mieter-und-eigentuemer. Zugegriffen am 20.04.2016

Österle H (1995) Business Engineering. Prozeß- und Systementwicklung. Springer, Heidelberg

Pivotal (2016) Pivotal announces planned strategic investment from GE. http://pivotal.io/corporate/press-release/pivotal-announces-planned-strategic-investment-from-ge. Zugegriffen am 02.02.2016

Plattner H, Meinel C, Weinberg U (2009) Design Thinking. Innovation lernen, Ideenwelten öffnen. Finanzbuch, München

Porter M, Heppelmann J (2014) Wie smarte Produkte den Wettbewerb verändern. Harv Bus Manager 12:34–60

Porter M, Heppelmann J (2015) Wie smarte Produkte Unternehmen verändern. Harv Bus Manager 12:52–73

Rusnjak A (2014) Entrepreneurial Business Modeling – Definitionen – Vorgehensmodell – Framework – Werkzeuge – Perspektiven. Springer, Wiesbaden

Schallmo D (2013) Geschäftsmodelle erfolgreich entwickeln und implementieren. Springer, Wiesbaden

Schallmo D (2014) Vorgehensmodell der Geschäftsmodell-Innovation – bestehende Ansätze, Phasen, Aktivitäten und Ergebnisse. In: Schallmo D (Hrsg) Kompendium Geschäftsmodell-Innovation – Grundlagen, aktuelle Ansätze und Fallbeispiele zur erfolgreichen Geschäftsmodell-Innovation. Springer, Wiesbaden, S 51–74

Schallmo D (2015) Bestehende Ansätze zu Business Model Innovationen. Springer, Wiesbaden

Schallmo D, Brecht L (2014) Prozessinnovation erfolgreich gestalten. Springer, Wiesbaden

Stickdorn M, Schneider J (2014) This is service design thinking. BIS publishers, Amsterdam

ThyssenKrupp (2016a) Homepage von ThyssenKrupp Elevator. http://www.thyssenkrupp-elevator.com/Unternehmen.3.0.html. Zugegriffen am 20.04.2016

ThyssenKrupp (2016b) ThyssenKrupp liefert Mobilitätslösungen für weltweite Wahrzeichen. http://www.thyssenkrupp-elevator.com/Eintrag-anzeigen.104.0.html?&cHash=4b80049df1e8243dcd8a7e31a8ec5c92&tx_ttnews%5Btt_news%5D=564. Zugegriffen am 20.04.2016

ThyssenKrupp (2016c) Funktionsweise von MAX. https://max.thyssenkrupp-elevator.com/assets/images/layout/infographic.jpg. Zugegriffen am 20.04.2016

Wetzel D (2016) Deutschlands Fahrstühle werden zum Risiko. http://www.welt.de/wirtschaft/article128523956/Deutschlands-Fahrstuehle-werden-zum-Risiko.html. Zugegriffen am 20.04.2016

Wirtz B, Thomas M (2014) Design und Entwicklung der Business Model-Innovation. In: Schallmo D (Hrsg) Kompendium Geschäftsmodell-Innovation – Grundlagen, aktuelle Ansätze und Fallbeispiele zur erfolgreichen Geschäftsmodell-Innovation. Springer, Wiesbaden, S 31–49

4 Planung von Digitalisierungsmaßnahmen auf Basis von Geschäftsmodellkonfiguration – Ein Vorgehensmodell für Business-to-Business-Märkte

Stefan Koch, Thomas Werani, Alexander Schauberger, Manuel Mühlburger, Bernhard Freiseisen und Petra Martinek-Kuchinka

Zusammenfassung

Die Umsetzung der Digitalisierung stellt für Organisationen momentan eine der größten Herausforderungen dar und endet oft in digitalem Aktionismus. Daher entwirft dieser Beitrag ein Vorgehensmodell, das aufgrund der durchgehenden

---

Überarbeiteter Beitrag basierend auf Koch et al. (2018) Geschäftsmodell-getriebene Planung von Digitalisierungsmaßnahmen in Business-to-Business-Märkten – Ein Vorgehensmodell, HMD – Praxis der Wirtschaftsinformatik Heft 326, 56(2): 468–484.

S. Koch (✉)
Institut für Wirtschaftsinformatik – Information Engineering, Johannes Kepler Universität Linz, Linz, Österreich
E-Mail: stefan.koch@jku.at

T. Werani · M. Mühlburger
Institut für Handel, Absatz und Marketing, Abteilung Business-to-Business-Marketing, Johannes Kepler Universität Linz, Linz, Österreich
E-Mail: thomas.werani@jku.at; manuel.muehlburger@jku.at

A. Schauberger
Greiner Packaging International GmbH, Sattledt, Österreich
E-Mail: A.Schauberger@greiner-gpi.com

B. Freiseisen
Strategic Marketing Perfect Welding, Fronius International GmbH, Wels, Österreich
E-Mail: Freiseisen.Bernhard@fronius.com

P. Martinek-Kuchinka
Kuchinka & Partner GmbH, Linz, Österreich
E-Mail: p.martinek-kuchinka@kuchinka-partner.com

S. Meinhardt, A. Pflaum (Hrsg.), *Digitale Geschäftsmodelle – Band 1*, Edition HMD, https://doi.org/10.1007/978-3-658-26314-0_4

Orientierung am Geschäftsmodell und der daraus erfolgenden systematischen Ableitung und Evaluierung von Maßnahmen die zielgerichtete Planung von Digitalisierungsmaßnahmen erlaubt. Der Ansatz wird anhand des Fallbeispiels eines Industrieunternehmens illustriert und in der Umsetzung gezeigt.

Schlüsselwörter
Business-to-Business-Märkte · Digitale Transformation · IT-Planung · Portfoliomanagement · Geschäftsmodell

4.1 Strategische Digitalisierung und deren Umsetzung

Der Megatrend der Digitalisierung stellt momentan eines der wesentlichen Themen für Organisationen dar. Änderungen von Geschäftsmodellen und -strategien durch digitale Technologien oder digitale Transformation (Bharadwaj et al. 2013; Matt et al. 2015; Fitzgerald et al. 2014) bedingen einen geplanten und gesteuerten Prozess. Oftmals dominieren jedoch – wie unter dem Schlagwort Industrie 4.0 – eine eingeengte Sicht oder gar ein digitaler Aktionismus.

Daher wird in diesem Beitrag eine durchgehende Orientierung am Geschäftsmodell und eine daraus erfolgende systematische Ableitung und Evaluierung von Maßnahmen vorgeschlagen und als Planungsprozess dargestellt. Damit trägt die vorliegende Arbeit auch zur generellen Diskussion bei, durch welche Methoden Anwendungen von Technologien gefunden werden können (Bergeron et al. 1991) – wie beispielsweise ausgehend von organisationalen Zielen und kritischen Erfolgsfaktoren (Peffers und Gengler 2003) – und wie diese im Anschluss zu bewerten sind (Renkema und Berghout 1997; Neumeier 2017), um Wert für das Unternehmen zu generieren. Damit handelt es sich um einen Spezialfall der strategischen IT-Planung mit analogen Zielen, wie auch schon im Informationsmanagement beispielsweise von Heinrich et al. (2014) dargestellt, jedoch mit klarem Fokus auf die Geschäftsmodellperspektive in der Situationsanalyse und der weitergehenden Maßnahmenplanung zur strategischen Digitalisierung. Hess und Barthel (2017) stellen gerade auch dieses Verhältnis von Informationsmanagement und digitaler Transformation in den Mittelpunkt der Diskussion. Der Beitrag führt zuerst in das zugrunde liegende Verständnis von Geschäftsmodellen ein und stellt anschließend das Vorgehensmodell dar, welches auf Grundlage einer intensiven Literaturanalyse und fortlaufender Kontakte mit einer Vielzahl von Unternehmen entwickelt wurde. Abschließend wird anhand des Fallbeispiels eines Industrieunternehmens der Prozess illustriert und in der Umsetzung gezeigt sowie mit ersten Erfahrungen unterlegt.

4.2 Geschäftsmodelle

4.2.1 Begriffsverständnis

Weder in der Wissenschaft noch in der unternehmerischen Praxis konnte sich bis heute ein einheitliches Verständnis des Begriffs „Geschäftsmodell“ durchsetzen (Coombes und Nicholson 2013). Das liegt unter anderem auch daran, dass die

Forschung zu Geschäftsmodellen stark fragmentiert und nicht eindeutig einer einzelnen Disziplin zuordenbar ist (Teece 2010), weshalb sich im Laufe der Zeit die unterschiedlichsten Perspektiven in voneinander unabhängigen Silos entwickelt haben (Morris et al. 2005; Zott et al. 2011).

Morris et al. (2005) haben durch eine Inhaltsanalyse von 30 Geschäftsmodell-Definitionen festgestellt, dass sich diese in drei Ebenen gliedern lassen: Auf einer rein ökonomischen Ebene definieren einige Autoren das Geschäftsmodell als Mechanismus, wie ein Unternehmen Erträge erwirtschaftet und nachhaltig Zahlungsströme sichert. Definitionen auf der operativen Ebene legen ihren Fokus auf die Unternehmensarchitektur und interne Prozesse. Auf der strategischen Ebene bildet die Wert-Thematik den zentralen Anknüpfungspunkt. In diesem Zusammenhang definieren verschiedene Autoren (z. B. Teece 2010; Bieger und Reinhold 2011; Osterwalder und Pigneur 2011) Geschäftsmodelle als die grundsätzliche Logik, nach der ein Unternehmen Wert schafft, an die relevanten Stakeholder transferiert und über geeignete Mechanismen einen entsprechenden Wertanteil für sich selbst realisiert. Definitionen auf der strategischen Ebene beschreiben Geschäftsmodelle somit am umfassendsten, weshalb in weiterer Folge diese Perspektive zugrunde gelegt wird.

4.2.2 Hauptkonfigurationen erfolgreicher Geschäftsmodelle

Betrachtet man Geschäftsmodellansätze auf der strategischen Ebene, dann bildet zwar die Wert-Thematik den gemeinsamen Nenner, allerdings weisen diese Ansätze Unterschiede im Geschäftsmodellverständnis, den betrachteten Geschäftsmodelldimensionen und deren inhaltlicher Beschreibung auf. Werani et al. (2016) stellen ausgewählte wertbasierte Geschäftsmodellansätze gegenüber und schlagen auf Basis einer entsprechenden Bewertung einen eigenen Ansatz vor, welcher die Business Model Canvas von Osterwalder und Pigneur (2011) in wichtigen Aspekten substanziell weiterentwickelt. Auf einer strukturellen Ebene umfasst dieser Ansatz elf Geschäftsmodelldimensionen (vgl. Abb. 4.1), die auf der inhaltlichen Ebene durch eine umfassende Liste an Handlungsoptionen präzisiert werden.

Der strategische Geschäftsmodellansatz geht von der Prämisse aus, dass sich die grundlegende Konfiguration eines Geschäftsmodells daraus ergibt, welche Geschäftsmodelldimensionen auf der strukturellen Ebene priorisiert und welche strategischen Schwerpunkte somit verfolgt werden. In einer empirischen Studie gehen Werani et al. (2016) der Frage nach, wie erfolgreiche Geschäftsmodelle in Business-to-Business-Märkten konfiguriert sein müssen. Die Studienergebnisse zeigen, dass es vierzehn unterschiedliche Geschäftsmodellkonfigurationen gibt, durch die sich im Branchenvergleich überdurchschnittliche Umsatzrenditen erzielen lassen und die somit als erfolgreiche Geschäftsmodelle klassifiziert werden können. Von diesen vierzehn Konfigurationen werden auf Basis der Studienergebnisse sechs besonders häufig gewählt, weshalb diese auch als Hauptkonfigurationen erfolgreicher Geschäftsmodelle gesehen werden können (Werani et al. 2016). Diese Konfigurationen sind in Abb. 4.2 dargestellt, die folgendermaßen zu lesen ist: Eine durchgezogene Box bedeutet, dass ein Unternehmen in der betreffenden Konfiguration die jeweilige Geschäftsmodelldimension priorisiert und sich daher intensiv mit dieser befasst. Das Fehlen einer Box hingegen repräsentiert einen „Don't Care-Fall", was bedeutet,

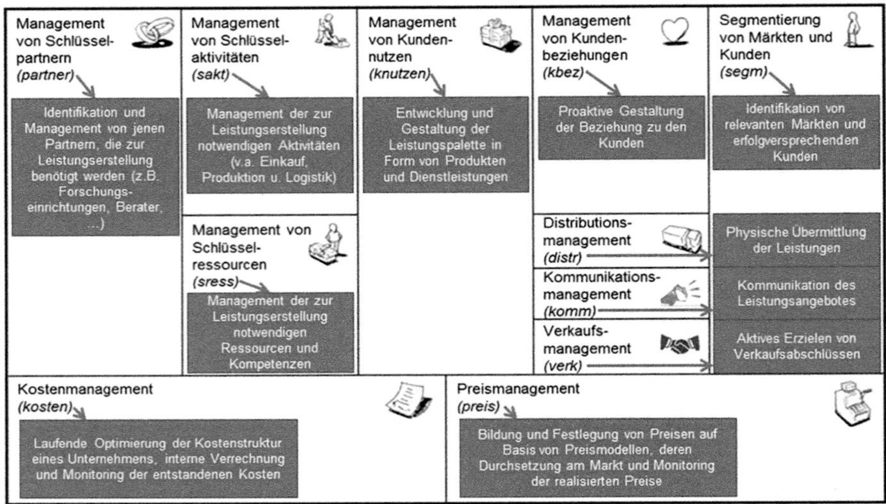

Abb. 4.1 Der strategische Geschäftsmodellansatz (in Anlehnung an Osterwalder und Pigneur 2011; Werani et al. 2016)

dass es für den Erfolg der betreffenden Geschäftsmodellkonfiguration unerheblich ist, ob mit der jeweiligen Geschäftsmodelldimension eine intensive oder weniger intensive Auseinandersetzung erfolgt.

Exemplarisch bedeutet dies für die Konfiguration K1, dass sich ein Unternehmen, das diese Geschäftsmodellkonfiguration gewählt hat, intensiv mit dem Management von Kundenbeziehungen (kbez), dem Management von Kundennutzen (knutzen), dem Verkaufsmanagement (verk), dem Kommunikationsmanagement (komm), dem Preismanagement (preis) und der Segmentierung von Märkten und Kunden (segm) befasst. Die Intensität der Beschäftigung mit den verbleibenden Geschäftsmodelldimensionen ist für den Erfolg von Konfiguration K1 irrelevant. Insgesamt betrachtet verdeutlichen die Ergebnisse, dass es um erfolgreich zu sein nicht notwendig ist, sich mit allen elf Geschäftsmodelldimensionen gleich intensiv auseinanderzusetzen. Vielmehr ist es entscheidend, im Geschäftsmodell bewusst strategische Prioritäten zu setzen.

Interessant ist nun die Frage, wie die sechs Geschäftsmodellkonfigurationen aus Abb. 4.2 inhaltlich interpretiert werden können. Da es beim in diesem Beitrag fokussierten strategischen Geschäftsmodellansatz um die Frage der Wertschaffung, -vermittlung und -abschöpfung geht, impliziert dies unter Bezugnahme auf die Überlegungen von Treacy und Wiersema (1993), dass ein Geschäftsmodell durch die jeweils im Unternehmen verankerte Wertdisziplin geprägt wird. Die drei von Treacy und Wiersema (1993) entwickelten Wertdisziplinen – operative Exzellenz, Kundennähe und Produktführerschaft – stehen dabei jeweils für einen spezifischen Geschäftsmodellfokus mit dem Ziel, das Unternehmen von der Konkurrenz zu differenzieren und dadurch erfolgreich zu machen. Nachstehend werden aus den Überlegungen von Treacy und Wiersema (1993) die konstitutiven Elemente der drei

Geschäftsmodellkonfiguration (K)												Wertdisziplin
K1	kbez	knutzen					verk		komm	preis	segm	Kundennähe (Typ I)
K2	kbez	knutzen	kosten	sress	sakt	partner		distr				Produktführerschaft
K3	kbez		kosten	sress	sakt		verk	distr			segm	Operative Exzellenz
K4	kbez	knutzen	kosten	sress	sakt	partner	verk			preis		Produktführerschaft
K5	kbez	knutzen	kosten	sress	sakt	partner	verk				segm	Kundennähe (Typ II)
K6	kbez	knutzen	kosten	sress	sakt	partner				preis	segm	Kundennähe (Typ II)

Abb. 4.2 Hauptkonfigurationen erfolgreicher Geschäftsmodelle (in Anlehnung an Werani et al. 2016; Abkürzungen der Geschäftsmodelldimensionen siehe Abb. 4.1)

Wertdisziplinen abgeleitet und mit den Prioritätensetzungen der sechs Geschäftsmodellkonfigurationen aus Abb. 4.2 abgeglichen, um zu ermitteln, ob diese Konfigurationen im Sinne von Wertdisziplinen interpretiert werden können.

Operative Exzellenz Die erste Wertdisziplin legt ihren Fokus auf eine Minimierung der Kosten (→ kosten), eine effiziente Wertgenerierung auf Basis entsprechender Prozesse und Ressourcen (→ sakt, sress) und einen effizienten Werttransfer zum Kunden (→ verk, distr). Das effizienzgetriebene Geschäftsmodell wird proaktiv auf ausgewählte Kundensegmente ausgerichtet (→ segm), wobei der Aspekt der Qualität eine große Rolle spielt: Probleme in Prozessen, Produkten und Dienstleistungen und somit Effizienzverluste sollen möglichst vermieden werden, wobei etwa die Interaktion mit Kunden und ein Beschwerdemanagement (→ kbez) eine wichtige Rolle spielen. Im Gegensatz zu den beiden anderen Wertdisziplinen muss die operative Exzellenz jedoch *keinen* Fokus auf den Kundennutzen (→ knutzen) aufweisen und hat daher häufig einen innengetriebenen Charakter. Gleicht man die genannten konstitutiven Elemente der operativen Exzellenz bzw. die damit korrespondierende Prioritätensetzung in den Geschäftsmodelldimensionen (vgl. die dunkelgrauen Boxen in Abb. 4.2) mit den sechs Geschäftsmodellkonfigurationen ab, so zeigt sich, dass diese Prioritätensetzung nur in K3 auftritt, welche somit die Wertdisziplin der operativen Exzellenz repräsentiert.

Kundennähe Diese Wertdisziplin ist auf Basis der Überlegungen von Treacy und Wiersema (1993) dadurch gekennzeichnet, dass wenige Markt- bzw. Kundennischen besetzt werden (→ segm) und über eine proaktive Kundenorientierung (→ kbez) die gesamte Aufmerksamkeit auf die in diesen Nischen vorliegenden Kundenbedürfnisse (→ knutzen) gerichtet wird. Somit liegt ein stark beziehungsorientierter Ansatz vor. Die mit diesem Ansatz verbundene Prioritätensetzung in den Geschäftsmodelldimensionen (vgl. die dunkelgrauen Boxen in Abb. 4.2) spiegelt sich in den Konfigurationen K1, K5 und K6 wider, die somit die Wertdisziplin der Kundennähe repräsentieren. Wirft man einen näheren Blick auf diese Konfigurationen, so fällt auf, dass in K5 und K6 gegenüber K1 zusätzlich noch stark effizienzbezogene Geschäftsmodelldimensionen (→ kosten, sress, sakt) ins Spiel kommen. Während somit K1 der von Treacy und Wiersema (1993) beschriebenen „idealtypischen" Kundennähe („Typ I") nahe kommt, können K5 und K6 als Spielarten einer effizienzgetriebenen Kundennähe („Typ II") interpretiert werden.

Produktführerschaft Die letzte Wertdisziplin ist nach Treacy und Wiersema (1993) durch überlegene Produkte und Dienstleistungen (→ knutzen) geprägt und somit stark innovationsgetrieben. Für die effiziente Entwicklung und Umsetzung von Innovationen sind geeignete Ressourcen und Prozesse (→sress, sakt) notwendig. Impulse für innovative Leistungsangebote können dabei nicht nur innerhalb des Unternehmens (→ sress), sondern auch außerhalb, etwa durch die Zusammenarbeit mit Kunden (→ kbez), entstehen. Darüber hinaus bedient sich die Produktführerschaft aber auch der Expertise externer Partner (→ partner). Die für diesen Ansatz charakteristische Prioritätensetzung in den Geschäftsmodelldimensionen (vgl. die dunkelgrauen Boxen in Abb. 4.2) findet sich in den Konfigurationen K2 und K4, aber auch in den zuvor beschriebenen Kundennähe-Konfigurationen K5 und K6. Im Gegensatz zur Kundennähe setzt Produktführerschaft allerdings *keinen* Segmentierungsansatz (→ segm) voraus, sondern stellt darauf ab, einen breiteren Markt durch Spitzenleistungen zu begeistern, welche Konkurrenzangebote aufgrund ihres Innovationsgrads obsolet machen. Somit repräsentieren letztlich nur die Konfigurationen K2 und K4 die Wertdisziplin der Produktführerschaft.

Zusammenfassend lässt sich damit konstatieren, dass erfolgreiche Geschäftsmodelle in Business-to-Business-Märkten häufig auf einer der drei grundlegenden Wertdisziplinen beruhen.

4.2.3 Geschäftsmodelle und Digitalisierung

Grundsätzlich bietet jede Geschäftsmodelldimension einen potenziellen Anknüpfungspunkt für die Digitalisierung. Allerdings ergibt sich genau daraus in der Praxis das Problem der Priorisierung, d. h. wo soll tatsächlich in einem Unternehmen digitale Transformation stattfinden? Die Studienergebnisse von Werani et al. (2016) verdeutlichen, dass die elf Geschäftsmodelldimensionen je nach gewählter Geschäftsmodellkonfiguration unterschiedliche Relevanz besitzen. Somit ist es für den Erfolg der digitalen Transformation entscheidend, dass die Digitalisierung genau an den Geschäftsmodelldimensionen ansetzt, die in erfolgreichen Geschäftsmodellen priorisiert werden. Die Geschäftsmodell- und die Digitalisierungslogik sind somit untrennbar miteinander verbunden und beugen einem digitalem Aktionismus vor.

Die divergenten Priorisierungsmuster der aufgezeigten Geschäftsmodellkonfigurationen implizieren, dass die digitale Transformation von Geschäftsmodellen nicht einem generellen Schema folgen darf. Vielmehr müssen abhängig von der gewählten Geschäftsmodellkonfiguration Geschäftsmodelle mit unterschiedlichem digitalem Fokus entwickelt werden. Hält man sich die gegenwärtige Diskussion rund um die Themenbereiche Industrie 4.0 und Smart Factories vor Augen, so wird schnell deutlich, dass sich diese Konzepte primär auf die Geschäftsmodelldimension des Managements von Schlüsselaktivitäten (Produktion, Beschaffung und Logistik) beziehen. Wird Digitalisierung mit diesen Konzepten gleichgesetzt, so führt dies dazu, dass die Digitalisierungsdiskussion in völlig falsche Bahnen gelenkt wird. Denn zum einen spielt der mit Industrie 4.0 und Smart Factories einhergehende Digitalisierungsschwerpunkt nicht notwendigerweise immer eine wichtige Rolle, wie der Fall der Kundennähe (Typ I) belegt. Und zum anderen verdeutlicht die Bandbreite der aufgezeigten Geschäftsmodellkonfigurationen, dass sich die digitale Transformation nicht an einer einzelnen Geschäftsmodelldimension festmachen lässt, sondern ein Phänomen ist, das wesentlich differenzierter gesehen werden muss.

4.3 Vorgehensmodell

4.3.1 Überblick

Die einzelnen Schritte der vorgeschlagenen Methodik und ihre Abfolge orientieren sich an etablierten Vorgehensweisen zur strategischen Planung, ausgehend von einer Situationsanalyse, gefolgt von der Zielformulierung und schließlich der Maßnahmenplanung (Sterrer 2014). Für den IT-Bereich wird dies beispielhaft von Heinrich et al. (2014) dargestellt. Wesentlich ist jedoch, dass durchgehend eine Geschäftsmodellperspektive, insbesondere in der Situationsanalyse und der weitergehenden Maßnahmenplanung, eingeführt und durchgehalten wird. Im Einzelnen wird die Situationsanalyse in eine Analyse des aktuellen Geschäftsmodells und eventueller Neukonfigurationen sowie eine Erhebung der IT-Landschaft aus Geschäftsmodellperspektive geteilt, welche auch parallel erfolgen können. Darauf folgend werden Digitalisierungsziele festgelegt und die Maßnahmenplanung mit einer Gap-Analyse zur Maßnahmengenerierung angestoßen. Die Methodik endet mit einer Maßnahmenpriorisierung und damit der Ableitung eines entsprechenden Maßnahmenportfolios. Eine schematische Darstellung der Methodik findet sich in Abb. 4.3. Der Methodik liegt ein Verständnis der strategie- bzw. geschäftsmodell-getriebenen Planung zugrunde, womit diese im Strategic Alignment Model nach Henderson und Venkatraman (1993) als Strategy Execution klassifiziert werden kann. Im Zuge der Digitalisierung wird jedenfalls das Leistungspotenzial der Informationsfunktion im Unternehmen (Heinrich et al. 2014) als hoch eingestuft, sodass der IT im Geschäftsmodell eine entsprechende Rolle eingeräumt wird.

4.3.2 Festlegung der Geschäftsmodellkonfiguration

In diesem Zusammenhang geht es zunächst um die Analyse des aktuellen Geschäftsmodells. Im Mittelpunkt steht die Frage, welche Geschäftsmodelldimensionen gegenwärtig priorisiert werden und ob bzw. welchen Zusammenhang diese Priorisierungen mit den Konfigurationen erfolgreicher Geschäftsmodelle aus der Studie von Werani et al. (2016) aufweisen. Bei diesem Schritt hilft der Business Model Analyzer®, eine Software, mit der die ermittelten Priorisierungen verarbeitet und ausgewertet werden können. Auf Basis dieser Analyse ist die Entscheidung zu treffen, ob die identifizierte Geschäftsmodellkonfiguration weiterverfolgt oder aber revidiert werden soll. Für den Fall, dass gegenwärtig keine erfolgreiche

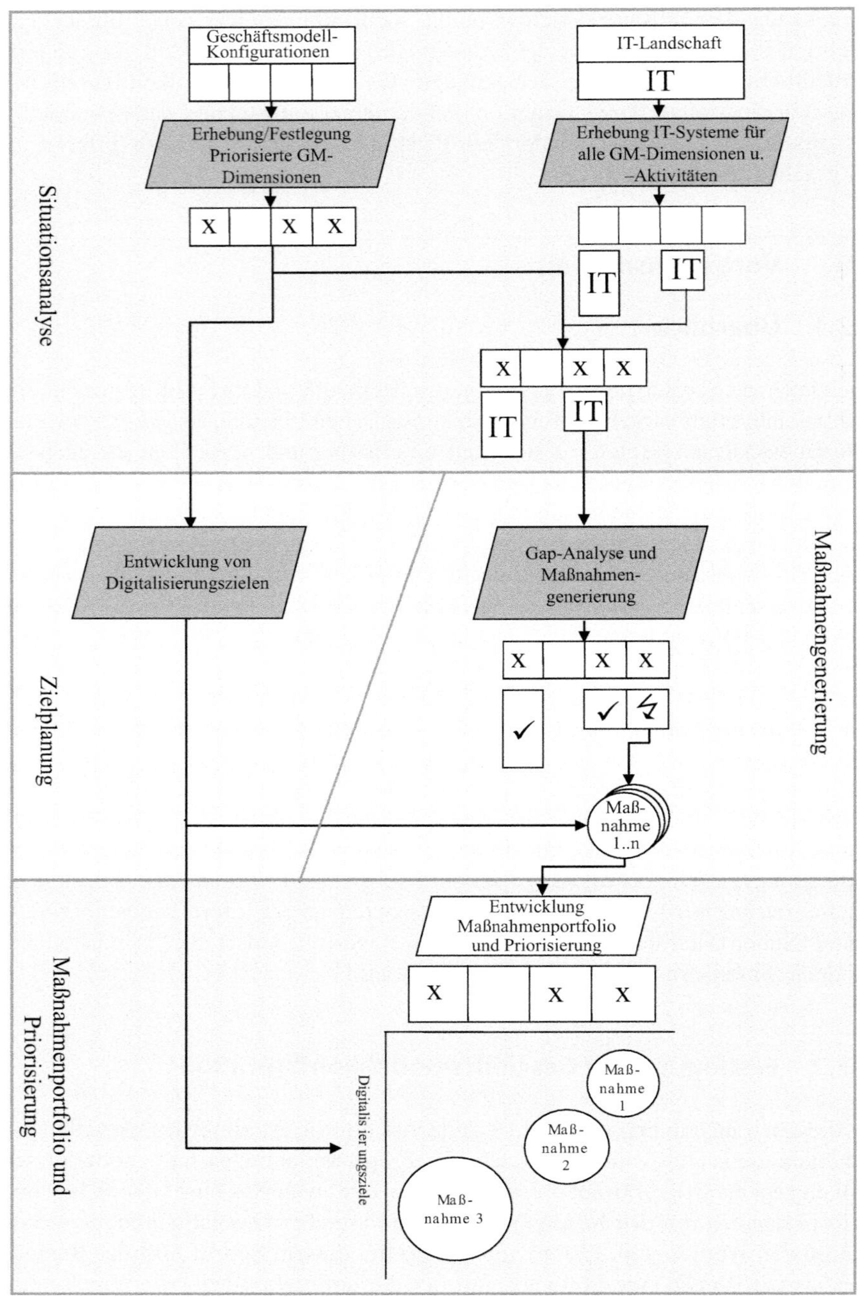

Abb. 4.3 Vorgehensmodell zur Planung von Digitalisierungsmaßnahmen

Geschäftsmodellkonfiguration verfolgt wird, stellt der Business Model Analyzer® insofern eine Entscheidungshilfe zur Verfügung, als er ausgehend von der gegenwärtigen Konfiguration die nächstgelegenen erfolgreichen Konfigurationen identifiziert.

4.3.3 Geschäftsmodell-orientierte Erhebung der IT-Landschaft

Der Applikationsarchitektur wird in der Literatur und in der Praxis eine große Bedeutung zugeschrieben. Grund dafür ist deren Wahrnehmung als Bindeglied zwischen Geschäftsarchitektur und Infrastrukturarchitektur bzw. den IT-bezogenen Architekturen. Es herrscht jedoch kein einheitliches Verständnis, was den Begriff, aber auch den Inhalt dieser Teilarchitektur angeht (Durst und Bodendorf 2007; Riempp und Gieffers-Ankel 2007). Andere Begriffe, welche in diesem Kontext verwendet werden, sind Applikationsportfolio, Applikationslandschaft, Bebauungsplan (Hanschke 2010) oder Anwendungslandschaft.

Die Inhalte der Applikationsarchitektur können stark variieren. In der Praxis werden überwiegend Architekturen mit Fokus auf bzw. Gliederung nach Geschäftsprozessen abgebildet. Dies soll eine ganzheitliche Betrachtung ermöglichen, die für strategisch relevante Entscheidungen notwendig ist (Matthes 2011; Durst und Bodendorf 2007). Durch diese Miteinbringung der Geschäftsprozesse und deren Verlinkung mit den IT-bezogenen Faktoren wird ersichtlich, welche Prozesse und Bereiche die IT besonders unterstützt bzw. welche als Kernfaktor für die Effizienz erscheinen. Zudem soll aufgezeigt werden, wo große Lücken und Potenzial zur Optimierung durch die IT herrschen (Hanschke 2010). In manchen Ansätzen werden Informationsflüsse und Schnittstellen dargestellt, während andere dies vernachlässigen. Teilweise erfolgt keine weitere Gruppierung oder Gliederung, teilweise wird jedoch wieder nach Domänen oder Fachbereichen, Prozessgruppen, etc. strukturiert, wobei es sich nicht nur um fachliche Eigenschaften aus der Geschäftsarchitektur handeln muss, sondern auch IT-bezogene Eigenschaften zur Strukturierung und Gliederung herangezogen werden können (Hanschke 2010).

Im Rahmen des vorgeschlagenen Vorgehensmodells erfolgt die Erhebung der IT-Landschaft anhand der in Abschn. 4.2.2 erläuterten Geschäftsmodelldimensionen und Handlungsoptionen nach Werani et al. (2016). Die Größe der Einträge für die einzelnen Systeme entspricht dabei den jeweiligen Kosten, welche sowohl laufende Betriebs- und Wartungskosten als auch eventuell bereits fixierte Erweiterungskosten inkludieren (siehe Abb. 4.4 für einen beispielhaften Auszug). Dadurch wird klar dargestellt, in welche Dimensionen Ressourcen momentan stärker investiert werden bzw. wo diese gebunden sind. Zudem wird gegenüber einer Darstellung anhand von Geschäftsprozessen die Verbindung zur strategischen Ebene verstärkt. Insbesondere wird im Vergleich auch der Blick auf die Organisationsumwelt, wie gerade auch Kunden und deren Nutzenerwartungen sowie die Beziehungen zu diesen, verstärkt, wohingegen eine interne Optimierungsperspektive nicht mehr dominant auftritt. Gerade einer Analyse basierend auf Produkten oder Fachbereichen ist zumeist eine Verankerung im momentanen Status eines Geschäftsmodells inhärent.

Management von Schlüsselressourcen							Management von Schlüsselaktivitäten			Management von Schlüsselpartnern				
Management von Humanressourcen	Management von internem Wissen	Management von externem Wissen	Technologieentwicklung	Management von Finanzmitteln	Koordination des Managementprozesses (Führung, Planung, Kontrolle)	Management des Zugangs zu Rohstoffen, Betriebsmitteln und Anlagen	Optimierung von Beschaffungsprozessen	Optimierung von Produktion und Produktionsprozessen	Optimierung der Warenausgangslogistik bis hin zum Zielkunden	Lieferantenmanagement (z. B. Lieferantenanalysen, Jahresgespräche)	Durchführung von Konkurrenzanalysen	Aktive Suche nach Kooperationen (z. B. Allianzen, Joint Ventures)	Outsourcing von Leistungen an Partner	Akquisition von Unternehmen auf derselben Wertschöpfungsstufe	Akquisition von Unternehmen auf vor- oder nachgelagerten Wertschöpfungsstufen
ERP	DMS			ERP Spreadsheet	E-Mail Spreadsheet		ERP	Produktionsplanung	ERP	SCM					

Abb. 4.4 Geschäftsmodell-orientierte Darstellung der IT-Landschaft (Auszug mit beispielhaften Systemen)

Durch die vorgeschlagene veränderte Sichtweise wird die Entwicklung von entsprechenden Maßnahmen in den weiteren Schritten unterstützt.

4.3.4 Definition von Digitalisierungszielen

Im nächsten Schritt werden die Digitalisierungsziele festgelegt. In diesem Zusammenhang sind die inhaltlichen Ziele in Abhängigkeit von der gewählten Geschäftsmodellkonfiguration zu definieren. Da wie dargestellt Geschäftsmodell- und Digitalisierungslogik untrennbar miteinander verbunden sind, muss auch bei der Formulierung inhaltlicher Digitalisierungsziele auf die gewählte Geschäftsmodellkonfiguration Bezug genommen werden. Digitalisierungsziele müssen grundsätzlich unternehmensindividuell festgelegt und auf Basis einer systematischen Unternehmens- und Kundenanalyse ermittelt werden. Nachstehend sollen beispielhaft einige mit den drei grundlegenden Wertdisziplinen korrespondierende Ziele angeführt werden:

Kundennähe

- Automatisierung einer breiten und tiefen Kundendatensammlung und Generierung von Kundenprofilen
- Schaffung personalisierter digitaler Kundenschnittstellen
- Schaffung digitaler Kommunikationskanäle
- Entwicklung von Remote Services

Produktführerschaft

- Nutzung digitaler Kundendaten zur Produktoptimierung
- Virtuelle Produktentwicklung
- Digitales Wissensmanagement
- Digitaler Innovations-Workflow

Operative Exzellenz

- Digitale Steuerung von Produktionsprozessen
- Digitales Beschaffungswesen
- Entwicklung digitaler Vertriebskanäle
- Nutzung elektronischer Rekrutierungssysteme/HR-Plattformen

4.3.5 Gap-Analyse und Maßnahmengenerierung

Basierend auf der Priorisierung von Geschäftsmodelldimensionen kann nun die IT-Landschaft einer Gap-Analyse unterzogen werden. Ein Abgleich der momentanen Abdeckung beziehungsweise Ausrichtung inklusive finanzieller Verpflichtungen kann einen Einblick in eventuell existente Schwerpunktsetzungen erlauben, die nicht der vorgenommenen Priorisierung von Geschäftsmodelldimensionen entsprechen. Zudem werden Geschäftsmodellbereiche sichtbar, die priorisiert, jedoch momentan noch nicht entsprechend IT-seitig abgedeckt sind. Dies erlaubt die Generierung entsprechender Maßnahmen, wie die Lücken durch neue Anwendungen im Rahmen der Digitalisierung zielgerichtet geschlossen werden können und somit letztlich eine geschäftsmodellbezogene Neuausrichtung der IT-Landschaft. Die generierten Maßnahmen werden im folgenden Schritt einer Priorisierung insbesondere auch im Licht der inhaltlichen Digitalisierungsziele und damit der konkreten Geschäftsmodellimplementierung unterzogen.

4.3.6 Ableitung eines Maßnahmenportfolios und Priorisierung

Die Schaffung von Geschäftswert aus der IT ist seit Jahrzehnten ein Thema (McAfee und Brynjolfsson 2008), und ist auch heute im Kontext der digitalen Transformation relevant. Ansätze zum Gruppieren, Bewerten und zum Teil graphischen Darstellen von Anwendungen bzw. Projekten basieren auf verschiedenen Kriterien, meist unter Verwendung einer zweidimensionalen Matrix. Die am häufigsten herangezogenen Ansätze verwenden Risiko versus Nutzen oder Wert für das Unternehmen (Jeffery und Leliveld 2004). Andere Vorschläge beziehen sich auf externe versus interne Nutzeneffekte (Notowidigdo 1984) oder gruppieren in Phasen im Kundenlebenszyklus (Ives und Learmonth 1984). Tjan (2001) hat beispielsweise Passung und Durchführbarkeit als Achsen vorgeschlagen. Neumeier (2017) bevorzugt im Kontext von Digitalisierungsprojekten die Werttreiber Kundenerlebnis und Effizienz.

Im Rahmen des vorgeschlagenen Ansatzes zur Digitalisierung erfolgt die Priorisierung von Maßnahmen anhand des Beitrags zur Zielerreichung und auf Basis der priorisierten Geschäftsmodelldimensionen bzw. einer ersten groben Kosten- sowie Risikoschätzung. In einer Matrixdarstellung werden in Zeilen die inhaltlichen Digitalisierungsziele, in Spalten Geschäftsmodelldimensionen dargestellt. Die Maßnahmen werden dann in den Zellen dargestellt, und zwar für jedes Ziel sowie jede Geschäftsmodelldimension, welche davon betroffen ist. Die Größe in der Darstellung stellt eine erste Kostenschätzung dar (siehe Abb. 4.5 für einen beispielhaften Auszug). Eine Maßnahme, die zur Erreichung mehrerer Ziele beiträgt sowie mehrere Geschäftsmodelldimensionen abdeckt, wird höher priorisiert. Maßnahmen, welche vor Anwendung des Vorgehensmodells bereits eingeplant wurden, können ebenfalls eingetragen und – gegebenenfalls mit negativem Ergebnis – evaluiert werden.

Die entsprechend priorisierten Maßnahmen müssen in weiterer Folge einer detaillierten Analyse, insbesondere hinsichtlich Machbarkeit sowie Kosten und

	Geschäftsmodell-Dimension und -Aktivität											
	Management von Kundenbeziehungen				Management von Kundennutzen							
Digitalisierungsziel	Optimierung des After-Sales-Service	Regelmäßige Kundengespräche	Orientierung an langfristigen Kundenbeziehungen	Proaktive Gestaltung der Beziehung zum Kunden	Proaktive Identifikation der Nutzenerwartungen der Kunden an Produkte	Proaktive Identifikation der Nutzenerwartungen der Kunden an Dienstleistungen	Initiierung von Produktinnovationen auf Basis von Kundenideen	Initiierung von Dienstleistungsinnovationen auf Basis von Kundenideen	Initiierung von Produktinnovationen auf Basis unternehmensinterner Ideen	Initiierung von Dienstleistungsinnovationen auf Basis unternehmensinterner Ideen	Systematischer Prozess des Innovationsmanagements	Monitoring des gestifteten Kundennutzens
Digitale Kundendaten zur Produktoptimierung	Onl. Comm. Social Media CRM	Onl. Comm. VOIP CRM	CRM	CRM	Onl. Comm.	Onl. Comm.	Onl. Comm. Online Toolkit	Onl. Comm. Online Toolkit	Vorschlagsw.	Vorschlagsw.	Vorschlagsw.	Sentiment Analysis Onl. Frageb.
Virtuelle Produktentwicklung							Online Toolkit	Online Toolkit			Vorschlagsw.	
Digitales Wissensmanagement												
…												

Abb. 4.5 Maßnahmenportfolio (Auszug mit beispielhaften Zielen und Maßnahmen)

Nutzen unterzogen werden. Zudem sind logische Abhängigkeiten entsprechend festzustellen. Aus dieser Analyse kann unter Bezugnahme auf verfügbare Budgets schließlich eine Roadmap abgeleitet werden.

4.4 Geschäftsmodellkonforme Digitalisierung – Fallbeispiel

Fronius ist ein eigentümergeführtes österreichisches Unternehmen mit drei strategischen Geschäftseinheiten. In der Business Unit „Perfect Welding“ werden Geräte und Anlagen für das elektrische Lichtbogenschweißen von Metallen entwickelt, produziert und verkauft. Im relevanten Markt ist Fronius Perfect Welding als anerkannter Technologieführer positioniert.

Die fortschreitende Digitalisierung auf Produktebene führt im weltweiten Schweißgerätemarkt immer mehr zu einer Angleichung von technologischen Produkteigenschaften der unterschiedlichen Hersteller. Um nachhaltig im globalen Wettbewerbsumfeld bestehen zu können, war es daher erforderlich, grundlegend über eine strategische Neuausrichtung der Business Unit „Perfect Welding“ und daraus abzuleitende Projekte nachzudenken. Die Verwendung des in diesem Beitrag vorgestellten Vorgehensmodells erfolgte dabei unter Einbindung der Autoren, sodass entsprechende Eindrücke und Rückmeldungen direkt gesammelt werden konnten. Zur Festlegung der relevanten Aspekte der Neuausrichtung erfolgte in einem ersten Schritt (vgl. Abschn. 4.3.2) eine Reflexion der Ausgangssituation. Dazu wurden auf Basis des Business Model Analyzer®-Tools die Managementprioritäten im aktuellen Geschäftsmodell mit dem Ergebnis analysiert, dass bis dato eine Produktführerschafts-Strategie verfolgt wurde. Aufgrund der skizzierten Markt- und Wettbewerbssituation wurde entschieden, diese Strategie zukünftig durch eine Strategie der Kundennähe abzulösen. Als für die Business Unit strategierelevante Eckpfeiler waren somit die mit dieser Geschäftsmodellkonfiguration korrespondieren Managementprioritäten festzulegen. Unter Berücksichtigung der Studienergebnisse von Werani et al. (2016) fiel die Wahl auf die Geschäftsmodellkonfiguration K1 und somit auf die „idealtypische“ Kundennähe, da diese Spielart mit sechs Geschäftsmodellprioritäten eine vergleichsweise geringe Managementkomplexität aufweist.

Um eine geschäftsmodell- und damit strategiekonforme Planung der Digitalisierungsmaßnahmen und Ausrichtung der IT-Landschaft in der Business Unit zu gewährleisten, müssen sich die laufenden und zukünftigen Digitalisierungsprojekte an den Geschäftsmodellprioritäten der gewählten Konfiguration K1 orientieren. Dies impliziert, dass zunächst diese Digitalisierungsprojekte mit Blick darauf zu beurteilen waren, ob und in welcher Form diese mit den zu priorisierenden Geschäftsmodelldimensionen und damit der anzustrebenden IT-Landschaft konform gehen (vgl. Abschn. 4.3.3 und 4.3.5), woraus sich eine Projekt-Neubewertung (vgl. Abschn. 4.3.6) ergab. Jene Projekte, welche direkt mit einer zu priorisierenden Dimension in Zusammenhang standen, wurden dabei höher bewertet, während alle anderen Vorhaben als nachrangig eingestuft wurden. Für den Fall, dass einer zu priorisierenden Geschäftsmodelldimension mehrere Projekte zugeordnet wurden, musste nochmals eine weiterführende Reihung vorgenommen werden. Diese erfolgte anhand der zwei inhaltlichen Digitalisierungsziele (vgl. Abschn. 4.3.4) der Business Unit: Auf Ebene der Kundenbeziehung wird das Ziel verfolgt, durch Daten ein ganzheitliches Wissen über die Kunden zu erlangen, während auf der Leistungsebene Daten ein genaues Wissen über die Produktverwendung ermöglichen sollen. Abschließend wurden alle intendierten Digitalisierungsprojekte hinsichtlich ihres unternehmerischen Risikos für die Geschäftseinheit bewertet, um so zu einem finalen Projekt-Set zu gelangen.

Erste Erfahrungen im Anwendungsfall Fronius bestätigen die Nützlichkeit und grundlegende Logik des entwickelten Vorgehensmodells in einer realen Organisation. Zudem konnte die Durchführbarkeit der einzelnen Verfahrensschritte mit vertretbarem Aufwand festgestellt werden. Eine finale Bewertung des Vorgehensmodells ist naturgemäß jedoch erst nach wiederholtem Einsatz in verschiedenen Unternehmen möglich.

4.5 Einbettung in einen ganzheitlichen Ansatz

Während das Vorgehensmodell die Ableitung entsprechender IT-Maßnahmen unterstützt, sind für den Erfolg der digitalen Transformation einer Organisation zudem Veränderungen auf der Kompetenzebene notwendig (Orlandi 2016). Diese sind sowohl im Bereich von IT-Strukturen und -Fähigkeiten als auch von persönlichen und organisationalen Kompetenzen zu sehen.

Im Rahmen eines ganzheitlichen Ansatzes sind daher neben den entsprechenden IT-Aspekten wie der Einführung von agilem Projektmanagement bzw. bimodaler IT, der Schaffung einer integrierten, skalierbaren und agilen IT-Architektur oder der Implementierung strategiegetriebener IT-Kontrolle und -Governance auch die diese Fähigkeiten befördernden Faktoren im Unternehmen zu gewährleisten (Khazanchi et al. 2007). Agilität, Flexibilität oder Offenheit als Kernwerte sowie entsprechende Strukturen und Kompetenzen auf organisatorischer und individueller Ebene sind hier ebenso zu implementieren wie beispielsweise das Konzept der Digital Literacy in der Personalentwicklung (Karimi und Walter 2015; El Sawy et al. 2016). Nach Matt et al. (2015) wird damit dann auch insbesondere der strukturelle Änderungsaspekt miteinbezogen, während der Fokus des vorgeschlagenen Vorgehensmodells auf der Änderung der Wertschöpfung und der Verwendung von Technologie liegt.

4.6 Fazit und Ausblick

Der vorliegende Beitrag hat ein Vorgehensmodell zur strategischen Digitalisierung durch stringente Orientierung am Geschäftsmodell entworfen und liefert damit einen Beitrag sowohl zur Weiterentwicklung der betrieblichen Praxis als auch zum Verhältnis von Informationsmanagement und digitaler Transformation (Hess und Barthel 2017). Der vorgeschlagene Prozess beinhaltet zum einen eine Geschäftsmodellanalyse, zum anderen aber auch eine Analyse der IT-Landschaft, und erstreckt sich bis hin zur Maßnahmenplanung und dem Portfoliomanagement. Wie im Fallbeispiel skizziert, bewährt sich dieses Vorgehen in der Praxis und führt zu managementrelevanten Ergebnissen. In weiteren frühphasigen Anwendungen konnte zudem bereits der grundsätzliche Verfahrensnutzen bestätigt werden. Notwendig ist allerdings eine breitere Anwendung des Vorgehensmodells, um dieses im Sinne eines konstruktionsorientierten Ansatzes vollständig evaluieren und weiterentwickeln zu können. Darüber hinaus lassen sich dadurch auch wesentliche Erkenntnisse zum Zusammenhang von Geschäftsmodellen und digitaler Transformation in der Praxis gewinnen. Letztlich müssen aber auch die notwendigen Kompetenzen im Unternehmen berücksichtigt werden, um in der Lage zu sein, eine ganzheitliche digitale Transformationsstrategie zu realisieren.

Literatur

Bergeron F, Buteau C, Raymond L (1991) Identification of strategic information systems opportunities: applying and comparing two methodologies. MIS Q 15(1):89–103

Bharadwaj A, El Sawy OA, Pavlou PA, Venkatraman N (2013) Digital business strategy: toward a next generation of insights. MIS Q 37(2):471–482

Bieger T, Reinhold S (2011) Das wertbasierte Geschäftsmodell: Ein aktualisierter Strukturierungsansatz. In: Bieger T, zu Knyphausen-Aufseß D, Krys C (Hrsg) Innovative Geschäftsmodelle. Springer, Berlin, S 14–70

Coombes P, Nicholson J (2013) Business models and their relationship with marketing: a systematic literature review. Ind Mark Manag 42(6):656–664

Durst M, Bodendorf F (2007) Wertorientiertes Management von IT-Architekturen. Dt. Univ.-Verl, Wiesbaden

El Sawy OA, Kræmmergaard P, Amsinck H, Vinther AL (2016) How LEGO built the foundations and enterprise capabilities for digital leadership. MIS Q Exec 15(2):141–166

Fitzgerald M, Kruschwitz N, Bonnet D, Welch M (2014) Embracing digital technology: a new strategic imperative. MIT Sloan Manag Rev 55(2):1–12

Hanschke I (2010) Strategic IT management. Springer, Berlin

Heinrich LJ, Riedl R, Stelzer D (2014) Informationsmanagement: Grundlagen, Aufgaben, Methoden, 11. Aufl. de Gruyter, Oldenbourg

Henderson JC, Venkatraman H (1993) Strategic alignment: leveraging information technology for transforming organizations. IBM Syst J 32(1):472–484

Hess T, Barthel P (2017) Wieviel digitale Transformation steckt im Informationsmanagement? Zum Zusammenspiel eines etablierten und eines neuen Managementkonzepts. HMD – Prax. Wirtschaftsinformatik 54(3):313–323

Ives B, Learmonth GP (1984) The information system as a competitive weapon. Commun ACM 27(12):1193–1201

Jeffery M, Leliveld I (2004) Best practices in IT portfolio management. MIT Sloan Manag Rev 45(3):41–49

Karimi J, Walter Z (2015) The role of dynamic capabilities in responding to digital disruption: a factor-based study of the newspaper industry. J Manag Inf Syst 32(1):39–81
Khazanchi S, Lewis MW, Boyer KK (2007) Innovation-supportive culture: the impact of organizational values on process innovation. J Oper Manag 25:871–884
Matt C, Hess T, Benlian A (2015) Digital transformation strategies. Bus & Inf Sys Eng 57(5):339–343
Matthes D (2011) Enterprise Architecture Frameworks Kompendium. Springer, Berlin
McAfee A, Brynjolfsson E (2008) Investing in the IT that makes a competitive difference. Harv Bus Rev 86(7/8):98–107
Morris M, Schindehutte M, Allen J (2005) The entrepreneur's business model: toward a unified perspective. J Bus Res 58(6):726–735
Neumeier A (2017) Wert der Digitalisierung – Erfolgreiche Auswahl von Digitalisierungsprojekten. HMD – Prax Wirtschaftsinformatik 54(3):338–350
Notowidigdo MH (1984) Information systems: weapons to gain the competitive edge. Financ Executive, February, 20–25
Orlandi LB (2016) Organizational capabilities in the digital era: reframing strategic orientation. J Innov Knowl 1:156–161
Osterwalder A, Pigneur Y (2011) Business Model Generation: Ein Handbuch für Visionäre, Spielveränderer und Herausforderer. Campus, Frankfurt am Main
Peffers K, Gengler CE (2003) How to identify new high-payoff information systems for the organization. Commun ACM 46(1):83–88
Renkema TJ, Berghout EW (1997) Methodologies for information systems investment evaluation at the proposal stage: a comparative review. Inform Software Tech 39(1):1–13
Riempp G, Gieffers-Ankel S (2007) Application portfolio management: a decision-oriented view of enterprise architecture. Inf Syst E-Bus Manag 5:359–378
Sterrer C (2014) Das Geheimnis erfolgreicher Projekte: Kritische Erfolgsfaktoren im Projektmanagement. Springer, Berlin
Teece D (2010) Business models, business strategy and innovation. Long Range Plan 43(2-3):172–194
Tjan AK (2001) Finally, a way to put your Internet portfolio in order. Harv Bus Rev 79(2):76–85
Treacy M, Wiersema F (1993) Customer intimacy and other value disciplines. Harv Bus Rev 71(1):84–93
Werani T, Freiseisen B, Martinek-Kuchinka P, Schauberger A (2016) How should successful business models be configured? Results from an empirical study in business-to-business markets and implications for the change of business models. J Bus Econ 86(6):579–609
Zott C, Amit R, Massa L (2011) The business model: recent developments and future research. J Manag 37:1019–1042

Bewertung der Digitalisierungspotenziale von Geschäftsprozessen

5

Besondere Betrachtung des Einflusses von Entscheidungen auf Digitalisierungsvorhaben

René Kessler, Felix Kruse, Viktor Dmitriyev, Gerrit Berghaus und Jorge Marx Gómez

Zusammenfassung

Dieser Beitrag befasst sich mit dem Thema Digitalisierung von nicht-digitalen Geschäftsprozessen. Der Digitalisierungsgrad eines Unternehmens stellt mittlerweile einen erfolgsentscheidenden Wettbewerbsfaktor dar, um in modernen Märkten nachhaltig existieren und sich weiterentwickeln zu können. Die digitale Transformation von Geschäftsprozessen eines Unternehmens ist nicht trivial und stellt Unternehmen und deren Mitarbeiter vor große Herausforderungen. Es wurden verschiedene Geschäftsprozesscharakteristika identifiziert, die maßgeblichen Einfluss auf die Digitalisierung eines Geschäftsprozesses nehmen. Diese Charakteristika wurden unter Nutzung von Methoden aus dem Bereich der multikriteriellen Entscheidungsunterstützung in ein Konzept überführt, um die Digitalisierungspotenziale eines Geschäftsprozesses ermitteln zu können. Die Anwendung dieses Konzeptes erfolgt in drei separaten Schritten: Gewichtung der Kriterien, Bewertung der Kriterien und Ergebnisauswertung. Die Ergebnisse der Erprobung ließen sich durch eine prototypische Digitalisierung eines zuvor

Vollständig überarbeiteter und erweiterter Beitrag basierend auf Berghaus et al. (2018) Ermittlung der Digitalisierungspotenziale von nicht-digitalen Geschäftsprozessen, HMD – Praxis der Wirtschaftsinformatik Heft 320, 55(2):427–444.

R. Kessler (✉) · F. Kruse · V. Dmitriyev · G. Berghaus · J. M. Gómez
Department for Computer Science (VLBA), University of Oldenburg, Oldenburg, Deutschland
E-Mail: rene.kessler@uni-oldenburg.de; felix.kruse@uol.de; viktor.dmitriyev@uol.de; gerrit.berghaus@uol.de; jorge.marx.gomez@uol.de

S. Meinhardt, A. Pflaum (Hrsg.), *Digitale Geschäftsmodelle – Band 1*, Edition HMD, https://doi.org/10.1007/978-3-658-26314-0_5

nicht-digitalen Geschäftsprozesses erfolgreich validieren. Es hat sich dabei gezeigt, dass Entscheidungen innerhalb von Geschäftsprozessen eine wichtige Rolle im Hinblick auf deren Digitalisierung inne haben. Diese Rolle muss weiterhin hinsichtlich der Digitalisierungspotenziale, aber auch Hemmnisse verstärkt untersucht werden muss. Das erstellte Bewertungskonzept erweitert die bisherige Literatur und bietet eine breite Grundlage für weiterführende Forschungs- und Entwicklungsarbeiten.

Schlüsselwörter
Digitalisierung · Digitale Transformation · Geschäftsprozesse · Entscheidungen · Datengetriebene Entscheidungen

5.1 Digitalisierung als Wettbewerbsfaktor

„In times of change the greatest danger is to act with yesterday's logic" – Peter Drucker.

Das Thema „Digitalisierung" oder „digitale Transformation" ist in aller Munde. Jeder Mensch kommt tagtäglich mit diesen Themen in Berührung. Sei es im privaten Bereich oder im beruflichen Alltag. Die Informations- und Kommunikationstechnologien sind vollständig in das heutige Leben integriert, was an Beispielen wie Smartphones, Social Media oder dem Internet of Things deutlich wird. Auch Unternehmen sind von diesem Wandel betroffen und müssen sich zwangsläufig der vierten industriellen Revolution gegenüberstellen.

5.1.1 Potenziale der Digitalisierung

Von der breiten Masse wird erwartet, dass die Digitalisierung viele Optimierungspotenziale für Unternehmen und deren Geschäftsprozesse mit sich bringt, auch wenn zunächst ein Mehraufwand an Ressourcen für die Ergreifung der Digitalisierungsmaßnahmen notwendig ist (Bundesverband der Deutschen Industrie 2018). Die entstehenden Potenziale umfassen laut des Bundesverbands der deutschen Industrie (2018) neben verschiedensten Branchen auch alle Unternehmensbereiche über den gesamten Produktlebenszyklus hinweg. Eine Trendstudie, die von Bitkom Research und Tata Consultancy Services durchgeführt wurde, konnte weitere konkrete Potenziale der Digitalisierung aufzeigen. So sehen die befragten Unternehmen die größten Potenziale der Digitalisierung im Bereich des Kundenservices und der Kundenakquise. Weitere Potenziale werden in der Entwicklung von neuen Produkten und Geschäftsmodellen gesehen, wobei von einer Effizienzsteigerung ausgegangen wird. Auch generelle Einflussfaktoren auf Unternehmen, wie z. B. Kostensenkungen und damit verbundene Gewinnsteigerungen werden von den befragten Unternehmen im Zuge der Digitalisierung erwartet (Tata Consultancy Services und Bitkom Research 2017). Des Weiteren zeigte sich, dass über 60 % der Unternehmen aus den Branchen Handel, Automotive, Banken und Versicherungen, Chemie und Pharma, IKT-Branche sowie aus dem Anlagen- und Maschinenbaus angaben, dass sie der Digitalisierung „eher“ oder „sehr“ aufgeschlossen gegenüberstehen (Tata Consultancy Services und Bitkom Research 2017).

Sowohl im Bereich der fertigenden Industrie, als auch im Dienstleitungssektor werden Produktivitätssteigerungen erwartet. Durch die Vernetzung von Maschinen kann die Produktvielfalt gesteigert werden und die Einzelfertigung von Produkten wird erleichtert (z. B. über 3D-Druck-Verfahren). Zuvor manuelle, vom Menschen getroffene Entscheidungen, können durch Technologien wie Künstliche Intelligenz erheblich unterstützt werden oder sogar automatisiert werden. Dadurch kann die Durchlaufzeit von Geschäftsprozessen und die Güte des Prozess-Outputs durch die mögliche Verbesserung der getroffenen Entscheidungen innerhalb der Transformation verbessert werden (Pfliegl und Seibt 2017).

5.1.2 Herausforderungen und Hemmnisse bei Digitalisierungsvorhaben

Neben den zahlreichen Potenzialen, die die Digitalisierung Unternehmen und Organisationen bieten kann, konnten Untersuchungen und Studien auch Herausforderungen sowie Hemmnisse identifizieren, die Auswirkungen auf Digitalisierungsvorhaben haben.

Eine 2017 durchgeführte Unternehmensbefragung der KfW Bankengruppe konnte zeigen, dass vor allem große Unternehmen hohes Digitalisierungspotenzial in der eigenen Organisation sehen. Es hat sich gezeigt, dass die Höhe des Digitalisierungsbedarfs mit der Höhe des Umsatzes des jeweiligen Unternehmens positiv korreliert (KfW Bankengruppe 2017). Gleichzeitig wird bei Unternehmen, die hohe Digitalisierungspotenziale sehen, aber auch das Hauptproblem genannt, dass es während der Digitalisierung Schwierigkeiten bei der Anpassung der Unternehmens- und Arbeitsorganisation geben kann (33,4 % der Unternehmen) (KfW Bankengruppe 2017). Je größer ein Unternehmen, desto schwieriger ist es, agil zu agieren. Oftmals wächst in Organisationen parallel zur Mitarbeiterzahl auch die Trägheit (Freeman 1977). Strukturelle oder prozessorale Veränderungen nehmen in Unternehmen daher in der Regel mehr Zeit und Ressourcen in Anspruch, da eine Veränderung mit mehr organisatorischem Aufwand verbunden ist, als es in einem kleineren Unternehmen der Fall wäre. Die Entscheidungsgeschwindigkeit im Rahmen des Change Managements nimmt ab. Kleine Unternehmen sehen dagegen weniger Potenzial zur Digitalisierung. Begründet wird dies in der Umfrage vor allem durch mangelnde IT-Kompetenzen (KfW Bankengruppe 2017). Bestätigt wird dieses Problem des Know-How-Mangels durch eine Studie von Capgemini Deutschland (Capgemini Deutschland Holding 2016). Weitere Hürden bei der Digitalisierung können Komplexität, finanzieller Aufwand, rechtliche Unsicherheiten sowie fehlende Infrastruktur und Standards darstellen (Leyh und Bley 2016). Viele Unternehmen halten sich zudem nicht für „reif für die Digitalisierung“ (Bundesverband Digitale Wirtschaft (BVDW) e.V. 2016). Um diese Herausforderungen zu meistern, müssen Unternehmen unter Umständen auf die Hilfe von externen Beratern zurückgreifen, um das fehlende Know-How extern einzukaufen. Gerade in kleinen Unternehmen ist dies problematisch, da diese des Öfteren nicht über die nötigen finanziellen Ressourcen für ein solches Vorhaben verfügen (Saam et al. 2017).

In einer weiteren Studie der IHK wurde festgestellt, dass fast alle (95 %) befragten Unternehmen feststellen, dass die Arbeits- und Geschäftsprozesse maßgeblich von der Digitalisierung beeinflusst werden (Deutscher Industrie- und Handelskammertag e.V. (DIHK) 2014). Interessant ist dabei, dass ebenso angegeben wird, dass sich der Informationsbedarf innerhalb dieser Prozesse drastisch erhöhen wird. Dies bedeutet, dass für eine Entscheidung in einem Geschäftsprozess mehr Informationen von Nöten sind, als es in der Vergangenheit der Fall war (Deutscher Industrie- und Handelskammertag e.V. (DIHK) 2014).

Diese Herausforderungen und Hemmnisse können dazu führen, dass Potenziale zur Digitalisierung ungenutzt bleiben. Unternehmen profitieren nicht von den neuen Möglichkeiten und verlieren gegebenenfalls den Anschluss an den Wettbewerb.

5.2 Bewertungskonzept zur Digitalisierung von Geschäftsprozessen

In der Literatur und Praxis sind verschiedene Arbeiten vorhanden, die das Themenfeld der Digitalisierung und der digitalen Transformation adressieren. Ein Überblick ist in der Tab. 5.1 dargestellt.

In der Analyse dieser Arbeiten wurde ersichtlich, dass die Betrachtung von nicht-digitalen Geschäftsprozessen nicht stattgefunden hat. Der hier dargelegte Ansatz schließt diese Forschungslücke und ergänzt die schon bestehenden Arbeiten.

Ziel dieses Beitrags ist die Identifikation relevanter Charakteristika, die maßgeblichen Einfluss auf die Digitalisierung eines Geschäftsprozess haben. Darüber hinaus sollen diese identifizierten Charakteristika in ein geeignetes Bewertungskonzept zur

Tab. 5.1 Überblick zu bestehenden, verwandten Arbeiten

Titel der Arbeit	Autoren	Jahr	Adressierte Domäne
Digitalisierung von Dienstleistungen	Trefz und Büttgen (2007)	2007	Digitalisierung von Dienstleistungen
Prozessmanagement	Becker et al. (2012)	2012	Reifegrad von Prozessen
Prozessmanagement: Modelle und Methoden	Schmidt (2012)	2012	Reifegrad von Prozessen
The Process Audit	Hammer (2007)	2007	Reifegrad von Prozessen
Digitale Prozesse	Hauschild und Karzel (2013)	2010	Bereits digitale Prozesse
Digitaler Reifegrad – Analysetool	Hochschule Neu-Ulm (2017)	2017	Digitaler Reifegrad eines Prozesses
Digitalisierungsindex	Deutsche Telekom (2016)	2016	Digitaler Reifegrad eines Unternehmens
Digital Acceleration Index	Boston Consulting Group (2017)	2017	Digitaler Reifegrad eines Unternehmens

Ermittlung der Digitalisierungspotenziale eines (nicht-digitalen) Geschäftsprozesses überführt werden. Dieses Bewertungskonzept ermöglicht es Unternehmen, ihre eigenen Geschäftsprozesse zu evaluieren und passende Digitalisierungsmaßnahmen einzuleiten, ohne, dass spezifisches Digitalisierungs-Know-How zur Anwendung notwendig ist. Durch das konzipierte Bewertungskonzept sollen Unternehmen in die Lage versetzt werden, ihre Prozesse konsequent zu evaluieren und passende Digitalisierungsmaßnahmen ableiten zu können.

In den nachfolgenden Abschnitten wird zunächst die Konzeption des Bewertungskonzeptes dargelegt. Darauf aufbauend wird die digitale Umsetzung des Konzeptes beschrieben. Zur Evaluation des Konzeptes wurde dieses bei dem Unternehmen abat AG angewandt. Aus der Anwendung des Konzeptes folgten verschiedene Schlussfolgerungen, die in die Weiterentwicklung des modular gestalteten Konzeptes einflossen und in Abschn. 5.4 beschrieben werden.

5.2.1 Konzeption

Zur Lösung der beschriebenen Probleme wurde ein Bewertungskonzept entwickelt, das aus insgesamt fünf verschiedenen Kriterienkatalogen besteht. Durch eine Literaturrecherche konnten die wesentlichen Kriterien und Eigenschaften identifiziert werden, die Einfluss auf die Digitalisierung eines nicht-digitalen Geschäftsprozesses haben können (siehe Abb. 5.1). Dabei wurden zunächst relevante Bestandteile von Geschäftsprozessen erarbeitet. Die Ergebnisse wurden im Kontext der Digitalisierung betrachtet. Elementare Wechselwirkungen zwischen den identifizierten Bestandteilen und der Digitalisierung bilden die Grundlage des Bewertungskonzeptes. Jedes Bewertungskriterium wurde dabei genau einem Bewertungskatalog zugeordnet, da Überschneidungen womöglich die Verständlichkeit und Konsistenz des Konzeptes verringern würden. Expertenwissen und Know-How im Bereich „Digitalisierung" bilden keine zwingende Voraussetzung für die Anwendung dieses Konzeptes. Eine individuelle Gewichtung der Kriterien ermöglicht einen flexiblen Einsatz des

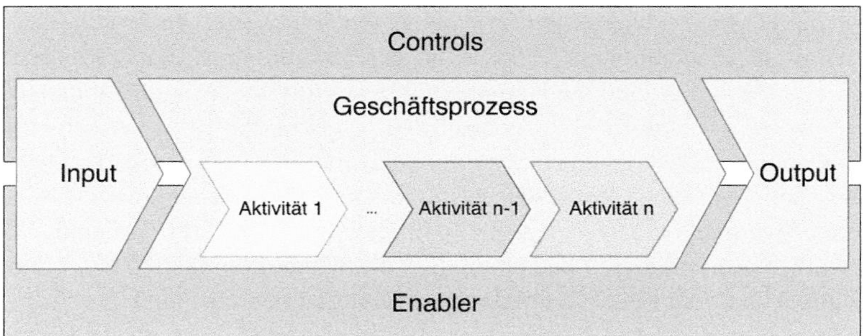

Abb. 5.1 Digitalisierungsrelevante Eigenschaften eines Geschäftsprozesses in Anlehnung an Harmon (2014)

Bewertungskonzeptes für verschiedene Geschäftsprozesse in unterschiedlichen Kontexten, welche stets individuelle Eigenschaften aufweisen können.

Der Kriterienkatalog „Controls“ beinhaltet alle Kriterien, die einen regulierenden Einfluss auf den jeweiligen Geschäftsprozess aufweisen. Gesetze und unternehmensinterne Richtlinien wirken mit elementarem Einfluss auf alle Geschäftsprozesse eines Unternehmens. In diesem Kontext muss die vorhandene Organisationsstruktur eines Unternehmens ebenfalls als stark regulierender Einfluss auf bestehende Geschäftsprozesse betrachtet werden. Die digitale Akzeptanz des Unternehmens und seiner Mitarbeiter bildet das letzte entscheidende Kriterium der Controls (Harmon 2014). Zur Verdeutlichung der Kriterien kann ein Prozessbeispiel, die Auftragsabwicklung von der Bestellung bis zur Auslieferung einer Handelsware, herangezogen werden. In diesem Prozess könnten Verantwortlichkeiten innerhalb der Verkaufseinheit im Bereich der Controls von Relevanz sein. Der Kriterienkatalog der Enabler beinhaltet die befähigenden Kriterien des Geschäftsprozesses (Beims und Ziegenbein 2014). Hierzu zählen die vorhandene Infrastruktur, die gegebenen Ressourcen sowie die Fähigkeiten des Unternehmens und seiner Mitarbeiter. Enabler können, im Unterschied zu den Controls, mithilfe durchgeführter Maßnahmen an digitale Umwelten angepasst werden. Sie sind in Unternehmen häufig für mehrere Geschäftsprozesse verantwortlich und sind daher nicht an einen speziellen Prozess gebunden (Harmon 2014). Bei der Abwicklung eines Auftrags könnten hier insbesondere der Einsatz eines ERP-Systems und die Fähigkeiten der Mitarbeiter im Umgang mit Kunden von Bedeutung sein. Als Inputs werden eingehende Ressourcen verstanden, die für den Ablauf und die Ergebniserstellung des Geschäftsprozesses benötigt werden. Diese messbaren Eingaben können aus Informationen oder Materialien bestehen und unternehmensintern sowie -extern bereitgestellt werden (Feldbrügge und Brecht-Hadrashek 2008). Der Output eines Geschäftsprozesses ist das Ergebnis seiner wertschöpfenden Aktivitäten und kann entweder ein Produkt oder eine Dienstleistung sein, welche dem internen oder externen Kunden einen Mehrwert liefert (Sesselmann und Schmelzer 2013). Hinzu kommt das Kriterium der Schnittstelle, welche für die weitere Verwendung des generierten Outputs verantwortlich ist. Die verschiedenen Kriterienkataloge sind zusätzlich in einer schematischen Darstellung dargestellt (siehe Abb. 5.2). Der Input bei dem beispielhaften Prozess der Auftragsabwicklung ist der Eingang des Kundenauftrags. Der Output des Prozesses könnte dagegen die Übergabe der verkauften Ware an einen Logistikpartner sein. Der Kriterienkatalog „Geschäftsprozess“ erfasst die geschäftsprozessspezifischen Kriterien. Wesentliche Merkmale sind die Komplexität sowie die Wiederholungsrate eines Geschäftsprozesses (Riekhof 1997; Gadatsch 2012). Ebenfalls müssen wesentliche Entscheidungspunkte sowie zwingende manuelle Aktivitäten im Kontext der Digitalisierung betrachtet werden. Wird der Kriterienkatalog „Geschäftsprozess“ auf den erläuterten Beispielprozess bezogen, könnte dies bei einem Verkauf einer Massenware an einen Stammkunden bedeuten, dass die Wiederholungsrate besonders hoch ist und alle Abläufe in ihrer Komplexität bekannt und begrenzt sind.

Für jedes Kriterium des Bewertungskonzeptes wurden ein Leitsatz und eine ergänzende Beschreibung definiert, wodurch die Auswirkungen des jeweiligen Kriteriums auf eine mögliche Digitalisierung verdeutlicht werden. Beispielsweise wird

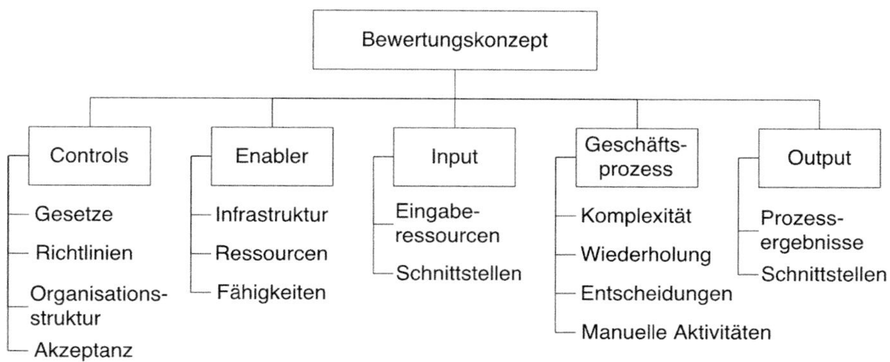

Abb. 5.2 Darstellung der definierten Kriterienkataloge

das Kriterium „Gesetze" aus dem Katalog „Controls" beschrieben durch den Leitsatz: „Die Digitalisierung des analysierten Geschäftsprozesses verstößt nicht gegen geltende Gesetze." Die Relevanz des Kriteriums für den jeweiligen Prozess kann der Anwender auf einer Fünf-Punkte-Skale (1: Trifft nicht zu; 2: Trifft kaum zu; 3: Neutral; 4: Trifft überwiegend zu; 5: Trifft voll zu) bewerten.

Die Gewichtung erfolgt in zwei Schritten. Dabei werden die Kriterienkataloge und die jeweiligen Kriterien separat gewichtet. Die vordefinierte Kataloggewichtung dient der Evaluation fester Gewichte innerhalb eines variabel einsetzbaren Bewertungskonzeptes. Durch die vorgegebene Kataloggewichtung soll eine geschäftsprozessübergreifende Vergleichbarkeit der Bewertungsergebnisse ermöglicht werden.

Wie bei der Verwendung von Methoden der multikriteriellen Entscheidungsunterstützung üblich, soll die relative Wichtigkeit der Kataloge, und damit der enthaltenen Attribute, durch Gewichte ausgedrückt werden. Die Summe aller Katalogge-wichte muss in jedem Fall den Wert „1" ergeben (Zimmermann und Gutsche 1991). Durch diese Bedingung kann die Gewichtung der einzelnen Kriterienkataloge in prozentuale Angaben überführt werden, was für ein besseres Verständnis sorgt und die Anwendbarkeit vereinfacht.

Alle Kataloge werden mit einem Gewicht (k) zwischen „0" und „1" gewichtet. Das Intervall wird daher wie folgend definiert:

$$(0,1) = \left\{ k \epsilon Q^{+} \middle| 0 < k < 1 \right\}$$

Die vordefinierte Gewichtung der Kriterienkataloge wurde dabei anhand der Interpretation der in Abschn. 5.3 dargelegten Herleitung der Kataloge durchgeführt. Insbesondere die Veränderbarkeit und Einflussnahme der Unternehmen auf die Kriterien der jeweiligen Kataloge waren dabei von Bedeutung.

Der Kriterienkatalog „Enabler" erhält ein Gewicht von „0,1". Die Kriterien der Enabler können durch den Ausbau der Infrastruktur, der Ressourcen oder der Fähigkeiten beeinflusst und verändert werden. Durch Investitionen oder Schulungen können diese Kriterien an neue digitale Bedingungen angepasst werden. Die Kataloge

„Input“ und „Output“ werden jeweils mit „0,15“ gewichtet, da sie relativ gleichartige Eigenschaften aufweisen. Input- und Outputkriterien sind stets stark von weiteren Prozessen abhängig. Grundsätzlich ist die Beeinflussung und Veränderung dieser Kriterien zwar möglich, allerdings zieht diese weitreichende Konsequenzen nach sich. Die Änderung eines Prozesses und dessen Output beeinflusst unter Umständen weitere Prozesse, welche wiederum andere Prozesse beeinflussen könnte. Auch externe Faktoren können einen starken Einfluss auf Prozesse haben, da neben unternehmensinternen Inputs und Outputs auch unternehmensexterne Bereitstellung denkbar ist. Hierbei spielen insbesondere die relevanten Schnittstellen eine Rolle (Feldbrügge und Brecht-Hadrashek 2008).

Der Kriterienkatalog „Controls“ wurde mit dem Wert „0,3“ gewichtet, da äußere Einflüsse wie beispielsweise Gesetze oder Richtlinien nicht an eine Digitalisierung angepasst werden können. Solche nicht änderbaren Faktoren müssen in jedem Fall eingehalten werden. Eine Einflussnahme des Unternehmens darauf ist nicht möglich und dennoch können diese eine Digitalisierung maßgeblich beeinflussen. Auch die Organisationsstruktur eines Unternehmens kann die Möglichkeiten der Digitalisierung hemmen. Zusätzlich dazu beeinflussen auch die Prozessbeteiligten durch ihre Akzeptanz einer digitalen Lösung die Möglichkeiten der Digitalisierung (Harmon 2014). Einfluss auf Organisationsstrukturen und Akzeptanzwirkungen ist zwar grundsätzlich möglich, allerdings mit großem Aufwand verbunden. Ebenso starken Einfluss auf ein Digitalisierungsvorhaben hat der Katalog „Geschäftsprozesse“ (Wert „0,3“). Hierbei nimmt vor allem die Komplexität eines Geschäftsprozesses starke Auswirkungen auf den Grad der möglichen Digitalisierung. Es muss zudem stets differenziert werden, ob eine Entscheidung innerhalb einer Prozessaktivität überhaupt in angemessenem Aufwand automatisiert werden kann. Zudem gilt für eine Digitalisierung, dass das grundsätzliche Potenzial dafür höher ist, je weniger manuelle Tätigkeiten während des Prozesses zwingend notwendig sind (Harmon 2014).

Da Geschäftsprozesse stark variieren können und Unternehmen in der Praxis unterschiedliche Prioritäten verfolgen, soll die Gewichtung der einzelnen Kriterien durch den Anwender des Bewertungskonzeptes erfolgen. Um dieses Verfahren für den Anwender zu vereinfachen, werden dabei Paarvergleiche genutzt. Bei dem in diesem Fall verwendeten Verfahren handelt es sich um „Saatys Eigenvektormethode“ (Zimmermann und Gutsche 1991). Alle Kriterien eines Katalogs werden in Paarvergleichen und in Form von Quotienten bewertet. Für die Paarvergleiche wird dem Anwender eine 5-Punkte-Skala mit Interpretation vorgegeben (0,1 = Viel weniger wichtig; 0,2 = Weniger wichtig; 1 = Gleich wichtig; 5 = Wichtiger; 10 = Viel wichtiger). Die verwendete 5-Punkte-Skala stellt eine Abwandlung der von Saaty beschriebenen 9-Punkte-Skala dar. Die 9-Punkte-Skala beinhaltet weitere Abstufungen bei der Bewertung von Paarvergleichen, die die Anwendung dieses Konzeptes wesentlich komplexer gestalten würden. Da ein Fokus des hier entwickelten Konzeptes auf der einfachen Anwendbarkeit liegt, wurde auf diese Zwischenwerte verzichtet. Die fünf möglichen Werte ergeben sich dabei wie folgt: Der Wert „1“ stellt die Basis dar. Wenn beispielsweise Element A mit Element B verglichen wird und der Wert „1“ gewählt wird, dann stellt dies dar, dass beide Elemente eine gleiche

Wichtigkeit aufweisen. Würde beim identischen Vergleich der Wert „5" gewählt werden, würde dies bedeuten, dass Element A als „wichtiger" angesehen wird. Gleichzeitig würde daraus folgen, dass Element B den Wert „0,2" erhält, da dieses Element demnach „weniger wichtig" wäre und sich der Kehrwert aus der reziproken Matrix ergeben würde. Ebenso verhält es sich bei der Auswahlmöglichkeit „10", welche Bedeutet, dass ein Element „viel wichtiger" ist, als das verglichene Element. Die Bewertungen können dann für jeden Katalog in eine Bewertungsmatrix übertragen werden. Hierbei ist zu beachten, dass jeder Skalenwert (g_{ij}) einen reziproken Gegenwert (k_{ji}) besitzt (Zimmermann und Gutsche 1991). Der Gegenwert wird durch den Kehrwert des Skalenwerts gebildet. Aufgrund der Berechnung des Kehrwertes muss nur die Hälfte aller Paarvergleiche vom Anwender gewichtet werden. Dies erleichtert die Anwendbarkeit. Bei der Berechnung der relativen Gewichte der einzelnen Kriterien wird so vorgegangen, dass zunächst für jedes Kriterium die Summe seiner Gewichte addiert und anschließend durch die Gesamtzahl aller verteilten Gewichte dividiert wird. Durch diese Normierung ist garantiert, dass die Summe aller relativen Gewichte immer „1" ergibt. Die Multiplikation des relativen Gewichts eines Kriteriums mit dem jeweiligen Kataloggewicht des zugehörigen Kriterienkatalogs führt dann zu dem Gesamtgewicht eines Kriteriums, welches in die Berechnung des Ergebnisses einfließt.

Die Berechnung des Ergebnisses erfolgt anhand einer „einfachen additiven Gewichtung" (Zimmermann und Gutsche 1991). Dabei werden die durch den Anwender jeweils zugeordneten Punkt der Kriterien (b_i) mit den jeweiligen Gesamtgewichten (ω_i) multipliziert und summiert. Durch die Normierung aller Gewichte ergibt sich daher immer ein Minimalwert von „1" und ein Maximalwert von „5". Das Ergebnis liefert somit einen Wert, der das Digitalisierungspotenzial eines nicht-digitalen Geschäftsprozesses inklusive Handlungsempfehlung angibt (1–2: Kein Digitalisierungspotenzial; 2–3: Kaum Digitalisierungspotenzial; 3–4: Hohes Digitalisierungspotenzial; 4–5: Sehr großes Digitalisierungspotenzial).

5.2.2 Digitale Umsetzung

Um die Anwendbarkeit des erstellten Bewertungskonzeptes zu erhöhen wurde dieses in Microsoft Excel (MS Excel) umgesetzt. Dabei kann der Anwender alle zuvor beschriebenen Schritte durchführen. Alle nötigen Berechnungen werden dabei automatisch durchgeführt. Die MS Excel-Datei besteht aus den Blättern „Gewichtung", „Bewertung" und „Ergebnisse". Der gesamte Anwendungsablauf des Bewertungskonzeptes ist somit in der MS Excel-Datei abgebildet.

Zur Gewichtung ist für jeden Bewertungskatalog im Blatt „Gewichtung" eine L-Matrix angelegt (siehe Abb. 5.3; hier am Beispiel des „Controls"-Kriterienkatalogs).

Der Anwender muss dabei lediglich die weißen, unausgefüllten Felder mit seiner Gewichtung befüllen. Mögliche Gewichtungen sind hierzu in der Legende dargestellt. Zudem hat der Anwender die Möglichkeit zur Befüllung der Felder eine vorgegebene Auswahlfunktion zu nutzen (siehe Abb. 5.4).

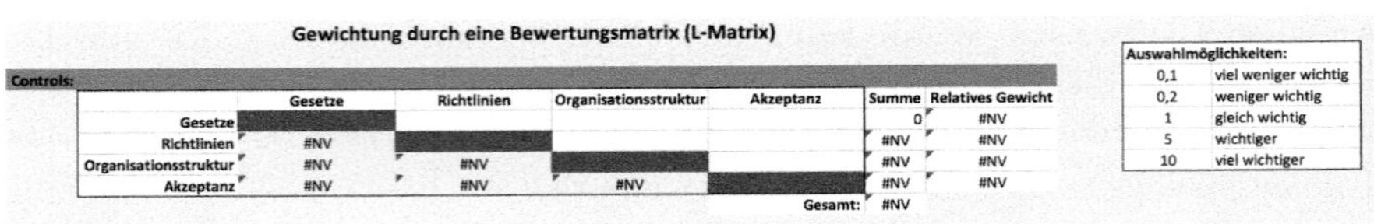

Gewichtung durch eine Bewertungsmatrix (L-Matrix)

Controls:

	Gesetze	Richtlinien	Organisationsstruktur	Akzeptanz	Summe	Relatives Gewicht
Gesetze					0	#NV
Richtlinien	#NV				#NV	#NV
Organisationsstruktur	#NV	#NV			#NV	#NV
Akzeptanz	#NV	#NV	#NV		#NV	#NV
				Gesamt:	#NV	

Auswahlmöglichkeiten:	
0,1	viel weniger wichtig
0,2	weniger wichtig
1	gleich wichtig
5	wichtiger
10	viel wichtiger

Abb. 5.3 L-Matrix zur Gewichtung der Kriterienkataloge (Übersicht)

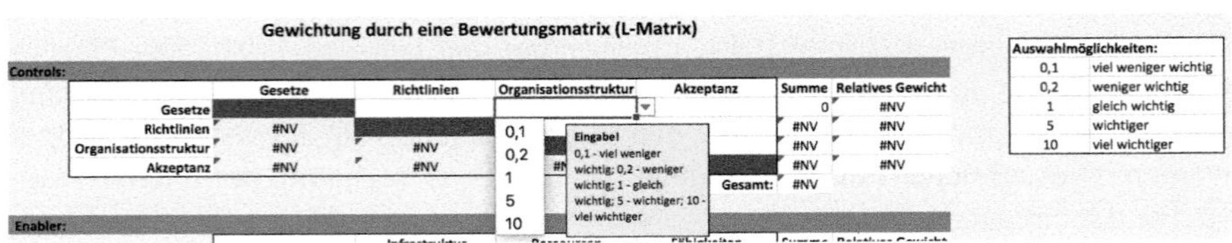

Abb. 5.4 L-Matrix zur Gewichtung der Kriterienkataloge (Eingabe)

Nachdem alle Felder befüllt sind erfolgt eine automatisierte Berechnung (siehe Abb. 5.5).

Die Bewertung der einzelnen Kriterien wird vom Anwender in dem MS Excel-Blatt „Bewertung" vorgenommen. Dieses Blatt ist ebenfalls in die einzelnen Kriterienkataloge unterteilt. Der Anwender hat dabei die Möglichkeit durch vorgegebene numerische Werte die Bewertung in die jeweiligen Bewertungsfelder einzutragen. Zusätzlich kann eine textuelle Anmerkung zu jeder Bewertung eingetragen werden, welche für eine weitere Analyse oder eine Handlungsempfehlung genutzt werden kann.

Die Auswertung der Ergebnisse ist im MS Excel-Blatt „Ergebnisse" abgebildet. Dieses Blatt enthält alle relevanten Informationen und Ergebnisse, sobald alle Kriterien der verschiedenen Kriterienkataloge gewichtet und bewertet worden sind. Neben der numerischen Auswertung findet auch eine grafische Auswertung in Form eines Netzdiagramms statt (siehe Abb. 5.6).

5.2.3 Anwendung des Konzeptes

Die Anwendung des resultierenden Konzeptes erfolgt in drei aufeinander aufbauenden Schritten: Gewichtung, Bewertung und Auswertung. Zur Evaluation der Anwendbarkeit und Eignung wurden verschiedene nicht-digitale Geschäftsprozesse mithilfe des Bewertungskonzeptes im Hinblick auf ihre Digitalisierungspotenziale untersucht.

Im Rahmen einer bestehenden Forschungskooperation zwischen der Universität Oldenburg und der abat AG wurden zwei Mitarbeiter dieses Unternehmens befragt, um zwei unterschiedliche bisher nicht-digitale Geschäftsprozesse zu erheben und mithilfe des Bewertungskonzeptes auf ihre Digitalisierungspotenziale zu untersuchen. Bei den Mitarbeitern handelte es sich um Mitarbeiter aus der internen Verwaltung, wodurch die generelle Anwendbarkeit des Konzeptes evaluiert werden

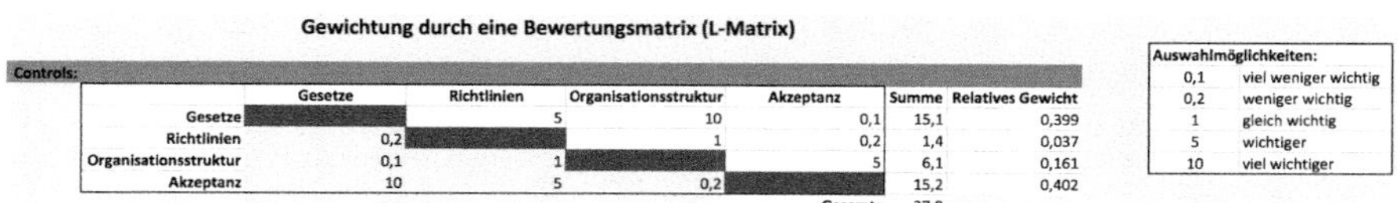

Gewichtung durch eine Bewertungsmatrix (L-Matrix)

Controls:

	Gesetze	Richtlinien	Organisationsstruktur	Akzeptanz	Summe	Relatives Gewicht
Gesetze		5	10	0,1	15,1	0,399
Richtlinien	0,2		1	0,2	1,4	0,037
Organisationsstruktur	0,1	1		5	6,1	0,161
Akzeptanz	10	5	0,2		15,2	0,402
				Gesamt:	37,8	

Auswahlmöglichkeiten:	
0,1	viel weniger wichtig
0,2	weniger wichtig
1	gleich wichtig
5	wichtiger
10	viel wichtiger

Abb. 5.5 L-Matrix zur Gewichtung der Kriterienkataloge (Berechnung)

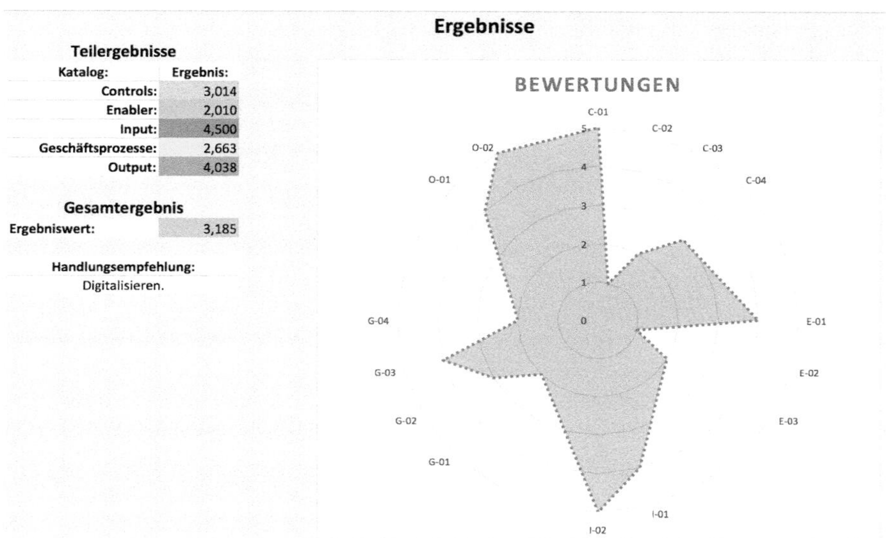

Abb. 5.6 Auswertung der Ergebnisse

kann, da diese Mitarbeiter keine digitalisierungsspezifischen Vorkenntnisse besitzen und Tätigkeiten ausüben, die auch in anderen Unternehmen und Branchen denkbar sind. Dabei wurden die Prozesse der internen „Reisekostenbearbeitung" und der „Kundenzufriedenheitsbefragung" analysiert.

Der Prozess „Reisekostenbearbeitung" enthält viele manuelle Tätigkeiten, welche elementar für den Ablauf und das Ergebnis des Prozesses sind. Als Input dieses Geschäftsprozesses liegen gedruckte Reisekostenbelege vor, die zuvor vom jeweiligen Mitarbeiter manuell per Post an die Verwaltung geschickt werden müssen. Diese Belege werden aus Archivierungsgründen auf DIN-A4-Blättern geklebt, eingescannt und ausgedruckt. Anschließend werden die verschiedenen Belege manuell erfasst und in ein SAP-System übertragen. Dabei wird jeder Beleg mit einem bereits ausgedruckten Timesheet des Mitarbeiters verglichen, um zu prüfen, ob die Angaben des Mitarbeiters mit den vorliegenden Belegen übereinstimmen. Ist dies geschehen wird der Ausdruck in einem Ordner abgeheftet und archiviert. Durch die vielen nicht-digitalen Abläufe und Medienbrüche des Prozesses ist dieser sehr fehleranfällig und aufwändig. Zusätzlich entstehen durch den Versand der Belege zusätzliche Kosten und es entsteht eine Abhängigkeit von einem Versanddienstleister.

Der Prozess „Kundenzufriedenheitsbefragung" enthält ebenso wie der Prozess „Reisekostenbearbeitung" manuelle Tätigkeiten und analoge Informationen. Diese Kundenbefragung ist Teil der ISO 27001 Zertifizierung und dient der kontinuierlichen Qualitätsverbesserung des Unternehmens. Nach Abschluss eines Kundenprojektes wird der Auftraggeber in einem persönlichen Gespräch über seine Zufriedenheit mit dem Auftragnehmer befragt. Hierfür wird ein ausgedruckter Fragebogen besprochen und handschriftlich aufgefüllt. Die Ergebnisse der Befragung werden im Anschluss digitalisiert und allen Mitarbeitern im Intranet zur Verfügung gestellt.

Im Folgenden wird die Anwendung des Bewertungskonzeptes auf den Prozess der „Reisekostenbearbeitung" genauer dargestellt, während für den Prozess der „Kundenzufriedenheitsbefragung" lediglich die Endergebnisse genannt werden.

Die Kriterienkataloge wurden durch die zuvor beschriebene Paarvergleich-Methode von den befragten Mitarbeitern gewichtet. In dem Kriterienkatalog „Controls" sticht besonders die Relevanz der Gesetze im Kontext des analysierten Prozesses hervor. Diese erhielten in der Gewichtung ein relatives Gewicht von „0,654". Dies wurde damit begründet, dass insbesondere der Datenschutz und die Datensicherheit der Mitarbeiterdaten gewährleistet und beachtet werden muss. Die Kriterien „Richtlinien", „Organisationsstruktur" und „Akzeptanz" erhielten jeweils eine einheitliche relative Gewichtung von „0,115", was damit begründet werden konnte, dass diese Kriterien eher eine kleine Rolle spielen im Vergleich zu den Gesetzen. Das Kriterium „Fähigkeiten" weist im Katalog „Enabler" die größte Relevanz aus und wurde von den Mitarbeitern mit insgesamt „0,901" gewichtet, während die übrigen Kriterien „Ressourcen" und „Infrastruktur" lediglich eine relative Gewichtung von „0,05" erhielten. Die Gewichtung wurde damit begründet, dass Ressourcen oder die Infrastruktur im Umfeld des Prozesses relativ einfach angepasst werden könne. Fähigkeiten und Wissen der Mitarbeiter muss dagegen trainiert und geschult werden. Die Kriterien „Eingaberessourcen" und „Schnittstellen" im Kriterienkatalog „Input" wurden gleich gewichtet. Beide Kriterien sind für den analysierten Prozess von gleicher Bedeutung, was ein relatives Gewicht von je „0,5" ergab. Im Katalog „Output" wurde das Kriterium „Prozessergebnisse" als wichtiger als „Schnittstellen" angesehen und erhielt eine höhere Gewichtung. Begründet wurde mit der hohen Relevanz der verbuchten Belege. Schnittstellen greifen dagegen nur sehr selten auf die Prozessergebnisse zu. Das Kriterium „Prozessergebnisse" erhielt somit ein relatives Gewicht von „0,962", während „Schnittstellen" mit „0,038" gewichtet wurde. Von den vier Kriterien des Kriterienkatalogs „Geschäftsprozess" wurden das Kriterium „Entscheidungen" als wichtigstes Kriterium identifiziert. Da für die Erfassung und Bearbeitung der Reisekosten einflussreiche und prozessübergreifende Entscheidungen getroffen werden müssen, erhielt dieses Kriterium ein relatives Gewicht von „0,509". Aus rechtlichen Gründen müssen einige Aktivitäten des Prozesses manuell getätigt werden, was dazu führte, dass das Kriterium „Manuelle Aktivitäten" mit „0,287" gewichtet wurde. Das Kriterium „Wiederholung" wurde zu allen anderen Kriterien manuell gewichtet und erhielt eine relative Gewichtung von „0,139". Die Komplexität ist laut den Befragten Mitarbeitern zu vernachlässigen, was zu einer relativen Gewichtung von „0,065" führte.

Im Anschluss an die Gewichtung fand die Bewertung der verschiedenen Kriterien statt. Der Kriterienkatalog „Controls“ wurde sehr positiv bewertet. Das Kriterium „Gesetze“ wurde dabei mit dem Wert „4 – Trifft überwiegend zu“ bewertet, da zwar Gesetze bei der Digitalisierung beachtet werden sollten, aber grundsätzlich keine Probleme diesbezüglich zu erwarten sind. Die sonstigen Kriterien dieses Katalogs wurden alle mit dem Wert „5 – Trifft voll zu“, da die unternehmensinternen und -externen Richtlinien, die Organisationsstruktur sowie die Offenheit und Akzeptanz von neuen Technologien als durchweg digitalisierungsfreundlich angesehen wurden. Der Kriterienkatalog „Enabler“ wurde ebenfalls überwiegend gut bewertet. Die vorhandene Infrastruktur wurde als weitestgehend für eine Digitalisierung vorhanden bewertet („4 – trifft überwiegend zu“). An diesem Prozess beteiligte Mitarbeiter arbeiten bereits überwiegend digital und besitzen daher die nötigen Fähigkeiten, was zu einer Bewertung von „5 – trifft voll zu“ für das Kriterium „Fähigkeiten“ führte. Unklar ist dagegen, ob die Belege überhaupt in angemessener Form digitalisiert werden können. Daher wurde das Kriterium „Ressourcen“ mit „3 – Neutral“ bewertet. Im Kriterienkatalog „Input“ wurde das Kriterium der „Eingaberessourcen“ mit „5 – trifft voll zu“ bewertet, da die Daten der Belege grundsätzlich sehr gut digital transformiert und gespeichert werden können. Das Kriterium „Schnittstellen“ wurde neutral bewertet, da alle Belege bisher in Papierform abgegeben werden. Eine digitale Lösung wurde hierbei aber als denkbar angesehen. Die Bewertung des Katalogs „Geschäftsprozess“ fiel dagegen negativer aus. Die Kriterien „Entscheidungen“ und „Manuelle Aktivitäten“ wurden jeweils mit „1 – trifft nicht zu“ bewertet, da im untersuchten Prozess bisher menschliche Entscheidungen und menschliches „Gespür und Empfinden“ erforderlich ist. Die „Komplexität“ wurde mit dem Wert „2 – trifft kaum zu“ bewertet, da der Standardablauf häufig Abweichungen enthält. Mit „5 – trifft voll zu“ wurde das Kriterium „Wiederholung“ bewertet, da der Prozess der Reisekostenbearbeitung sehr häufig und zyklisch durchgeführt wird. Der Kriterienkatalog „Output“ wurde bei beiden Kriterien mit „5 – trifft voll zu“ bewertet, da die Ergebnisse des Prozesses ohnehin schon digital in einem SAP-System erfasst werden. Dieses System dient gleichzeitig als digitale Schnittstelle für die Weiterverarbeitung.

Nach Abschluss der Bewertung ergab sich in der Berechnung, in Kap. 2 beschrieben, für den Prozess der „Reisekostenbearbeitung“ der Wert „3,625“ und bei dem Prozess der „Kundenzufriedenheitsbefragung“ ein Wert von „2,966“. Der höhere Wert zeigt ein hohes Digitalisierungspotenzial bei der „Reisekostenbearbeitung“ mit der Handlungsempfehlung „Digitalisieren“. Das Ergebnis bei der Analyse der „Kundenzufriedenheitsbefragung“ gibt Aufschluss über eher niedrigere Digitalisierungspotenziale. Die Ergebnisse der einzelnen Kriterien der Prozesse, die zum Gesamtergebnis beitragen, sind in der nachfolgenden Abbildung dargestellt. Durch die Abbildung werden die grundsätzlichen Unterschiede der Prozesse, welche auch starken Einfluss auf die Bewertungen der Kriterien haben, dargelegt (siehe Abb. 5.7).

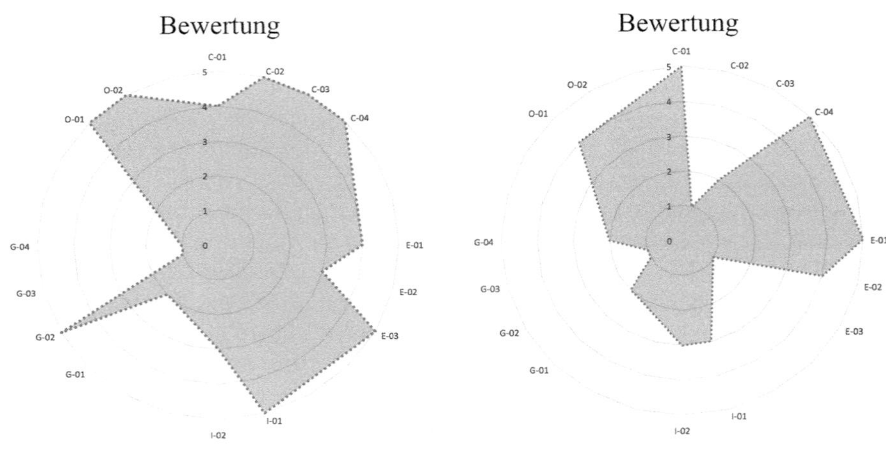

Abb. 5.7 Bewertungen der untersuchten Geschäftsprozesse

5.2.4 Schlussfolgerungen aus der Anwendung

Zur Evaluation der Anwendbarkeit und Eignung wurden die nicht-digitalen Geschäftsprozesse der Reisekostenbearbeitung und Kundenzufriedenheitsbefragung der abat AG mithilfe des Bewertungskonzeptes im Hinblick auf ihre Digitalisierungspotenziale untersucht. Es hat sich gezeigt, dass das Bewertungskonzept aussagekräftige Ergebnisse liefert. Durch die Erprobung des Bewertungskonzeptes hat sich zudem gezeigt, dass dieses als entscheidendes Orientierungsmittel dienen kann, da es keine konkreten Anforderungen an den zu bewertenden Prozess stellt und daher auf verschiedenste Prozesse anwendbar ist. Darüber hinaus wurde das Bewertungskonzept von den anwendenden Mitarbeitern aus der Verwaltung direkt verstanden und konnte intuitiv verwendet werden. Expertenwissen im Bereich der Digitalisierung ist für die Anwendung dieses Konzeptes demnach nicht notwendig.

Um die tatsächliche Anwendbarkeit und die Aussagekraft der Ergebnisse des Bewertungskonzeptes zu validieren, wurde der in Hinblick auf dessen Digitalisierungspotenziale besser bewertete Prozess, die „Reisekostenbearbeitung", durch eine mobile SAP-Applikation digitalisiert. Die mobile Applikation ist dabei in der Lage, unter Nutzung der Kamera des Endgeräts und einer Optical Character Recognition (OCR)-API Papierbelege zu erfassen, zu analysieren und so zu verarbeiten, dass diese im Backend-System in korrekter Form abgelegt werden können (siehe Abb. 5.8). Durch die erfolgreiche prototypische Umsetzung des Prozesses konnten alle zuvor identifizierten nicht-digitalen Merkmale digitalisiert werden.

Das Bewertungskonzept wurde im Rahmen der Anwendung anhand von zwei unterschiedlichen Prozessen und Anwendern erprobt. Während der Bewertung der Prozesse wurden verschiedene Erkenntnisse gewonnen. Die Kriterienkataloge

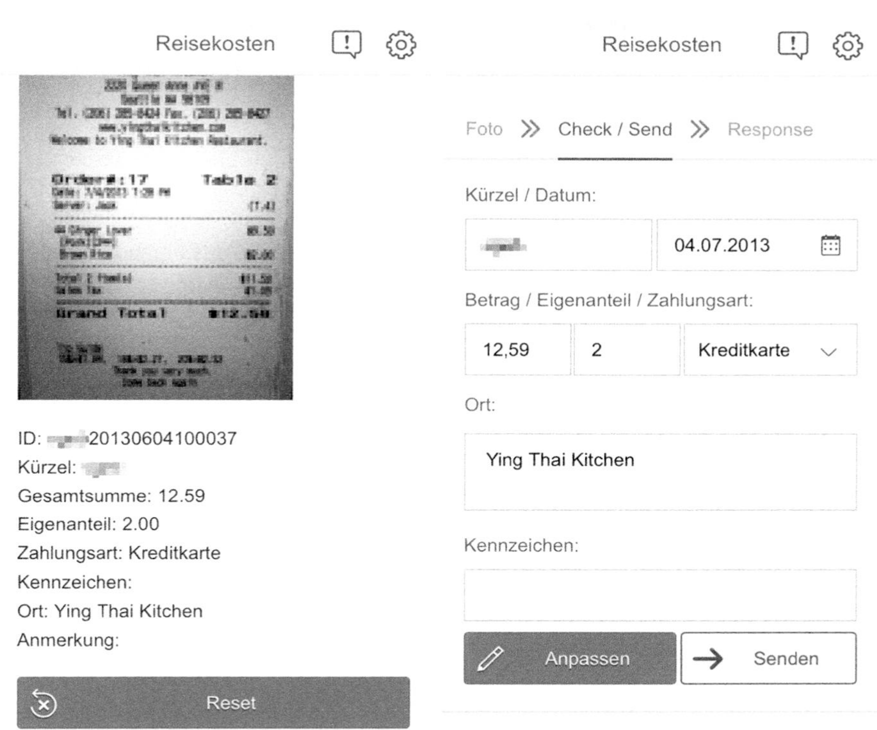

Abb. 5.8 Screenshots der entwickelten Applikation

Controls und Enabler sind für eine mögliche Digitalisierung eines Prozesses von großer Bedeutung, da die Kriterien dieser Kataloge kaum veränderbar sind. Wenn sie veränderbar sind, dann nur unter der Voraussetzung des Einsatzes großer Investitionen.

Des Weiteren lag der Fokus innerhalb des digitalisierten Prozesses auf der Erfassung von Reisebelegen. Die Weiterverarbeitung und Verbuchung, der nun digital vorliegenden Belege, wurde nicht betrachtet. Es wurde somit nur ein Teilbereich des Prozesses digitalisiert. Beim Beispiel der Reisekostenabrechnung führt die Aggregation und Analyse der erfassten Reisebelege zur Erstattung der Reisekosten an einen Mitarbeiter. Die digitalisierte Erfassung der Belege vereinfacht diesen Prozess. Allerdings sind während der Erfassung der Reisebelege kaum Entscheidungen von Nöten. Einzig die Zuordnung der einzelnen Belege zu einem Mitarbeiter kann als Entscheidung beschrieben werden. Diese Entscheidung ist aber mit geringem Aufwand regelbasiert zu lösen.

Aufgrund dieser Schlussfolgerungen kann davon ausgegangen werden, dass Entscheidungen im Rahmen des Bewertungskonzeptes nicht ausreichend betrachtet werden. Eine Erweiterung des Kriterienkatalogs ist notwendig.

5.3 Entscheidungen in Geschäftsprozessen

5.3.1 Warum sind Entscheidungen bei der Digitalisierung von Geschäftsprozessen relevant?

Entscheidungen sind ein Bestandteil von wertschöpfenden Geschäftsprozessen in Unternehmen. Für Akteure in Geschäftsprozessen gehören Aktivitäten der Entscheidungsfindung oft zur tagtäglichen Arbeit. Umfragen konnten dabei zeigen, dass Entscheider bei der Entscheidungsfindung vermehrt auf das eigene, menschliche Bauchgefühl, Intuition oder Erfahrungswerte anstatt auf Daten vertrauen (Anderson 2015; BARC – Business Application Research Center 2017).

Weitere Studien zeigten jedoch, dass datengetriebene Entscheidungen einen Mehrwert für Unternehmen darstellen können (Brynjolfsson und McElheran 2016a, b). Informationen haben für Entscheider einen hohen Wert bzw. Einfluss bei der Entscheidungsfindung (67 % der Befragten) (BARC – Business Application Research Center 2017).

Entscheidungen basieren auf Schlussfolgerungen und Argumentationen. Hierbei kann zwischen der anekdotischen Evidenz und der empirischen Evidenz unterschieden werden (Hoeken und Hustinx 2009). Bei der anekdotischen Evidenz werden Schlussfolgerungen sehr subjektiv getroffen. Begründungen sind auch hier Gefühle und Intuitionen. Auch historische Entscheidungen sind dabei elementar („Das haben wir schon immer so gemacht."). Der objektive Blick auf Problemstellungen kann dadurch für Prozessakteure verloren gehen. Fokussiert werden sollte daher eher die empirische Evidenz, d. h. die Entscheidungsfindung basierend auf messbaren Informationen oder Ereignissen.

Es kann also insgesamt davon ausgegangen werden, dass die Produktivität eines Unternehmens von der vermehrten Anwendung der datengetriebenen Entscheidungsfindung profitieren kann.

5.3.2 Die Rolle von Daten in Entscheidungsprozessen (Entscheidungsunterstützung und Entscheidungsautomatisierung)

Das im Zuge der Digitalisierung oder digitalen Transformation rasant ansteigende Volumen an Daten kann für Unternehmen Fluch und Segen zugleich darstellen. Eine Studie vom IDC konnte zeigen, dass im Jahr 2016 16,1 Zettabyte (ZB) an Daten generiert wurden. Bis zum Jahr 2025 wird von einem globalen Datenvolumen von 163 ZB ausgegangen (Reinsel et al. 2017). Diese Flut an Daten kann zu einer möglichen Überforderung seitens der Unternehmen führen, diese Datenmengen zu verarbeiten und sinnvoll zu verwerten (Deloitte 2018). Verunsicherung in Entscheidungen ist eine mögliche Folge. Die Einbindung von analytischen Verfahren, wie z. B. Data Analytics oder der Einsatz von künstlicher Intelligenz in Form von neuronalen Netzen, kann dabei Abhilfe schaffen und Unternehmen in die Lage versetzen, datengetriebene Entscheidungen zu treffen.

Nach Deloitte 2018 können Entscheidungen grundsätzlich in drei verschiedene Entscheidungstypen kategorisiert werden. Operative Entscheidungen, d. h. Entscheidungen des Tagesgeschäfts, werden von den Akteuren in den operativen Geschäftsprozessen getroffen. Da es sich um wiederkehrende Entscheidungen handelt, sind diese oftmals weniger komplex und mögliche Alternativen bereits bekannt bzw. identifiziert. Solche Entscheidungen sind vor allem in Routineprozesse zu finden. Aufwändiger in der Entscheidungsfindung sind taktische und strategische Entscheidungen. Diese werden in der Regel von Personen des mittleren oder C-Level-Managements getroffen. Geprägt sind diese Entscheidungen durch eine höhere Komplexität, da die möglichen Alternativen der Entscheidung erst noch entwickelt werden müssen. Dabei ist insbesondere bei strategischen Entscheidungen nicht klar, welche Informationen dafür von Nöten sind und in welchem Rahmen sich diese alternativen Entscheidungsmöglichkeiten bewegen (Deloitte 2018).

Auch der zeitliche Horizont der verschiedenen Entscheidungen kann zur Unterscheidung herangezogen werden. Operative Entscheidungen sind aufgrund der niedrigeren Komplexität und den bekannten Alternativen in kürzerer Zeit zu treffen, haben allerdings auch kurzfristigere Auswirkungen. Bei in der Unternehmensstruktur höher angesiedelten Entscheidungen (taktisch und strategisch) handelt es sich eher um langfristigere Entscheidungsfindungsprozesse und Auswirkungen dieser Entscheidungen. Zusammenfassend kann daher die Art einer Entscheidung mithilfe der Kriterien „Komplexität“, „Zeitlicher Horizont der Entscheidung“, „Wiederholung der Entscheidung“, „Entscheidungsraum/Entscheidungsalternativen“ sowie „Verfügbare Informationen“ charakterisiert werden.

Analytische, Daten verarbeitende Verfahren versetzen den Entscheider in einem Geschäftsprozess in die Lage, die Entscheidungsfindung zu beschleunigen oder zu verbessern. Über die gezielte Aufbereitung von Daten bzw. von Informationen kann die Menge der verarbeiteten Daten, im Vergleich zur manuellen Sichtung dieser Daten durch den Entscheider, drastisch erhöht werden. Es können mehr Daten in der gleichen oder sogar in weniger Zeit in die Entscheidungsfindung einfließen und dazu beitragen, bessere Entscheidungen zu ermöglichen. Im Falle der Versorgung des Entscheiders mit den optimalen Informationen, in der optimalen Menge zum optimalen Zeitpunkt kann von einer Entscheidungsunterstützung innerhalb eines Geschäftsprozess gesprochen werden. Verfolgt wird dabei die Güte der zu treffenden Entscheidung zu maximieren, ohne die Durchlaufzeiten des Geschäftsprozesses negativ zu beeinflussen. Diese Art der Entscheidungsunterstützung kann vor allem in Entscheidungen eingebunden werden, die nicht automatisiert werden können (Beisswenger 2016). Im Falle der in dieser Arbeit vorgenommenen Klassifikation von Entscheidungen können vor allem taktische und strategische Entscheidungen von einer Entscheidungsunterstützung profitieren. Weniger komplexe Entscheidungen, zu denen alle wesentlichen Informationen verfügbar vorliegen und die in kurzer Zeit in einem bekannten Entscheidungsraum getroffen werden, können unter Umständen sogar vollständig automatisiert werden. Dies betrifft vor allem operative Entscheidungen. Zuvor manuelle Arbeitsschritte können entfallen und dadurch Prozessdurchlaufzeiten verkürzt werden.

Die beschriebenen Möglichkeiten der Entscheidungsunterstützung bzw. -automatisierung machen deutlich, dass das in dieser Arbeit dargelegte Bewertungskonzept zur Identifizierung von Digitalisierungspotenzialen in Geschäftsprozessen in der bisherigen Form nicht ausreichend ist, um die Rolle einer spezifischen Entscheidung innerhalb eines Geschäftsprozess zu berücksichtigen. Die Berücksichtigung von Entscheidungen fußt bisher auf der Annahme, dass ein Geschäftsprozess weniger gut für die Digitalisierung geeignet ist, sofern in diesem Geschäftsprozess ein Mensch Entscheidungen treffen muss. Werden nun die in den vorherigen Abschnitten dargelegten Möglichkeiten zur Einbindung von datengetriebenen Entscheidungen berücksichtigt, wird deutlich, dass der Einfluss der Entscheidungen auf die Bewertung des Prozesses relativiert, genauer betrachtet und das Bewertungskonzept dahingehend erweitert werden muss.

5.4 Erweiterung des Bewertungskonzeptes

In der bisherigen Form des Bewertungskonzeptes werden Entscheidungen innerhalb von Geschäftsprozessen nicht detailliert betrachtet. Es gilt der Grundgedanke: „Je mehr Entscheidungen in einem bestimmten Geschäftsprozess von einem Menschen zu treffen sind, desto weniger Digitalisierungspotenziale weist dieser Geschäftsprozess auf." Innerhalb dieses Leitsatzes werden keine Potenziale berücksichtigt, die gerade die Unterstützung oder Automatisierung der zugrunde liegenden Entscheidungen betreffen. Digitalisierungspotenzial, welches durch die Entscheidungen entsteht oder in der Entscheidungsfindung im untersuchten Geschäftsprozess liegt, wird nicht identifiziert. Daher bedarf es einer genaueren Analyse der Entscheidungen, die im bewerteten Geschäftsprozess zu tätigen sind.

Um dieses Problem zu lösen, kann das Kriterium „Entscheidung" im Katalog „Geschäftsprozesse" erweitert werden. Statt nur zu betrachten, ob in einem Geschäftsprozess „vom Menschen zu treffende" Entscheidungen notwendig sind, kann auf die Möglichkeiten eingegangen werden, die durch analytische Verfahren entstehen. Das Kriterium „Entscheidung" wird daher durch die Kriterien „Entscheidungsunterstützung" und „Entscheidungsautomatisierung" ersetzt. Die beiden neu eingeführten Kriterien enthalten wiederum Leitsätze, die in Anlehnung an die Kategorisierung von Entscheidung nach Deloitte 2018 formuliert sind (Deloitte 2018). Analog zu allen anderen Kriterien erfolgt die Bewertung des Anwenders auch hier anhand der Zustimmung zu den formulierten Leitsätzen auf Basis einer Likert-Skala. Die Leitsätze zu den Kriterien „Entscheidungsunterstützung" und „Entscheidungsautomatisierung" sind im Folgenden dargestellt:

I. **Entscheidungsunterstützung**
   I. Die Entscheidung weist eine mittlere bis hohe Komplexität auf.
   II. Die Entscheidung muss in einem festgelegten Zeitraum getroffen werden.
   III. Die Entscheidung wird selten bis niemals wiederholt getroffen.
   IV. Die Entscheidungsalternativen sind unbekannt und müssen erarbeitet werden.

V. In die Entscheidungsfindung fließen vorhandene (digitale) Informationen ein.

II. **Entscheidungsautomatisierung**

I. Die Entscheidung weist eine eher niedrigere Komplexität auf.
II. Die Entscheidung wird in einem eher kurzfristigen Zeitraum getroffen.
III. Die Entscheidung wird im operativen Tagesgeschäft oft bis ständig getroffen.
IV. Die Entscheidungsalternativen sind in Gänze bekannt.
V. In die Entscheidungsfindung fließen vorhandene (digitale) Informationen ein.

5.5 Schlussbetrachtung und Ausblick

Im Rahmen dieses Beitrags wurden Geschäftsprozesscharakteristika identifiziert und im Hinblick auf ihren Einfluss auf Digitalisierungsvorhaben von Prozessen analysiert. Dabei wurden zunächst 15 verschiedene Merkmale identifiziert, die maßgeblichen Einfluss auf die Digitalisierungspotenziale eines Prozesses nehmen. Die identifizierten Charakteristika wurden detailliert untersucht, beschrieben und in sogenannten Kriterienkatalogen kategorisiert. Es hat sich gezeigt, dass vor allem die Kriterienkataloge „Controls", „Enabler" und „Geschäftsprozess" von großer Bedeutung sind. Die Kataloge „Controls" und „Enabler" sind oft eher starr oder nur unter großem Ressourceneinsatz in einem begrenzten Rahmen veränderbar. Eine gesonderte Rolle nimmt auch das Kriterium „Entscheidungen" im Katalog „Geschäftsprozess" ein. Es hat sich gezeigt, dass die bisherige Beschreibung dieses Kriteriums im Rahmen des Konzeptes nicht ausreichend ist, da die Möglichkeiten und Potenziale, die im Zuge der heutigen Digitalisierung möglich sind, nicht entsprechend berücksichtigt werden. Die gewonnen Erkenntnisse konnten auch während der Anwendung des Konzeptes durch die jeweiligen Experten bestätigt werden.

Dies führte dazu, dass eine Erweiterung dieses Kriterienkataloges notwendig wurde. Das Kriterium „Entscheidungen" wurde dementsprechend durch die Kriterien „Entscheidungsunterstützung" und „Entscheidungsautomatisierung" ersetzt und die Gesamtzahl der Kriterien innerhalb des Konzeptes auf 16 erweitert. Durch den modularen Aufbau des Modells und die schon zur Konzeption beachteten Möglichkeit zur Erweiterung war dies möglich, ohne die Funktionsweise des Konzeptes aufwändig verändern zu müssen.

Die Umsetzung der ermittelten Digitalisierungspotenziale im Bereich der datengetriebenen Entscheidungen stellen die Unternehmen vor weitere Herausforderungen. Wie gezielte analytische Ergebnisse für Entscheidungsprozesse unter Berücksichtigung aller Prozessbeteiligten entwickelt werden können, betrachten Kruse, Dmitriyev und Marx Gómez in Ihrer Arbeit (Kruse et al. 2017).

Das in diesem Beitrag dargestellte Bewertungskonzept wurde von mehreren Anwendern getestet und evaluiert. Allerdings gehörten alle Anwender zur gleichen Organisation. Für eine aussagekräftige Evaluation sollten auch Prozesse fremder Organisationen in Hinblick auf ihre Digitalisierungspotenziale bewertet werden.

Insgesamt erweitert dieser Beitrag die bestehende Literatur im Bereich der Analyse von Geschäftsprozessen im Hinblick auf ihre Digitalisierungspotenziale.

Darüber hinaus kann dieses Tool dabei helfen, Digitalisierungspotenziale in Unternehmen aufzudecken. Know-How oder Expertenkenntnisse im Bereich der Digitalisierung sind für die Verwendung des Konzeptes nicht notwendig. Als Input der Bewertung dient lediglich Prozesswissen über den zu bewertenden Prozess.

Literatur

BARC – Business Application Research Center (2017) Data-driven decision-making: 14 recommendations on how to benefit

Becker J, Kugeler M, Rosemann M (2012) Prozessmanagement, 7. Aufl. Springer, Berlin

Beims M, Ziegenbein M (2014) IT-Service Management in der Praxis mit ITIL, 4. Aufl. Carl Hanser, München

Beisswenger A (2016) Anatomie strategischer Entscheidungen: Komplexität im Unternehmen verstehen, analysieren und meistern. Springer, Wiesbaden

Boston Consulting Group (2017) Digital Acceleration Index. BCG

Brynjolfsson E, McElheran K (2016a) The rise of data-driven decision making is real but uneven. Harv Bus Rev. https://hbr.org/2016/02/the-rise-of-data-driven-decision-making-is-real-but-uneven

Brynjolfsson E, McElheran K (2016b) Data in action: data-driven decision making in U.S. manufacturing. US Census Bureau Center for Economic Studies, Washington

Bundesverband der Deutschen Industrie (2018) Potenziale der Digitalisierung für mehr Ressourceneffizienz nutzen. BDI, Berlin

Bundesverband Digitale Wirtschaft (BVDW) e.V. (2016) Digital Readiness. BVDW, Düsseldorf

Anderson C (2015) Creating a data-driven organization. O'Reilly Media, Beijing

Capgemini Deutschland Holding (2016) Studie: IT-Trends. Business wire, Berlin/Wien

Deloitte (2018) Mission Zukunft: So treffen Sie die besten Entscheidungen für morgen! Deloitte

Deutsche Telekom (2016) Digitalisierungsindex

Deutscher Industrie- und Handelskammertag e.V. (DIHK) (2014) Wirtschaft 4.0: Große Chancen, viel zu tun. Berlin

Feldbrügge R, Brecht-Hadrashek B (2008) Prozessmanagement leicht gemacht. Finanzbuch, München

Hannan M, Freeman J (1977) The population ecology of organizations. AJS 82:929–964

Gadatsch A (2012) Grundkurs Geschäftsprozessmanagement: Methoden und Werkzeuge für die IT-Praxis. Eine Einführung für Studenten und Praktiker, 7. Aufl. Vieweg+Teubner, Wiesbaden

Hammer M (2007) The process audit. Harv Bus Rev 85(4):111–123

Harmon P (2014) Business process change, 3. Aufl. Morgan Kaufmann, Cambridge, MA

Hauschild M, Karzel R (2013) Digitale Prozesse: Planung, Gestaltung, Fertigung. DETAIL, München

Hochschule Neu-Ulm (2017) Digitaler Reifegrad – Analysetool. http://reifegradanalyse.hs-neu-ulm.de/

Hoeken H, Hustinx L (2009) When is statistical evidence superior to anecdotal evidence in supporting probability claims? The role of argument type. Hum Commun Res 35:491–510

KfW Bankengruppe (2017) Unternehmensbefragung 2017: Digitalisierung der Wirtschaft. https://www.kfw.de/PDF/Download-Center/Konzernthemen/Research/PDF-Dokumente-Unternehmensbefragung/Unternehmensbefragung-2017-%E2%80%93-Digitalisierung.pdf

Kruse F, Dmitriyev V, Gómez JM (2017) Building a connection between decision maker and data-driven decision process. Eur Conf Data Anal 4(1):77–78

Leyh C, Bley K (2016) Digitalisierung: Chance oder Risiko für den deutschen Mittelstand? – Eine Studie ausgewählter Unternehmen. HMD Praxis der Wirtschaftsinformatik 53(1):29–41

Pfliegl R, Seibt C (2017) Die digitale Transformation findet statt! Elektrotechnik & Informationstechnik 134(7):334–339. Springer, Austria

Reinsel D, Gantz J, Rydning J (2017) Data age 2025: the evolution of data to life-critical – don't focus on big data; Focus on the data that's big. IDC, Framingham

Riekhof H-C (1997) Beschleunigung von Geschäftsprozessen. Schäffer-Poeschel, Stuttgart

Saam M, Viete S, Schiel S (2017) Digitalisierung im Mittelstand. Status Quo, aktuelle Entwicklungen und Herausforderungen. ZEW, Mannheim

Schmidt G (2012) Prozessmanagement: Modelle und Methoden. Springer, Berlin/Heidelberg

Sesselmann W, Schmelzer HJ (2013) Geschäftsprozessmanagement in der Praxis, 8. Aufl. Carl Hanser, München

Tata Consultancy Services und Bitkom Research (2017) Digitalisierung: Deutschland endlich auf dem Sprung? https://www.bitkom-research.de/Deutschland-endlich-auf-dem-Sprung

Trefz A, Büttgen M (2007) Digitalisierung von Dienstleistungen. Logos, Berlin

Zimmermann H-J, Gutsche L (1991) Multi-criteria analyse. Springer, Berlin

Wert der Digitalisierung – Erfolgreiche Auswahl von Digitalisierungsprojekten

6

Anna Neumeier

Zusammenfassung

Die Auswirkungen der Digitalisierung sind schon lange sowohl in unserem Privatleben als auch in Unternehmen zu spüren. Die wesentlichen Neuerungen liegen hauptsächlich darin, dass sich Technologien und Prozesse in allen Geschäftsbereichen schneller ändern, die Vernetzung zwischen Unternehmen und Kunden weiter zunimmt und bei Kunden und Mitarbeitern eine höhere Akzeptanz für neue Technologien vorherrscht. Obwohl viele Unternehmen bereits einige Digitalisierungsprojekte umsetzen, wissen die meisten Führungskräfte noch nicht, welchen Wert die Digitalisierung für ihr Unternehmen liefern kann. Auch in der Literatur fehlen noch bewährte Methoden zur Bewertung des Wertbeitrags von Digitalisierungsprojekten. Vor diesem Hintergrund wird im vorliegenden Beitrag ein Bewertungsschema für Digitalisierungsprojekte entwickelt. Dazu werden die Werttreiber Kundenerlebnis sowie Effizienz als Messgrößen im Bereich der Digitalisierung identifiziert und ein vierstufiges Vorgehensmodell zur Identifikation des Projektportfolios, das am besten zur Zielerreichung für ein Unternehmen beiträgt, abgeleitet. In einer Anwendung auf drei Digitalisierungsprojekte im Bereich Online- und Mobile-Banking einer großen deutschen Bank (Online-Kontoeröffnung, Kontozugang durch Fingerabdruck und Postbox) wird das Bewertungsschema im Praxiskontext veranschaulicht.

Schlüsselwörter

Digitalisierung · Digitale Transformation · Projektportfolio · Projektbewertung · Kundenerlebnis · Effizienz

Unveränderter Original-Beitrag Neumeier (2017) Wert der Digitalisierung – Erfolgreiche Auswahl von Digitalisierungsprojekten HMD – Praxis der Wirtschaftsinformatik Heft 315, 54(3):338–350.

A. Neumeier (✉)
FIM Research Center, Augsburg, Deutschland
E-Mail: anna.neumeier@fim-rc.de

S. Meinhardt, A. Pflaum (Hrsg.), *Digitale Geschäftsmodelle – Band 1*, Edition HMD, https://doi.org/10.1007/978-3-658-26314-0_6

6.1 Herausforderungen in der Digitalisierung

Die Digitalisierung und deren Auswirkungen auf unser alltägliches Leben sind in aller Munde. Neben den Auswirkungen im privaten Umfeld wie der Verwendung von Smart Devices, sozialer Medien und Online-Shopping haben die meisten Unternehmen erkannt, dass sich die Digitalisierung entscheidend auf ihre Wettbewerbsfähigkeit auswirken wird. Geschäftsmodelle und Erfolgsgeschichten von Unternehmen werden sich grundlegend verändern und die Geschäftswelt massiv beeinflussen (Hirt und Willmott 2014). Nur Unternehmen, die bereit sind, sich diesen Herausforderungen zu stellen, werden in Zukunft mit ihren Wettbewerbern Schritt halten können (Gimpel und Röglinger 2015). Diese Herausforderungen ergeben sich hauptsächlich aus der Tatsache, dass sich Technologien und Prozesse in allen Geschäftsbereichen schneller ändern, die Vernetzung zwischen Unternehmen und Kunden weiter zunimmt und bei Kunden und Mitarbeitern eine höhere Akzeptanz für neue Technologien vorherrscht. Ganz besonders gelten diese Herausforderungen für Dienstleistungsunternehmen, die besonders von Veränderungen an der Kundenschnittstelle betroffen sind.

Die großen Unternehmensberatungen führten in den letzten Jahren bereits zahlreiche Studien durch, die sich mit den Chancen, Erfolgsfaktoren und Nutzeneffekten, aber auch mit den Herausforderungen der Digitalisierung beschäftigen (Gottlieb und Willmott 2014; Gutsche 2014; Jaubert et al. 2014; Olanrewaju und Willmott 2013). Dabei wurde zum Beispiel das Marktpotenzial des Internets der Dinge, welches nur einen Bruchteil der als Digitalisierung verstandenen Trends repräsentiert, von Gartner (2013) für das Jahr 2020 auf ca. 1,9 Billionen US-Dollar geschätzt. Und das ist nur der Anfang. Das ökonomische Potenzial von Cloud Computing, Big Data und vielen weiteren neuen, mit Digitalisierung assoziierten Technologien wird ebenso als sehr hoch eingeschätzt.

Nichtsdestotrotz wissen die meisten Führungskräfte nicht genau, welchen Wert die Digitalisierung in ihren Unternehmen schaffen kann und sind daher meist nicht in der Lage, die erwarteten Gewinne von Digitalisierungsprojekten zu bestimmen. Eine Umfrage unter 850 Befragten auf Geschäftsführungsebene ergab, dass nur 7 % der Unternehmen verstehen, welchen Wert Digitalisierung für sie schaffen kann und 60 % der Unternehmen sogar zugeben, weder definierte Ziele noch Kennzahlen zur Messung des Digitalisierungsfortschritts zu haben (Gottlieb und Willmott 2014). Auch die wissenschaftliche Literatur beschäftigt sich bereits seit einigen Jahren mit dem Phänomen der Wertschöpfung durch Digitalisierung. Hier werden unterschiedliche Aspekte betrachtet. In einigen Veröffentlichungen liegt der Fokus eher auf der strategischen Weiterentwicklung von Geschäftsmodellen und der Unternehmensstrategie (Grover und Kohli 2013; Keen und Williams 2013). Das Thema digitale Innovationen, das sich mit der Kombination von physischen und digitalen Komponenten beschäftigt, spielt ebenso eine große Rolle in der wissenschaftlichen Literatur (Yoo et al. 2010). Des Weiteren werden von einigen Autoren die Herausforderungen diskutiert, die durch die digitale Transformation in Unternehmen entstehen (Matt et al. 2015). Jedoch bietet auch die wissenschaftliche Literatur auf die Frage nach der Bewertung von Digitalisierungsprojekten noch keine ausreichende Antwort.

Trotzdem hält die Digitalisierung in vielen Unternehmen bereits Einzug. Laut einer Umfrage unter 500 Führungskräften in deutschen Unternehmen führen 43 % der Unternehmen bereits Änderungen in ihrem Geschäftsmodell durch und sogar 63 % verändern ihre Produkte und Services in Richtung digitaler Leistungen (Gutsche 2014). Um eine sinnvolle Steuerung des Digitalisierungsfortschritts in Unternehmen sicherzustellen, ist es jedoch notwendig, sowohl den Status quo als auch den Zielzustand in Unternehmen bewerten zu können. Damit lässt sich sicherstellen, dass Projekte durchgeführt werden, die dazu beitragen, den Zielzustand zu erreichen. Daher benötigen Unternehmen ein Rahmenwerk, welches eine Bewertung ermöglicht und somit dazu beiträgt, den Wertbeitrag durch Digitalisierung auch realisieren zu können.

6.2 Werttreiber der Digitalisierung

Um eine Bewertung von Digitalisierungsprojekten vornehmen zu können, müssen zunächst Werttreiber festgelegt werden. Hier gilt es zu beachten, dass für die unterschiedliche Ausrichtung von Unternehmen auch unterschiedliche Werttreiber identifiziert werden können. Beispielweise können ein klassischer Handwerker oder ein Produktionsunternehmen, die hauptsächlich im Bereich Business-to-Business (B2B) agieren, eher durch andere Werttreiber beeinflusst werden als ein Dienstleistungsunternehmen mit direkter Endkundenschnittstelle im Bereich Business-to-Consumer (B2C). Der folgende Artikel fokussiert zunächst Dienstleistungsunternehmen. Neumeier et al. (2017) führen zur Identifikation von Nutzenaspekten der Digitalisierung eine strukturierte Literaturrecherche durch. Darauf aufbauend werden die unterschiedlichen Aspekte bestimmt und kategorisiert, die in der Literatur als Nutzen oder Wert der Digitalisierung aufgeführt werden. Dabei werden 38 verschiedene Nutzenaspekte identifiziert, die auf unterschiedlichen Ebenen des in Buhl und Kaiser (2008) definierten Informations- und Kommunikationssystems (IuK) eines Unternehmens auftreten können. Das IuK wird in die vier Ebenen Infrastruktur, Anwendungssysteme & Services (AWS & Services), Geschäftsprozesse und Geschäftsmodell sowie die darüber liegende Ebene Kunde eingeteilt (Buhl und Kaiser 2008). Dabei spiegeln die unteren drei Ebenen (Infrastruktur, AWS & Services und Geschäftsprozesse) unternehmensinterne Abläufe wider. Die obere Ebene (Kunde) spiegelt die externen Einflüsse wider. Die Ebene Geschäftsmodell bildet die Schnittstelle zwischen internen und externen Faktoren. Wie in Abb. 6.1 sichtbar wird, kann auf Basis der in der Literatur identifizierten Nutzenaspekte auf jeder Ebene des IuK ein Werttreiberbaum aufgestellt werden, der angibt, welche Nutzeneffekte sich gegenseitig beeinflussen (Neumeier et al. 2017).

Die Geschäftsmodellebene beinhaltet beispielsweise die strategischen Nutzenaspekte eines Unternehmens. Die Rentabilität des Unternehmens wird hier durch erhöhte Gewinne beeinflusst. Diese können sich auf Grund von drei Aspekten ergeben: Steigerung des Umsatzes, Risikominderung und Wettbewerbsvorteile. Eine Steigerung des Umsatzes kann durch eine vergrößerte Zielgruppe erreicht werden, die wiederum durch drei Pfade vergrößert werden kann. Erstens spielt die

Erweiterung des Geschäfts auf digitale Kanäle eine Rolle. Zweitens kann die Zielgruppe durch eine Erweiterung auf neue Geschäftsfelder vergrößert werden, was meist durch neue wettbewerbsfähige Geschäftsmodelle, die auf Innovationen basieren, ermöglicht wird. Drittens kann durch eine zielgruppenspezifische Werbung der Kundenkreis erweitert werden. Die Gewinne des Unternehmens werden außerdem durch verschiedene Risiken wie beispielsweise das operationelle Risiko beeinflusst. Wenn durch Digitalisierung verbesserte Risikominderungsstrategien angewendet werden können, kann der Gewinn eines Unternehmens steigen. Der Gewinn eines Unternehmens wird durch den Wettbewerbsvorteil, den ein Unternehmen auf Basis von verminderten Kosten erzielen kann, beeinflusst. Dies kann insbesondere durch eine verbesserte Effizienz erreicht werden. Analog zu diesem Beispiel können die Werttreiberbäume in Abb. 6.1 gelesen werden. Neben den in Abb. 6.1 dargestellten Verbindungen bestehen außerdem Zusammenhänge zwischen den Ebenen des IuK, auf die im Folgenden jedoch nicht genauer eingegangen werden soll.

Um auf dieser Basis eine Messung des Digitalisierungsfortschritts von Unternehmen zu ermöglichen, leiten Neumeier et al. (2017) Ansatzpunkte zur Bewertung von Digitalisierungsprojekten im Dienstleistungsbereich ab. Dazu müssen Werttreiber identifiziert werden, die sich für eine Messung eignen. Auf der strategischen Ebene (Geschäftsmodell) könnte dazu auf die Rentabilität zurückgegriffen werden. Diese eignet sich jedoch in diesem Fall nicht für die Messung, da sie sowohl von internen als auch von externen Faktoren beeinflusst wird. Durch eine reine Messung der Rentabilität könnte somit nicht unterschieden werden, ob eine Verbesserung der Rentabilität durch eine verbesserte Kundeninteraktion (externer Faktor) oder eine Verbesserung im Prozessablauf (interner Faktor) hervorgerufen wurde. Somit sollte insbesondere für Dienstleistungsunternehmen eine Messung des Digitalisierungsfortschritts auf die externe und die interne Perspektive aufgeteilt werden, um den besonderen Stellenwert des Kundenkontakts auch in der Bewertung von Digitalisierungsprojekten berücksichtigen zu können. Daher wird für die interne sowie für die

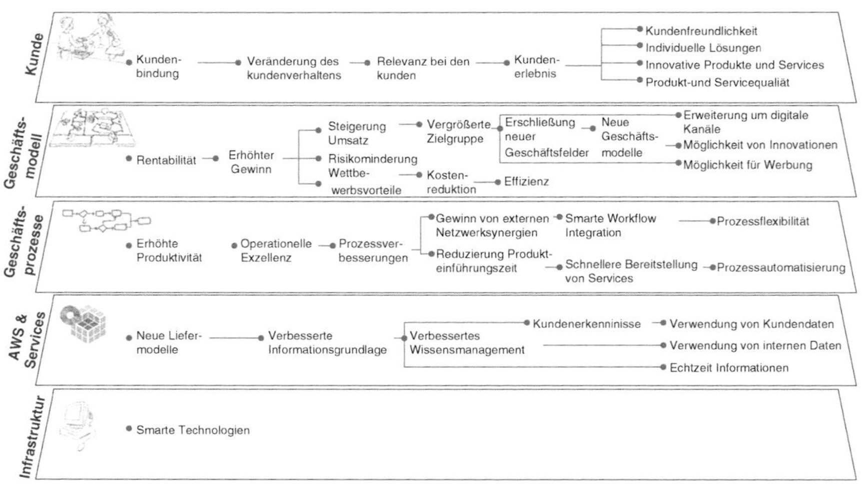

Abb. 6.1 Werttreiberbäume auf den Ebenen des IuK nach Neumeier et al. (2017)

externe Perspektive jeweils ein Werttreiber identifiziert. Hierzu greifen Neumeier et al. (2017) auf die Schnittstellen zwischen der Geschäftsmodellebene und den beiden Ebenen Kunde (externe Perspektive) und Geschäftsprozesse (interne Perspektive) zurück und diskutieren mögliche Alternativen auf Basis der folgenden Kriterien. Die Werttreiber sollten in der Lage sein, den Einfluss der Digitalisierung widerzuspiegeln. Des Weiteren sollte das Unternehmen den Werttreiber selbst beeinflussen können. Somit kann die direkte Wirkung von Projekten auf den Werttreiber betrachtet werden. Um einen ersten Ansatzpunkt zur Messung zu liefern, wählen Neumeier et al. (2017) den Werttreiber mit der höchsten Granularität, der direkt durch das Unternehmen beeinflusst werden kann.

Werttreiber in der internen Perspektive: Auf der höchsten Granularitätsstufe im dargestellten Werttreiberbaum (Abb. 6.1) findet sich an der Schnittstelle zu den internen Abläufen der Nutzenaspekt Wettbewerbsvorteile. Dieser kann jedoch nur sehr schwierig gemessen werden. Daher wird der Nutzenaspekt Kostenreduktion näher betrachtet. In der Praxis nutzen viele Unternehmen Kostenreduktion als Maß, um den Erfolg ihrer Initiativen zu messen. Allerdings besteht hier die Gefahr, dass durch eine reine Kostenbetrachtung nicht nur interne Verbesserungen abgebildet werden, sondern auch geringere Produktivität. So können geringere Kosten beispielsweise auch durch eine geringere Servicebereitstellung erzielt werden. Allerdings können so auch weniger Umsätze erzielt werden. Insgesamt kann dies sogar zu einer negativen Entwicklung des Unternehmens beitragen. Daher eignet sich auch der Nutzenaspekt Kostenreduktion nicht als Werttreiber. *Effizienz* stellt für Neumeier et al. (2017) den geeignetsten Ansatzpunkt zur Messung aus der internen Perspektive dar. Dieser Nutzenaspekt wird durch die internen Abläufe in einem Unternehmen beeinflusst und liegt somit genau an der Schnittstelle zwischen den Prozessen und dem Geschäftsmodell eines Unternehmens. Eine Aktion wird als effizient betrachtet, wenn es keine Möglichkeit gibt eine Aktivität mit dem gleichen Ergebnis in derselben Qualität zu geringeren Kosten durchzuführen.

Werttreiber in der externen Perspektive: Zur Bewertung der externen Perspektive gibt es eine Vielzahl an Ansatzpunkten. Die Nutzenaspekte wie erhöhter Gewinn, erhöhter Umsatz und die Größe der Zielgruppe werden in einigen Unternehmen bereits gemessen. Jedoch ist oftmals keine eindeutige Zuordnung der Effekte zu bestimmten Projekten möglich. Darüber hinaus können die Nutzenaspekte oftmals nicht durch das Unternehmen direkt beeinflusst werden, sodass Unternehmen ihre Aktionen nicht direkt an den Größen ablesen können. Daher schlagen Neumeier et al. (2017) vor, das *Kundenerlebnis* (im Englischen als customer experience bezeichnet) als Werttreiber zu verwenden. Durch die Durchführung von Projekten wie etwa die Entwicklung eines neuen Produkts oder die Verbesserung einer bestehenden Dienstleistung kann das Kundenerlebnis direkt beeinflusst werden.

6.3 Bewertungsschema für Digitalisierungsprojekte

Auf Basis der identifizierten Werttreiber kann ein Bewertungsschema für Digitalisierungsprojekte abgeleitet werden. Jedes Digitalisierungsprojekt, das innerhalb des Unternehmens durchgeführt wird, kann dazu anhand der beiden Werttreiber

Kundenerlebnis und *Effizienz* bewertet werden. Zur Vereinfachung der Bewertung von Projekten werden beide Dimensionen anhand einer Skala mit drei Bewertungsstufen (*gering*, *mittel*, *hoch*) bewertet. Auf Basis dieser Skala wird für jede Dimension eine Experteneinschätzung vorgenommen.

Diese Vereinfachung wird aufgrund der verbesserten Anwendbarkeit durchgeführt. Um eine präzisere Quantifizierung der qualitativen Aussagen zu ermöglichen, könnten Unternehmen auch auf komplexere Verfahren zurückgreifen. Für die Bewertung des Kundenerlebnisses könnte beispielsweise auf Kundenbefragungen und eine darauf basierende Bewertung durch das Kano-Modell zurückgegriffen werden (Kano et al. 1984). Die Dimension *Effizienz* könnte zum Beispiel durch die Quantifizierung von Einsparungen im Bereich Personal oder Erhöhungen bei Geschwindigkeit oder Qualität bewertet werden. Eine derartige Quantifizierung wurde bereits zur Operationalisierung der Bewertung von Nutzenaspekten in Projekten angewandt (Beer et al. 2013). Um eine schnelle Umsetzung in der Praxis zu ermöglichen, wird hier jedoch auf das vereinfachte Bewertungsschema zurückgegriffen.

Nachdem ein Projekt in beiden Dimensionen auf Basis von Expertenschätzungen bewertet wurde, kann aus der Kombination der beiden Dimensionen ein Vektor gebildet werden, der den Beitrag des einzelnen Projekts in Bezug auf die Digitalisierung angibt. Abb. 6.2 zeigt die Darstellung der Projektbewertung in Form von Vektoren. Der Vektor für Projekt 1 gibt an, dass dieses in geringem Maße zum *Kundenerlebnis* und nicht zur Dimension *Effizienz* beiträgt. Projekt 2 trägt im Gegensatz dazu in hohem Maße zur *Effizienz* des Unternehmens bei, leistet jedoch keinen Beitrag zur Dimension *Kundenerlebnis*. Der dritte Vektor gibt den Beitrag von Projekt 3 zur Digitalisierung an. Dieses Projekt trägt in mittlerem Maße zu beiden Dimensionen bei.

Um eine sinnvolle Steuerung der Digitalisierungsprojekte in einem Unternehmen zu gewährleisten, ist eine integrierte Betrachtung notwendig. Somit kann entschieden werden, welche Digitalisierungsprojekte unter der Restriktion eines beschränkten Budgets durchgeführt werden sollen. Dabei sollte ein Unternehmen folgende vier Schritte bei der Anwendung des Bewertungsschemas durchführen:

1. Bestimmung des Status quo in beiden Dimensionen

Im ersten Schritt sollte der Betrachtungsbereich definiert werden, auf den das Bewertungsschema angewendet werden soll. Je nach Größe und Ausrichtung des Unternehmens kann das gesamte Unternehmen oder nur ein bestimmter Bereich im

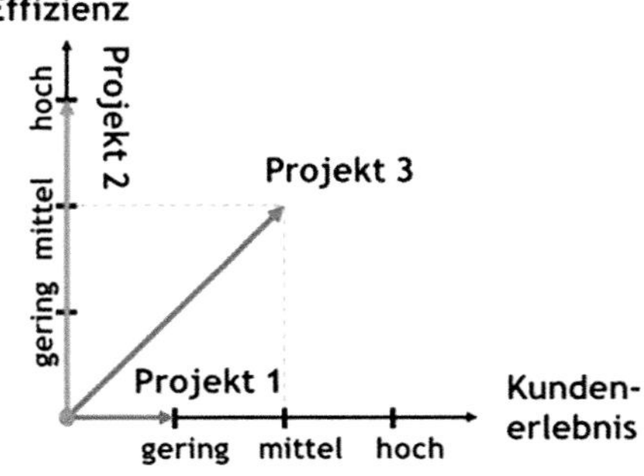

Abb. 6.2 Bewertung von Einzelprojekten in Form von Vektoren

Unternehmen betrachtet werden. So kann beispielsweise ein kleines Unternehmen, das nur eine Dienstleistung anbietet, als Betrachtungsbereich das gesamte Unternehmen definieren. Ein großes Unternehmen, das Dienstleistungen in unterschiedlichen, möglicherweise voneinander unabhängigen Bereichen anbietet, sollte die einzelnen Unternehmensbereiche zunächst separat betrachten. Anschließend können die unterschiedlichen Unternehmensbereiche wieder zusammengeführt werden. Darauf aufbauend sollte für den Betrachtungsbereich der Status quo in Bezug auf die beiden Dimensionen *Kundenerlebnis* und *Effizienz* bestimmt werden. Dazu muss eine Bewertung des aktuellen Status auf Basis der beiden Dimensionen durchgeführt werden. Dieser Schritt ist notwendig, um Transparenz über die aktuelle Situation im Betrachtungsbereich zu schaffen. Viele Unternehmen haben in den letzten Jahren bereits einige Digitalisierungsprojekte durchgeführt. Meist wurde dabei allerdings keine strukturierte Bewertung des projektspezifischen Wertbeitrags vorgenommen. Die Auswirkungen dieser Projekte sollten jedoch im Status quo berücksichtigt werden. Dazu sollte das Unternehmen alle bisher in Bezug auf die beiden Dimensionen durchgeführten Digitalisierungsprojekte bewerten. Die Bewertung kann, analog zur Bewertung eines in Zukunft durchzuführenden Projekts, über Expertenschätzungen und Kundenbefragungen erfolgen. Aus der Kombination der bereits durchgeführten Projekte ergibt sich der Status quo in beiden Dimensionen.

2. Definition des Zielzustands

Als zweiten Schritt muss der angestrebte Zielzustand des Betrachtungsbereichs in Bezug auf beiden Dimensionen bestimmt werden. Dieser leitet sich direkt aus den Unternehmenszielen ab (Bharadwaj et al. 2013) und unterscheidet sich je nach Art des Unternehmens und dessen Entwicklungszielen. Der Zielzustand ergibt sich aus der angestrebten Kombination aus *Kundenerlebnis* und *Effizienz*. Dabei müssen sowohl die externen Prozesse mit Kundenkontakt als auch die internen Prozesse im Betrachtungsbereich analysiert und ein angestrebter Zielzustand abgeleitet werden. Beide Arten von Prozessen sollten auf beide Dimensionen hin untersucht werden. Während bei externen Prozessen beide Dimensionen eine große Rolle spielen, kann bei internen Prozessen der Fokus auf das Thema *Effizienz* gelegt werden. Ex ante ist es für ein Unternehmen jedoch meist nicht möglich, übergreifend für den gesamten Betrachtungsbereich die exakte Kombination aus *Kundenerlebnis* und *Effizienz* zu bestimmen. Daher sollte ein Zielkorridor festgelegt werden, in dem der Zielzustand für beide Dimensionen liegen soll. Jeder Punkt, der innerhalb des Zielkorridors liegt, stellt ein Ergebnis dar, mit dem das Unternehmen seine Ziele in den beiden Dimensionen erreicht. So entsteht für den Betrachtungsbereich ein Zielkorridor.

3. Auswahl der Digitalisierungsprojekte

Der Zielzustand in beiden Dimensionen kann durch die Durchführung von Digitalisierungsprojekten erreicht werden. Wie bereits oben erläutert, trägt jedes Projekt in unterschiedlicher Ausprägung zu den beiden Dimensionen bei. Durch die Durchführung unterschiedlicher Projekte kann ein Unternehmen näher an seinen angestrebten Zielzustand innerhalb des Zielkorridors heranrücken. Da auch

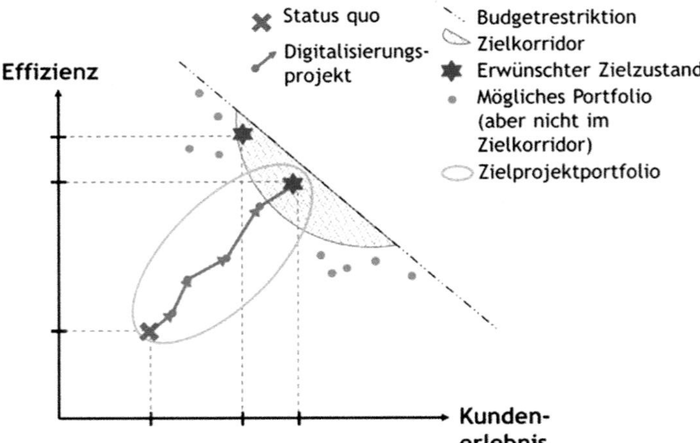

Abb. 6.3 Erstellung eines Projektportfolios zur Zielerreichung

für Digitalisierungsinitiativen Budgetrestriktionen herrschen, kann ein Unternehmen für den Betrachtungsbereich jedoch nicht alle Projekte durchführen, die zur Verfügung stehen und zur Zielerreichung beitragen. Somit müssen Unternehmen auch in diesem Bereich entscheiden, welche Investitionsalternativen sie wählen und die Projekte auswählen, die am besten zur Zielerreichung beitragen.

Abb. 6.3 zeigt eine beispielhafte Darstellung der Kombination von fünf Digitalisierungsprojekten, die das Unternehmen vom Status quo zu einem möglichen Zielzustand innerhalb des Zielkorridors führen. Das Projektportfolio enthält fünf Projekte, über die Reihenfolge der Projektdurchführung kann jedoch keine Aussage getroffen werden.

4. Regelmäßige Evaluation des Zielkorridors und des Projektportfolios

Nach der initialen Auswahl des Projektportfolios, das am besten zur Zielerreichung beiträgt, ist es unbedingt notwendig, eine regelmäßige Überprüfung des Zielkorridors sowie des aktuellen Projektportfolios durchzuführen. Da die Digitalisierung große Veränderungen und eine stetige Dynamik mit sich bringt, muss das Unternehmen regelmäßig überprüfen, ob die Anforderungen an den Zielkorridor noch mit den Unternehmenszielen übereinstimmen. Da die Unternehmensstrategie zur Erreichung von Wettbewerbsvorteilen immer stärker zu einer digitalen Geschäftsstrategie wird (Bharadwaj et al. 2013), muss sichergestellt werden, dass sich die Ziele des Unternehmens auch im Zielkorridor für den Betrachtungsbereich widerspiegeln. Unternehmen werden in Zukunft nur dann erfolgreich sein, wenn sie es nicht nur einmalig schaffen eine digitale Geschäftsstrategie zu entwickeln, sondern eine stetige Anpassung der Strategie an die Anforderungen und Veränderungen erreichen (Keen und Williams 2013). Nach der Evaluation des Zielkorridors sollte entsprechend auch eine erneute Evaluation des Projektportfolios, das am besten zur Zielerreichung beiträgt, durchgeführt werden. Somit kann das Portfolio an die neuen Ziele des Unternehmens angepasst werden. Außerdem können neue technologische Entwicklungen berücksichtigt und in das bestehende Portfolio aufgenommen werden.

6.4 Anwendung des Bewertungsschemas auf Beispielprojekte

Zur Veranschaulichung des Bewertungsschemas wird im Folgenden die Anwendung auf reale Praxisbeispiele betrachtet. Dabei liegt der Fokus auf Projekten aus dem Bankenbereich, da insbesondere dort im Moment große Umbrüche beobachtet werden können. Die Konkurrenz im Bankenmarkt steigt immer weiter an. Neben reinen Online-Banken, die kein Filialgeschäft mehr betreiben und somit günstigere Produkte und Services am Markt anbieten können, drängen auch immer mehr FinTech (financial technology) Start-Ups in das klassische Bankgeschäft. FinTechs Start-Ups zeichnen sich insbesondere dadurch aus, dass sie schnell Innovationen und neue Technologien für den Finanzsektor in ihren Geschäftsmodellen umsetzen können (Zavolokina et al. 2016). Somit müssen die traditionellen Banken innovative Produkte und Services entwickeln, um ihre Kunden weiter an sich zu binden. Des Weiteren ist eine effiziente Servicebereitstellung notwendig, um gegenüber den hoch kompetitiven Preisen von Konkurrenten wettbewerbsfähig zu bleiben. Eine Weiterentwicklung von traditionellen Banken in Richtung digitaler Geschäftsmodelle, ohne dabei ihre bestehenden Vorteile aufzugeben, kann maßgeblich dazu beitragen, dass traditionelle Banken auch in Zukunft weiterhin bestehen und profitabel wirtschaften können.

Im Folgenden wird das entwickelte Bewertungsschema auf drei Digitalisierungsprojekte, die in den letzten Jahren bei einer großen traditionellen Bank in Deutschland (T-Bank) durchgeführt wurden, angewendet. Alle Projekte beziehen sich auf den Bereich Online- und Mobile-Banking. Die Einschätzung basiert auf einer vereinfachten Darstellung von realen Projekten und kann als exemplarisch für die meisten traditionellen deutschen Banken betrachtet werden.

Zunächst wird das Projekt **Online-Kontoeröffnung** betrachtet. Die T-Bank will es ihren Kunden ermöglichen, ein Konto vollständig online zu eröffnen. Bisher ist die Eröffnung eines Kontos bei der T-Bank nur teilweise online möglich. Die eindeutige Legitimation muss bisher über das etablierte Postident-Verfahren durchgeführt werden. Der Kunde kann das Konto zwar online beantragen, der Antrag muss jedoch danach zunächst ausgedruckt und unterschrieben werden. Mit den ausgedruckten Unterlagen kann der Kunde zur nächsten Postfiliale gehen, wo er sich mit Hilfe des Postident-Coupons identifiziert und den Antrag postalisch der T-Bank zusendet. Nach Eingang des Antrags gibt die T-Bank das Konto für den Kunden frei. Dies führt dazu, dass die Kontoeröffnung in der Regel mehrere Tage in Anspruch nimmt. Über ein neu entwickeltes Identifikationsverfahren, das mit Hilfe einer elektronischen Signatur den Kunden eindeutig identifizieren kann, soll die Kontoeröffnung in Zukunft vollständig online möglich sein und das Konto am gleichen Tag für den Kunden funktionsfähig zur Verfügung stehen.

Das Projekt **Online-Kontoeröffnung** wirkt sich auf beide Werttreiber im Bewertungsschema aus. Auf der einen Seite kann das *Kundenerlebnis* durch das Angebot verbessert werden. Der Kunde kann sein neues Konto vollständig und ohne zusätzlichen Aufwand online eröffnen. Des Weiteren steht das Konto dem Kunden noch am Tag der Eröffnung zur Verfügung. Somit entstehen keine unnötigen Wartezeiten. Diese beiden Aspekte legen eine hohe Steigerung des *Kundenerlebnisses* nahe. Des Weiteren hat das Verfahren auch eine positive Auswirkung auf die *Effizienz* der T-Bank. Durch eine vollständige Online-Abwicklung der Kontoeröffnung werden Medienbrüche vermieden. Während bisher der postalisch eingesendete Kontoeröffnungsantrag mit dem online erstellten Antrag manuell zusammengeführt werden musste, ermöglicht die Online-Beantragung eine maschinelle Verarbeitung der Information. Eine Ende-zu-Ende Automatisierung des Prozesses wird somit möglich. Daher wird das Kriterium *Effizienz* im Folgenden ebenfalls als hoch angesehen. Abb. 6.4 zeigt den Vektor, der die Bewertung des Projekts **Online-Kontoeröffnung** abbildet.

Das zweite Projekt erleichtert den Mobile-Banking Zugang für Kunden. Das Projekt **Kontozugang durch Fingerabdruck** ersetzt die PIN und gewährt vollen Zugriff auf das eigene Konto via Mobile-Banking. Die T-Bank verspricht für den Kunden eine komfortable, schnelle und sichere Anmeldung bei dem eigenen Konto. Die Anmeldung via Fingerabdruck kann nur auf Geräten mit Fingerabdrucksensor angewendet werden. Für die Verifizierung wird die bestehende PIN mit dem auf dem Gerät hinterlegten Fingerabdruck des Kontoinhabers verknüpft. Die Freischaltung kann im Onlineportal beantragt werden. Bei Verlust des mobilen Endgeräts kann die PIN einfach über das Onlineportal oder in einer Filiale geändert werden. Somit ist eine Anmeldung über das verlorene Gerät nicht mehr möglich.

Das Projekt **Kontozugang durch Fingerabdruck** wirkt sich vorwiegend auf die Dimension *Kundenerlebnis* aus. Durch die Einschränkung der Verwendbarkeit auf Geräte mit Fingerabdrucksensor ist die Zielgruppe dieses Projekts jedoch wesentlich kleiner als die Zielgruppe des ersten Projekts. Obwohl der Zugang via Fingerabdruck für einige Kunden die Barriere zur Verwendung von Mobile-Banking-Apps

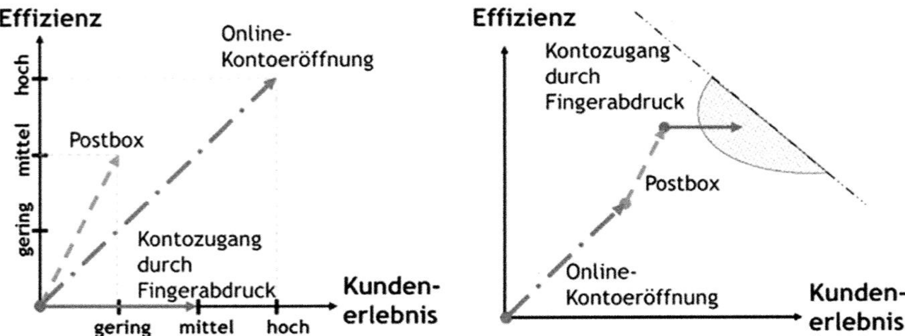

Abb. 6.4 Einzelbewertung und Portfoliobetrachtung der Beispielprojekte Online-Kontoeröffnung, Kontozugang durch Fingerabdruck und Postbox

reduziert, wird das *Kundenerlebnis* nur in mittlerem Maße beeinflusst. Die *Effizienz* wird durch das Projekt **Kontozugang durch Fingerabdruck** nur in vernachlässigbarem Maße beeinflusst. Trotz Verifizierung in der App mit Hilfe des Fingerabdrucks muss für den Kontozugang weiterhin eine PIN festgelegt werden. Bei Verlust des Geräts muss genau wie bei Konten ohne Kontozugang durch Fingerabdruck eine neue PIN vergeben werden. Auch andere effizienzsteigernde Effekte können nicht festgestellt werden. Abb. 6.4 zeigt den Vektor, der die Bewertung des Projekts **Kontozugang durch Fingerabdruck** abbildet.

Das dritte Projekt **Postbox** stellt für Kunden der T-Bank ein digitales Postfach zur Verfügung. In diesem Postfach kann der Kunde alle bankbezogenen Dokumente online abspeichern. Dem Kunden werden hier klassischerweise Kontodokumente, Wertpapierdokumente, Kreditkartendokumente und Bankmitteilungen zur Verfügung gestellt.

Dieses Projekt wirkt sich auf beide Bewertungsdimensionen aus. In der **Postbox** werden dem Kunden zentral alle Informationen zur Verfügung gestellt, die er in Bezug auf seine Kontenverwaltung benötigt. Der Kunde muss keine zusätzlichen, sicheren Speicherkapazitäten kaufen, um seine Dokumente sicher ablegen zu können. Außerdem entfällt eine aufwendige physische Lagerung der Unterlagen, die durch das Zusenden der bankbezogenen Unterlagen in der Vergangenheit notwendig war. Da diese Funktionalität jedoch inzwischen durch die meisten Banken zur Verfügung gestellt wird und nicht mehr als Differenzierungsmerkmal verwendet werden kann, hat das Projekt nur einen geringen Einfluss auf das *Kundenerlebnis*. Die Auswirkungen auf die *Effizienz* der T-Bank stellen hier den größeren Beitrag dar. Während Kunden ohne digitales Postfach ihre bankbezogenen Informationen meist noch postalisch zugesendet bekommen, kann über die Verwendung des Postfachs eine wesentlich effizientere Informationsbereitstellung für den Kunden zur Verfügung gestellt werden. Somit kann die T-Bank neben hohen Papier-, Druck- und Portokosten auch einen Großteil an Arbeitsaufwand durch die automatisierte Bereitstellung der Daten im Postfach einsparen. Somit wird der Einfluss des Projekts **Postbox** auf die *Effizienz* mit der Bewertung mittel versehen. Aus Sicht der T-Bank bietet dieses Projekt noch zusätzliches Potenzial für Weiterentwicklungen. Das digitale Postfach kann langfristig in eine Kommunikationsplattform weiterentwickelt werden, die auch für einen Dialog zwischen Berater und Kunde genutzt werden kann. So kann sich die einseitige Information in Zukunft zu einer beidseitigen Kommunikation weiterentwickeln. Diese Weiterentwicklung bietet noch hohe Potenziale sowohl im Bereich der *Effizienz* als auch im Bereich des *Kundenerlebnisses*. In Abb. 6.4 wird der Status quo des Projekts berücksichtigt, jedoch noch nicht die möglichen zukünftigen Potenziale.

Mit Hilfe dieses Bewertungsschemas kann die T-Bank eine Bewertung ihres aktuellen und zukünftigen Projektportfolios im Bereich Online- und Mobile-Banking vornehmen. In dieser beispielhaften Anwendung konnten bereits drei Projekte exemplarisch bewertet werden, die in Abb. 6.4 aufgezeigt werden.

Abb. 6.4 zeigt außerdem die Zusammenstellung der drei Projekte zu einem Projektportfolio. Für eine umfassende Festlegung des Projektportfolios, das am besten zur Zielerreichung beiträgt, sollte die T-Bank alle Schritte des Bewertungskreislaufs durchführen. Dazu muss zunächst eine umfassende Bewertung des Status quo für den Bereich Online- und Mobile-Banking durchgeführt werden. Da die T-Bank bisher keine weiteren Digitalisierungsprojekte in diesem Bereich durchgeführt hat, kann der Status quo auf 0 gesetzt werden. Des Weiteren kann die T-Bank ihren Zielkorridor sowie die Budgetrestriktion für diesen Bereich bestimmen. Der Zielkorridor muss am Geschäftsmodell ausgerichtet sein. Abb. 6.4 zeigt einen beispielhaften Zielkorridor. Dieser kann mit dem bestehenden Portfolio aus den drei Projekten **Online-Kontoeröffnung**, **Kontozugang durch Fingerabdruck** und **Postbox** erreicht werden. Somit erreicht die T-Bank mit Hilfe der drei Projekte einen erwünschten Zielzustand. Um auch bei der T-Bank sicherzustellen, dass das Projektportfolio ständig an den Unternehmenszielen ausgerichtet ist, sollte der Zielkorridor und das Projektportfolio regelmäßig überprüft werden.

6.5 Kritische Würdigung und Ausblick

Im vorliegenden Beitrag wurde ein Bewertungsschema für Dienstleistungsunternehmen entwickelt, das Unternehmen dabei helfen soll, eine strukturierte Bewertung ihrer Digitalisierungsinitiativen sicherzustellen. Hierbei wurden *Kundenerlebnis* und *Effizienz* als Werttreiber für die Digitalisierung identifiziert und als Ansatzpunkt zur Bewertung von Digitalisierungsinitiativen verwendet. Diese beiden Werttreiber können jedoch nicht ohne Einschränkungen auf andere Branchen übertragen werden. Insbesondere der Werttreiber *Kundenerlebnis* ist beispielsweise nur begrenzt im Bereich B2B einsetzbar, da hier kein direkter Endkundenkontakt vorliegt. Daher sollte hier weiter untersucht werden, wie das vorliegende Bewertungsschema weiterentwickelt werden muss, um auch auf andere Branchen angewendet werden zu können. Des Weiteren sollte ein Unternehmen zur Anwendung des Bewertungsschemas in der Lage sein, den Zielzustand des Betrachtungsbereichs zu definieren. Da zwischen den beiden Werttreibern *Kundenerlebnis* und *Effizienz* meist ein Trade-Off vorliegt, der oft nicht sehr einfach durch das Management abgewogen werden kann, bedarf es auch hier weiterer Forschung. Ein erster Ansatzpunkt wäre, eine objektivierte, quantitative Bewertung zu ermöglichen. Diese sollte auf Basis monetärer Bewertungsgrößen eine Entscheidung ermöglichen, welcher Grad an *Kundenerlebnis* und *Effizienz* für das Unternehmen zu einem möglichst hohen langfristigen Wertbeitrag führt. Insgesamt liefert der Beitrag jedoch einen guten Ansatzpunkt für Unternehmen, Digitalisierungsprojekte zu bewerten und die Projekte auszuwählen, die am besten zur Erreichung der Ziele beitragen, sodass eine sinnvolle Steuerung des Digitalisierungsfortschritts erfolgen kann.

Literatur

Beer M, Fridgen G, Müller H, Wolf T (2013) Benefits quantification in IT projects. In: Alt R, Franczyk B (Hrsg) Proceedings of the 11. Internationalen Tagung Wirtschaftsinformatik (WI 2013), University Leipzig

Bharadwaj A, El Sawy OA, Pavlou PA, Venkatraman N (2013) Digital business strategy: toward a next generation of insights. Manag Inf Syst Q 37:471–482

Buhl HU, Kaiser M (2008) Herausforderungen und Gestaltungschancen aufgrund von MiFID und EU-Vermittlerrichtlinie. Zeitschrift für Bankrecht und Bankwirtschaft 20:43–51

Gartner (2013) The nexus of forces. http://www.gartner.com/technology/research/nexus-of-forces/. Zugegriffen am 22.08.2016

Gimpel H, Röglinger M (2015) Digital transformation: changes and chances. Fraunhofer Institute for applied Information Technology (FIT), Bayreuth, S 1–20

Gottlieb J, Willmott P (2014) McKinsey global survey results – the digital tipping point. http://www.mckinsey.com/insights/business_technology/the_digital_tipping_point_mckinsey_global_survey_results. Zugegriffen am 03.08.2016

Grover V, Kohli R (2013) Revealing your hand: caveats in implementing digital business strategy. Manag Inf Syst Q 37:655–662

Gutsche R (2014) Survival of the Smartest 2.0; Wer zögert, verliert. Verschlafen deutsche Unternehmen die digitale Revolution? https://assets.kpmg.com/content/dam/kpmg/pdf/2014/12/studie-survival-of-the-smartest-20-copy-sec-neu.pdf. Zugegriffen am 20.07.2016

Hirt M, Willmott P (2014) Strategic principles for competing in the digital age. http://www.mckinsey.com/insights/strategy/strategic_principles_for_competing_in_the_digital_age. Zugegriffen am 18.08.2016

Jaubert M, Marcu S, Ullrich M, Malbate J, Dela R (2014) Going digital: the banking tranformation roadmap. https://www.atkearney.com/digital-business/ideas-insights/featured-article/-/asset_publisher/Su8nWSQlHtbB/content/going-digital-the-banking-transformation-road-map/10192. Zugegriffen am 17.07.2016

Kano N, Seraku N, Takahashi F, Tsuji S (1984) Attractive quality and must-be quality. J Jpn Soc Qual Control 14:39–48

Keen P, Williams R (2013) Value architectures for digital business: beyond the business model. Manag Inf Syst Q 37:642–647

Matt C, Hess T, Benlian A (2015) Digital transformation strategies. Bus Inf Syst Eng 57:339–343

Neumeier A, Wolf T, Oesterle S (2017) The manifold fruits of digitalization – Determining the literal value behind. In: Leimeister JM, Brenner W (Hrsg) Proceedings of the 13. Internationalen Tagung Wirtschaftsinformatik (WI 2017). St. Gallen, S 484–498

Olanrewaju T, Willmott P (2013) Finding your digital sweet spot. http://www.mckinsey.com/insights/business_technology/finding_your_digital_sweet_spot. Zugegriffen am 10.08.2016

Yoo Y, Henfridsson O, Lyytinen K (2010) The new organizing logic of digital innovation: an agenda for information systems research. Inf Syst Res 21:724–735

Zavolokina L, Dolata M, Schwabe G (2016) FinTech–what's in a name? In: Fitzgerald B, Mooney J (Hrsg) Proceedings of the 37th International Conference on Information Systems (ICIS 2016). Dublin

7 Der Einfluss von Plattformen auf digitale Geschäftsmodelle von Komplementoren

Christopher Georg Jud, Micha Bosler und Georg Herzwurm

Zusammenfassung

Oftmals basieren digitale Geschäftsmodelle auf der Nutzung von Plattformen. Komplementoren nutzen diese Plattformen und veröffentlichen ergänzende digitale Produkte für Kunden der Plattformen. Exemplarisch seien Drittanbieter von komplementären Anwendungen in einem AppStore auf mobilen Plattformen genannt. Entscheidet sich ein Akteur für den Plattformbeitritt als Komplementor, ergeben sich Auswirkungen auf wesentliche Komponenten von dessen Geschäftsmodell. Dieser Einfluss von Plattformen auf die digitalen Geschäftsmodelle der Komplementoren findet in der Literatur bisher wenig Beachtung. Der vorliegende Artikel befasst sich daher mit den denkbaren Konsequenzen und Einschränkungen, die es bei digitalen Geschäftsmodellen von Komplementoren zu berücksichtigen gilt. Die Untersuchung erfolgt anhand des Business Modell Canvas mit Daten aus Experteninterviews. Abschließend werden die Auswirkungen diskutiert und Möglichkeiten für Komplementoren aufgezeigt.

Schlüsselwörter

Plattformen · Digitale Geschäftsmodelle · Komplementoren · Business Modell · Digitale Innovationen

Vollständig neuer Original-Beitrag

C. G. Jud (✉)
Hochschule für Oekonomie und Management (FOM), Standort München, München, Deutschland

Betriebswirtschaftliches Institut, Abt. VIII, Universität Stuttgart, Stuttgart, Deutschland
E-Mail: mail@christopher-jud.de

M. Bosler
Betriebswirtschaftliches Institut, Abt. I, Universität Stuttgart, Stuttgart, Deutschland
E-Mail: micha.bosler@bwi.uni-stuttgart.de

G. Herzwurm
Betriebswirtschaftliches Institut, Abt. VIII, Universität Stuttgart, Stuttgart, Deutschland
E-Mail: georg.herzwurm@bwi.uni-stuttgart.de

S. Meinhardt, A. Pflaum (Hrsg.), *Digitale Geschäftsmodelle – Band 1*, Edition HMD, https://doi.org/10.1007/978-3-658-26314-0_7

7.1 Einleitung

Die Digitalisierung von Produkten und Dienstleistungen bietet vielfältige Potenziale für neue digitale Geschäftsmodelle. Aus der Anreicherung von bestehenden Angeboten mit digitalen, meist software-intensiven Komponenten resultieren Innovationen in den verschiedensten Branchen. Dazu gehören beispielsweise Services, welche auf Basis intelligenter Datenanalyse für den Kunden einen Mehrwert erzeugen oder ihm ergänzende Funktionalitäten – etwa über eine Smartphone-Applikation (App) – zur Verfügung stellen. Das generiert zusätzliche Ertragsquellen und erlaubt den Vorstoß in neue Märkte. Infolgedessen werden bestehende Konzepte der Wertschöpfung ausgebaut oder die Unternehmen entwickeln vollständig neuartige Geschäftsmodelle. Dabei liegen den digitalen Innovationen und deren Geschäftsmodellen häufig Plattformen zugrunde, die einerseits für die Entwicklung und andererseits auch für den Vertrieb von digitalen Geschäftsmodellen benötigt werden. Aus Perspektive eines Unternehmens existieren diesbezüglich zwei strategische Handlungsoptionen: Der Aufbau einer eigenen digitalen Plattform oder die Nutzung einer bestehenden externen Plattform in der Rolle eines Komplementors. Im zweiten Szenario bieten Komplementoren ihre Leistungen auf externen Plattformen an, die folglich von anderen Akteuren betrieben werden. Exemplarisch seien Drittanbieter genannt, welche komplementäre Applikationen für Betriebssysteme wie iOS oder Android entwickeln. In beiden Szenarien erlauben es unter anderem die technischen Fortschritte im Bereich des Cloud Computing, digitale Geschäftsmodelle schnell zu skalieren – ohne die Investitionen in den Aufbau eigener Infrastruktur tragen zu müssen. Insbesondere der letzte Punkt ist für Start-ups oder für kleinere Unternehmen ein relevantes Erfolgskriterium.

Entscheidet sich ein Unternehmen für den Zugang zu einer bereits existierenden Plattform, nimmt diese Plattform zwangsläufig Einfluss auf sein digitales Geschäftsmodell. Dieser Einfluss kann unter anderem technischer oder finanzieller Art sein. Außerdem sind vom Plattformanbieter formulierte Vorgaben zu erfüllen, damit eine Plattform für digitale Geschäftsmodelle und abgeleitete digitale Produkte genutzt werden darf. Die Auswirkungen von Plattformen auf digitale Geschäftsmodelle von Komplementoren sind in der Literatur bisher nur am Rande betrachtet worden (vgl. Hyrynsalmi et al. 2014). Häufig werden Plattformen lediglich als Hebel für innovative digitale Produkte gesehen. In der Praxis finden sich allerdings immer wieder Beispiele, wie Anbieter von Plattformen direkt oder indirekt Einfluss auf digitale Geschäftsmodelle von Komplementoren nehmen. Je nach Plattform sind mitunter bereits die Möglichkeiten des Eintritts für externe Akteure limitiert oder gänzlich ausgeschlossen. Ein Beispiel für ein Ökosystem mit einem geschlossenen Charakter, welches lediglich ausgewählten Akteuren den Zugang (nach Zustimmung des Plattformanbieters gewährt), sind Plattformen für vernetzte Automobile.

Unternehmen, die bestehende Plattformen als Grundlage für ihre digitalen Angebote nutzen wollen (oder müssen), sollten sich folglich mit den Auswirkungen von Plattformen auf das Geschäftsmodell auseinandersetzen. Der vorliegende Beitrag befasst sich daher mit der Forschungsfrage, wie Plattformen die verschiedenen Bestandteile der digitalen Geschäftsmodelle von Komplementoren beeinflussen. Im nachfolgenden Abschn. 7.2 werden zunächst die theoretischen Grundlagen eingeführt und diskutiert, anschließend wird die wissenschaftliche Vorgehensweise erläutert. In Abschn. 7.3 werden die Ergebnisse der Forschung vorgestellt. Abschn. 7.4 greift die Erkenntnisse im Rahmen einer Diskussion auf. Das Fazit Abschn. 7.5 rundet den vorliegenden Beitrag ab und gibt einen Ausblick auf weiterführende Forschungsvorhaben sowie Anknüpfungspunkte für künftige Untersuchungen.

7.2 Konzeptionelle Grundlagen

Im Zuge der Digitalisierung werden Unternehmen bei der Wertschöpfung (*value creation*) und der angestrebten Gewinnerzielung (*value capture*) mit neuen Rahmenbedingungen und Herausforderungen konfrontiert (vgl. Teece 2018). Lange Zeit etablierte, bewährte Praktiken, Abläufe sowie Verständnisse der Wertschöpfung werden durch Entwicklungen im Bereich der Technologie und der Gesellschaft überholt. Infolgedessen verändert sich auch das Innovationsverständnis (vgl. Lyytinen et al. 2016). Durch die Verwendung von digitalen Ressourcen bei der Entwicklung neuer Produkte und Services resultieren sogenannte *digitale Innovationen*. Sie entstehen entweder durch rein digital konzipierte Angebote oder basieren auf der Integration von Informations- und Kommunikationstechnologie in existierende Sachgüter (vgl. Lyytinen et al. 2016). Nambisan et al. 2017 definieren digitale Innovationen „*as the creation of (and consequent change in) market offerings, business processes, or models that result from the use of digital technology*" (Nambisan et al. 2017). Yoo et al. 2010 folgen der ursprünglich von Schumpeter geprägten Auffassung, wonach sich Innovationen stets aus der Rekombination von Ressourcen ergeben. Das bedeutet übertragen auf digitale Innovationen, dass die Neukombination zumindest teilweise auf digitalen Technologien basieren muss (vgl. Yoo et al. 2010).

Im Unterschied zu physischen Gütern sind die Inhalte und Anwendungen bei digitalen Geschäftsmodellen übertragbar und daher nicht mehr zwangsläufig an einen bestimmten Träger gebunden. Infolgedessen kommt es zur digitalen Konvergenz: Ehemals voneinander getrennte Bereiche lassen sich miteinander verknüpfen (vgl. Yoo et al. 2010; Lyytinen et al. 2016). Exemplarisch seien Smartphone-Applikationen wie Netflix oder Amazon Video angeführt. Diese Beispiele repräsentieren die Konvergenz von Telefonie, Internet und Videodienstleistungen (vgl. Lyytinen et al. 2016). Demnach ermöglicht die digitale Konvergenz neue produkt- oder branchenübergreifende Geschäftsmodelle (vgl. Yoo et al. 2010). Hinzu kommt, dass die nahezu unbegrenzten Möglichkeiten der Rekombination digitaler Ressourcen meistens nicht nur von einem einzelnen Akteur ausgenutzt werden. Stattdessen findet die initiale Entwicklung einer Innovation sowie deren Weiterentwicklung häufig zwischen mehreren Akteuren statt (*value co-creation*). Derartige kollaborative Anstrengungen entstehen entweder, wenn Unternehmen explizit zusammenarbeiten oder indem Dritte bestehende Produkte, Services sowie Ressourcen nutzen, anderweitig einsetzen und mit komplementären Angeboten ergänzen (vgl. Svahn et al. 2017; Yoo 2012; Lyytinen et al. 2016). Insbesondere der Weiterentwicklung durch Dritte sind keine Grenzen gesetzt – sie ist für den ursprünglichen Innovator nicht absehbar. Daher besitzen digitale Innovationen einen generativen Charakter und bleiben quasi immer unvollendet (vgl. Yoo et al. 2010; Yoo 2012; Nambisan et al. 2017).

Angesichts des kollaborativen Charakters finden Innovationen im digitalen Kontext häufig in so genannten digitalen Ökosystemen statt; die Wertschöpfung erfolgt dabei oftmals über zugrunde liegende Plattformen (vgl. Teece 2018). Derartige Plattformen können ausschließlich software-basiert (z. B. Android) sein oder sich aus einer Kombination von Hardware und Software (z. B. iPhone plus iOS) zusammensetzen (vgl. Teece 2018). Baldwin und Woodard 2009 definieren Plattformen *„as a set of stable components that supports a variety and evolvability in a system by constraining the linkage among the other components"* (Baldwin und Woodard 2009). Im speziellen Fall softwarebasierter Systeme resultiert die Plattform aus einer erweiterbaren Codebasis, deren Hauptfunktionalitäten sich durch verschiedene, zusammenarbeitende Module ergeben (vgl. Tiwana et al. 2010). Die permanente Erweiterbarkeit der Plattform mittels Module, Applikationen oder Add-Ons bildet dabei ein wesentliches Charakteristikum (vgl. Ceccagnoli et al. 2012). Dem Plattformverständnis von Tiwana wird in diesem Artikel gefolgt.

Jedes neue digitale Angebot, das über eine Plattform veröffentlicht wird, stellt eine digitale Innovation dar. Diesbezüglich kann zwischen digitalen Produkten und digitalen Services differenziert werden. Ein digitales Produkt wird als ein System verstanden, das aus einem Frontend für den Kunden (zum Beispiel eine Applikation, die über den AppStore erworben werden kann) sowie einem Backend (für die Abwicklung sämtlicher erforderlicher Prozesse, um die entsprechenden Inhalte, Informationen und Daten des Produktes zur Verfügung zu stellen) besteht. Der Kunde bezahlt beispielsweise für die Lizenzierung des Produktes und erhält im Gegenzug das Recht auf Nutzung der damit ermöglichten Funktionen. Digitale Services gehen mit einem breiten gefassten Verständnis einher. Sie umfassen ebenfalls ein Frontend (App) und das Backend, zusätzlich beinhalten sie den Bezug einer digitalen Dienstleistung. Dazu gehört beispielsweise der Zugriff auf Musik oder auf Videos per Streaming oder als Download. Digitale Services werden häufig über monatliche Gebühren im Abonnement-Modell abgerechnet, die reine Installation der Anwendung dagegen ist häufig kostenfrei. Diesem Verständnis folgend umfasst ein digitaler Service folglich auch die Komponenten eines digitalen Produkts. Es sei angemerkt, dass diese Unterscheidung noch keine Aussage über die Implementierung oder die Komplexität des Angebots liefert. Darüber hinaus ist bei einigen Angeboten in der Praxis der Übergang fließend.

Das vorherrschende Verständnis des Plattformbegriffs ist sowohl in der Literatur als auch in der Praxis sehr breit gefächert. Gawer differenziert zwischen drei grundlegenden Typen von Plattformen: Produktplattformen, Supply Chain-Plattformen sowie Industrieplattformen (vgl. Gawer 2014). Die internen *Produktplattformen* werden innerhalb von Unternehmen zur Entwicklung von digitalen Produkten genutzt. *Supply Chain-Plattformen* folgen dem Konzept eines Fertigungsnetzwerkes, in welchem Zulieferer Komponenten liefern, die von einem Unternehmen weiterverarbeitetet und schließlich Kunden angeboten werden. Das dritte Konzept, *Industrieplattformen*, zeichnet sich nach Gawer insbesondere dadurch aus, dass ein

Ökosystem aufgebaut wird (vgl. Gawer 2014). Dieses Ökosystem integriert verschiedene Unternehmen, welche die Plattform nutzen – und durch eigene Innovationen, etwa zusätzliche digitale Produkte, den Wert der Plattform erhöhen. Der vorliegende Artikel folgt dem Verständnis der Industrieplattformen u. a. bezüglich der Einbindung von Komplementoren.

Zu einer Plattform gehört jeweils ein bestimmter Kreis an Akteuren, welcher mindestens den Plattformanbieter und die angestrebten Kunden (je nach Plattform können auch interne Abteilungen Kunden einer Plattform sein) umfasst. Der Betreiber besitzt die Kernelemente des Systems – dadurch hat er erheblichen Einfluss auf die grundlegende Weiterentwicklung der Plattform (vgl. Gawer und Henderson 2007). Um die vielfältigen Bedürfnisse der Kunden mit weiteren innovativen Lösungen zu befriedigen, suchen die Betreiber der Plattformen oftmals nach geeigneten Partnern, die bei der Wertschöpfung unterstützen (vgl. Ceccagnoli et al. 2012). Dadurch entstehen komplementäre digitale Angebote (beispielsweise in Form von Applikationen), für deren Realisierung dem Plattformanbieter als alleinigem Initiator die notwendigen Ressourcen oder die benötigten Fähigkeiten fehlen würden (vgl. Ceccagnoli et al. 2012 sowie Gawer und Cusumano 2002). Mitunter gehen die Betreiber noch eine Entwicklungsstufe weiter und beschränken sich nicht auf ausgewählte Partnerschaften, sondern erlauben im Zuge einer vollständigen Öffnung des vormals geschlossenen Systems beliebigen Drittanbietern – unter zuvor definierten Kriterien – den Zugang zur Plattform, die daraufhin ergänzende Inhalte anbieten. Derartige Drittakteure agieren folglich aus eigener Initiative als Komplementoren (vgl. Tiwana 2015). Als charakteristisch für vollständig geöffnete Ökosysteme gilt die damit einhergehende Entstehung von zweiseitigen Märkten. Die Plattform richtet sich infolgedessen an zwei unterschiedliche Gruppen: An den Kunden und an die Komplementoren – und verbindet sie miteinander, wobei beide Seiten aus Sicht des Plattformanbieters die Rolle eines Kunden einnehmen können (vgl. Bakos und Katsamakas 2008 sowie Rochet und Tirole 2006).

Eine Plattform besteht aus mehreren Ebenen, die gemäß einer definierten Architektur miteinander interagieren – um auf diese Weise die angestrebten Funktionen der Plattform zu realisieren. Abb. 7.1 zeigt die verschiedenen abstrakten Ebenen einer Plattform.

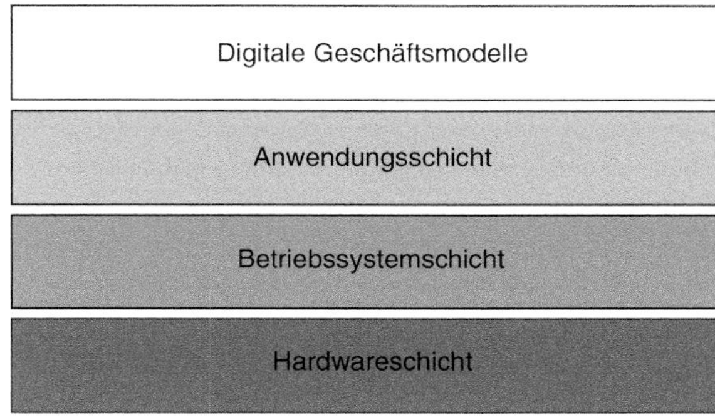

Abb. 7.1 Ebenen von Plattformen adaptiert von Knoll und Rinderle-Ma (2015)

Als Beispiel für das Zusammenspiel über unterschiedliche Ebenen sei das Apple iPhone genannt, welches simultan als eigenständiges Produkt und als Plattform fungiert. Das Gesamtprodukt besteht aus mehreren Ebenen. Zur Hardware gehören unter anderem das Display, die CPU, der Arbeitsspeicher oder Sensoren. Hinzu kommen das Betriebssystem, Netzwerkfunktionen und installierte Anwendungen, die wiederum auf gespeicherten und verarbeiteten Inhalten basieren. Erst aus dem Zusammenspiel dieser Komponenten ergibt sich die Gesamtheit des Angebots. Zusätzlich betreibt Apple einen AppStore. Das schafft für Komplementoren die Gelegenheit, weitere Anwendungen für das iPhone zur Verfügung zu stellen. Dadurch fungiert das iPhone letztendlich als digitale Plattform – und es entsteht ein Ökosystem, an dem Apple, die Kunden und Komplementoren partizipieren.

Gemäß den vorherigen Erläuterungen veröffentlichen sowohl der Plattformanbieter als auch die zugangsberechtigten Komplementoren digitale Innovationen auf einer Plattform. Dadurch erhöht sich der Wert des gesamten Systems gegenüber konkurrierenden Alternativen aus dem Blickwinkel der Kunden. Obwohl die Komplementoren die Risiken ihrer Entwicklungen tragen, lohnt sich für sie der Zutritt: Die Plattform ermöglicht ihnen den Zugang zu existierenden Märkten und Kunden (vgl. Tiwana 2014). Dennoch hängt die Bereitschaft der Komplementoren zum Plattformbeitritt von der Attraktivität beziehungsweise dem Wert der Plattform ab. Aus Sicht der Komplementoren ist eine Plattform umso attraktiver, je mehr potenzielle Kunden durch die Plattform erreicht werden können. Dieselbe Überlegung gilt auch für die Seite der Kunden. Nimmt die Anzahl an Komplementärangeboten auf einer Plattform zu, steigt der Nutzen aus Anwenderperspektive. Solche Effekte werden Netzwerkeffekt genannt. Bezugnehmend auf das vorhergehende Beispiel, liegen positive indirekte Netzwerkeffekte zwischen den beiden Plattformseiten vor, die zu einer gegenseitigen Wertsteigerung führen (vgl. Tiwana 2014). Der Vollständigkeit halber sei darauf hingewiesen, dass bei Plattformen auch direkte Netzwerkeffekte existieren. Während indirekte Netzwerkeffekte zwischen zwei unterschiedlichen Seiten wirken, setzen die direkte Netzwerkeffekte innerhalb einer Seite ein. So erhöht sich beispielsweise der Wert eines sozialen Netzwerks für alle vorhandenen Kunden mit jedem weiteren Kunden, der sich für den Plattformbeitritt entscheidet, da mit noch mehr Teilnehmern interagiert werden kann. Direkte Netzwerkeffekte besitzen im Kontext des vorliegenden Artikels jedoch eine untergeordnete Rolle. Denkbar wären jedoch direkte negative Effekte, wonach ein Überangebot an Komplementoren die Attraktivität der Plattformnutzung aus Sicht eines Komplementors reduziert.

Zusammengefasst besteht aus dem Blickwinkel des Plattformanbieters ein gerechtfertigtes Interesse, dass Komplementoren der Plattform beitreten. Letztere erhöhen das Angebot, dadurch gewinnt die Plattform an Wert. Die Komplementoren profitieren dagegen vom direkten Zugang zu einem bereits vorhandenen Kundenkreis – ohne eine eigene Plattform aufzubauen und Kunden akquirieren zu müssen. Dabei gilt: Je größer die Kundenbasis einer Plattform, desto attraktiver ist der Plattformbeitritt für einen Komplementoren. Verfügt eine Plattform bereits über eine umfassende Kundenbasis, hat die Attraktivität ein hohes Interesse von Komplementoren zufolge. Daher ist der Plattformanbieter weniger von digitalen Innovationen einzelner Komplementoren abhängig. Dadurch verschieben sich die Machtverhältnisse in der Beziehung zwischen Betreiber und Komplementoren zugunsten des Plattformanbieters. Da sich der Plattformanbieter in der „mächtigeren" Position befindet, ist er in der Lage, Bedingungen zu formulieren und auf die Geschäftsmodelle der beteiligten Komplementoren Einfluss zu nehmen. Diese Einflussnahme wurde bisher wissenschaftlich noch kaum untersucht.

An dieser Forschungslücke setzt der vorliegende Artikel an. Die zugrunde liegende empirische Erhebung basiert auf einem qualitativen Forschungsdesign. Als primäre Datenbasis dienen Experteninterviews, die systematisch ausgewertet wurden. Im Zuge dessen wurden hauptsächlich Experten kontaktiert, die im Bereich Plattformen und/oder mit digitalen Angeboten arbeiten. Der Fokus richtet sich dabei auf CTO, Produktmanager oder Verantwortliche in der Software-Entwicklung (wie u. a. Head of Mobile oder Head of Development). Die Identifikation und Kontaktaufnahme mit den Interviewteilnehmern erfolgte vorzugsweise über die sozialen Netzwerke LinkedIn und Xing sowie per E-Mail. Die zugesicherte Anonymisierung verhindert an dieser Stelle detailliertere Ausführungen. Ergänzend wurden Erkenntnisse aus vorherigen Forschungen der Autoren sowie bereits veröffentlichte Publikationen verwendet, um zusätzliche Informationen zu gewinnen oder getroffene Aussagen zu validieren.

7.3 Analyse anhand des Business Model Canvas

Die primär durch Experteninterviews erhobenen Erkenntnisse werden im nächsten Schritt anhand des Business Model Canvas (BMC) eingeordnet und diskutiert. Der BMC basiert auf der Dissertation von Alexander Osterwalder aus dem Jahre 2004 (vgl. Osterwalder 2004). Im Jahre 2010 wurden die Erkenntnisse von Osterwalder und Pigneur in den BMC überführt und in dieser Form veröffentlicht (vgl. Osterwalder und Pigneur 2010). Ein Geschäftsmodell wird dabei in neun Elemente (Building Blocks bei Osterwalder und Pigneur) unterteilt: *Kundensegmente, Wertversprechen, Absatzkanäle, Kundenbeziehungen, Ertragsströme, Schlüsselressourcen, Schlüsselaktivitäten* und *Kostenstruktur* (vgl. Osterwalder und Pigneur 2010). Der BMC gehört mittlerweile zu den etablierten Standardwerkzeugen in der Praxis, um Geschäftsmodelle zu konzipieren oder zu analysieren.

Kritik erfährt der BMC hauptsächlich für die fehlende Berücksichtigung von Vision, Strategie und Wettbewerb. Zudem wird bemängelt, dass verschiedene Abstraktionslevel kombiniert werden (vgl. Ching und Fauvel 2013). Allerdings sei angemerkt, dass in der Wissenschaft bislang ohnehin kein allgemeingültiges Geschäftsmodell-Konzept existiert. Die Bestandteile eines Geschäftsmodells variieren in Abhängigkeit zum jeweiligen Autor. Für die Anwendung in der Unternehmenspraxis ist jedoch zu berücksichtigen, dass der BMC lediglich eine sehr vereinfachte Abbildung von Geschäftsmodellen vornimmt – er sollte daher als Kommunikations- und Kreativitätswerkzeug verstanden werden.

Im vorliegenden Artikel dient der BMC dazu, die einzelnen Bestandteile eines Geschäftsmodelles hinsichtlich des Einflusses von Plattformen zu untersuchen. Die nachfolgenden Abschnitte zeigen auf, inwiefern sich Plattformen auf die digitalen Geschäftsmodelle eines Komplementors auswirken.

7.3.1 Wertversprechen

Das Wertversprechen im Sinne der Problemlösung oder Bedürfnisbefriedigung eines digitalen Geschäftsmodells stellt das ausschlaggebende Argument für dessen Nutzung aus Kundensicht dar. Dabei kann sich das Wertversprechen auch aus einer Kombination verschiedener Faktoren zusammensetzen, welche ein Komplementor dem Kunden anbietet. Osterwalder und Pigneur nennen verschiedene Arten von Wertversprechen eines Geschäftsmodells (vgl. Osterwalder und Pigneur 2010); darauf soll hier jedoch nicht weiter eingegangen werden. Entscheidend ist, dass Unternehmen im digitalen Kontext häufig auf die Nutzung von Plattformen in der Rolle des Komplementors angewiesen sind, um das formulierte Wertversprechen realisieren zu können.

Geeignete Beispiele finden sich unter anderem bei Musikstreaming-Providern (MSP), deren Wertversprechen auf dem orts- und geräteunabhängigen Zugang zu einer großen Anzahl (bis zu 40 Millionen) an Musiktiteln basiert. Diesbezüglich ist der Zugriff auf verschiedenen Geräten und Plattformen essenziell.[1] Mit jeder Plattform steigt die Reichweite des Angebots. Dadurch sind die Unternehmen im Idealfall in der Lage, dem Kunden die Nutzung des Dienstes auf allen seinen Endgeräten zu ermöglichen. Die MSP sind dabei nur eine Kategorie unter vielen. Eine steigende Anzahl an Unternehmen veröffentlichen mobile Apps, um Kunden ihre Produkte und das einhergehende Wertversprechen zu offerieren. Sie werden damit zu Komplementoren und sind von externen Plattformen abhängig, wenn sie dieses Wertversprechen einhalten möchten. Vorgaben der Plattformanbieter oder Beschränkungen durch Technologien können es Komplementoren erschweren, ihr Wertversprechen gegenüber ihren Kunden einzulösen. Weiterhin kann es passieren, dass Wertversprechen von Komplementoren mit den Angeboten oder Interessen der Plattformanbieter kollidieren und es zu Konflikten kommt.

7.3.2 Kundensegmente

Unternehmen, die als Komplementoren auf Plattformen agieren, adressieren mit ihrem digitalen Produkt bestimmte Zielgruppen von Kunden. Dies können sowohl digitale Produkte für den Massenmarkt als auch für den Nischenmarkt sein. Dabei gilt es zu beachten, so zeigen die Interviews, dass jede Plattform bereits definierte Zielgruppen fokussiert. Besonders deutlich wird dies unter anderem bei den mobilen Plattformen Apple iOS und Google Android. Während Apple iOS eher Kunden adressiert, die Wert auf Differenzierung legen und damit teurere, exklusive Geräte vorziehen, zielt Google Android auf eine breite Basis an Kunden ab, die entweder technisch orientiert sind oder preiswerte Geräte bevorzugen. Darüber hinaus haben Kunden von Apple iOS eine höhere Zahlungsbereitschaft bezogen auf digitale Geschäftsmodelle, während Kunden auf der Google Android-Platt-

[1] Beispielhaft sei hier Deezer genannt, die auf ihrer Webseite die Bandbreite an unterstützten Endgeräten auflisten (vgl. https://www.deezer.com/de/devices).

form eher preissensitiv sind. Dafür hat ein digitales Produkt im letzten Fall eine höhere Reichweite, da deutlich mehr Kunden die Android-Plattform nutzen.

Dementsprechend müssen Komplementoren die Kundengruppen einer Plattform detailliert analysieren und Faktoren wie demografische Gesichtspunkte und die Zahlungsbereitschaft bei der Gestaltung des digitalen Geschäftsmodells berücksichtigen. Hier sind insbesondere die jeweiligen Besonderheiten der Branche, in der eine Plattform angesiedelt ist, zu beachten. Exemplarisch vergrößern MSP wie Spotify oder Deezer die Reichweite ihres Geschäftsmodells, indem sie Kooperationen mit Automobilherstellern eingehen. Nach der Freigabe durch den Hersteller stehen deren Anwendungen im Infotainmentsystem der vernetzten Fahrzeuge als komplementäres Angebot zur Verfügung. Die technische Abwicklung erfolgt über Plattformen für vernetzte Automobile, die von den Automobilunternehmen betrieben werden (vgl. Bosler et al. 2018). Abhängig von der Marke und dem Fahrzeugmodell ergeben sich infolgedessen erhebliche Abweichungen hinsichtlich der demografischen Eigenschaften der Kunden. Insbesondere im Premiumsegment – das mit der höchsten Zahlungsbereitschaft einhergeht – steigt das Durchschnittsalter deutlich. Das ist mit anderen Bedürfnissen und einem veränderten Nutzungsverhalten verbunden. Derartige Besonderheiten müssen bei der Konzeption des digitalen Geschäftsmodells beachtet werden.

7.3.3 Kanäle

Die Kanäle eines Geschäftsmodells dienen der Leistungserbringung sowie zur Kommunikation mit dem Kunden. Osterwalder und Pigneur geben verschiedene Beispiele für Kanäle, die Komplementoren auch bezogen auf digitale Geschäftsmodelle nutzen können (vgl. Osterwalder und Pigneur 2010). Die Erkenntnisse aus den Experteninterviews belegen im Hinblick auf Plattformen insbesondere die Relevanz und den Einfluss von Absatzkanälen nach dem Vorbild eines AppStores.

Dabei geben die Plattformanbieter häufig die Absatzkanäle für digitale Geschäftsmodelle vor. Vertreibt ein Komplementor sein digitales Produkt auf mehreren Plattformen, duplizieren sich folglich die zu pflegenden Kanäle. Ein geeignetes Beispiel, welches zeigt, wie die entsprechenden Bestandteile zur Verfügung gestellt werden, sind wieder die bereits erwähnten MSP. Ohne die digitalen Produkte für eine Vielzahl von Plattformen (z. B. mobile Plattformen wie Apple iOS und Google Android oder Plattformen in vernetzten Automobilen) könnten Kunden die Funktionen der Angebote – und damit das Wertversprechen – auf allen genutzten Endgeräten nutzen.

Die Ausgestaltung sowie die verfügbaren Alternativen an Absatzkanälen sind dabei stark abhängig von der jeweiligen Plattform und werden vom Plattformanbieter vorgegeben. Wird ein AppStore genutzt bzw. muss ein AppStore genutzt werden, durchlaufen die angebotenen digitalen Produkte sogenannte Reviewprozesse zur Prüfung. Dabei wird einerseits die Funktionalität, andererseits auch die Codequalität und Sicherheit getestet. Erst nach erfolgreichem Abschluss und Freigabe können die Anwendungen von interessierten Kunden über den AppStore bezogen werden.

Neben der Freigabe existieren möglicherweise noch mehr zu erfüllende Vorgaben, bevor die digitalen Produkte vertrieben werden können. Falls Auflagen gegeben werden (etwa zu Funktionalität, Sicherheitslücken oder Implementierung), müssen diese eingearbeitet und der Reviewprozess erneut (vollständig oder teilweise) absolviert werden. Die Dauer der Reviewprozesse sowie notwendige Iterationen verzögern die Veröffentlichung von digitalen Produkten. Werden parallel mehrere Plattformen genutzt, fallen derartige Aufwände für jeden einzelnen Kanal an. Dementsprechend fungiert der Plattformanbieter als kontrollierende Instanz für den Kanal der Leistungserbringung zwischen Komplementor und Kunden. Das zeigt sich sehr deutlich bei den Plattformen der Automobilhersteller für die vernetzten Automobile. Services im Bereich der vernetzten Automobile werden über das zugehörige Plattform-Backend abgewickelt. Das gilt sowohl für die Eigenentwicklungen der Plattformanbieter als auch für komplementäre Angebote. Die entscheidende Kommunikationsstrecke des Absatzkanals zwischen Fahrzeug und Plattform wird von den Automobilherstellern alleine kontrolliert und ganz bewusst nicht aus der Hand gegeben (vgl. Bosler et al. 2018).

7.3.4 Kundenbeziehungen

Die Kundenbeziehung zwischen einem Komplementor und dem Kunden ist im Falle von digitalen Geschäftsmodellen geprägt durch die Plattform als Intermediär zwischen beiden Gruppen. Der Kunde nutzt die Plattform und im Weiteren digitale Produkte von Komplementoren. Die Experteninterviews zeigen allerdings, dass der Kontakt zu Kunden auf externen Plattformen erschwert wird. Plattformanbieter geben unter Umständen keine Daten oder nur in aggregierter Form zum Nutzungsverhalten sowie zur Zufriedenheit digitaler Produkte von Kunden an die Komplementoren weiter. Die direkte Kontaktaufnahme mit Kunden kann von den Plattformen erschwert, mitunter sogar verhindert werden. Daher ist das Feedback für Komplementoren deutlich reduziert oder nicht existent. Auf der anderen Seite ermöglichen Plattformen oftmals dem Kunden, Rückmeldung zu digitalen Produkten zu geben und damit andere Kunden sowie potentielle Kunden zu informieren – beispielsweise in Form von öffentlichen Bewertungen. Verhindert der Plattformanbieter die Kontaktaufnahme des Komplementors mit dem Kunden, muss Letzterer ebenfalls öffentlich auf die Kommentare antworten. Dies mindert Support-Qualität und erschwert die Kundenbetreuung.

7.3.5 Ertragsströme

Die Umsatzgenerierung sowie das Erschließen von profitablen Einkommensquellen sind Voraussetzungen für ein funktionierendes digitales Geschäftsmodell. Osterwalder und Pigneur nennen Einmalzahlungen und wiederkehrende Zahlungen (Abonnements) als Möglichkeiten, um direkt mit komplementären Anwendungen über fremde Plattformen Erlöse zu generieren (vgl. Osterwalder und Pigneur 2010).

Dementsprechend können Komplementoren ihre digitalen Produkte durch ein Lizenz- oder Abonnementmodell an Kunden verkaufen. Alternativ besteht die Option eines kostenlosen Angebots, um anschließend durch Werbung oder den Verkauf spezieller kostenpflichtiger Funktionen (wie In-App-Käufe) die Erträge zu generieren.

Dabei gilt es aus Sicht der Komplementoren allerdings zu beachten, dass die jeweilige Plattform mitunter erheblichen Einfluss auf die Ertragsströme besitzt. Rückmeldungen von Experten zeigen, dass Plattformanbieter versuchen ihre Ertragsmöglichkeiten auf den jeweiligen Plattformen zu maximieren, indem sie an den Umsätzen der Komplementoren partizipieren. Die Beschränkung von Absatzkanälen sowie der Zwang, bestimmte Komponenten nutzen zu müssen (z. B. Services für die Abwicklung von Bezahlungen), sind Auswirkungen dieser Bestrebungen. Komplementoren müssen diese Beschränkungen bei der Implementierung beachten, da Produkte andernfalls nicht für eine Plattform zugelassen werden.

Einige Plattformen erlauben so genannte In-App-Käufe – die Erweiterung eines digitalen Produkts durch kostenpflichtige Extras. Dadurch ist es beispielsweise möglich, angezeigte Werbung zu entfernen oder bestimmte Funktionen in den digitalen Produkte zu erwerben. In-App-Käufe sind insbesondere bei Spielen oder Produktivitätsanwendungen zu finden, bei denen Upgrades erworben und über die Plattformen abgerechnet werden können. Der Automobilhersteller BMW erlaubt etwa im ConnectedDrive-System den Kauf einer Diktiersoftware aus Anwendungen heraus. Hierdurch lassen sich Verbundeffekte oder Cross-Selling-Effekte realisieren. Agieren Komplementoren parallel auf mehreren Plattformen, müssen sie sich festlegen, ob das digitale Geschäftsmodell auf verschiedenen Plattformen mit denselben Konzepten zur Generierung von Einkünften angeboten wird oder für die verschiedenen Plattformen jeweils variierende Ansätze gewählt werden.

7.3.6 Schlüsselressourcen

Digitale Geschäftsmodelle erfordern geeignete Ressourcen. Diese Ressourcen können in physische, finanzielle, intellektuelle oder menschliche Ressourcen unterschieden werden (vgl. Osterwalder und Pigneur 2010). Unternehmen müssen zudem zwischen internen und externen (häufig plattformbezogenen) Ressourcen unterscheiden. Interne Ressourcen sind sämtliche Ressourcen, die unternehmensintern bezüglich Planung, Entwicklung, Vertrieb und Support von digitalen Produkten zur Verfügung stehen müssen. Externe Ressourcen werden von anderen Akteuren für Aktivitäten im Lebenszyklus von digitalen Produkten bezogen. Hierzu zählen exemplarisch Berater und externe Entwicklungs- oder Testteams.

Für die Fragestellung des vorliegenden Artikels sind insbesondere diejenigen Ressourcen interessant, die mit der Nutzung einer externen Plattform einhergehen. Zu den internen Ressourcen zählen sämtliche Ressourcen, die ein Unternehmen für die Entwicklung und den Vertrieb von digitalen Angeboten auf den ausgewählten Plattformen benötigt. Auf der anderen Seite bieten die Plattformen auch Zugang zu Ressourcen, die notwendig sind, um ein digitales Produkt dem Kunden anzubieten und zugehörige Prozesse abzuwickeln. Hierbei handelt es sich folglich um externe

Ressourcen. Bezahlfunktionen seien hier als eine solche Komponente genannt. Darüber hinaus ist der Zugriff auf interne Ressourcen der Plattform notwendig, um z. B. Sensoren oder Speicher anzusprechen oder auf Systembibliotheken zugreifen zu können. Dies wird meist über sogenannte Software Development Kits (SDK) sowie Schnittstellen und Application Programming Interfaces (API) ermöglicht. Entsprechende Ressourcen für Plattformen werden in der Regel vom Plattformanbieter direkt zur Verfügung gestellt und verwaltet. Der Zugriff auf diese Ressourcen kann mit Lizenzgebühren verbunden sein. Mitunter müssen die Ressourcen des Plattformanbieters sogar genutzt werden, da andernfalls eine Entwicklung nicht möglich ist.

Die Pflege der Ressourcen ist dabei ein wichtiger Faktor, um sicherzustellen, dass die Weiterentwicklung von digitalen Produkten möglich ist. Insbesondere die kontinuierliche Erweiterung von Funktionalitäten der Plattformen und die damit verbundene Weiterentwicklung von APIs als Entwicklungsressource muss von Komplementoren bedacht werden. Weiterhin gehören Instrumente zum Vertrieb von digitalen Produkten – wie die AppStore Optimierung (ASO) – zu den notwendigen Ressourcen von Plattformen. Bei der ASO werden auf Seite des Komplementors Maßnahmen ergriffen, um digitale Produkte für den Bezug über AppStores zu optimieren. Hierzu gehört, Rankings oder die Konversationsraten von Produkten zu verbessern. Entsprechende Ressourcen müssen vorgehalten werden. ASO und Pflege hängen bereits mit den Schlüsselaktivitäten zusammen, welche von Komplementoren auf Plattformen durchgeführt werden müssen und im nächsten Abschnitt behandelt werden.

7.3.7 Schlüsselaktivitäten

Im Element Schlüsselaktivitäten des BMC werden die entscheidenden Aktivitäten zusammengefasst, die notwendig sind, um die Wertschöpfung zu betreiben und das gegenüber dem Kunden angestrebte Wertversprechen zu erreichen (vgl. Osterwalder und Pigneur 2010). Aus Sicht eines Komplementors, der digitale Innovationen über eine bestehende Plattform vertreibt, ordnen sich die Schlüsselaktivitäten in folgende grundlegende Phasen ein: Entwicklung des digitalen Produkts, Bereitstellung und Vertrieb über die Plattform sowie die Weiterentwicklung.

Bei der Weiterentwicklung eines digitalen Produkts dürfen sich Komplementoren nicht nur auf veränderte Kundenanforderungen oder die Verfügbarkeit neuer Technologien konzentrieren. Auch Plattformen entwickeln sich weiter. Abhängig von der Plattform gibt es regelmäßig Aktualisierungen. Diesbezüglich wird zwischen Major Updates mit umfangreichen Aktualisierungen der Plattform und deren Komponenten sowie Minor Updates unterschieden. Bei Letzteren werden lediglich kleinere Eingriffe vorgenommen. Aus jedem Update resultiert für Komplementoren die Notwendigkeit, ihre Produkte anzupassen und neu zu veröffentlichen. Andernfalls wird ein digitales Produkt möglicherweise nicht mehr von der Plattform unterstützt oder lässt sich von den Kunden nicht mehr richtig verwenden. Sind Häufigkeit und Intensität der Weiterentwicklungen durch den Plattformanbieter nicht absehbar, entsteht eine hohe Unsicherheit im Hinblick auf künftige Entwicklungsaufwände auf Seiten des Komplementors.

Mitunter greift die vom Plattformanbieter initiierte Weiterentwicklung der Plattform nicht für alle Kunden. Dies kann der Fall sein, wenn Kunden keine aktuelle Hardware benutzen, wodurch die neueste Version der Plattform nicht mehr unterstützt wird. Im Zuge dessen werden zwangsläufig mehrere Versionen der Plattform parallel betrieben. Dadurch erhöht sich für Komplementoren die Komplexität hinsichtlich Produktplanung, Entwicklung & Testen von digitalen Produkten und Support für Kunden. Als Beispiel eignet sich ein Update für das Apple-Betriebssystem iOS. Damit gehen neue oder geänderte Funktionen und plattforminterne Ressourcen einher, die Anpassungen seitens der Komplementoren erfordern. Allerdings stehen die Änderungen oftmals nicht für alle iPhone- und iPad-Generationen zur Verfügung. Daraus resultiert eine heterogene Landschaft an unterschiedlichen Versionen von Komponenten der Plattformen. Unterstützt ein Unternehmen mit seinem digitalen Produkt nicht sämtliche parallel existierenden Plattformversionen, stehen die Funktionalitäten nicht mehr für alle Kunden zur Verfügung oder es kommt zu Fehlern bei der Benutzung. Dies kann zu Unzufriedenheit bei den Anwendern führen. Diese äußert sich in negativen öffentlichen Bewertungen und führt zu sinkenden Downloads oder Kundenzahlen. Marketing und Werbung sind weitere Schlüsselaktivitäten für Komplementoren – insbesondere in Anbetracht des kontinuierlich steigenden Angebots.

7.3.8 Schlüsselpartner

Um Wert für Kunden zu generieren, ist es für Komplementoren erforderlich, Kooperationen mit Partnern einzugehen. Hierdurch können Risiken reduziert, Geschäftsmodelle optimiert und Ressourcen akquiriert werden (vgl. Osterwalder und Pigneur 2010). Aus Sicht eines Komplementors, der auf einer externen Plattform agiert, erbringen die Schlüsselpartner essenzielle Leistungen. Darunter fällt der Zugang zu einem Vertriebsnetzwerk mit Kunden, die Lieferung von Komponenten, Know-how sowie Kompetenzen in der Entwicklung beziehungsweise dem Vertrieb von digitalen Produkten. Viele dieser Leistungen erbringt der Plattformanbieter gebündelt. Er fungiert somit als der entscheidende Schlüsselpartner, damit das komplementäre digitale Geschäftsmodell überhaupt funktionieren kann. Außerdem bieten Plattformen mit ihrem zugehörigen Ökosystem ein Netzwerk, aus dem weitere Partnerschaften entstehen können. Darüber hinaus laufen digitale Produkte oftmals über Infrastrukturpartner wie Cloud-Service-Anbieter. Über derartige Partner werden diejenigen Prozesse für die Bereitstellung digitaler Produkte abgewickelt, die nicht in den Aufgabenbereich des Plattformanbieters fallen.

Die befragten Experten bestätigen die Einschätzung, wonach Plattformanbieter einen Schlüsselpartner im Geschäftsmodell eines Komplementors für die Realisierung digitaler Produkte darstellen. Dabei werden die Plattformanbieter als verantwortliche „Vertreter" der Plattform angesehen. Besteht kein Zugang zur Plattform oder zu notwendigen Komponenten der Plattform (wie etwa AppStores), ist die Reichweite beziehungsweise der Wert eines digitalen Produkts geschmälert bzw. das geplante Wertversprechen an den Kunden kann nicht realisiert werden. Folglich sind Komplementoren auf den Zugang zur Plattform angewiesen. Das angestrebte digitale Geschäftsmodell funktioniert nur dann, wenn die erforderlichen Ressourcen und Schnittstellen zur Verfügung gestellt werden, welche die Entwicklung und die Bereitstellung von digitalen Produkten auf Plattformen ermöglichen. Die Kontrolle über den Zugang und die Ressourcennutzung obliegt dem Plattformanbieter, wie weiter oben bereits ausgeführt.

Hinsichtlich des Zugangs zu der Plattform eines Schlüsselpartners findet sich in der Literatur der Begriff der „Plattformoffenheit“ (vgl. Benlian et al. 2015). Im einfachsten Fall kann eine Plattform entweder völlig geschlossen oder offen sein. Diese Extrema sind in der Praxis allerdings selten anzutreffen. Stattdessen bewegen sich die meisten Plattformen zwischen den beiden Extrempunkten. Einige Plattformen stellen keine Anforderungen an interessierte Komplementoren bezüglich Nutzung der Plattform und der Bereitstellung von digitalen Produkten. Andere Plattformen hingegen verlangen von Unternehmen beispielsweise Zertifizierungen der Organisation oder haben Mindesterwartungen an den Umsatz. Beispiele hierfür finden sich im Falle von Komplementoren für Unternehmenssoftware wie ERP- oder CRM-Systeme. Weiterhin verfügen Plattformen häufig über sogenannte Reviewprozesse, die digitale Produkte durchlaufen müssen, bevor sie über die Plattform vertrieben werden können. Dementsprechend entscheidet der Plattformanbieter nicht nur darüber, wer Zugang erhält, sondern auch, welche digitalen Produkte auf der Plattform veröffentlicht werden. Auch an diesem Punkt zeigt sich der Einfluss dieses Schlüsselpartners auf das digitale Geschäftsmodell eines Komplementors.

Neben dem Szenario, dass der Plattformanbieter den Zugang einschränkt oder vollständig verwehrt, kann auch der Fall eintreten, dass eine Plattform das vom Komplementor angestrebte digitale Produkt nicht vollständig abbilden kann. Beispielsweise stellt bei der Integration von Musikstreaming-Angeboten in die vernetzten Fahrzeuge das Digital Rights Management eine Herausforderung dar. Entspricht das Infotainmentsystem nicht den erforderlichen Voraussetzungen, kann darüber kein Musikstreaming abgewickelt werden. Außerdem treffen angesichts der Branchenkonvergenz teilweise Partner aus unterschiedlichen Industrien aufeinander. Das erschwert bei geschlossenen Plattformen die initialen Verhandlungen, da etwa erst vollständig neue Vertragsdesigns erarbeitet werden müssen (vgl. Svahn et al. 2017).

Darüber hinaus sollte nicht nur die reine Plattform, sondern auch das entstehende Ökosystem betrachtet werden. Abhängig von der jeweiligen Branche agieren im Ökosystem neben den Kunden und Komplementoren noch weitere Dienstleister wie Systemintegratoren, Zulieferer oder Hardwareanbieter. Auch der Anbieter einer Plattform bietet oftmals selbst eigene ergänzende digitale Produkte an. Daher kann es notwendig sein, Komponenten mit anderen Teilnehmern des Ökosystems zu teilen oder von diesen Komponenten zu beziehen. Außerdem muss bei der im Ökosystem verfolgten Strategie die Ausrichtungen der anderen Teilnehmer berücksichtigt werden, um eine Differenzierung zu erreichen.

Nach Einschätzung der Experten dürfen insbesondere die Interessen des Plattformanbieters, die sich aus seinem eigenen Geschäftsmodell ergeben, nicht ignoriert werden. Am Beispiel mobiler Plattformen können generell verschiedene digitale Geschäftsmodelle der Plattformanbieter unterschieden werden:

- Verkauf von Geräten und Zubehör (z. B. Apple iPhone),
- Verkauf von digitalen Produkten und Dienstleistungen (z. B. Apple iCloud, Google PlayMusic oder BMW ConnectedDrive-Services)
- Lizenzierung der Plattformen (z. B. Microsoft)
- Verkauf von Daten bzw. Einnahmen mittels Werbung (z. B. Google Android oder Facebook).

Komplementoren sollten darauf achten, mit ihrem digitalen Geschäftsmodell nicht in Konkurrenz zum Plattformanbieter zu treten, sondern einen ergänzenden Mehrwert für das Ökosystem zu generieren.

7.3.9 Kostenstruktur

Als abschließendes Element des BMC betrachten Osterwalder und Pigneur die Kostenstruktur von Geschäftsmodellen (vgl. Osterwalder und Pigneur 2010). Dabei werden einerseits kostengetriebene und wertgetriebene Kostenstrukturen, andererseits variable und fixe Kosten sowie Skaleneffekte und Verbundeffekte betrachtet. Kostenstrukturen können basierend auf den anderen Elementen des BMC abgeleitet werden. Dementsprechend hängen die Ausgaben wesentlich von der Ausgestaltung des jeweiligen digitalen Geschäftsmodells ab. Für den vorliegenden Artikel sind insbesondere die plattformbezogenen Kosten auf Aufwände interessant.

Im Hinblick auf die Nutzung von Plattformen für digitale Produkte müssen Lizenzkosten für Technologien sowie unter Umständen für die Nutzung der Plattform berücksichtigt werden. Die Nutzung spezifischer Technologien kann es notwendig machen, Entwickler für neue Plattformen speziell auszubilden. Das gilt beispielsweise im Automotive-Bereich oder für Industrieplattformen. Des Weiteren ergeben sich Kosten für die Ausbildung und Bezahlung von Entwicklern sowie für Marketing-, Test- und Support-Aktivitäten.

7.4 Diskussion

Die im vorhergegangenen Kapitel diskutierten Einflüsse von Plattformen beziehungsweise deren Betreibern müssen von Unternehmen bewertet und entsprechend bei der Konzeption der digitalen Geschäftsmodelle berücksichtigt werden. Es bedarf einer Risikobewertung, um im individuellen Fall die Art und Intensität des Einflusses sowie die resultierenden Konsequenzen zu ermitteln. Kontrolliert zum Beispiel der Plattformanbieter die Veröffentlichung der digitalen Produkte, droht die verzögerte Freigabe und damit die Möglichkeit für Kunden, ein solches digitales Produkt zu beziehen. Infolgedessen bleiben Erträge aus. Dauert die Veröffentlichung eines Updates länger als geplant, sind die Kunden unzufrieden, da Fehler nicht behoben werden können.

Letztendlich wirkt sich eine Plattform auf sämtliche Bestandteile des digitalen Geschäftsmodells eines Komplementors aus. Das führt zu der Frage, wie Unternehmen auf den Einfluss von Plattformen reagieren – um ihre digitalen Geschäftsmodelle so zu gestalten, dass negative Auswirkungen minimiert werden. In den Experteninterviews nannten die Gesprächspartner insbesondere die Nutzung plattformunabhängiger Technologien sowie Intermediärsplattformen als mögliche Konzepte für die Unabhängigkeit. Die beiden Konzepte hängen eng miteinander zusammen. Die technischen Möglichkeiten, die Webbrowser wie Google Chrome oder Mozilla Firefox mittlerweile anbieten, ermöglichen webbasierte Anwendungen als Alternative zu nativen Applikationen auf bestimmten Plattformen (wie im Falle der mobilen Plattformen Apple iOS oder Google Android).[2] Bei Web-Anwendungen entfällt der spezifische Entwicklungsaufwand für eine Plattform, stattdessen können Anwendungen plattformübergreifend über den Webbrowser ausgeführt werden. Häufig basieren plattformunabhängige Technologien auf der Verwendung eines OpenSource-Konzepts. Da die meisten Plattformen ohnehin über einen Webbrowser verfügen, könnten digitale Produkte darüber abgerufen werden. Allerdings sind die Möglichkeiten von Webbrowsern bezogen auf den Zugriff auf plattformspezifische Ressourcen sowie die Realisierung komplizierter Anwendungen begrenzt. Benötigt ein digitales Produkt Zugriff auf bestimmte Ressourcen einer Plattform, auf die nicht über Standardschnittstellen zugegriffen werden kann, kommen Web-Anwendungen an ihre Grenzen. Daher gilt es jeweils abzuwägen, ob ein Geschäftsmodell browserbasiert oder über native Anwendungen realisiert werden soll.

In der Automobilindustrie existieren bereits Intermediärsplattformen, die zwischen Komplementoren und mehreren Plattformen als vermittelnde Instanz fungieren. Als konkretes Beispiel sei die INRIX OpenCar Plattform genannt.[3] Komplementoren erhalten dort weitestgehend freien Zugang zur Plattform. Daraufhin entwickeln sie (mit verfügbaren Ressourcen wie SDKs und APIs) ihr digitales Produkt. Interessierte Automobilhersteller integrieren die Anwendung anschließend browserbasiert in das Infotainmentsystem ihrer vernetzten Fahrzeuge. Die Anzeige im Cockpit erfolgt maskiert im markenspezifischen Design. Dadurch sieht der Kunden nicht, dass es sich um einen „fremden" Dienst handelt. Für Komplementoren resultiert der entscheidende Vorteil, dass sie ihr digitales Angebot nur für eine Plattform entwickeln müssen. Anschließend lässt es sich von allen Automobilunternehmen verwenden. Dadurch entfällt der hohe Entwicklungsaufwand, der sich aus der parallelen Nutzung mehrerer Plattformen durch Komplementoren ergibt. Nichtsdestotrotz können natürlich auch Intermediärsplattformen Einfluss auf das digitale Geschäftsmodell von Komplementoren nehmen. Mitunter ergeben sich zudem Einschränkungen, die ebenfalls bedacht werden müssen. Im Beispiel der vernetzten Fahrzeuge setzt der Zugang zu browserbasierten Diensten eine aktive Internetver-

[2] Native Anwendung bedeutet, dass ein Produkt speziell für eine bestimmte Plattform entwickelt wird.

[3] Für weitere Informationen siehe: http://inrix.com/products/inrix-opencar/.

bindung voraus. Auf Autobahnen oder in ländlichen Gegenden besteht die Gefahr, dass die Verbindung abbricht. Dies kann zu Unzufriedenheit beim Kunden führen.

Die Überlegungen des vorliegenden Artikels gelten für den häufig auftretenden Fall, in dem sich der Plattformanbieter gegenüber dem Komplementor in einer überlegenen Position befindet. Abschließend sei angemerkt, dass sich die Machtverhältnisse in dieser Beziehung durchaus auch anders aufteilen können. Das trifft beispielsweise auf Lösungen zur Smartphone-Integration im vernetzten Automobil zu. Android Auto von Google sowie CarPlay von Apple ermöglichen es, dass der Kunden sein Smartphone mit dem Infotainmentsystem des Fahrzeugs verbindet. Dadurch besteht die Möglichkeit, ausgewählte Applikationen des Smartphones über das Display im Cockpit zu bedienen. Die Automobilhersteller integrieren Android Auto und CarPlay in immer mehr Modelle, da seitens der Kunden eine große Nachfrage herrscht (vgl. Bosler et al. 2017). Es kommt folglich zur Konvergenz zwischen den Ökosystemen der Automobilhersteller und denjenigen von Google respektive Apple. Dabei stellen Android Auto und CarPlay zwar ebenfalls ein komplementäres Angebot für die Plattform im Bereich des vernetzten Automobils dar, auf die Geschäftsmodelle derart großer und einflussreicher Software-Unternehmen können die Automobilhersteller allerdings keinen Einfluss nehmen. Stattdessen diktieren Google und Apple Vorgaben, wie die Integration abläuft und welche Datenpunkte sie im Gegenzug erhalten. Der hohe Aufwand der initialen Implementierung und Zertifizierung für die einzelne Baureihe liegt auf Seiten der Fahrzeughersteller. Zudem haben die OEMs keine Mitsprache, welche Anwendungen von Android Auto und CarPlay unterstützt und somit für die Verwendung im Fahrzeug freigegeben werden.

7.5 Fazit

In diesem Beitrag wurde der Einfluss von Plattformen auf digitale Geschäftsmodelle von Komplementoren anhand des Business Model Canvas (von Osterwalder und Pingeur) analysiert und mit konkreten Beispielen verdeutlicht. Die Erkenntnisse zeigen, wie vielseitig sich Plattformen auf die verschiedenen Komponenten eines digitalen Geschäftsmodells auswirken. Dementsprechend müssen daraus folgende Konsequenzen bei der Planung sowie Implementierung von digitalen Geschäftsmodellen zwingend berücksichtigt und bewertet werden.

Der vorliegende Artikel verfolgt nicht den Anspruch, eine umfangreiche Analyse von Einflussfaktoren vorzunehmen. Vielmehr liefern die Überlegungen einen ersten Einblick in eine vielschichtige Thematik. Dadurch ergeben sich Ansatzpunkte für zukünftige Forschungsvorhaben. Nachfolgende Untersuchungen können sich auf eine tiefergreifende Analyse der einzelnen Bestandteile konzentrieren – um die Auswirkungen auf die einzelnen Elemente eines digitalen Geschäftsmodells detailliert zu beleuchten und konkrete Handlungsempfehlungen zu formulieren. Interessant ist auch die umgekehrte Perspektive, die sich mit der Rolle des Plattformanbieters befasst. Mögliche Forschungsfragen könnten hierbei darauf abzielen, mit welchen Maßnahmen Plattformanbieter ihren Einfluss sichern oder sogar weiter erhöhen. Nebenbei wurde im Zuge dieser Erhebung deutlich, dass der BMC in seiner aktuellen Form noch keine Instrumente aufweist, um die Besonderheiten plattformbasierter digitale Geschäftsmodelle abzudecken. Eine Erweiterung des BMC um entsprechende Komponenten könnte diesem Mangel Abhilfe schaffen.

Abschließend sei Unternehmen geraten, sich mit dem Einfluss von Plattformen auf ihre digitalen Geschäftsmodelle frühzeitig während der Konzeption und Entwicklung zu beschäftigen. Im Rahmen eines Risikomanagements sollten die Abhängigkeit sowie die möglichen Auswirkungen ganzheitlich betrachtet werden. In vielen Branchen sind dominierende Plattformen aktiv, die meistens nicht ignoriert und somit auch nicht umgangen werden können. Aus diesem Grund ist eine Bewertung unabdingbar, um frühzeitig Maßnahmen zu ergreifen, mit denen der Einfluss zumindest abgeschwächt werden kann. Dasselbe gilt für die Etablierung geeigneter Mechanismen und Instrumente, um auf eine mögliche Einflussnahme reagieren zu können.

Literatur

Bakos Y, Katsamakas E (2008) Design and ownership of two-sided networks, implications for internet platforms. J Manag Inf Syst 25(2):171–202

Baldwin CY, Woodard CJ (2009) The architecture of platforms: a unified view. In: Gawer A (Hrsg) Platforms, markets and innovation, 1:19–44

Benlian A, Hilkert D, Hess T (2015) How open is this platform? J Inf Technol 30:209–228

Bosler M, Jud C, Herzwurm G (2017) Connected-Car-Services: eine Klassifikation der Plattformen für das vernetzte Automobil. HMD 54(6):1005–1020

Bosler M, Burr W, Ihring L (2018) Vernetzte Fahrzeuge – empirische Analyse digitaler Geschäftsmodelle für Connected-Car-Services. HMD 55(2):329–348

Ceccagnoli M, Forman C, Huang P, Wu DJ (2012) Cocreation of value in a platform ecosystem! The case of enterprise software. MIS Q 36(1):263–290

Ching HY, Fauvel C (2013) Criticisms, variations and experiences with business model canvas. Eur J Agri For Res 1(2):26–37

Gawer A (2014) Bridging differing perspectives on technological platforms. Res Policy 43: 1239–1249

Gawer A, Cusumano MA (2002) Platform leadership: how Intel, Microsoft, and Cisco drive industry innovation. Harvard Business School Press, Boston

Gawer A, Henderson R (2007) Platform owner entry and innovation in complementary markets: evidence from Intel. J Econ Manag Strateg 16(1):1–34

Hyrynsalmi S, Seppänen M, Suominen A (2014) Sources of value in application ecosystems. J Syst Softw 96:61–72

Knoll M, Rinderle-Ma S (2015) Plattformen – Eine Einführung. HMD 52(3):322–336

Lyytinen K, Yoo Y, Boland RJ Jr (2016) Digital product innovation within four classes of innovation networks. Inf Syst J 26(1):47–75

Nambisan S, Lyytinen K, Majchrzak A, Song M (2017) Digital innovation management: reinventing innovation management research in a digital world. MIS Q 41(1):223–238

Osterwalder A (2004) The business model ontology: a proposition in a design science approach. Universite de Lausanne

Osterwalder A, Pigneur Y (2010) Business model generation: a handbook for visionaries, game changers, and challengers. Wiley, Hoboken

Rochet J-C, Tirole J (2006) Two-sided markets, a progress report. RAND J Econ 37(3):645–667

Svahn F, Mathiassen L, Lindgren R (2017) Embracing digital innovation in incumbent firms: how volvo cars managed competing concerns. MIS Q 41(1):239–254

Teece DJ (2018) Profiting from innovation in the digital economy: enabling technologies, standards, and licensing models in the wireless word. Res Policy 47(8):1367–1387

Tiwana A (2014) Platform ecosystems: aligning architecture, governance, and strategy. Morgan Kaufmann, Newnes

Tiwana A (2015) Evolutionary competition in platform ecosystems. Inf Syst Res 26(2):266–281

Tiwana A, Konsynski B, Bush AA (2010) Research commentary – platform evolution, coevolution of platform architecture, governance, and environmental dynamics. Inf Syst Res 21(4):675–687

Yoo Y (2012) The tables have turned: how can the information systems field contribute to technology and innovation management research? J Assoc Inf Syst 14(Special Issue):227–236

Yoo Y, Henfridsson O, Lyytinen K (2010) Research commentary – the new organizing logic of digital innovation: an agenda for information systems research. Inf Syst Res 21(4):724–735

8 Wertschöpfungsnetzwerke im Internet der Dinge

Veronika Brandt und Kim Kordel

Zusammenfassung

Die Frage nach der Quelle der Wertschöpfung eines Unternehmens wurde in der Vergangenheit traditionell mit dem Ansatz der Wertschöpfungsketten-Analyse beantwortet. In Zeiten wissens- und datenintensiver Leistungserstellung, erhöhter Kundenerwartungen und hoher technologischer Komplexität sind Unternehmen jedoch zunehmend auf die Integration in Wertschöpfungsnetzwerke angewiesen, die komplexe, nicht lineare Strukturen aufweisen. Dabei empfinden viele Unternehmen dies eher als Risiko anstatt als Chance. Das Interagieren in Wertschöpfungsnetzwerken, die nicht von der eigenen Organisation orchestriert werden, kann oftmals aufgrund mangelnder Erfahrung unzureichend bewertet werden und führt so zu einer hohen Entscheidungskomplexität. Doch insbesondere neue Geschäftsmöglichkeiten im Internet der Dinge erfordern das Zusammenspiel einer Vielzahl von Organisationen für eine effiziente und zugleich kundenzentrierte Leistungserstellung. Hierbei sind Wertschöpfungsnetzwerke der entscheidende Faktor, wenn es um Erfolg oder Misserfolg einer Unternehmung geht. Die Modellierung solcher Netzwerke ist daher ein essenzielles Instrument für die strategische Ausrichtung von Geschäftsaktivitäten im Internet der Dinge. In der Praxis sind jedoch Barrieren zu beobachten, die eine gemeinsame Wertschöpfung in einem Netzwerk in verschiedenen Phasen negativ beeinflussen. Diese Barrieren können subjektiver sowie objektiver Natur sein. So fehlt oftmals ein Verständnis für die verschiedenen Rollen innerhalb des Netzwerks, es mangelt an Offenheit und Anreizen zur Kollaboration oder es herrschen Zielinkongruenzen, die verdeckte Intentionen implizieren. Auch Interdependenzrisiken und Integrationsrisiken spielen bei gemeinsamen wertschöpfenden Aktivitäten

Vollständig neuer Original-Beitrag

V. Brandt (✉) · K. Kordel
Bosch Software Innovations GmbH, Berlin, Deutschland
E-Mail: veronika.brandt@bosch.com; kim.kordel@bosch.com

S. Meinhardt, A. Pflaum (Hrsg.), *Digitale Geschäftsmodelle – Band 1*, Edition HMD, https://doi.org/10.1007/978-3-658-26314-0_8

zwischen mehreren Parteien eine entscheidende Rolle. Zudem erschweren oftmals die mit dem Aufbau eines Netzwerks verbundenen hohen Investitionskosten die Zusammenarbeit. Das frühzeitige Involvieren aller Parteien sowie die Definition einer klaren Zielsetzung, eines Werteversprechens und von Zuständigkeiten sowie ein angemessenes Risikomanagement leisten einen relevanten Beitrag zur erfolgreichen Zusammenarbeit in Wertschöpfungsnetzwerken. So können nachhaltige Wettbewerbsvorteile und innovative Geschäftsansätze im Internet der Dinge geschaffen werden.

Schlüsselwörter
Internet der Dinge · Geschäftsmodelle · Wertschöpfungsnetzwerke · Innovation · Komplexität · Digitalisierung · Partnerschaften

8.1 Das Internet der Dinge als Treiber neuer Geschäftsmodelle

Das Internet der Dinge, das Kevin Ashton 1999 erstmals in seiner Präsentation bei Procter & Gamble darstellte, hat sich seither einer gewaltigen Transformation unterzogen. Seine anfängliche Vision, die lediglich die eigenständige Kommunikation zwischen Dingen und das Sammeln von Daten beschrieb, ohne dabei auf menschliche Limitationen wie Zeit und Ressourcen angewiesen zu sein (Ashton 2009), hat sich zu einer Domäne entwickelt, die weit über die technische Vernetzung von Dingen hinausgeht. Das Internet der Dinge verändert nicht nur die Unternehmen selbst, sondern auch deren Umwelt. Wertschöpfungsaktivitäten werden zunehmend komplexer und beinhalten mehr Parteien – eine Herausforderung, die Unternehmen heutzutage meistern müssen. Ziel dieses Beitrags ist es, für die Notwendigkeit von Wertschöpfungsnetzwerken zu sensibilisieren und eine praxiserprobte Methode vorzustellen, die beim Entwurf solcher Netzwerke innerhalb der Geschäftsmodellinnovation unterstützen kann. Hierfür werden im ersten Schritt Wertschöpfungsnetzwerke in der Praxis beleuchtet sowie deren Treiber erläutert. Anschließend wird die Modellierungsmethode vorgestellt. Der Beitrag diskutiert schließlich Barrieren für das Gestalten von Wertschöpfungsnetzwerken, welche auch einen Ausblick auf weitere Forschungsbedarfe geben.

Das folgende Kapitel bietet zunächst einen kurzen Überblick über die Begrifflichkeit des Internets der Dinge und eine thematische Einführung in die Eigenschaften und die Entstehung von Wertschöpfungsnetzwerken.

8.1.1 Das Internet der Dinge und sein Einfluss auf bestehende Geschäftsmodelle

Unter dem Begriff „Internet der Dinge" versteht man häufig allein die Vernetzbarkeit von physischen Produkten. Doch im Laufe der Zeit zeigt sich auch eine Vielzahl von Anwendungsfällen mit sozialen und semantischen Komponenten (Atzori et al. 2017). Diese Komplexität vernetzter Anwendungsfälle stellt produzierende Unternehmen vor die Herausforderung, Strategien für die Weiterentwicklung des bestehenden Produktportfolios zu gestalten. Viele Unternehmen verfolgen dabei jedoch eher reaktive Strategien, anstatt proaktiv eine neue Positionierung im Kontext zunehmender Digitalisierung zu definieren. Doch selbst wenn der reine Verkauf von Produkten für Unternehmen im Moment noch profitabel ist, sind sie sich ebenfalls des hohen Skalierungs- und Disruptionspotenzials von digitalen Lösungen bewusst. Das Internet der Dinge, welches im Folgenden analog auch als „Internet of Things" oder „IoT" bezeichnet wird, verspricht ein skalierbares Geschäft durch neue, digitale Geschäftsmodelle. Dabei liegt ein Fokus auf der Verwertung der Daten, die durch vernetzte Produkte übermittelt werden. In diesem Zusammenhang ist es von Bedeutung, den Begriff des Geschäftsmodells zunächst näher zu beleuchten.

Der Begriff des Geschäftsmodells lässt sich in die vier Aspekte zerlegen: Zielgruppe, Werteversprechen, Wertschöpfung sowie Erlösmechanismus (Gassmann et al. 2014). IoT hat das Potenzial, alle diese Aspekte zu beeinflussen. **Neue Zielgruppen** können bspw. erschlossen werden, wenn die Daten, die aufgrund der Vernetzung bereitgestellt werden, für neue Kundengruppen relevant sind. Daten eines vernetzten Fahrzeugs sind nicht nur für den Fahrer selbst, sondern auch für Werkstätten, Versicherungen und weitere Anspruchsgruppen interessant. Hier gilt es Lösungen zu finden, die für alle Beteiligten den größten Nutzen generieren. Oft geht eine IoT Lösung auch mit **neuen Werteversprechen** einher. Bei vernetzten Fahrzeugen sind Ortung, Diebstahlsicherung oder die bessere Zustandsanalyse Beispiele neuer Werteversprechen. Architekturen der **Wertschöpfung** werden insbesondere dann verändert, wenn für eine umfassende Lösung mehrere Akteure in neuer Konstellation zusammenwirken müssen. Im Kontext der Mobilität verändern intermodale Verkehrskonzepte zunehmend die Wertschöpfung. Schließlich können auch neue **Erlösmechanismen** ermöglicht werden, wenn Kunden beispielsweise lieber für die Nutzung als für die Anschaffung der Produkte bezahlen. Ein Beispiel hierfür ist ein neues Erlösmodell des Reifenherstellers Michelin, der mithilfe von Sensorik die Reifen nicht mehr pro Satz verkauft, sondern gefahrene Meilen (Pay-per-use) abrechnen werden. Als weiteres Beispiel lassen sich hier Abonnementmodelle für die Fahrzeugnutzung anführen, welche unter anderem bereits von Volvo angeboten werden.

8.1.2 Der Begriff des Wertschöpfungsnetzwerks

Die Architektur der Wertschöpfung steht bei vielen Geschäftsmodelldefinitionen im Vordergrund. Laut Rappa (2000) lässt sich das Geschäftsmodell eines Unternehmens an der Art und Weise des Geldverdienens ableiten, basierend auf der Stellung in der Wertschöpfungskette.

Wie aber kann eine Wertschöpfungskette im traditionellen Sinne dargestellt werden, wenn der Wertefluss zwischen den Parteien kein Geld oder keine Maschine mehr ist, sondern Daten, Prozesse und Wissen? So beschreibt die einfache Wertekette lediglich den „vollen Umfang an benötigten Aktivitäten, um ein Produkt oder einen

Service von der Konzeption, durch verschiedene Produktionsphasen [...] hin zum Kunden zu bringen, inklusive der Entsorgung nach der Nutzung“ (Kaplinsky und Morris 2001, S. 4). Analog zu dem Artikel „Reconfiguring the Value Network“ von Allee (2000), stellt sich vermehrt auch in der Wissenschaft Einigkeit darüber ein, dass die Dematerialisierung der Produkte und Services dazu führt, dass sich das Konzept der Wertschöpfungskette sich nicht mehr als Analysewerkzeug für die Aufdeckung von Wertschöpfungsquellen eignet. Grund hierfür ist, dass Interdependenzen und Verwertung von intangiblen Ressourcen in der Definition und Analyse einer Wertschöpfungskette nicht berücksichtigt werden. Da diese aber bestehen, muss eine neue Möglichkeit der Darstellung von unternehmerischen Aktivitäten angestrebt werden.

Die Lösung hierfür bietet die Darstellung in einem Wertschöpfungsnetzwerk. In Anlehnung an Allee (2008) baut dieser Beitrag auf folgender Arbeitsdefinition für Wertschöpfungsnetzwerke auf:

> „Ein Wertschöpfungsnetzwerk beschreibt die Koordination sämtlicher Aktivitäten und Ressourcen, die zur Erstellung nutzerzentrierter Angebote führt“.

Hierbei sind neben physischen Lieferungen ebenfalls Services eingeschlossen, die durch die Konvertierung intangibler Ressourcen wie Wissen und Partnerschaften entstehen. Diese Elemente werden in Abschn. 8.3 als Werkzeug der Wertschöpfungsnetzwerkmodellierung näher betrachtet.

Wertschöpfungsnetzwerke lassen sich, wie im folgenden Kapitel beschrieben, im IoT Kontext auch in der Praxis zunehmend beobachten.

8.2 Die Entwicklung von IoT Wertschöpfungsnetzwerken in der Praxis

Lösungen im Internet der Dinge sind heutzutage komplexer als je zuvor und umfassen eine Vielzahl von Akteuren, die für die Umsetzung einer gemeinsamen Wertschöpfung zu orchestrieren sind.

Betrachtet man neue Geschäftsmodelle im Internet der Dinge, so gelangt man folglich schnell an den Punkt, an dem ein komplexes Konstrukt mit einer Vielzahl von Anspruchsgruppen und Lösungspartnern in Einklang gebracht werden muss.

Diesem Artikel liegt die Hypothese zugrunde, dass Unternehmen zunehmend in Wertschöpfungsnetzwerke investieren müssen, um wettbewerbsfähig zu bleiben. Im folgenden Kapitel werden Treiber für Wertschöpfungsnetzwerke identifiziert und Einblicke in die IoT Praxis gegeben, die diese Hypothese untermauern.

8.2.1 Treiber von Wertschöpfungsnetzwerken

Das Internet der Dinge bietet mittlerweile die Möglichkeit, jeden erdenklichen Gegenstand mit dem Internet zu verbinden. Mit den so gewonnenen digitalen Abbildern von Produkten und insbesondere durch in Kombination mit den gesammelten Daten können so wertvolle Kontextinformationen abgeleitet werden. Hierauf aufbauend lassen sich End-to-End Kundenerlebnisse verwirklichen.

Dies lässt sich am Beispiel eines Fitness Trackers verdeutlichen: Bei der Benutzung eines solchen Gerätes fallen eine Vielzahl gesammelter aktivitäts- und ortsbezogener Daten an. Um einen Mehrwert jenseits des Ansporns zu mehr körperlicher Betätigung zu schaffen, müssten diese Daten jedoch mit weiteren gesundheitsbezogenen Daten, beispielsweise Körpergewicht, Temperatur, Luftqualität etc. angereichert werden. Durch die Kombination verschiedener Produktdatenquellen könnten neue, umfassendere Lösungen für Kunden geschaffen werden. Dennoch gibt es kaum Bespiele für solche vernetzte Lösungen, denn hierfür müsste ein Anbieter eine vollumfassende Lösung entwickeln oder aber mit anderen Anbietern kooperieren. Beides scheint eine Herausforderung darzustellen.

Im Folgenden werden drei Beobachtungen aus der Praxis diskutiert, die als Treiber für Wertschöpfungsnetzwerke im Internet der Dinge wirken und die Unternehmen verstärkt zum Handeln bringen.

1. Kunden erwarten zunehmend End-to-End Lösungen, die eine domänenübergreifende Zusammenarbeit von Anbietern erfordern

Wie sich am Beispiel der steigenden Nachfrage nach digitalen Assistenten von Google oder Amazon erkennen lässt, steigt die Akzeptanz der Datennutzung zum Zwecke der Optimierung des Nutzererlebnisses. Kunden scheinen diesen erhöhten Komfort fortschreitend zu erwarten. Zudem entwickeln sich zunehmend domänenübergreifende Anwendungsfälle: In intelligenten Städten müssen Anbieter von Infrastruktur, Mobilität, Gebäudetechnik, Sicherheit, Energieversorgung u. v. m. optimal zusammenspielen, um für die Bewohner einen tatsächlichen Mehrwert zu schaffen.

2. Organisationen können im IoT-Kontext nicht mehr alle Fähigkeiten, die für erfolgreiche Lösungen erforderlich sind, alleine abdecken

Lösungen im Internet der Dinge sind besonders komplex, da sie Expertenwissen sowohl im Bereich der Informationstechnologie als auch in der Produktentwicklung erfordern. Beide Disziplinen müssen optimal zusammenspielen, doch Unternehmen verfügen häufig nur über Expertenwissen in einer Disziplin. Erschwerend kommt hinzu, dass Unternehmen die erforderlichen Größenvorteile, die für umfassende IoT-Angebote erforderlich sind, häufig alleine nicht erzielen können. Dies gilt insbesondere für Geschäftsmodelle, die auf Plattformen aufsetzen, bei denen der Kundennutzen erst durch Netzwerkeffekte entsteht (Parker et al. 2016). Da die meisten Unternehmen nicht selber alle Kompetenzen besitzen, um IoT Lösungen zu etablieren, sind sie auf strategische Partnerschaften angewiesen. In diese Partnerschaften sollten von einem frühen Zeitpunkt an alle Parteien investieren. Schließlich müssen sie gemeinsam zum Zeitpunkt der Wertschöpfung die Lösung koordinieren – und dies geschieht üblicherweise nicht mehr in linearen Wertschöpfungsketten.

3. Die Fähigkeit von Produkten, Daten zu übermitteln, erfordert eine klare Rollenverteilung

Wenn Produkte ihre Daten übermitteln können, ist es unwahrscheinlich, dass der letzte Kontaktpunkt in der Wertschöpfungskette die Partei ist, der die Daten tatsächlich zur Verfügung gestellt werden sollten. Dies wäre beispielsweise bei einem Kauf einer Waschmaschine der Einzelhändler, wogegen die gesammelten Daten eher für den Produzenten einen Mehrwert schaffen würden.

Ein Blick auf die oben genannten Marktentwicklungen zeigt schnell, dass es insbesondere im IoT-Kontext von zunehmender Bedeutung ist, sich mit anderen Akteuren durch geschäftliche wie technologische Verbindungen zu vernetzen (Westerlund et al. 2014).

8.2.2 Aktuelle Praxisbetrachtung von Wertschöpfungsnetzwerken

Immer mehr Unternehmen richten ihre Portfoliostrategie auf digitale Services aus, um langfristige Wettbewerbsfähigkeit sicherzustellen. Das tun sie zu Recht, denn in nahezu allen Branchen lassen sich maßgebliche Veränderungen der Geschäftsmodelle beobachten – so spielen für die Mehrheit der mittelständischen Unternehmen in Deutschland digitale Technologien eine mittelgroße bis sehr große Rolle für ihre Geschäftsmodelle (Ernst & Young GmbH 2018).

Ein häufig zu beobachtender Bewältigungsmechanismus ist die Gründung digitaler Units mit interdisziplinären Teams. Diese Teams verfolgen das Ziel für die Unternehmen mithilfe innovativer Arbeitsformate digitale Geschäftsmöglichkeiten der Zukunft zu identifizieren und zu erschließen. Ziel ist es hierbei, nachhaltige Umsatzströme zu schaffen, die einen Beitrag zum langfristigen Erfolg der Unternehmung leisten. Die digitalen Units stehen jedoch meist vor der Herausforderung, dass die Wertschöpfungsaktivitäten ihrer Arbeit nur schwer greifbar sind. Denn die Lösungen, an denen sie arbeiten, haben oftmals nur einen geringen physischen Anteil und der Hauptteil der erreichten Wertschöpfung in der Schaffung von neuem Wissen, neuen Prozessen oder Modellen zur Monetisierung – beispielsweise von Daten – liegt. Zudem ist die Erstellung der Leistung höchst wissensintensiv und verlangt ein Set an Fähigkeiten und Wissen, das die Unit alleine nicht vollständig abbilden kann. Daher spielen externe Akteure ebenfalls eine wesentliche Rolle in der Wertschöpfung. Durch die Kombination von Hardware- und Softwarekomponenten sind IoT-Lösungen überdies durch eine hohe technologische Komplexität gekennzeichnet. So können beispielsweise auch die Produkte selber durch Anbindung an das Internet als neue Akteure in den Wertschöpfungsaktivitäten auftreten (Sundmaeker et al. 2010). Dies führt zu einer nicht linearen Erweiterung der gesamten Wertschöpfung.

Wurde früher standardmäßig die Wertschöpfungskette zur Abbildung der Leistungserstellung genutzt, fehlt in dieser die Darstellung von Interdependenzen zwischen Akteuren. Diese jedoch charakterisieren die Wertschöpfung in IoT Lösungen maßgeblich. So kann bei einer linearen Analyse der Wertschöpfung zwar die operationelle Effektivität bestimmt, aber keine strategischen Entscheidungen abgeleitet werden (Fjeldstad und Ketels 2006). Daher müssen bei der Entwicklung von neuen Geschäftsmodellen frühzeitig intangible Ressourcen und Interdependenzen berücksichtigt und greifbar gemacht werden, um ein vollumfängliches Verständnis der Lösung zu ermöglichen (Eccles und Philipps 2001; Allee 2009).

Die Lösung hierfür bietet die Darstellung in einem Wertschöpfungsnetzwerk, welches die verschiedenen Arten des dynamischen Austauschs zwischen den Akteuren beinhaltet. Die Modellierung solcher Netzwerke wird fortfolgend detailliert vorgestellt.

8.3 Modellierung von Wertschöpfungsnetzwerken

Wie im vorherigen Kapitel erörtert, werden Wertschöpfungsnetzwerke zunehmend als Werkzeug für die Entwicklung von Geschäftsmodellen im Internet der Dinge genutzt, um die Architektur der Wertschöpfung darzustellen. Hierbei werden Interdependenzen zwischen den verschiedenen zur Leistungserstellung beitragenden Parteien und den sich anhäufenden Daten und Wissen sichtbar. Dieser Ansatz unterscheidet sich wesentlich von der Darstellung in einer Wertschöpfungskette oder in der Skizzierung der reinen Geschäftsmodellkomponenten. Vorgehensmodelle zur Entwicklung von IoT Geschäftsmodellen, wie der IoT Business Model Builder, schreiben daher Wertschöpfungsnetzwerken eine zentrale Rolle zu (Bilgeri et al. 2015).

So wird bei der Wertschöpfungsnetzwerkmodellierung der Fokus auf den dynamischen Austausch zwischen den Akteuren gelegt und das Geschäftsmodell unternehmensübergreifend betrachtet – nicht nur aus der Perspektive des betrachteten Unternehmens. Des Weiteren werden die Motivationen aller Teilnehmer des Netzwerks beleuchtet und so eine gemeinsame Ausrichtung sichergestellt, die maßgeblich den Erfolg der Unternehmung bestimmt (Westerlund et al. 2014).

Im Folgenden werden beispielhaft die Elemente eines Wertschöpfungsnetzwerktools für Geschäftsmodelle im Internet der Dinge erläutert. Die Elemente charakterisieren die Dynamik des Netzwerks und sind essenziell für die Identifikation von Stärken und Risiken des Geschäftsvorhabens sowie für die Identifikation der eigenen strategischen Positionierung. So können beispielsweise durch die Besetzung einer kritischen, schwer imitierbaren Position innerhalb des Netzwerks Wettbewerbsvorteile geschaffen werden. Greifbar wird dies bereits im Bereich Smart Home: Hält ein Produkt als Assistent in vielen Haushalten Einzug, kann der Anbieter schwer von anderen Wettbewerbern verdrängt werden. Gleichzeitig wird mit der steigenden Anzahl an kompatiblen Produkten (der Partnerunternehmen) der Netzwerkeffekt weiter verstärkt und damit auch die Position des Assistenz-Anbieters gestärkt.

8.3.1 Elemente der Wertschöpfungsnetzwerkmodellierung

Im Folgenden werden die Elemente der Modellierung von Wertschöpfungsnetzwerken beschrieben und kategorisch geordnet.

1. Anspruchsgruppen und Rollen

Um ein Wertschöpfungsnetzwerk erfassen zu können, liegt der erste Schritt in der Identifikation relevanter Parteien. Diese können in einem Ökosystem verschiedene Rollen einnehmen. Basierend auf den Erfahrungen aus vielfältigen praktischen Anwendung lassen sich die verschiedenen Anspruchsgruppen bei der Netzwerkmodellierung grob in die in Abb. 8.1 dargestellten Rollen einteilen.

Während also der Business Owner (sinngemäße, deutschsprachige Übersetzung fehlt) als Geschäftsbetreiber für die Steuerung des Geschäftsmodells zuständig ist, unterscheidet das Modell insbesondere die Lieferanten von den Partnern anhand des Ausmaßes, in dem die Akteure in das gemeinsame Vorhaben investieren, also einem Risiko ausgesetzt sind. Die Höhe des Risikos, dem die Partner ausgesetzt sind, steigt in der Regel mit dem Grad der Erfolgsbeteiligung am Gesamtvorhaben.

Trenngrenzen zwischen Lieferanten und Partnern sind häufig unscharf. Es kann durch das Einführen neuer Erlösmechanismen die Rolle geändert werden, wenn ein Softwareunternehmen beispielsweise nicht mehr für die Entwicklung einer Software, sondern transaktionsbezogen bezahlt wird.

2. Werteversprechen

Innerhalb des Wertschöpfungsnetzwerks ist es von zentraler Bedeutung, die Gründe der Mitwirkung am Netzwerk für alle Parteien zu kennen und zu stärken. So wird ein relevanter Stakeholder schnell zu einem Risiko, wenn das Werteversprechen für die entsprechende Partei nicht klar ist oder nicht eingehalten werden kann. Wertschöpfungsnetzwerke sowie Ökosysteme im Allgemeinen ziehen ihre Wirkung aus den intensiven, sinnvollen Verbindungen zwischen den Teilnehmern. Je nach Rolle innerhalb des Netzwerks tragen sie sogar einen nicht unerheblichen Teil des Geschäftsrisikos. Vor dem Hintergrund ist im Vorhinein eine genaue Auswahl und Bewertung der Parteien durchzuführen und die Werteversprechen exakt und transparent zu definieren sowie die Einhaltung zu garantieren. Dies ist ein kritisches Element in der Gestaltung von Wertschöpfungsnetzwerken und kann bei unzureichender Bemühung ein Scheitern des Vorhabens als Konsequenz mit sich ziehen.

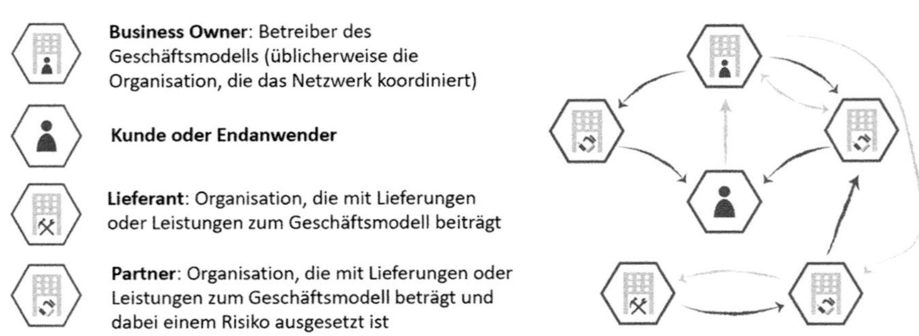

Abb. 8.1 Rollen in Wertschöpfungsnetzwerken. (Quelle: Bosch Software Innovations GmbH)

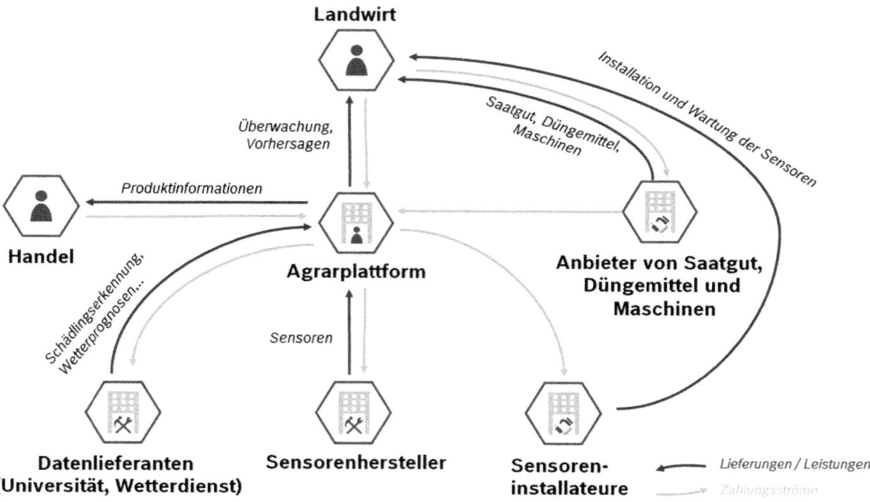

Abb. 8.2 Beispielhafte Darstellung eines Wertschöpfungsnetzwerks. (Quelle: Bosch Software Innovations GmbH)

3. Ströme

Zwischen den einzelnen Rollen in einem Wertschöpfungsnetzwerk fließen verschiedene Ströme. Diese können als Lieferungen und Leistungen (Services) und als Wert- und Zahlungsströme differenziert werden.

Bei der holistischen Betrachtung der Leistungserstellung, die ein Wertschöpfungsnetzwerk üblicherweise fokussiert, können so die wichtigsten Beiträge der Stakeholder identifiziert und bewertet sowie Beziehungen zwischen einzelnen Parteien charakterisiert werden.

Abb. 8.2 zeigt eine beispielhafte Skizzierung eines Wertschöpfungsnetzwerks in der intelligenten Agrarwirtschaft mit den zugrunde liegenden Rollen und Strömen.

8.3.2 Weitere Implikationen von Wertschöpfungsnetzwerken

Die Betrachtung eines Wertschöpfungsnetzwerks liefert nicht nur Informationen über die involvierten Rollen und Ströme, sondern dient auch der Identifikation von Risiken und der kritischen Interaktionen im Geschäftsvorhaben. Im Folgenden wird beschrieben, wie diese aufgedeckt werden können, und welche strategischen Entscheidungen sie implizieren.

Risiken
Eine vollständige Betrachtung der teilnehmenden Parteien sowie deren Rollen und Werteversprechen kann der Aufdeckung von Risiken im Stakeholder Management dienen. Es kann so beispielsweise ein Partner als kritischer Akteur identifiziert werden, wenn diesem ein unrealistisches Werteversprechen gegeben wird und dieser

somit keinen Anreiz hat, sich mit eigenen Risiko an dem Vorhaben zu beteiligen. Insbesondere relevant wird das Risikomanagement bei kritischen Transaktionen im Wertschöpfungsnetzwerk. Werden einzelne Parteien als besonders wichtig für die Leistungserstellung identifiziert jedoch eine Unsicherheit besteht, ob diese Parteien am Netzwerk tatsächlich teilnehmen werden, so sollten neue Wege der Kollaboration erarbeitet werden, die für alle Akteure einen echten und nachhaltigen Mehrwert liefern und das Gesamtrisiko minimieren.

Kundenschnittstellen
Der Kunde oder Endnutzer stellt, wie zuvor erwähnt, eine zentrale Rolle im Wertschöpfungsnetzwerk dar. Die Entscheidung, andere Akteure des Netzwerks direkt mit ihm interagieren zu lassen, entspricht einem bewussten Kontrollverlust, der strategisch wohl überlegt sein sollte. Dies könnte im Zweifel zu unzureichender Leistung gegenüber dem Endkunden führen. In Abb. 8.2 lässt sich beispielsweise erkennen, dass der Installateur die Sensoren eigenständig beim Kunden in Betrieb nehmen soll. Hier besteht das Risiko, dass es zu mangelhafter Qualität kommt. Eine mögliche Strategie zur Verhinderung solcher Risiken stellt die partnerschaftliche Integration des mit dem Kunden interagierenden Akteurs dar. Wird der Akteur am Erfolg oder Risiko des Vorhabens beteiligt, ist es auch in seinem Interesse, vollständige Kundenzufriedenheit anzustreben.

Partnerschaften
Durch das Explizitmachen der Implikationen des Wertschöpfungsnetzwerks stellt diese Methode ein wertvolles Instrument für die Ableitung strategischer Entscheidungen dar. Die aktive gemeinsame Modellierung des Netzwerks durch die relevantesten Akteure unterstützt zudem die Anbahnung von Partnerschaften, weil die Intentionen der angestrebten Positionierungen klarer werden. Es lassen sich einzelne sowie gemeinschaftliche Motivationen erkennen und somit ein besseres Verständnis der Zusammenarbeit erzeugen.

Die ganzheitliche Sicht auf das Netzwerk, die Definition der Rollen und die Darstellung des dynamischen Austauschs erweitern die traditionelle Herangehensweise der Wertschöpfungskette und die strukturierte Darstellung von Geschäftsmodell-Komponenten um die Netzwerkkomponente.

Wenngleich eine Vielzahl von Akteuren den Nutzen für den Endkunden und somit den Erfolg des Vorhabens potenziell steigern könnte, gehen mit der Bildung von Wertschöpfungsnetzwerken auch eine Vielzahl von Risiken einher. Mit der Erhöhung der Anzahl der Akteure im Netzwerk erhöht sich auch die Komplexität (Sorenson et al. 2006). Dies ist nur eine von mehreren Barrieren, die im Folgenden beschriebenen werden.

8.4 Barrieren für Wertschöpfungsnetzwerke

Die technologische sowie organisatorische Komplexität von Wertschöpfungsnetzwerken erschwert oftmals die gemeinsame Ausrichtung der Aktivitäten und führt zu Stagnation bis sogar zum Abbruch des Geschäftsvorhabens. Quellen der in diesem

Beitrag dargelegten Erkenntnisse sind Erfahrungen aus der Praxis, die nicht wissenschaftlich validiert, jedoch häufig zu beobachten sind. Diese Sachverhalte werden in diesem Kapitel als Barrieren charakterisiert und mögliche Ursachen diskutiert. Hierbei teilen sich die Barrieren in Barrieren subjektiver und objektiver Natur auf. Subjektiv empfundene Barrieren sind auf Informationsasymmetrien sowie irrationale Wahrnehmungen zurückzuführen, Barrieren objektiver Natur hingegen auf die tatsächliche Komplexität von Wertschöpfungsnetzwerken. Sie sind in der Tab. 8.1 gekennzeichnet mit den Buchstaben (S) und (O).

1. Fehlendes Verständnis für die verschiedenen Rollen (S)

Bietet ein Unternehmen einen Service an, ist das Unternehmen klassischerweise der Business Owner der Wertschöpfungsleistung. Der Business Owner steht im Zentrum seines Angebots und koordiniert die verschiedenen Anspruchsgruppen. Würde er sich nun in eine End-to-End Lösung integrieren, würde er prompt den Status des „Geschäftszentrums" verlieren. Er steht dann vor der Herausforderung, sich in ein Ökosystem verschiedenster Anspruchsgruppen einfinden zu müssen, die horizontal sowie vertikal zu ihm auf dem Markt agieren. Dies bedeutet einen Verlust der Kundeninteraktionspunkte und somit einen Verlust von Macht – dies scheint zunächst wenig attraktiv für die Unternehmen. Die Rolle des Business Owners wird oftmals als attraktivste aller Rollen angesehen, sie ist jedoch ein zweiseitiges Schwert. Denn würde ein Unternehmen selber als Orchestrator des Ökosystems auftreten, wäre dies mit einem hohen Aufwand und vielen Barrieren (beispielsweise der Koordination des Datenaustauschs) verbunden. Die Komplexität der Identifikation und Definition einer ihren Fähigkeiten entsprechenden Rolle in einem Wertschöpfungsnetzwerk, führt in der Praxis dazu, dass sich nur wenige Unternehmen aktiv für eine Rolle entscheiden.

Tab. 8.1 Barrieren für Wertschöpfungsnetzwerke (eigene Darstellung)

Barrieren für Wertschöpfungsnetzwerke	Beschreibung
Fehlendes Verständnis für die verschiedenen Rollen (S)	• Subjektive Bewertung der Vorteile der Business Owner Rolle • Entscheidungskomplexität durch unzureichende Erfahrung mit anderen Rollen
Fehlende Offenheit und Anreize zur Kollaboration (S)	• Ungerechtigkeitsgefühl • Unfähigkeit des Business Owners zur Schaffung einer gemeinsamen Vision
Zielinkongruenzen und verdeckte Intentionen (S)	• Unterschiedliche Ziele und Erwartungen an das Vorhaben • Informationsvorenthaltung
Systematische Unterbewertung der Risiken (O)	• Multiplikation der Interdependenzrisiken und Addition der Integrationsrisiken
Hohe Investition in den Aufbau von Wertschöpfungsnetzwerken (O)	• Hohe Kosten für Technologie- und Organisationsharmonisierung • Geringe Kostentransparenz

Barrieren für Wertschöpfungsnetzwerke – eigene Darstellung

2. Fehlende Offenheit und Anreize zur Kollaboration (S)

Ist die Entscheidung über die Initiierung eines Geschäftsvorhabens gefallen, fehlt selbst zu diesem späten Zeitpunkt oftmals die Offenheit zur Kollaboration zwischen den Akteuren. Es bestehen hohe Anforderungen an die Zusammenarbeit in einem Wertschöpfungsnetzwerk. Insbesondere die Partner müssen bereit sein, Ressourcen sowie Daten und Informationen zu teilen und sind so naturgemäß einem Risiko ausgesetzt. Vielen Unternehmen fehlt diese Bereitschaft in der Praxis noch. Datenschutz- und legale Risiken werden gefürchtet und behindern so Zusammenarbeit. In diesem Konstrukt ist die Rolle des Orchestrators von zentraler Bedeutung, da es in dessen Verantwortung liegt, für die unsicheren Akteure im Wertschöpfungsnetzwerk eine gemeinsame Vision zu schaffen, die realistische Werteversprechen für alle Parteien beinhaltet und somit erfolgreiche Zusammenarbeit erstrebenswert macht.

3. Zielinkongruenzen und verdeckte Intentionen (S)

In einem Wertschöpfungsnetzwerk wird von verschiedenen Akteuren mit unterschiedlichen Hintergründen eine gemeinsame Zielverfolgung erwartet. Diese ist in der Praxis jedoch häufig nicht gesetzt. Eigene Ziele, die von den Parteien nebenher verfolgt werden, sind oftmals inkongruent und führen zu gegensätzlichen Handlungen und Entscheidungen. Auch das bewusste Vorenthalten von relevanten Informationen zum Zweck der Stärkung der eigenen Positionierung senkt die gemeinsamen Erfolgschancen. Zielinkongruenzen können während der gesamten Zeit der Kollaboration zum Scheitern des Vorhabens führen. Beispielsweise können sie schon in den ersten Gesprächen die Zusammenarbeit verhindern, sie können sich jedoch auch erst im Zeitverlauf zeigen und so bereits getätigte Investitionen in den Aufbau des Wertschöpfungsnetzwerks zunichtemachen. Gleichermaßen können sie bei bestehenden Partnerschaften dazu führen, dass sich die Parteien gegeneinander ausspielen.

4. Systematische Unterbewertung der Risiken (O)

In Innovationsökosystemen, sowie auch in Wertschöpfungsnetzwerken, bestehen Risiken der Interdependenz zwischen den Akteuren sowie Risiken der Integration. Unter Interdependenzrisiken versteht man die Bereitschaft der Akteure, an dem gemeinsamen Vorhaben teilzunehmen (Adner 2006). Diese lassen sich laut Adner (2006) durch Multiplikation bewerten. Eine einfache Rechnung zeigt: Berichten vier potenzielle Partner, dass sie mit einer Wahrscheinlichkeit von 90 % an dem Geschäftsvorhaben teilnehmen, so multipliziert sich die eigentliche Wahrscheinlichkeit für das tatsächliche Zustandekommens des Geschäftsvorhabens auf $0{,}9 \times 0{,}9 \times 0{,}9 \times 0{,}9$, also circa 66 %. Eine ähnliche Rechnung lässt sich bei Integrationsrisiken vornehmen. Die Adaptionszyklen der einzelnen Parteien lassen durch Addition eine Bewertung der Integrationsdauer des Vorhabens zu. Wenn demnach beispielsweise ein Reifenhersteller einen neuen Reifen auf den Markt bringt, dauert die Adaption des innovativen Produktes nicht nur so lange wie die Herstellung selbst, sondern so lange, bis alle Akteure, die zwischen ihm und dem Endkunden liegen, ihre Systeme und Verhalten umgestellt haben. Die Dauer einer solchen Adaption wird in der Praxis systematisch unterschätzt und führt häufig zur Verfolgung nicht realisierbarer Zielsetzungen bis hin zu kritischen Verfehlungen des Markteintritts.

5. Hohe Investition in den Aufbau von Wertschöpfungsnetzwerken (O)

Bis zu dem Zeitpunkt, an dem alle Akteure eine Einigung über ein gemeinsames Geschäftsvorhaben erzielt haben, vergeht häufig eine lange Zeit. Verhandlungen, gemeinsame Pilotprojekte oder zu lösende technische sowie legale Komplikationen während der Anbahnungszeit führen zu hohen Investitionen, die bereits vor der ersten gemeinsamen wertschöpfenden Aktivität getätigt werden müssen. Da es insbesondere im Bereich des Internets der Dinge bislang wenige Standards gibt und Lösungen und Investitionen unterschiedlich weit entwickelt sind, fließen häufig große Mengen an Geld in die Schaffung einer gemeinsamen technologischen sowie organisatorischen Basis (Westerlund et al. 2014). In Wertschöpfungsnetzwerken ist es demnach kaum möglich, mit einer unfertigen, schlanken ersten Version der Lösung zu starten, um ein potenzielles Vorhaben zu testen. Die hohe Investition in den Aufbau des Netzwerks resultiert häufig in einer vorzeitigen Entscheidung gegen die Zusammenarbeit.

8.5 Fazit und Diskussion

Bei Geschäftsvorhaben im Internet der Dinge sind Wertschöpfungsnetzwerke ein zentrales Element der Geschäftsmodellierung. Sie bieten ein detailliertes, ganzheitliches Bild des Vorhabens und lassen so ein gemeinsames Verständnis der Ziele und Quellen der Wertschöpfung entstehen. Für die Modellierung von Wertschöpfungsnetzwerken ist es notwendig, Kunden/Endanwender, Partner, Zulieferer und den Business Owner in ihren Rollen voneinander abzugrenzen und die verschiedenen Ströme zwischen den Parteien zu definieren. Somit lassen sich Kundenschnittstellen und Risiken erkennen und strategische Implikationen ableiten.

Die hohe Komplexität in Wertschöpfungsnetzwerken impliziert jedoch ebenfalls Barrieren, die für eine erfolgreiche Zusammenarbeit gezielt angegangen werden müssen. Diese lassen sind in Barrieren subjektiver und objektiver Natur unterscheiden. Subjektive Barrieren haben ihren Ursprung in Informationsasymmetrien und irrationalen Wahrnehmungen der Akteure, objektive Barrieren sind auf die tatsächliche Komplexität des Wesens von Wertschöpfungsnetzwerken zurückzuführen. Fehlendes Verständnis für die Rollen, fehlende Offenheit zur Kollaboration, Zielinkongruenzen und verdeckte Intentionen sind in der Praxis identifizierte subjektive Barrieren, während systematische Unterschätzung der Risiken und hohe Investition in den Aufbau von Wertschöpfungsnetzwerken objektive Barrieren darstellen.

Trotz aller Komplexität und Barrieren ist es eine Chance für Unternehmen, sich aktiv mit Wertschöpfungsnetzwerken auseinanderzusetzen. Denn diese sind in Zukunft unumgänglich, wenn neue Geschäftsmodelle und neue Akteure im IoT nach einem Arrangement der verschiedenen wertschöpfenden Parteien verlangen. Eine Investition in das Schaffen von Wertschöpfungsnetzwerken kann enorme Potenziale bieten, wenn dabei die Barrieren bewusst betrachtet werden. Das frühzeitige Involvieren aller Parteien, das Schaffen von klaren Zuständigkeiten, einer gemeinsamen Zielsetzung und realistischen Werteversprechen sowie ein angemessenes Risikomanagement können einen relevanten Beitrag zur erfolgreichen Zusammenarbeit in Wertschöpfungsnetzwerken leisten.

Durch die Neuheit der Thematik und die ständige Evolution des Internets der Dinge ist die Untersuchung von Wertschöpfungsnetzwerken bislang in der Literatur wenig ausgeprägt. Leuchtturmprojekte sowie eine empirische Untersuchung der Barrieren könnten weitere Erkenntnisse zu Wertschöpfungsnetzwerken hervorbringen. Unternehmen sollten die Entstehung von Wertschöpfungsnetzwerken aktiv verfolgen, Erfolgsmuster ableiten und hieraus eigene Strategien entwickeln, um im Internet der Dinge erfolgreich zu sein.

Literatur

Adner R (2006) Match your innovation strategy to your innovation ecosystem. Harv Bus Rev 84:98–107; 148

Allee V (2000) Reconfiguring the value network. J Bus Strateg 21(4):36–39. https://doi.org/10.1108/eb040103

Allee V (2008) Value network analysis and value conversion of tangible and intangible assets. J Intellect Cap 9(1):5–24. https://doi.org/10.1108/14691930810845777

Allee V (2009) Value-creating networks: organizational issues and challenges. Learn Organ 16(6):427–442. https://doi.org/10.1108/09696470910993918

Ashton K (2009) That 'Internet of things' thing. RFiD Journal 22:97–114

Atzori L, Iera A, Morabito G (2017) Understanding the internet of things: definition, potentials, and societal role of a fast evolving paradigm. Ad Hoc Netw 56:122–140. https://doi.org/10.1016/j.adhoc.2016.12.004

Bilgeri D, Brandt, V, Lang, M, Tesch J, Weinberger, M (2015) The IoT business model builder. http://www.iot-lab.ch/wp-content/uploads/2015/10/Whitepaper_IoT-Business-Model-Builder.pdf. Zugegriffen am 20.02.2019

Eccles R, Philipps D (2001) The value reporting revolution. Moving beyond the earnings game. Wiley, New York

Ernst & Young GmbH (2018) Digitalisierung im deutschen Mittelstand. Digitalisierung im Befragungsergebnisse. Available online at https://www.ey.com/Publication/vwLUAssets/ey-digitalisierung-im-deutschen-mittelstand-maerz-2018/$FILE/ey-digitalisierung-im-deutschen-mittelstand-maerz-2018.pdf. Zugegriffen am 10.15.2018

Fjeldstad Ø, Ketels C (2006) Competitive advantage and the value network configuration: making decisions at a Swedish life insurance company. Long Range Plan 39:109–131

Gassmann O, Frankenberger K, Csik M (2014) The business model navigator. 55 models that will revolutionise your business. Financial Times, Harlow

Kaplinsky R, Morris M (2001) A handbook for value chain research 113. IDRC, Sussex

Parker G, van Alstyne M, Choudary SP (2016) In: Parker GG, Van Alstyne MW, Choudary SP (Hrsg) Platform revolution. How networked markets are transforming the economy and how to make them work for you, 1. Aufl. W. W. Norton & Company, New York

Rappa, M (2000) Business models on the Web: managing the digital enterprise. North Carolina State University, USA

Sorenson O, Rivkin JW, Fleming L (2006) Complexity, networks and knowledge flow. Res Policy 35(7):994–1017. https://doi.org/10.1016/j.respol.2006.05.002

Sundmaeker H, Guillemin P, Friess P, Woelfflé S (2010) Vision and challenges for realising the internet of things. Publications Office of the European Union, Luxembourg

Westerlund M, Leminen S, Rajahonka M (2014) Designing business models for the internet of things. Technol Innov Manag Rev 4(7):5–14. https://doi.org/10.22215/timreview/807

9 Die erfolgreiche Gestaltung des Distributionsmodells im Rahmen der Digitalisierung

Christoph Buck und Laura Kempf

Zusammenfassung

Das Aufkommen neuer digitaler Technologien beeinflusst traditionelle Branchenregeln und sorgt für einen Umbruch in zahlreichen Industrien. Dabei sind neue Wettbewerber mit digitalen Geschäftsmodellen für viele etablierte Unternehmen zur großen Herausforderung geworden. Das Konzept des Geschäftsmodells kann Unternehmen dabei helfen, den Einfluss der Digitalisierung auf das eigene Unternehmen besser zu verstehen und die einzelnen Partialmodelle erfolgreich zu transformieren. Der Artikel konzentriert sich auf das Partialmodell der Distribution. In einem Überblick über den aktuellen Stand der Literatur zur Digitalisierung des Distributionsmodells werden die Veränderungen innerhalb der Distribution auf Grund neuer Informationstechnologien dargestellt. Diese haben häufig starke Auswirkungen auf das gesamte Geschäftsmodell. Anhand einer empirischen Studie wird abschließend deutlich, dass in mittelständischen Unternehmen noch großer Handlungsbedarf besteht, die Potenziale der Digitalisierung innerhalb der Distribution angemessen zu erschließen.

Schlüsselwörter

Geschäftsmodell · Digitalisierung · Distributionsmodell · Innovation · KMU

Vollständig neuer Original-Beitrag

C. Buck (✉)
Lehrstuhl für Wirtschaftsinformatik, Projektgruppe Wirtschaftsinformatik des Fraunhofer FIT, Universität Bayreuth, Bayreuth, Deutschland
E-Mail: christoph.buck@uni-bayreuth.de

L. Kempf
Projektgruppe Wirtschaftsinformatik des Fraunhofer FIT, Kernkompetenzzentrum Finanz- & Informationsmanagement, Universität Bayreuth, Bayreuth, Deutschland
E-Mail: laura.kempf@fim-rc.de

S. Meinhardt, A. Pflaum (Hrsg.), *Digitale Geschäftsmodelle – Band 1*, Edition HMD, https://doi.org/10.1007/978-3-658-26314-0_9

9.1 Relevanz von Geschäftsmodellen

Durch die Digitalisierung wurden und werden zahlreiche Branchenregeln gebrochen und es verändern sich teilweise komplette Industrien. Das Aufkommen neuer Informationstechnologien verändert die Geschäftswelt in rasanter Geschwindigkeit. Viele bestehende Märkte haben sich enorm verändert – weitere sind erst im Zuge der Digitalisierung entstanden. Oftmals haben es junge Start-Ups vermeintlich leichter sich in der volatilen und digitalen Welt zurechtzufinden und wettbewerbsrelevante Vorteile zu generieren. Ein gutes Beispiel bietet hierfür Uber, deren Geschäftsidee die komplette Taxibranche revolutionierte. Unternehmen, die Ähnliches geschafft haben, sind beispielsweise Spotify, Netflix oder Skype. Der Erfolg dieser Unternehmen kann in ihren einzigartigen Geschäftsmodellen gefunden werden (Urbach und Ahlemann 2016). Vor allem etablierte Unternehmen werden unabhängig ihrer Branche herausgefordert, ihre Geschäftsmodelle kontinuierlich zu überdenken.

Die tragende Säule der deutschen Wirtschaft ist der etablierte Mittelstand. Der langfristige Erfolg der deutschen Wirtschaft hängt daher vor allem davon ab, wie mittelständische Unternehmen den Herausforderungen der Digitalisierung begegnen und deren Potenziale für sich zu nutzen wissen (Statistisches Bundesamt 2016). Damit der etablierte Mittelstand weiterhin erfolgreich bestehen kann, wird eine Veränderung der Unternehmenslogik mit Hilfe neuer Informationstechnologien als essenziell gesehen (Bharadwaj et al. 2013).

Auf Grund der hohen Veränderungskraft innovativer Geschäftsmodelle, setzt sich derzeit sowohl die Wissenschaft als auch die Praxis intensiv mit der Thematik auseinander. Digitalisierung eröffnet auch Kunden neue Möglichkeiten der Vernetzung und Informationsbeschaffung, wodurch sie zu einflussreichen Akteuren am Markt werden. Kunden fordern neben den klassischen Produkten individuell auf sie abgestimmte Dienstleistungen, die ein personalisiertes Kundenerlebnis generieren (Schallmo et al. 2016). Um in Zukunft weiterhin erfolgreich zu sein, sollten Unternehmen bereits heute beginnen ihre Geschäftsmodelle an die Kunden von morgen anzupassen. Dies erfordert unter anderem eine Reorganisation des Distributionsmodells, welches eine wichtige Komponente des Geschäftsmodells ist. Dem Distributionsmodell kommt im Zuge der Digitalisierung ein hoher Stellenwert zu, da es die erfolgskritischen Aufgaben der Wertübermittlung und Kundeninteraktion übernimmt.

Der Artikel greift den beschriebenen Sachverhalt auf und gibt einen Überblick über die bestehende Literatur zur Digitalisierung des Distributionsmodells. Es werden die Auswirkungen der Digitalisierung innerhalb der Distribution auf das Geschäftsmodell dargestellt und darauf basierend praxisrelevante Managementimplikationen zur erfolgreichen Gestaltung des Distributionsmodells abgeleitet. Im Anschluss wird zudem die Distribution mittelständischer Unternehmen analysiert.

9.2 Digitalisierung als verändernde Kraft für Geschäftsmodelle

9.2.1 Geschäftsmodellkonzept

Eine schnelle und erfolgreiche Anpassungsfähigkeit von Unternehmen in volatilen, komplexen und hart umkämpften Märkten ist von essenzieller Bedeutung. Daher sind Produkt- und Prozessinnovationen lange nicht mehr alleinig ausschlaggebend für den Unternehmenserfolg. Auf globalisierten Märkten konkurrieren viele Unternehmen durch unterschiedliche Geschäftsmodelle, wodurch Geschäftsmodellinnovationen zu einem wichtigen Wettbewerbsfaktor werden (Casadesus-Masanell und Ricart 2010). Auf Grund der daraus resultierenden zunehmenden Relevanz von Geschäftsmodellen reicht ein passives Verständnis des Konzepts für Führungskräfte mittlerweile nicht mehr aus. Daher sind explizite Kenntnisse über den Aufbau und die Funktionsweise von Geschäftsmodellen maßgebend, um volatilen Märkten gerecht werden zu können (Osterwalder 2004).

Wenn die Begriffe Geschäft und Modell einzeln betrachtet werden, kann daraus gefolgert werden, dass ein Geschäftsmodell die Unternehmenstätigkeiten in einer strukturierten Weise darstellt. Diese einfache Definition wird dem komplexen Begriff jedoch nicht gerecht. Daher setzt sich die wissenschaftliche Literatur dezidiert mit der Definition des Geschäftsmodellbegriffs auseinander. Bis heute konnte sich jedoch kein einheitliches Verständnis etablieren, da häufig der Ursprung, die Rolle und das Potenzial des Begriffs nicht genau benannt sind (Wirtz 2018a). Der Ausdruck wurde im Zeitverlauf in vielen unterschiedlichen Kontexten verwendet, wodurch sich eine Vielzahl heterogener Definitionen gebildet hat. Einen integrierten Definitionsansatz liefert Wirtz (2018a), welcher das Geschäftsmodell als eine aggregierte Darstellung der Geschäftstätigkeiten eines Unternehmens beschreibt. Ein weiterer stark verbreiteter Ansatz stammt von Osterwalder und Pigneur (2011). Sie sehen das Geschäftsmodell als das Grundprinzip, nach dem eine Organisation Wert generiert, vermittelt und wirtschaftlich erfasst. Da die Definition keinen Branchenfokus hat und übersichtlich in der Business Model Canvas dargestellt werden kann, stößt sie auf eine breite Akzeptanz. Obwohl viele unterschiedliche Ansichten über den Begriff des Geschäftsmodells existieren, ist sich die Literatur dennoch einig, dass es ein relevanter Erfolgsfaktor für Unternehmen ist. Jedes Unternehmen besitzt ein Geschäftsmodell, unabhängig davon, ob es bewusst gewählt oder intuitiv geschaffen wurde. Zum nachhaltigen Wettbewerbsvorteil wird es dennoch erst, wenn Unternehmen sich explizit mit der effizienten Ausgestaltung beschäftigen, da das Grundmodell von jedem Unternehmen individuell mit Leben zu befüllen ist.

9.2.2 Partialmodelle des Geschäftsmodells

Eine präzise Darstellung und Analyse des Geschäftsmodells können besonders in den heutigen, oftmals sehr komplexen Märkten von großer Bedeutung sein. Demnach ist es sinnvoll, die gesamten Geschäftsaktivitäten des Unternehmens in einzelne

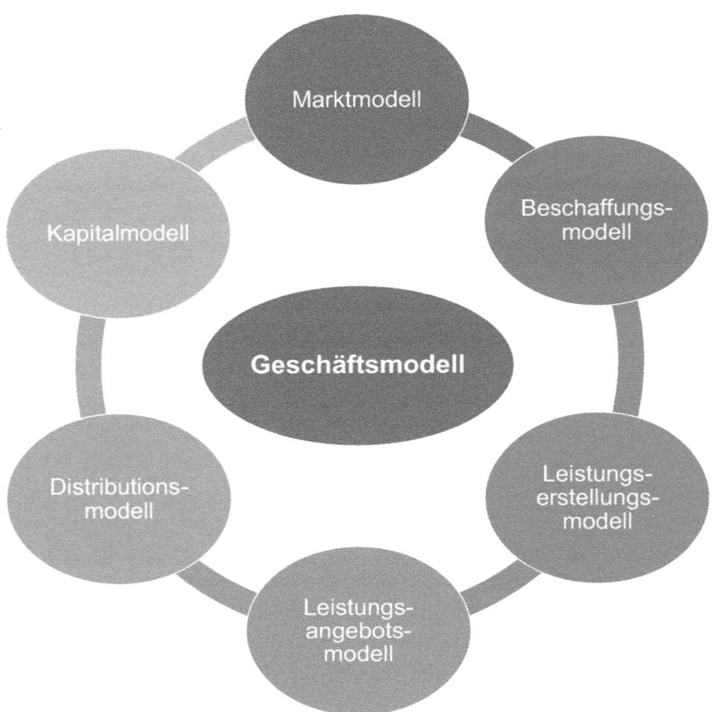

Abb. 9.1 Partialmodelle eines Geschäftsmodells (in Anlehnung an Wirtz (2018b))

Partialmodelle zu unterteilen, da dies die Reorganisation eines Geschäftsmodells erleichtert. Auch um Verbesserungspotenziale realisieren zu können, müssen alle relevanten Teilaspekte des Unternehmens genau betrachtet werden. Eine Zerlegung in Wertschaffung, Wertvermittlung und Werterfassung reicht daher nicht mehr aus. In der Literatur gibt es zahlreiche Vorschläge, die ein Geschäftsmodell in seine einzelnen Teilmodelle genauer untergliedern. Einen Vorschlag liefert unter anderem Wirtz (2018b), welcher das Geschäftsmodell analog zu Abb. 9.1 in sechs Partialmodelle untergliedert. Ein Teilmodell bildet dabei das Kapitalmodell, welches in das Erlös- und Finanzierungsmodell untergliedert werden kann. Das Finanzierungsmodell stellt einerseits dar, wie die Liquidität des Unternehmens sichergestellt wird und somit die Geschäftstätigkeiten finanziert werden. Andererseits befasst sich das Erlösmodell mit der Fragestellung, durch welche Erlösformen das Unternehmen Einnahmen erzielen kann. Auch das Marktmodell kann in zwei weitere Partialmodelle untergliedert werden. Das Wettbewerbsmodell informiert über die Konkurrenz sowie den Markt und das Nachfragemodell über die Kundengruppen des Unternehmens und deren Bedürfnisse. Das Beschaffungsmodell beschäftigt sich mit dem Erwerb der benötigten Ressourcen und der Ausgestaltung der Lieferantenbeziehungen. Mit dem Prozess der Erstellung neuer Güter und Dienstleistungen befasst sich das Leistungserstellungsmodell. Daran anknüpfend gibt das Leistungsangebotsmodell

Auskunft darüber, welche der erstellten Leistungen den jeweiligen Kundengruppen zur Verfügung gestellt werden. Als letztes Partialmodell beschreibt das Distributionsmodell, wie Produkte, Dienstleistungen und Informationen an den Kunden vermittelt werden. Dabei spielen die vom Unternehmen verwendeten Kanäle eine wesentliche Rolle.

9.2.3 Ableitung des Distributionsmodells

Im Rahmen der heutigen globalisierten Märkte sind Unternehmen durch die extreme Arbeitsteilung von einem weltweiten Güteraustausch abhängig. Hierdurch erfährt die Distribution einen zunehmenden Stellenwert im Geschäftsmodell eines Unternehmens. Unternehmen müssen daher detailliert analysieren, wie sie Werte an Kunden vermitteln, wo sie ihre Produkte anbieten und welche Vertriebskanäle sie nutzen möchten.

Die Distribution beschreibt die Geschäftstätigkeiten, welche das Eigentum von Gütern von einer wirtschaftlich selbstständigen Einheit auf eine andere übergehen lassen (Specht 1971). Um die Distribution genauer zu betrachten, kann sie, entsprechend Abb. 9.2, in die akquisitorische und physische Distribution untergliedert werden (Specht und Fritz 2005). Unter der physischen Distribution wird das Management der logistischen Aufgaben verstanden. Dazu gehören die Lagerung und die anschließende Kommissionierung der Bestellungen. Der nächste Schritt der physischen Distribution umfasst die Verpackung und den Versand der Güter. Der Transport und die Übergabe dienen der Überbrückung zeitlicher und räumlicher Differenzen. Dies bedeutet, dass die Ware zum gewünschten Konsumort befördert wird. Zuletzt kann auch die parallel ablaufende Auftrags- und Bestellabwicklung als Teil der physischen Distribution gesehen werden, welche eine effiziente Informationsverteilung gewährleisten muss. Die akquisitorische Distribution beschäftigt sich hingegen mit der Gestaltung der Absatzwege. Der Selektion passender Kommunikations- und Distributionswege kommt dabei eine entscheidende Rolle über Erfolg und Misserfolg des Unternehmens zu, da sie für den erfolgreichen Aufbau der

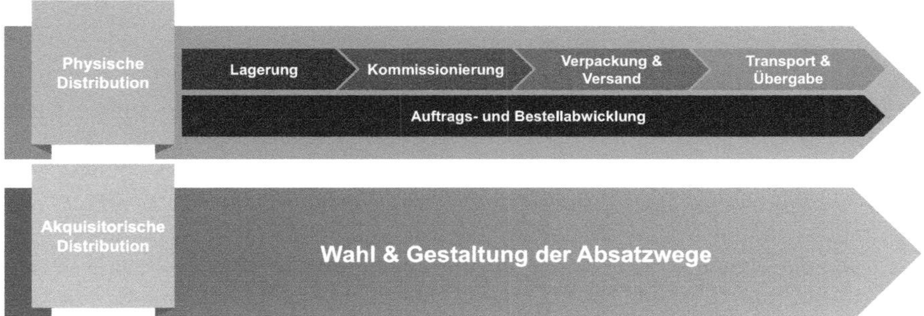

Abb. 9.2 Teilprozesse der Distribution (in Anlehnung an Specht und Fritz (2005))

Kundenbeziehung notwendig und somit für jedes Unternehmen von essenzieller Bedeutung ist (Osterwalder 2004). Durch die Vielzahl an Kanälen und die Komplexität der Kanalwahl, ist die Wahl der Kommunikations- und Distributionswege für Unternehmen zur strategisch wichtigen Stellschraube geworden.

Die beiden Teilbereiche der Distribution weisen viele Schnittstellen auf, wodurch sie sich gegenseitig stark beeinflussen. Ein effizientes Distributionsmodell kann daher nur durch eine simultane Gestaltung der physischen und akquisitorischen Distribution sichergestellt werden (Specht und Fritz 2005). Zusammenfassend ist das Distributionsmodell die vereinfachte und übersichtliche Darstellung der Wertübermittlung an den Kunden und beschreibt zudem die Ausgestaltung der Kundenbeziehung.

9.2.4 Bedeutung der digitalen Transformation für Unternehmen

Die zahlreichen Schlagwörter in der Literatur rund um die Digitalisierung zeigen die hohen Erwartungen an deren Veränderungskraft. Da sich derzeit nahezu alle Unternehmen, unabhängig ihrer Branche und Größe, mit dem Thema beschäftigen müssen, stellt sich die Frage, welche konkrete Bedeutung die damit einhergehenden Veränderungen für Unternehmen haben. Für Unternehmen ist es auf Grund der fortschreitenden Digitalisierung notwendig geworden, ihre Geschäftsmodelle regelmäßig zu überdenken. Einige Unternehmen haben bereits einen digitalen Transformationsprozess eingeleitet, doch vielen fehlt immer noch ein klares Verständnis, wie die Transformation erfolgreich gestaltet werden kann (Gimpel et al. 2018).

Auf Grund der Digitalisierung gibt es vor allem in der Wertschöpfung einige Veränderungen. Viele Arbeitsprozesse können digitalisiert und automatisiert werden, wodurch die Vernetzung zwischen den einzelnen Prozessen immer stärker zunimmt (Schallmo et al. 2018). Um eine autonome Steuerung oder eine digitale Supply Chain erfolgreich umzusetzen und zu managen, benötigt das Unternehmen flexible Organisationsformen mit flachen Hierarchien, wodurch eine schnelle Entscheidungsfindung und Umsetzung neuer Produkte und Dienstleistungen gewährleistet werden kann. Dynamische Teams und ein agiles Projektmanagement sind ebenfalls notwendig um die benötigte Flexibilität und Kreativität in der digitalen Supply Chain zu fördern. Neben den unternehmensinternen Prozessen muss auch die Zusammenarbeit mit Partnern immer intensiver vernetzt und abgewickelt werden (Schallmo et al. 2018).

Neue Informationstechnologien haben zudem eine große Auswirkung auf die Kundenbeziehung, da sie die Kaufentscheidung der Kunden enorm beeinflussen. Dies liegt darin begründet, dass Kunden stärker informiert und vernetzt sind, wodurch sie Wertvorschläge oft besser beurteilen können (Hosseini et al. 2015). Dadurch haben Kunden eine veränderte Wahrnehmung erreicht und sind lange nicht mehr reine Abnehmer. Mittlerweile nutzen Kunden parallel eine Vielzahl an Kanälen und fordern eine qualitativ hochwertige und individuelle Behandlung (Gimpel und Röglinger 2015). Die Herausforderung liegt für Unternehmen daher in der Generierung eines besseren Kundenverständnisses und der Schaffung eines bestmöglichen Kundenzugangs.

Zusammenfassend lässt sich feststellen, dass die Digitalisierung viele Herausforderungen für Unternehmen und ihre Distributionsmodelle mit sich bringt. Deshalb müssen sie ihre aktuellen Geschäftsmodelle im Zusammenhang mit innovativen Informationstechnologien laufend hinterfragen, um richtig auf die Digitalisierung und die damit einhergehenden Chancen und Risiken reagieren zu können. Häufig stehen Unternehmen jedoch unter hohem Anpassungs- und Umsetzungsdruck. Daher versuchen viele die Lösungen anderer Unternehmen zu adaptieren (Hoffmeister 2013). Doch um auch in Zukunft flexibel zu sein und sich an ständig ändernde Wettbewerbsbedingungen anpassen zu können, müssen Unternehmen versuchen ein individuelles Geschäftsmodell zu entwickeln.

9.3 Digitalisierung des Distributionsmodells in der Literatur

9.3.1 Methodisches Vorgehen

Der Artikel basiert auf einer systematischen Literaturanalyse zur Digitalisierung des Distributionsmodells im Geschäftsmodellkontext. Dabei werden die Auswirkungen der Digitalisierung innerhalb der Distribution auf das gesamte Geschäftsmodell herausgearbeitet. Das Vorgehen basiert auf den Empfehlungen von Webster und Watson (2002). Grundlage für die Analyse bilden die Datenbanken Business Source Premier, Web of Science, Sience Direct, Wiley, Emerald und Jstor. Um alle relevanten Teilbereiche der Distribution zu erfassen, wurden die Suchbegriffe für alle Datenbanken wie folgt definiert: „business model" AND (digital* OR „information technology") AND (distribution OR sales OR channel OR storage OR „order picking" OR commissioning OR package OR ship* OR transport OR delivery OR supply OR „order processing"). Die Suchbegriffe wurden in englischer Sprache verwendet, um innerhalb der international relevanten Literatur zu recherchieren. Um die Suchergebnisse im Anschluss sinnvoll einzugrenzen, wurden weitere Selektionskriterien festgelegt. So wurde sich auf englischsprachige Artikel aus Journalen aus dem Zeitraum von 2000 bis 2018 beschränkt. Um eine qualitativ hochwertige Literaturbasis sicherzustellen, wurden nur Artikel aus Journalen analysiert, welche nach dem InCites Journal Citation Report 2017 (Clarivate Analytics) mit 1,0 oder besser eingestuft waren. Anschließend wurden die Titel, Abstracts und Volltexte genauer betrachtet. Artikel, welche die Thematik adressierten, wurden im Anschluss genau analysiert. Abschließend wurde mit Hilfe von Google Scholar eine Rückwärtssuche durchgeführt, um sicherzustellen, dass relevante Artikel nicht übersehen wurden. Mit dieser Methode konnten weitere Artikel gefunden werden, welche sich gut in die Thematik eingliederten.

9.3.2 Digitalisierung der physischen Distribution

Da die Verkaufszahlen über das Internet in den letzten Jahren rasant zugenommen haben, muss eine wachsende Menge an Gütern physisch direkt zu den Kunden transportiert werden. Vor allem die letzten Schritte der Transportkette sind häufig kostenintensiv und sehr komplex, da viele Akteure involviert sein können (Frehe et al. 2017). Mit Hilfe neuer Informationstechnologien können die Kosten der physischen Distribution gesenkt, dem Kunden originelle zusätzliche Dienstleistungen angeboten und so eine effiziente Güterverteilung gewährleistet werden.

Die Literatur zur Digitalisierung des Distributionsmodells veranschaulicht, dass sich durch neue Technologien die Art der Lagerhaltung in vielen Fällen wesentlich verändert. Unternehmen können beispielsweise ihre Produktion durch neue Informationstechnologien besser an die aktuelle Nachfrage anpassen und so geringere Lagerbestände ermöglichen (Kraemer und Dedrick 2000). Der Prozess der physischen Lagerung kann bei komplett digitalisierbaren Gütern sogar vollständig entfallen. Um die Lagerung effizienter zu gestalten wird auch über den effizienten Einsatz von Barcode-Systemen und RFID-Chips diskutiert (Kim et al. 2008). Da mit ihrer Hilfe Echtzeit-Informationen über den Lagerbestand und den Lagerort jederzeit verfügbar sind, kann die Lagerung und Bewegung von Gütern in Lagerverwaltungssystemen weiter analysiert und optimiert werden.

Auch im Bereich der Verpackung und dem Versand hat sich auf Grund der Digitalisierung einiges verändert. An Stelle überfüllter Briefkästen sind heute E-Paper mit digitalen Kundenerlebnissen getreten, welche über digitale Plattformen direkt an den Kunden übermittelt werden können (Weill und Woerner 2013). Vollständig digitalisierbare Produkte müssen oft nicht einmal mehr physisch verpackt und zum Endkunden transportiert werden. So können beispielsweise Musik, Zeitungen, Filme und noch viele weitere Güter über digitale Plattformen auf einfache Weise direkt an den Kunden übermittelt werden.

In der Literatur wird deutlich, dass durch moderne Technologien eine Vielzahl neuer Transport- und Übergabearten entstehen. Auch werden hohe Effizienzsteigerungen im Gütertransport durch intelligente Transportsysteme, welche auf innovativen Informationstechnologien basieren, verzeichnet. Bereits heute ermöglichen Funknetze und globale Positionsbestimmungssysteme eine optimale Routenberechnung und die Vorhersage der Ankunftszeit. Zudem kann beispielsweise eine intelligente Geschwindigkeitsanpassung den Energieverbrauch optimieren oder die Kommunikation zwischen Fahrzeugen rechtzeitig vor Kollisionen warnen (Giannoutakis und Li 2012).

Auch in der Auftrags- und Bestellabwicklung werden in der Literatur einige Veränderungen beschrieben. Zum Beispiel werden durch virtuelle Plattformen die Transaktionsabläufe neu strukturiert, um asymmetrische Informationsverteilungen zu verhindern, neue Formen der Zusammenarbeit zu ermöglichen und die anfallenden Transaktions- und Informationskosten zu reduzieren (Amit und Zott 2001). Die Bestellabwicklung kann zudem durch sogenannte Bestellmanagementsysteme unterstützt werden, welche Unternehmen helfen eingehende Bestellungen und das Tracking des Bestellstatus zu managen.

9.3.3 Digitalisierung der akquisitorischen Distribution

Das Internet war die erste Technologie, die es ermöglichte Informationen für jede Person an jedem Ort der Welt zugänglich zu machen. Es gibt bis heute keine weitere Technologie, die die Fähigkeit besitzt so viele Menschen miteinander zu vernetzen, ihnen gezielt Inhalte zukommen zu lassen und die Möglichkeit bietet miteinander zu interagieren. Auch Kunden haben sich daran gewöhnt jederzeit mit anderen Personengruppen interagieren zu können (Kauffman und Wang 2008). Die Literatur zeigt, dass Kunden für verschiedene Zwecke parallel eine große Anzahl unterschiedlicher Kanäle nutzen und dabei ein abgestimmtes digitales Erlebnis über alle Kontaktpunkte hinweg erwarten. Somit hat das Aufkommen der Digitalisierung die Kundeninteraktion und das Kanalnutzungsverhalten der Kunden stark verändert (Sorescu et al. 2011). Zudem ermöglichen digitale Kanäle, durch die Überwindung geografischer Barrieren, Unternehmen eine weltweite Kundeninteraktion sowie ein höheres Maß an Automatisierung und Selbstbedienung (Kauffman und Wang 2008). Des Weiteren können Unternehmen ihren Kunden dank digitaler Kanäle mehr Informationen auf einfache Weise zur Verfügung stellen und durch stärker personalisierte Produkte und Dienstleistungen besser auf die einzelnen Kundenbedürfnisse eingehen.

In der Literatur wird zunehmend deutlich, dass es für jedes Unternehmen, unabhängig seiner Branche, wichtig ist, die Kundenbeziehung und Kundeninteraktion durch digitale Anwendungen zu unterstützen. Durch direkte Vertriebswege über das Internet können nicht nur Kosten gespart, sondern auch wichtige Kundeninformationen gesammelt werden. Mit Hilfe dieser Informationen können Trends schneller erkannt, passende zusätzliche Dienstleistungen angeboten und eine bessere Kundenbeziehung aufgebaut werden (Kraemer und Dedrick 2000). In der Literatur wird immer wieder eine Orientierung hin zum Direktverkauf auf Grund der fortschreitenden Technologisierung deutlich. Ein direkter Kundenkontakt ist im digitalen Zeitalter oft erfolgreicher, da mit dem Aufkommen neuer Informationstechnologien viele Produkte komplexer werden und daher die Erklärungsbedürftigkeit steigt (Kiel et al. 2017). Außerdem ermöglicht das Internet einen weltweiten Vertrieb ohne zwischengelagerte Vertriebspartner.

Jedoch ist zu beachten, dass nicht jedes Produkt oder jede Dienstleistung gleich gut zu digitalen Kanälen passt. Informations- oder Entertainmentgüter, wie zum Beispiel Filme oder Musik, können sehr gut über digitale Kanäle direkt an den Kunden geliefert und von ihm genutzt werden. Sie harmonieren demnach im Gegensatz zu physischen Produkten sehr gut mit digitalen Absatzkanälen, denn bei physischen Produkten, wie Nahrungsmitteln oder Kleidung, ist eine vollständig digitale Lieferung nicht möglich. In solchen Fällen können digitale Absatzwege die Distribution nur eingeschränkt unterstützen.

9.3.4 Einfluss der digitalen Distribution auf das Geschäftsmodell

Die Literatur ist sich einig darüber, dass das Geschäftsmodell kein Endzustand ist, sondern kontinuierlich angepasst werden muss (Trkman et al. 2015; Keen und Williams 2013). Auch die Übermittlung der Leistung vom Produzenten an den Konsumenten unterliegt einem kontinuierlichen Wandel. Technologien wie das Internet haben die weltweite Distribution der Unternehmen verändert. Sie spielen sowohl in der physischen als auch in der akquisitorischen Distribution eine wichtige Rolle und haben daher auch einen großen Einfluss auf die Verwirklichung neuer Geschäftsmodelle.

Die Transformation zu einem digitalen Geschäftsmodell ist ein Prozess, der die Zusammenarbeit aller Partialmodelle erfordert. So muss zur Gestaltung eines erfolgreichen digitalen Distributionsmodells das bestehende Konzept immer wieder im Zusammenhang mit dem gesamten Geschäftsmodell überdacht werden. Auch wenn sich nur ein Absatzkanal ändert, kann ein komplett neues Geschäftsmodell entstehen, denn die anderen Teilmodelle müssen immer wieder an die Veränderungen im Distributionsmodell angepasst werden (Kraemer und Dedrick 2000). Die Unterteilung des Geschäftsmodells in seine einzelnen Partialmodelle kann Unternehmen somit bei der erfolgreichen Gestaltung und Weiterentwicklung der einzelnen Teilmodelle helfen. Die Beachtung der engen Verbindungen zwischen den Partialmodellen und deren wechselseitige Abhängigkeit sind somit von großer Relevanz. Dies bedeutet, dass bei der Digitalisierung nur eines Teilmodells immer auch das Set der restlichen Komponenten des Geschäftsmodells betrachtet und angepasst werden muss. Daher erfordert die Einführung neuer Distributionswege immer auch ein Überdenken der anderen Teilmodelle (Wu et al. 2013). Das Unternehmen Dell dient in der Literatur immer wieder als Paradebeispiel, wie ausgehend von einer Reorganisation des Distributionsmodells ein neues Geschäftsmodell etabliert werden konnte. Durch die Einführung eines neuen digitalen Absatzkanals konnte Dell seine Flexibilität und Schnelligkeit im neuen Distributionsmodell erhöhen und so wichtige Wettbewerbsvorteile realisieren (Kraemer und Dedrick 2000). Für zahlreiche Unternehmen kann eine Reorganisation der Distributionskanäle eine Möglichkeit der Geschäftsmodellinnovation darstellen, denn so können neuartige Methoden der Wertübermittlung erreicht werden (Sorescu et al. 2011; Kauffman und Wang 2008). Auch innovative Konzepte wie das Physical Internet können die physische Distribution von Gütern grundlegend verändern (Sternberg und Norrman 2017). Sie können somit als Treiber für Geschäftsmodellinnovationen gesehen werden, da sie eine enorme Auswirkung auf viele Geschäftsmodelle und deren Partialmodelle haben können.

Durch den Einsatz neuer Informationstechnologien können daher bestehende Geschäftsmodelle erweitert oder neu gedacht werden. Digitale Kanäle werden somit lange nicht mehr nur für den Bestellvorgang genutzt, sondern auch zu Informationszwecken oder zur Übermittlung zusätzlicher Dienstleistungen an den Kunden. Neue Technologien lassen Kanäle zu wertschöpfenden Komponenten werden und beeinflussen daher auch die anderen Partialmodelle maßgeblich. Abschließend kann daher gesagt werden, dass nach dem aktuellen Stand der Literatur die Digitalisierung der Distribution Auswirkungen auf das gesamte Geschäftsmodell hat und sogar eine komplette Reorganisation erfordern kann.

9.4 Digitalisierung des Distributionsmodells in der Praxis

Um einen Eindruck zu bekommen, wie digital Unternehmen ihre Distributionsmodelle in der Praxis bereits gestalten, werden im Folgenden die Absatz- und Kommunikationswege einiger Unternehmen genauer analysiert und verglichen. Dabei wurde lediglich die akquisitorische Distribution der Unternehmen untersucht, da für einen Vergleich der physischen Distribution nur schwer eine konsistente Datenbasis geschaffen werden kann. Es wurde daher der digitale Kanal der Webseite untersucht, welcher Kunden als Informationsquelle dient und ihnen die Möglichkeit bietet mit dem Unternehmen in Kontakt zu treten. Der Auftritt von Unternehmen über das Internet wird als besonders wichtiger Kommunikations- und Distributionskanal gesehen und ist somit ein relevanter Bestandteil der akquisitorischen Distribution. Ziel der Untersuchung ist es einen ersten Eindruck zu bekommen, wie stark der akquisitorische Teil des Distributionsmodells in der Praxis bereits digitalisiert ist und welche digitalen Anwendungen Unternehmen innerhalb des Kanals der Webseite nutzen. Um eine Vergleichbarkeit der Daten zu ermöglichen und eine valide Aussage treffen zu können, wurde sich auf den produzierenden Mittelstand beschränkt. Die Analyse von Unternehmen auf B2B-Märkten erscheint dabei als besonders interessant, da hier keine Schnittstellen zu Endkonsumenten gegeben sind, welche ein digitales Kundenerlebnis bereits als Grundvoraussetzung sehen. Die gesamten Unternehmensdaten wurden durch die öffentlich zugänglichen Unternehmenswebseiten gesammelt.

In der Literatur werden verschiedene digitale Instrumente zur erfolgreichen Gestaltung der Unternehmenswebseite genannt (IEEE 1999; Blömeke et al. 2013). Hierzu zählen unter anderem die Sprachauswahl sowie Informationsinstrumente wie FAQs, Newsletter oder Anwendungen zum Anfordern von Informationsmaterialien. Des Weiteren gibt es digitale Anwendungen, wie Merkfunktionen oder Kundenportale, welche ein individuelles Kundenerlebnis auf der Webseite ermöglichen. Um dem Kunden eine interaktive Beratung zu ermöglichen, wird in der Literatur auch der Einsatz von Produktfindern, Rückrufservices oder Kontaktformularen beschrieben. Um die Navigation innerhalb der Webseite möglichst effizient zu gestalten, bietet sich zudem der Einsatz einer Suchfunktion an. Auch soziale Netzwerke und Erfahrungsberichte werden in der Literatur als digitale Anwendungen beschrieben, welche die Webseite sinnvoll ergänzen und eine Community bilden können. Die Webseiten wurden auf die Existenz der in der Literatur beschriebenen digitalen Anwendungen zur erfolgreichen Gestaltung des Kommunikationskanals analysiert. Des Weiteren wurde geprüft, ob es generell möglich ist, Güter über die Homepage in Form eines Online-Shops zu beziehen (Abb. 9.3).

Insgesamt wurden die Webseiten 50 verschiedener mittelständischer Unternehmen analysiert. Zunächst wurde geprüft, ob Kunden die Möglichkeit geboten wird, die Spracheinstellung der Homepage zu verändern. Überraschenderweise konnte nur auf 37 Webseiten die Sprache verändert werden, wodurch die Webseiten von 13 Unternehmen internationalen Kunden keinen Mehrwert bietet. Häufig verwendete digitale Tools sind ein standardisiertes Kontaktformular und eine Suchfunktion innerhalb der Webseite. Es wurde auch geprüft, ob die Unternehmen soziale Medien zur Informationsverbreitung und Steigerung ihrer Bekanntheit nutzen. 44 % der Unternehmen nutzen neben ihrer Webseite mindestens ein soziales Netzwerk zur zusätzlichen Kundenkommunikation. Weniger verbreitete Tools sind die Registrierung für einen Newsletter und die Möglichkeit, sich in einem Kundenportal anzumelden, um individuell relevante Informationen zu erhalten. Zudem bieten lediglich

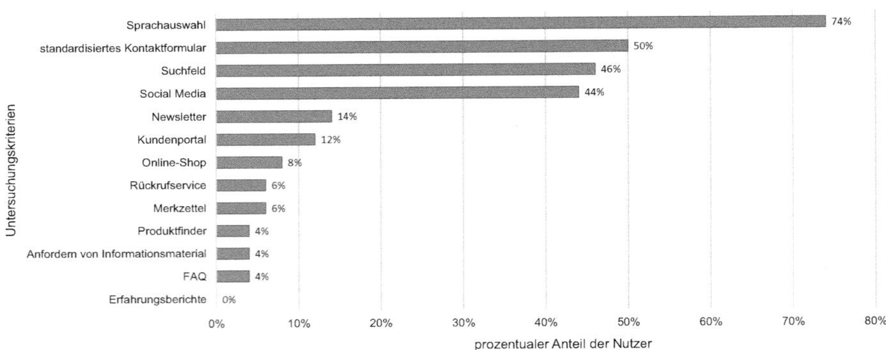

Abb. 9.3 Übersicht der Untersuchungsergebnisse

vier der 50 Unternehmen einen Online-Shop an. Weitere nicht weit verbreitete Tools sind das Anbieten eines Rückrufservice über die Webseite und ein Merkzettel, welcher es Besuchern ermöglicht interessante Produkte auf der Webseite zu speichern. Des Weiteren versuchen nur zwei der Unternehmen ihre Kunden bei der Suche passender Produkte durch einen Produktfinder zu unterstützen und mit Hilfe eines standardisierten Tools gewünschtes Informationsmaterial anzufordern. FAQs und Erfahrungsberichte sind im B2C-Bereich auf zahlreichen Unternehmenswebseiten zu finden. Daher wurde geprüft, ob diese auch im B2B-Bereich Verwendung finden. Jedoch wurde nur auf zwei Webseiten ein Tool für häufig auftretende Fragen angeboten. Dabei könnten Unternehmen, vor allem aus dem produzierenden Gewerbe dieses Tool sinnvoll nutzen, um ständig auftretende Fragen zu beispielsweise Schichtbetrieben, Bestellprozessen oder der individuellen Produktkonfiguration vorab zu klären. Erfahrungsberichte bereits bestehender Kunden konnten auf keiner Webseite gefunden werden.

Neben den vorab festgelegten Untersuchungskriterien konnten auf einigen Webseiten weitere Tools gefunden werden, welche den Besuch zu einem digitalen Kundenerlebnis werden lassen und helfen Unternehmensprozesse effizienter zu gestalten. Ein Unternehmen bietet beispielsweise seinen Kunden einen kostenlosen Effizienzrechner an, durch welchen Kunden die finanzielle Rentabilität der Produkte berechnen können. Auf einer weiteren Webseite wurden zudem ein 3D-Showroom, Videos zu den Gebrauchsanweisungen sowie ein Quick Response Code, durch den Kunden die Kontaktdaten des Unternehmens mit Hilfe eines Barcodescanners in ihr Smartphone importieren können, gefunden. Zuletzt wurde auf einer Homepage ein digitales Tool zur Erklärung von Fachbegriffen innerhalb der Webseite gefunden.

Generell nutzen zwar alle der betrachteten Unternehmen bereits eine Webseite zur Kundenkommunikation, jedoch sind die meisten noch sehr ausbaufähig und tragen oft nicht zu einem besseren Kundenerlebnis bei. Viele Unternehmen können durch digitale Tools, wie Suchfelder oder Merkfunktionen, ihre Webseite für Kunden übersichtlicher und interessanter gestalten. Auch die Nutzung sozialer Medien als Kommunikationskanal kann weiter ausgebaut werden. Allerdings muss für jedes

Unternehmen individuell entschieden werden, welche digitalen Tools den meisten Nutzen bieten. Um die gewonnenen Erkenntnisse wissenschaftlich zu bestätigen bedarf es einer sich anschließenden wissenschaftlich fundierten Analyse.

9.5 Implikationen zur digitalen Transformation des Distributionsmodells

Aus den in der Literatur und der Praxis gewonnenen Erkenntnissen lassen sich Implikationen für das Management ableiten, wie das Distributionsmodell im digitalen Zeitalter erfolgreich gestaltet werden kann. Damit dies gelingt, müssen sich Unternehmen zunächst über ihre genauen Ziele bewusstwerden und sich regelmäßig über neu aufkommende Informationstechnologien informieren. Allerdings dürfen Manager digitale Technologien nicht einfach ohne weitere Überlegungen übernehmen, da der Prozess der Digitalisierung oft sehr komplex ist und Fehlentscheidungen oft hohe Folgekosten nach sich ziehen können (Kim et al. 2008). Neben den finanziellen Aspekten kann auch das benötigte Know-How zur Herausforderung werden. Daher müssen Manager genau verstehen wie und welche Komponente des Geschäftsmodells durch neue Technologien beeinflusst werden. Um die einzelnen Teilbereiche erfolgreich zu transformieren und passende Maßnahmen zur digitalen Transformation abzuleiten, kann es für Unternehmen hilfreich sein, ihr Geschäftsmodell in seine einzelnen Partialmodelle zu untergliedern (Trkman et al. 2015).

Unternehmen können innerhalb ihres Distributionsmodells passende digitale Tools, wie zum Beispiel Produktempfehlungen, Merkfunktion, Ratings, Erfahrungsberichte oder Live Chats, anbieten, um auf die individuellen Kundenbedürfnisse besser einzugehen. Durch den Gebrauch zusätzlicher digitaler Dienstleistungen können Unternehmen ein besonderes Kauferlebnis kreieren und so einen erweitertem Kundennutzen schaffen (Wu et al. 2013). Dass dies gelingt müssen Unternehmen die aktuellen und zukünftigen Bedürfnisse ihrer Kunden genau kennen, um ihnen personalisierte digitale Dienstleistungen anbieten zu können. Auf Grund der zunehmenden Orientierung hin zu dienstleistungsbasierten Geschäftsmodellen sollten Unternehmen zudem versuchen, ihre Produkte und Dienstleistungen möglichst stark zu digitalisieren, sodass sie im besten Fall vollständig über das Internet an die Kunden geliefert werden können. So entstehen weniger Kosten innerhalb der physischen Distribution. Durch einen verstärkten Einsatz digitaler Kanäle, kann des Weiteren ein höheres Maß an Automatisierung und Selbststeuerung erreicht werden. Unternehmen können analog zu Dell beispielsweise ein Set an FAQs anbieten, sodass Kunden einen Großteil auftretender Probleme selbst lösen können (Kauffman und Wang 2008). Durch die Nutzung digitaler Kanäle kann auf eine kostengünstige Weise eine große Anzahl an potenziellen Nachfragern erreicht werden, da geografische Barrieren überwunden werden können. Auch kann mit Hilfe intelligenter Transportsystemen eine erhöhte Selbststeuerung innerhalb der physischen Distribution generiert und Distributionsprozesse effizienter gestaltet werden.

9.6 Fazit

Durch die Literaturanalyse konnten die Auswirkungen der Digitalisierung auf die Distribution im Kontext der Geschäftsmodellforschung dargestellt werden. Zahlreiche Veränderungen in der Distribution werden durch neue digitale Technologien hervorgerufen. Diese schaffen viele Möglichkeiten für neuartige Distributionsmodelle und sorgen somit für grundlegende Veränderungen im gesamten Geschäftsmodell. Neue Informationstechnologien ermöglichen innerhalb der Distribution Kostenreduktionen und bieten neue Möglichkeiten des Dienstleistungsangebots für die Kunden, welche bereits den Kauf zu einem individuellen Kundenerlebnis werden lassen. Dennoch können neue Informationstechnologien auch zur großen Herausforderung werden, falls sich Unternehmen nicht explizit mit neu aufkommenden Technologien auseinandersetzen oder diese falsch einschätzen. Zudem wurde erkannt, dass für den Mittelstand, die tragende Säule der deutschen Wirtschaft, noch zahlreiche Möglichkeiten bestehen die Distributionsmodelle weiter zu digitalisieren. Unternehmen müssen versuchen, den Einfluss der Digitalisierung des Distributionsmodells auf ihr gesamtes Geschäftsmodell genau zu verstehen. Nur so kann eine erfolgreiche und zukunftsgerichtete Gestaltung des Geschäftsmodells gelingen.

Literatur

Amit R, Zott C (2001) Value creation in E-business. Strateg Manag J 22:493–520. https://doi.org/10.1002/smj.187

Bharadwaj A, El Sawy OA, Pavlou PA, Venkatraman N (2013) Digital business strategy: Toward a next generation of insights. MIS Q 37:471–482. https://doi.org/10.25300/MISQ/2013/37:2.3

Blömeke E, Clement M, Shehu E, Pagendarm E (2013) Kundenbindung im Electronic Commerce Eine empirische Analyse zur Wahrnehmung und Wirkung verschiedener Kundenbindungsinstrumente im Internet. Schmalenbachs Zeitschrift für betriebswirtschaftliche Forschung 65:63–96. https://doi.org/10.1007/BF03373710

Casadesus-Masanell R, Ricart JE (2010) From strategy to business models and onto tactics. Long Range Plan 43:195–215. https://doi.org/10.1016/j.lrp.2010.01.004

Frehe V, Mehmann J, Teuteberg F (2017) Understanding and assessing crowd logistics business models – using everyday people for last mile delivery. J Bus Ind Mark 32:75–97. https://doi.org/10.1108/JBIM-10-2015-0182

Giannoutakis KN, Li F (2012) Making a business case for intelligent transport systems: a holistic business model framework. Transp Rev 32:781–804. https://doi.org/10.1080/01441647.2012.740096

Gimpel H, Röglinger M (2015) Digital transformation: changes and chances – insights based on an empirical study. Universität Bayreuth. https://www.fim-rc.de/wp-content/uploads/Fraunhofer-Studie_Digitale-Transformation.pdf. Zugegriffen am 10.11.2018

Gimpel H, Hosseini S, Huber R, Probst L, Röglinger M, Faisst U (2018) Structuring digital transformation: a framework of action fields and its application at ZEISS. JITTA 19:31–54

Hoffmeister C (2013) Digitale Geschäftsmodelle richtig einschätzen. Hanser, München

Hosseini S, Oberländer A, Röglinger M, Wolf T (Hrsg) (2015) Rethinking multichannel management in a digital world – a decision model for service providers. 12th International Conference on Wirtschaftsinformatik, Osnabrück

IEEE (Hrsg) (1999) Determinants of successful Website design: relative importance and recommendations for effectiveness. Los Alamitos

Kauffman RJ, Wang B (2008) Tuning into the digital channel: evaluating business model characteristics for Internet firm survival. Inf Technol Manag 9:215–232. https://doi.org/10.1007/s10799-008-0040-3

Keen P, Williams R (2013) Value architectures for digital business: beyond the business model. MIS Q 37:643–648

Kiel D, Arnold C, Voigt K-I (2017) The influence of the Industrial Internet of Things on business models of established manufacturing companies – a business level perspective. Technovation 68:1–16. https://doi.org/10.1016/j.technovation.2017.09.003

Kim C, Yang KH, Kim J (2008) A strategy for third-party logistics systems: a case analysis using the blue ocean strategy. Omega 36:522–534. https://doi.org/10.1016/j.omega.2006.11.011

Kraemer KL, Dedrick J (2000) Refining and extending the business model with information technology: Dell Computer Corporation. Inf Soc 16:5–21. https://doi.org/10.1080/019722400128293

Osterwalder A (2004) The Business Model Ontology: a proposition in a design science approach. UNIVERSITE DE LAUSANNE, Lausanne

Osterwalder A, Pigneur Y (2011) Business model generation; a handbook for visionaries, game changers, and challengers. Wiley, Hoboken

Schallmo D, Rusnjak A, Anzengruber J, Werani T, Jünger M (Hrsg) (2016) Digitale Transformation von Geschäftsmodellen: Grundlagen, Instrumente und Best Practices. Springer Gabler, Wiesbaden

Schallmo D, Reinhart J, Kuntz E (2018) Digitale Transformation von Geschäftsmodellen erfolgreich gestalten; Trends, Auswirkungen und Roadmap. Springer Gabler, Wiesbaden

Sorescu A, Frambach RT, Singh J, Rangaswamy A, Bridges C (2011) Innovations in retail business models. J Retail 87:3–16. https://doi.org/10.1016/j.jretai.2011.04.005

Specht G (1971) Grundlagen der Preisführerschaft; Eine betriebswirtschaftliche Betrachtung unter besonderer Berücksichtigung des Einzelhandels. Springer Gabler, Wiesbaden

Specht G, Fritz W (2005) Distributionsmanagement. Kohlhammer, Stuttgart

Statistisches Bundesamt (2016) Unternehmensstrukturstatistik. https://www.destatis.de/DE/ZahlenFakten/GesamtwirtschaftUmwelt/UnternehmenHandwerk/KleineMittlereUnternehmenMittelstand/KleineMittlereUnternehmenMittelstand.html. Zugegriffen am 06.11.2018

Sternberg H, Norrman A (2017) The Physical Internet – review, analysis and future research agenda. Int J Phys Distrib Logist Manag 47:736–762. https://doi.org/10.1108/IJPDLM-12-2016-0353

Trkman P, Budler M, Groznik A (2015) A business model approach to supply chain management. Supply Chain Manag: Int J 20:587–602. https://doi.org/10.1108/SCM-06-2015-0219

Urbach N, Ahlemann F (2016) IT-Management im Zeitalter der Digitalisierung; Auf dem Weg zur IT-Organisation der Zukunft. Springer Gabler, Berlin/Heidelberg

Webster J, Watson RT (2002) Analyzing the past to prepare for the future: writing a literature review. MIS Q 26:13–23

Weill P, Woerner SL (2013) Optimizing your digital business model. MIT Sloan Manag Rev 54:28–35

Wirtz BW (2018a) Business Model Management; Design – Instrumente – Erfolgsfaktoren von Geschäftsmodellen. Springer Gabler, Wiesbaden

Wirtz BW (2018b) Electronic business. Springer Gabler, Wiesbaden

Wu J, Guo B, Shi Y (2013) Customer knowledge management and IT-enabled business model innovation: a conceptual framework and a case study from China. Eur Manag J 31:359–372. https://doi.org/10.1016/j.emj.2013.02.001

Wieviel digitale Transformation steckt im Informationsmanagement? Aktuelle Erkenntnisse zum Zusammenspiel eines etablierten und eines neuen Managementkonzepts

10

Thomas Hess und Philipp Barthel

Zusammenfassung

Das Management des Digitalisierungsprozesses ist eine drängende Herausforderung für fast jedes Unternehmen. Ausgehend von drei aufeinander aufbauenden empirischen Untersuchungen zeigen wir auf, welche generellen Themenfelder und welche konkreten Aufgaben sich dem Management im Rahmen dieses Prozesses stellen. Ferner leiten wir ab, dass das Management der digitalen Transformation als separates Konzept zum Informationsmanagement zu betrachten und so auch organisatorisch separiert zu implementieren ist.

Schlüsselwörter

Digitalisierung · Digitale Transformation · Informationsmanagement · IT-Management · Digitalisierungsstrategien

10.1 Management der digitalen Transformation als Herausforderung

Die Bewältigung der digitalen Transformation ist eines der zentralen Themen in fast allen Unternehmen. Dahinter verbirgt sich für Unternehmen insbesondere die Notwendigkeit, Information- und Kommunikationstechnologie bestmöglich einzusetzen (Hess 2016). Das Thema ist keinesfalls neu. Schon in den 70er-Jahren haben

Überarbeiteter Beitrag basierend auf Hess T, Barthel P (2017) Wieviel digitale Transformation steckt im Informationsmanagement? Zum Zusammenspiel eines etablierten und eines neuen Managementkonzepts. HMD – Praxis der Wirtschaftsinformatik Heft 315, 54(3):313–323.

T. Hess · P. Barthel (✉)
Institut für Wirtschaftsinformatik und Neue Medien, LMU München, München, Deutschland
E-Mail: thess@bwl.lmu.de; barthel@bwl.lmu.de

S. Meinhardt, A. Pflaum (Hrsg.), *Digitale Geschäftsmodelle – Band 1*, Edition HMD, https://doi.org/10.1007/978-3-658-26314-0_10

sich Unternehmen mit IT-basierten Innovationen beschäftigt. Allerdings lag der Fokus damals eher auf den administrativen Bereichen, die unternehmerische Bedeutung war eher gering. Letzteres hat sich mittlerweile geändert. Informations- und Kommunikationstechnologien stellen heute Branchenstrukturen, Geschäftsmodelle und Managementkonzepte oft grundlegend in Frage.

Die digitale Transformation stellt Unternehmen auf zwei Ebenen vor Herausforderungen. Einmal bemühen sich Unternehmen um passende IT-getriebene Innovationen, so z. B. um eine neue Form der Kundeninteraktion auf Basis von Online-Kanälen und verbesserten Customer Relationship Management Systemen. Andere Unternehmen denken über neue Wege der Erlösgenerierung nach, etwa in Form sogenannter Freemium-Erlösmodelle. Auch prüfen Unternehmen neue Organisationsformen wie z. B. agile Konzepte. Alle diese Herausforderungen beschäftigen sich mit konkreten Veränderungen von Prozessen, Produkten und Geschäftsmodellen. Daneben stellt Unternehmen auch die Steuerung des Prozesses der digitalen Transformation, d. h. das Identifizieren, Realisieren und Implementieren neuer Prozesse, Produkte und Geschäftsmodelle, vor große Herausforderungen. Dabei geht es z. B. um die Vor- und Nachteile der Etablierung eines Chief Digital Officers (CDOs) oder die Definition des Prozesses zur Festlegung einer Digitalisierungsstrategie. Hat ein Unternehmen für sich hier passende Ansätze gefunden, dann sollte dies eine nachhaltig positive Wirkung auf das Finden IT-getriebener Innovationen haben. Abb. 10.1 zeigt die beiden sich daraus ergebenden Ebenen im Zusammenhang.

Die im Bild unten angeordnete Ebene, d. h. die konkreten Veränderungen in Prozessen, Produkten oder Geschäftsmodellen ist vielfach Gegenstand der Diskussion. Kaum ein Unternehmen hat sich nicht schon Gedanken über die Chancen und Risiken der digitalen Transformation gemacht. Nach ersten Erfahrungen mit größeren Digitalisierungsprojekten beschäftigen sich viele Unternehmen aktuell aber auch verstärkt mit dem Management des Prozesses der digitalen Transformation – häufig vor dem Hintergrund einer stark gewachsenen Zahl von Digitalisierungsprojekten, oft unklaren Zuständigkeiten und einem beachtlichen Erwartungsdruck.

Es liegt nahe, zur Bewältigung dieser Herausforderung auf die etablierten Konzepte des Informationsmanagements zurückzugreifen. Nachfolgend wollen wir untersuchen, inwieweit dies möglich ist. Dazu gehen wir in zwei Schritten vor.

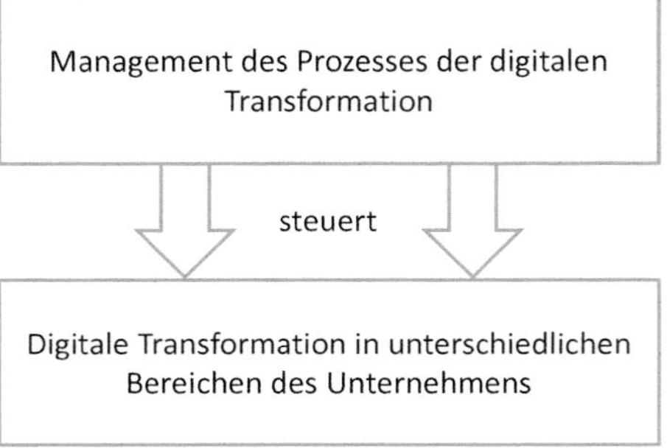

Abb. 10.1 Herausforderungen durch die digitale Transformation auf zwei Ebenen

In einem ersten Schritt (Abschn. 10.2 und 10.3) leiten wir zunächst die zentralen Themenfelder im Kontext der digitalen Transformation her und konkretisieren diese in Form einer Liste an Managementaufgaben. Im zweiten Schritt (Abschn. 10.4 und 10.5) prüfen wir, ob die identifizierten Aufgaben im Rahmen des Informationsmanagements bereits angemessen adressiert werden und welche Implikationen sich aus diesem Befund sowohl konzeptionell als auch praktisch ergeben.

10.2 Hintergrund

10.2.1 Themenfelder des Managements der digitalen Transformation

Management der digitalen Transformation ist ein recht abstrakter Begriff. Als erste Konkretisierung und damit als Orientierungspunkt für die Identifikation konkreter Aufgaben haben wir daher zunächst die wichtigsten Themenfelder identifiziert, die im Rahmen des Managements der digitalen Transformation adressiert werden sollten.

Im Zentrum der digitalen Transformation jedes Unternehmens stehen originäre Digitalisierungsprojekte. Diese zielen darauf ab, durch die Konzeption und Realisierung IT-basierter digitaler Innovation, die Wertschöpfung im Unternehmen zu verändern. Dies umfasst sowohl technische als auch fachliche Aspekte. Letzteres kann z. B. die Einführung eines neuen Produkts oder auch die Anpassung des Personalbestandes beinhalten. Das Management dieser Projekte ist daher ein erstes zentrales Themenfeld im Rahmen des Managements der digitalen Transformation. Typische Beispiele sind die Einführung einer neuen, auf das individuelle Fahrverhalten ausgerichteten Kfz-Versicherung oder einer neuen Mobilitätslösung durch einen Automobilhersteller.

Derartige Projekte können jedoch nur erfolgreich sein, wenn die dafür erforderlichen Ressourcen und Infrastrukturen, sowie eine förderliche Kultur in einem Unternehmen vorhanden sind. Das „vorausschauende" Erfüllen dieser Voraussetzungen ist daher ein zweites wichtiges Aufgabenfeld im Rahmen des Managements der digitalen Transformation. Im Wesentlichen betrifft dies die IT-Landschaft, den Personalbestand sowie die formalen und informellen Strukturen eines Unternehmens. Typische Vorhaben sind hier z. B. die Flexibilisierung der IT-Landschaft für die Anpassung von Produktmerkmalen oder die unternehmensinterne Etablierung sogenannter Inkubatoren zur Förderung der Entstehung neuer Geschäftsideen.

Jedes Unternehmen muss seine eigene digitale Agenda finden und diese, über die Grenzen von Unternehmensbereichen und Standorten hinweg, in einer Digitalisierungsstrategie (Matt et al. 2015) zusammenfassen. Diese ist mit den anderen Strategien, so auch mit der IT-Strategie, abzustimmen und bezüglich der Ressourcen abzugleichen. Ist ein Unternehmen in einem homogenen Geschäftsfeld tätig, dann reicht häufig eine einzige Digitalisierungsstrategie für das ganze Unternehmen. Besteht ein Unternehmen dagegen aus heterogenen Geschäftsbereichen, dann formulieren typischerweise diese Geschäftsbereiche ihre eigene Digitalisierungsstrategie. Des Weiteren müssen zur Steuerung der digitalen Transformation die verantwortlichen Ma-

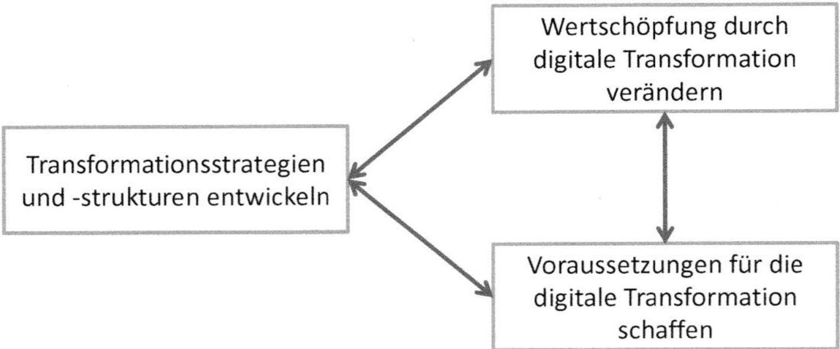

Abb. 10.2 Themenfelder im Management der digitalen Transformation („MDT-Framework")

nagement-Rollen definiert werden. Insbesondere ist zu entscheiden, wer die Transformation vorantreibt, wer die Umsetzung steuert und wer die erforderlichen Voraussetzungen schafft.

Abb. 10.2 zeigt diese drei Themenfelder der digitalen Transformation im Überblick. Die Pfeile sollen ausdrücken, dass die Entwicklung der Transformationsstrategien und -strukturen, die Veränderung der Wertschöpfung und die Schaffung der Voraussetzung sich jeweils gegenseitig bedingen.

10.2.2 Vorgehen für das Erstellen einer Aufgabenliste

Zur Identifikation der mit der digitalen Transformation anfallenden Managementaufgaben (und damit zur Konkretisierung der genannten Themenfelder) sind wir in drei Schritten vorgegangen. Im ersten Schritt haben wir aus der Literatur heraus eine Liste an Themen und darauf aufbauend einen vorläufigen Katalog von Aufgaben entwickelt. In einem zweiten Schritt haben wir diesen mit Hilfe einer großzahligen Befragung von Unternehmen weiterentwickelt. Den auf diesem Weg modifizierten Aufgabenkatalog haben wir im letzten Schritt mittels dreier Fallstudien finalisiert.

Die großzahlige Befragung haben wir in der deutschen Medienindustrie in Kooperation mit der Unternehmensberatung KPMG im Zuge einer breiter angelegten Befragung durchgeführt. Teilgenommen an der Befragung haben 110 Unternehmen aller Größenklassen und Branchensubsegmente. Die Ergebnisse sind unter KPMG (2016) detailliert beschrieben. Die Medienindustrie ist für unsere Fragestellung besonders interessant, da sie wie kaum eine andere Branche dem geänderten Verhalten ihrer Konsumenten schon lange ausgesetzt ist (man denke nur an den „Napster-Schock" vor rund 15 Jahren), somit besonders stark den Druck der digitalen Transformation spürt und sich daher schon früher Gedanken über das Management des Prozesses der digitalen Transformation gemacht hat. In Folge dessen hat sie sich als eine der ersten Branchen mit den Chancen und Risiken der digitalen Transformation beschäftigt und schon früher als viele andere Branchen Managementstrukturen zur Bewältigung des Wandels herausgebildet. Für die vertiefende Fallanalyse haben wir ein Unternehmen aus dem Maschinenbau (Umsatz im dreistelligen Millionenbereich), einen Versicherer (Umsatz im unteren einstelligen Milliardenbereich) und ein Telekommunikationsunternehmen (Umsatz im oberen einstelligen Milliardenbereich) betrachtet. Diese drei Unternehmen haben ihre Zentrale in Deutschland, sind aber auch international aktiv. Bewusst haben wir uns damit aus dem Segment der Medienindustrie heraus bewegt, sowohl produzierende Unternehmen als auch Dienstleister einbezogen und wiederum Unternehmen unterschiedlicher Größe berücksichtigt. Durch diese Auswahl soll die Generalisierbarkeit der Ergebnisse über die Medienbranche hinaus gewährleistet werden.

10.3 Managementaufgaben im Rahmen der digitalen Transformation

Die bereits genannten Themenfelder beschreiben die im Rahmen des Managements der digitalen Transformation zu adressierenden Themen noch recht grob. Nachfolgend präsentieren wir einen darauf aufbauenden Katalog an Aufgaben, angelehnt an Hess (2019).

10.3.1 Transformationsstrategien und -strukturen entwickeln

Eine Digitalisierungsstrategie setzt die „Leitplanken" für die digitale Transformation eines Unternehmens. Sie beschreibt die erforderlichen Veränderungen in der Wertschöpfungs- und Managementstruktur und den Umgang mit Technologien und setzt dies in einen Kontext mit finanziellem Druck und Handlungsspielraum. Sie ist kontinuierlich weiterzuentwickeln. Gleichzeitig müssen geeignete Transformationsstrukturen im Unternehmen etabliert werden. Dabei fallen vier zentrale Aufgaben an:

- **Ideen und Anstöße für die Transformationsstrategie einbinden:** Die Impulse, die zum Entstehen einer konkreten Digitalisierungsstrategie führen, können aus verschiedenen Quellen stammen. Gerade bei komplexen und umfassenden Themen, die das ganze Unternehmen betreffen, können Experten aus den unterschiedlichen Bereichen des Unternehmens wertvolle Beiträge leisten. Die frühzeitige Einbeziehung von Mitarbeitern in diese initiale Phase des Prozesses stellt sich häufig als entscheidend heraus – vorausgesetzt die grundsätzliche Stoßrichtung ist definiert (Chanias und Hess 2016). Vor allem Vorschläge für inkrementelle Weiterentwicklungen stammen dabei von der operativen Basis des Unternehmens („bottom-up"). Grundlegend neue Ansätze sollten aber eher zentral angestoßen werden („top-down"). In der Praxis lässt sich dabei häufig ein Zusammenspiel von „top-down"- und „bottom-up"-Elementen beobachten (Chanias 2017).
- **Schnittstellen zu anderen Strategien definieren:** Eine Digitalisierungsstrategie beschreibt die wesentlichen Schritte eines Unternehmens im Kontext der digitalen Transformation. Dadurch ergeben sich zahlreiche Schnittstellen zu anderen Feldern, insbesondere zur Unternehmensstrategie und zur IT-Strategie. Im Kontext der Entwicklung einer Digitalisierungsstrategie sind diese Schnittstellen zu klären (Matt et al. 2015).

- **Transformationsstrategie fixieren und kommunizieren:** Oft entstehen im Zuge der Entwicklung einer Digitalisierungsstrategie unterschiedliche Varianten, auch aus der Abstimmung mit den anderen Strategien eines Unternehmens. Für die vorläufige Festlegung der Strategie sind diese Varianten zu bewerten. Auf dieser Basis ist ein Beschluss über wesentliche Elemente zu fassen, d. h. zu den angestrebten Veränderungen in der Wertschöpfungs- und Managementstruktur und zum Umgang mit Technologien und dem finanziellen Kontext. Ist eine Strategie entwickelt, beschlossen und abgestimmt, ist auf jeden Fall deren Kommunikation erforderlich. Dieser Part ist besonders kritisch, da sich hier entscheidet, ob die geplante Veränderung von den Mitarbeitern angenommen wird oder sich Widerstand bildet (Hansen et al. 2011; Lauer 2014). Unterschiedliche Gruppen im Unternehmen müssen dabei unter Umständen unterschiedlich adressiert werden. Wichtig ist auch, dass nicht nur kommuniziert wird was sich ändern wird, sondern auch warum und warum auf diesem Weg.
- **Rollen für die digitale Transformation festlegen:** Die Tragweite der digitalen Transformation macht sie unumstritten zu einer Aufgabe des Top-Managements. Doch es bleibt die Frage, ob der CEO alle Themen der Transformation selbst vorantreiben muss, oder ob er Aufgaben an den CIO oder CDO delegieren kann. In der Praxis zeigt sich, dass der CEO tatsächlich weitestgehend die Hauptverantwortung für die digitale Transformation trägt, dabei teilweise von einem CDO unterstützt wird und dem CIO häufig nur die Verantwortung für die IT-Infrastruktur zufällt (KPMG 2016). Dennoch ist eine genaue Definition der Management-Rollen unverzichtbar. Insbesondere die Rolle neu etablierter CDOs muss dabei abgesteckt werden. So kann diese unterstützende Rolle etwa als *Entrepreneur* die Exploration digitaler Innovationen fokussieren, als *Evangelist* die Belegschaft des Unternehmens auf den Wandel vorbereiten, oder als *Koordinator* die fachbereichsübergreifende Kooperation steuern (Horlacher und Hess 2016). Des Weiteren sollte beispielsweise die potenziell konfliktbeladene Beziehung zwischen CIO und CDO mit Bedacht ausgestaltet werden (Singh et al. 2017).

  Ergänzend sei noch angemerkt, dass eine Digitalisierungsstrategie keinesfalls statisch ist. Vielmehr ist sie kontinuierlich anzupassen.

10.3.2 Voraussetzungen für die digitale Transformation schaffen

Digitale Transformation gelingt nur, wenn die dafür erforderlichen Voraussetzungen vorausschauend geschaffen wurden. Dafür fallen vier Aufgaben an:

- **IT-Landschaft vorbereiten:** Definitionsgemäß muss sich eine digitale Transformation (z. B. in Form neuer Produkte, neuer Prozesse oder neuer Managementstrukturen) ebenfalls in der IT-Landschaft widerspiegeln. Sowohl die

Applikationslandschaft als auch die darunter liegende Infrastruktur muss daher in der Lage sein, die gewünschten Veränderungen abzubilden. In der Realität ist dies keineswegs immer der Fall (Crameri und Heck 2010). Unternehmen versuchen daher sowohl durch technische Lösungen (z. B. durch Middleware-Lösungen) als auch durch organisatorische Lösungen (z. B. den Aufbau separierter IT-Landschaften) dieses Problem anzugehen. Im Rahmen dieser Aufgabe ebenfalls interessant ist die oft erforderliche Anpassung der Entwicklungsverfahren für neue Applikationen. Häufig sind klassische, streng phasenorientierte Vorgehensmodelle gerade für die Entwicklung produktbezogener Systeme nicht geeignet.

- **Innovationsfördernde Strukturen aufbauen:** Unternehmen sind, wie viele andere Organisationen auch, häufig auf die effiziente Bereitstellung von Produkten und Diensten hin ausgerichtet. Dies führt dazu, dass wichtige Innovationspotenziale häufig nicht erkannt werden (Picot et al. 2012). Gerade im Kontext IT-basierter Innovationen ist dies besonders wichtig. Unternehmen bemühen sich daher in ihrer Organisation Strukturen zu schaffen, um diesem Problem entgegenzuwirken. Ein typisches Beispiel ist die Schaffung von digitalen Transformationseinheiten für gänzlich neue Produkte und Services.
- **Unternehmenskultur verändern:** Wie der digitale Wandel von den Mitarbeitern angenommen wird, hängt auch von der Kultur eines Unternehmens ab (Fitzgerald et al. 2013; Karimi und Walter 2015). Im besten Fall fungiert sie als Schmiermittel der Transformation, im schlechtesten Fall ist sie der Sand im Getriebe. Im Rahmen der digitalen Transformation sind besonders Flexibilität, Agilität, und Offenheit für Veränderung förderlich (Hartl und Hess 2017). Da die Unternehmenskultur nicht oder nur teilweise formal festgeschrieben ist, ist ihre Änderung nicht einfach und schon gar nicht kurzfristig zu erreichen. Veränderungen in den kommunizierten Werten, im Handeln des Managements oder auch in den Anreizsystemen können helfen.
- **Kompetenzen aufbauen:** Die digitale Transformation bringt Anforderungen an die Mitarbeiter mit sich, die vorher in ihrem Aufgabenbereich keine Rolle spielten und für die sie nicht ausgebildet wurden. Für den Erfolg der Transformation ist es bspw. entscheidend, dass es Mitarbeiter gibt, die digitale Technologien entwickeln und anpassen können und noch mehr Mitarbeiter, die diese Technologien zumindest sicher nutzen können. Dies macht Personalentwicklungsmaßnahmen notwendig, die Mitarbeitern das erforderliche Wissen, Können und Verstehen proaktiv vermitteln. Maßnahmen, die häufig zur Weiterbildung der Belegschaft eingesetzt werden, sind beispielsweise Weiterbildungsmaßnahmen zur Vermittlung von digitalem Basiswissen und agilen Methoden, interne Ideen-Wettbewerbe, sowie die gezielte Förderung des unternehmerischen Engagements der Mitarbeiter. Des Weiteren wird Mitarbeitern in unterschiedlichen Unternehmensbereichen ermöglicht in Digitalisierungsprojekten mitzuwirken (etventure 2018). Analog ist das Recruiting auf entsprechende Anforderungen anzupassen (Whelan-Berry und Somerville 2010).

10.3.3 Wertschöpfung durch die digitale Transformation verändern

Zur Veränderung der Wertschöpfung im Unternehmen setzen originäre Transformationsprojekte auf drei unterschiedlichen Aufgabenebenen an:

- **Produkte, Dienste und Kundenschnittstellen digitalisieren:** Anstatt analoge Produkte und Dienste einfach unverändert in die digitale Welt zu übertragen, wollen viele Unternehmen mittels digitaler Technologien gänzlich neue Geschäftsfelder erschließen. Digitale Produkte und Dienste können dabei auf unterschiedliche Arten in Geschäftsmodelle integriert werden. Unternehmen können völlig neue und alleinstehende digitale Produkte und Dienste entwickeln, analoge und digitale Produkte und Dienste kombiniert anbieten, oder aber etablierte Produkte durch digitale Mehrwertdienste (Value-Added-Services) ergänzen. Dabei ist in der digitalen Welt besonders die Rolle von „Ökosystemen" für Produkte und Dienste zu beachten (Benlian et al. 2015). Neben dem Kernangebot eines Unternehmens kann auch die Schnittstelle zum Kunden digitalisiert werden. Dies verändert die Kundeninteraktion grundlegend, ermöglicht neue Optionen, macht aber auch eine kundenzentrierte Denkweise (noch) notwendiger. Sowohl Digitalisierungsprojekte im Bereich der Produkte und Dienste als auch im Bereich der Kundenschnittstellen werden häufig mit agilen Projektmethoden durchgeführt. Dies ermöglicht eine höhere Flexibilität und eine bessere Reaktionsfähigkeit an geänderte Marktanforderungen.
- **Geschäftsprozesse digitalisieren:** Die digitale Transformation ermöglicht Unternehmen neben der Veränderung des Produktangebots und der Kundeninteraktion, auch eine Weiterentwicklung der internen Prozesse. Dabei ist eine Konzentration auf die wettbewerbskritischen Kernprozesse empfehlenswert (Gadatsch 2012). Schon lange wurden diese weitestgehend durch verschiedene IT-Systeme unterstützt. Der durch die digitale Transformation angestoßene Wandel in Unternehmen bietet nun die Möglichkeit Prozesse zu optimieren und so die interne Effizienz zu steigern. Unternehmen können dabei auf Technologie-unterstützte Analyseansätze wie Process Mining zurückgreifen.
- **Geschäftsmodelle anpassen:** Durch den digitalen Wandel werden die Lebenszyklen diverser Geschäftsmodelle enorm verkürzt. Rasanter technologischer Fortschritt und dynamischere Wettbewerbssituationen zwingen Unternehmen dazu, ihre bestehenden Geschäftsmodelle kontinuierlich zu hinterfragen und weiterzuentwickeln. Dabei kann es zu fundamentalen Änderungen oder lediglich zu Anpassungen einzelner Elemente des Geschäftsmodells kommen. Typischerweise gehen Unternehmen dabei in einem Dreischritt vor: Analyse des bestehenden Geschäftsmodells, Identifizierung nicht ausgeschöpfter Potenziale neuer Technologien sowie die tatsächliche Implementierung. Die so entstehenden Geschäftsmodellinnovationen lassen sich dabei in die Klassen Wertinnovation (Veränderung des Wertangebots), Ertragsmodellinnovation (Veränderung der Ertragsstruktur) und architektonische Innovation (Veränderung der Wertschöpfungsarchitektur) unterteilen (Nemeth 2011).

Tab. 10.1 Managementaufgaben im Kontext der digitalen Transformation

Themenfeld	Aufgaben
Transformationsstrategien und -strukturen entwickeln	• Ideen und Anstöße für die Transformationsstrategie einbinden • Schnittstellen zu anderen Strategien definieren • Transformationsstrategie fixieren und kommunizieren • Rollen für die digitale Transformation festlegen
Voraussetzungen für die digitale Transformation schaffen	• IT-Landschaft vorbereiten • Innovationsfördernde Strukturen aufbauen • Unternehmenskultur verändern • Kompetenzen aufbauen
Wertschöpfung durch die digitale Transformation verändern	• Produkte, Dienste und Kundenschnittstellen digitalisieren • Geschäftsprozesse digitalisieren • Geschäftsmodelle anpassen

In Tab. 10.1 haben wir die Aufgaben in den drei Themenfeldern zusammenfassend dargestellt.

10.4 Ein Vorschlag für die Aufspaltung des klassischen Konzepts des Informationsmanagements

Die ersten Überlegungen zur Etablierung eines Informationsmanagements in Theorie und Praxis entstanden vor über 30 Jahren. Mittlerweile ist das Informationsmanagement zu einem wichtigen Teil der Wirtschaftsinformatik in Forschung und Lehre sowie in der Praxis geworden. Aktuelle Übersichten über den Stand finden sich für den deutschsprachigen Raum in einer Reihe etablierter Lehrbücher, so z. B. von Krcmar (2015) und Heinrich et al. (2014). Das Konzept des Informationsmanagements wurde u. a. von den genannten Autoren stetig weiterentwickelt, erweitert und auf aktuelle Herausforderungen angepasst.

Stellvertretend beziehen wir uns nachfolgend auf den von Helmut Krcmar vorgeschlagenen Katalog zu Themenfeldern und Aufgaben des Informationsmanagements. Krcmar unterscheidet als sogenannte Führungsaufgaben des Informationsmanagements (Krcmar 2015, S. 107) das Management der Informationswirtschaft, das Management der Informationssysteme sowie das Management der Informations- und Kommunikationstechnik. Im Management der Informationswirtschaft geht es um die optimale Bereitstellung von Informationen im Unternehmen, auch unter Berücksichtigung neuer technischer Lösungen. Zentrale Aufgaben sind hier die Erhebung des Informationsbedarfs sowie die Strukturierung und Vernetzung der Informationsquellen. Das Management der Informationssysteme befasst sich mit einzelnen Anwendungssystemen sowie der Anwendungssystemlandschaft. Wichtige Aufgaben sind hier das Sourcing der Anwendungen (Make-or-Buy), die Abstimmung der Systemlandschaft und der operative Betrieb der Softwaresysteme.

Das Management der Informations- und Kommunikationstechnik kümmert sich um die für diese Applikationen erforderliche Infrastruktur. Konkrete Aufgaben sind hier die Bewertung der auf dem Markt verfügbaren technischen Entwicklungen, die Integration neuer Lösungen sowie die Sicherstellung und langfristige Planung einer zuverlässigen Infrastruktur.

Das Management der Informationssysteme und das Management der Informations- und Kommunikationstechnik spielen im Rahmen der digitalen Transformation nur am Rande eine Rolle. Anders sieht es mit dem ersten Themenfeld, dem Management der Informationswirtschaft, aus. Dieses Themenfeld ist das zentrale Thema im Rahmen des Managements der digitalen Transformation. Allerdings wird dieses Themenfeld nun völlig anders als im Rahmen des Managements der Informationswirtschaft angegangen. Im Rahmen des Managements der betrieblichen Informationswirtschaft erfolgt der Zugang stets über die Daten und deren Verarbeitung, damit aus fachlicher Sicht in eher abstrakter Form (siehe z. B. Heinzl und Uhrig 2016). Zudem erfolgt dies immer im Kern als vorbereitende Arbeit für die Entwicklung eines Anwendungssystems. Im Rahmen des Managements der digitalen Transformation steht dagegen die konkrete fachliche Lösung (z. B. ein neues Produkt oder ein neuer Prozess) gleichberechtigt neben der technischen Lösung. Anders ausgedrückt: Nun liegt ein Ansatz vor, der sich mit dem Management der Informationswirtschaft beschäftigt, diese Frage aber viel deutlicher in den Kontext der betriebswirtschaftlich-fachlichen Lösung rückt.

Eine ergänzende, akteursbezogene Betrachtung unterstreicht diesen Vorschlag. Eine von Daten und deren Verarbeitung ausgehende Betrachtung setzt spezifisches Know-how in der Daten- und Funktionsmodellierung voraus. Dieses Know-how ist für die Entwicklung neuer betriebswirtschaftlicher Konzepte notwendig, aber keinesfalls hinreichend. Hinreichend ist, je nach konkretem Gegenstand, konkretes Wissen zu Märkten und Kundenverhalten, zu den Präferenzen von Mitarbeitern oder z. B. zu spezifischen Herausforderungen im Personalmanagement oder im Rechnungswesen.

Abschließend stellt sich noch die Frage, ob das Management der Informationssysteme, das Management der Informations- und Kommunikationstechnik sowie das inkludierte Management der digitalen Transformation in einem übergreifenden Konzept zusammengeführt werden sollten. Betrachtet man die hinter diesen drei Themenfeldern stehenden Aufgaben, dann liegt eine derartige Zusammenführung nicht nahe. In den beiden erstgenannten Themenfeldern geht es um Informationen, die in Applikationen verarbeitet bzw. über Infrastrukturen ausgetauscht werden. Im dritten Themenfeld dagegen steht die (IT-basierte) betriebswirtschaftliche Lösung im Zentrum, d. h. die Objekte der Betrachtung sind unterschiedlich. Abb. 10.3 zeigt die sich aus diesen Überlegungen hervorgehende Aufspaltung des klassischen Konzepts des Informationsmanagements in einer schematischen Darstellung.

Es sei noch angemerkt, dass das Management der digitalen Transformation und verbundene Konzepte das Potenzial haben, den Nukleus des wachsenden Themenfeldes *Digital Business* zu bilden und entsprechend in der WI-/IS-Forschung noch stärker in Betracht gezogen werden sollten.

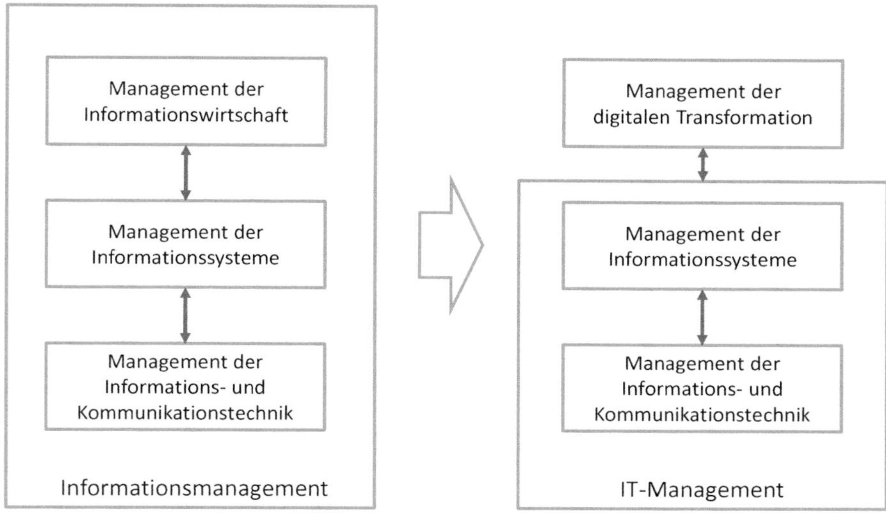

Abb. 10.3 Vorschlag zur Aufspaltung des klassischen Informationsmanagements

10.5 Praktische Implikationen der vorgeschlagenen Aufspaltung

Folgt man dem präsentierten Vorschlag der Aufspaltung des Informationsmanagements in das IT-Management und das Management der digitalen Transformation, dann liegt aus organisatorischer Sicht die Etablierung einer zweiten Klasse von organisatorischen Einheiten nahe, die sich – neben der klassischen IT-Abteilung – mit der Nutzung von Informations- und Kommunikationstechnologien beschäftigt. Derartige Einheiten müssten sich im Kern mit der Durchführung von Digitalisierungsprojekten beschäftigen und ergänzend die Entwicklung der Digitalisierungsstrategie unterstützen sowie die Weiterentwicklung der für die digitale Transformation erforderlichen Voraussetzungen vorantreiben. Des Weiteren können diese Einheiten mit der Entwicklung, Implementierung und sogar dem Vertrieb konkreter digitaler Innovationen betraut werden.

Zahlreiche Unternehmen richten gerade „Digitalisierungseinheiten" ein. Typischerweise sind dies Stabseinheiten, in denen sich Spezialisten finden, die neben technischem Wissen auch spezifisches betriebswirtschaftliches Wissen, typischerweise zu Märkten, vorweisen. An ihrer Spitze steht häufig ein hochrangiger Manager, nicht selten der oben bereits erwähnte CDO. Manchmal ist der CDO sogar Teil des Top-Management-Teams eines Unternehmens bzw. einer Teileinheit. Typischerweise wird der IT-Bereich mit dem CIO an der Spitze dann auf das Management der Informations- und Kommunikationstechnik und das Management der Informationssysteme fokussiert – was dieser faktisch schon heute oft ist. Damit gibt der CIO erst mal den Anspruch auf, sich auch um IT-getriebene Innovationen zu kümmern. Natürlich könnte man dies reflexhaft als nachteilig für den CIO ansehen.

Allerdings sind die mit dem Management der Informations- und Kommunikationstechnik und dem Management der Informationssysteme verbundenen Aufgaben in den letzten Jahren wesentlich komplexer und auch wesentlich wichtiger geworden, man denke nur an die häufig vielschichtigen Architekturen, die hohen Anforderungen an die Verfügbarkeit von Systemen oder auch die vielfältigen Bedrohungen der Sicherheit der IT-Systeme. Zudem eröffnet sich mit dem neuen Themengebiet der digitalen Transformation ein Betätigungsfeld für eher unternehmerisch orientierte Wirtschaftsinformatiker auf unterschiedlichen Leveln, vom Einsteiger aus der Hochschule bis zum Manager auf Top-Niveau. Nicht zu vernachlässigen ist auch die mit dem Aufbau einer zweiten Klasse von IT-bezogenen Einheiten verbundene Stärkung des „Thema IT" insgesamt. Finden sich im Top-Management-Team sowohl ein CIO als auch ein CDO, dann wird dies ganz sicher zu einer Stärkung des Themas führen – gerade auch weil es erfolgsversprechende Wege gibt, dass die beiden Rollen sich gegenseitig stärken können (siehe Singh et al. 2017).

Literatur

Benlian A, Hilkert D, Hess T (2015) How open is this platform? The meaning and measurement of platform openness from the complementors' perspective. J Inf Tech 30:209–228

Chanias S (2017) Mastering digital transformation: the path of a financial services provider towards a digital transformation strategy. In: Proceedings of the 25th European Conference on Information Systems (ECIS), Guim

Chanias S, Hess T (2016) Understanding digital transformation strategy formation: insights from Europe's automotive industry. In: Proceedings of the 20th Pacific Asia Conference on Information Systems (PACIS), Guimarães

Crameri M, Heck U (2010) Erfolgreiches IT-Management in der Praxis. Vieweg + Teubner, Wiesbaden

etventure (2018) Studie Digitale Transformation 2018. https://www.etventure.de/blog/etventure-studie-2018-die-deutschen-unternehmen-wiegen-sich-in-sicherheit/. Zugegriffen am 07.10.2018

Fitzgerald M, Kruschwitz N, Bonnet D, Welch M (2013) Embracing digital technology: a new strategic imperative. MIT Sloan Manag Rev 55:1–12

Gadatsch A (2012) Grundkurs Geschäftsprozess-Management: Methoden und Werkzeuge für die IT-Praxis: eine Einführung für Studenten und Praktiker, 7. Aufl. Springer Vieweg, Wiesbaden

Hansen AM, Kraemmergaard P, Mathiassen L (2011) Rapid adaption in digital transformation: a participatory process for engaging IS and business leaders. Mis Q Exec 10:175–185

Hartl E, Hess T (2017) The role of cultural values for digital transformation: insights from a Delphi study. In: Proceedings of the 23rd Americas Conference on Information Systems (AMCIS), Boston

Heinrich LJ, Riedl R, Stelzer D (2014) Informationsmanagement: Grundlagen, Aufgaben, Methoden, 11. Aufl. de Gruyter, München

Heinzl A, Uhrig M (2016) Informationsmanagement im Zeitalter der Digitalisierung. Wirtschaftsinform Manag 8(2):28–39

Hess T (2016) Stichworte „Digitalisierung". Enzyklopädie der Wirtschaftsinformatik – Online Lexikon. http://www.enzyklopaedie-der-wirtschaftsinformatik.de/lexikon/uebergreifendes/Kontext-und-Grundlagen/Markt/digitale-unternehmung/index.html/?searchterm=digitale%20 unternehmung. Zugegriffen am 05.11.2016

Hess T (2019) Digitale Transformation strategisch steuern. Vom Zufallstreffer zum systematischen Vorgehen – Wie Unternehmen die digitale Transformation erfolgreich angehen. Springer, Wiesbaden

Horlacher A, Hess T (2016) What does a chief digital officer do? Managerial tasks and roles of a new C-level position in the context of digital transformation. In: Proceedings of the 49th Hawaii International Conference on System Science (HICSS), Koloa

Karimi J, Walter Z (2015) The role of dynamic capabilities in responding to digital disruption: a factorbased study of the newspaper industry. J Manag Inf Syst 32:39–81

KPMG (2016) Der CDO – Phantom oder Wegbereiter? Wie der Chief Digital Officer Medienunternehmen fit für die Zukunft macht. https://home.kpmg.com/de/de/home/themen/2016/10/der-cdo-phantomwegbereiter.html. Zugegriffen am 05.11.2016

Krcmar H (2015) Informationsmanagement, 6. Aufl. Springer, Berlin/Heidelberg

Lauer T (2014) Change Management: Grundlagen und Erfolgsfaktoren, 2. Aufl. Springer Gabler, Berlin/Heidelberg

Matt C, Hess T, Benlian A (2015) Digital transformation strategies. Bus Inf Syst Eng 57:339–343

Nemeth A (2011) Geschäftsmodellinnovation – Theorie und Praxis der erfolgreichen Realisierung von strategischen Innovationen in Großunternehmen. https://www1.unisg.ch/www/edis.nsf/SysLkpByIdentifier/3921/$FILE/dis3921.pdf. Zugegriffen am 01.09.2018

Picot A, Dietl H, Franck E, Fiedler M, Royer S (2012) Organisation: Theorie und Praxis aus ökonomischer Sicht. Schäffer-Poeschel, Stuttgart

Singh A, Barthel P, Hess T (2017) Der CDO als Komplement zum CIO. Wirtschaftsinform Manag 9(1):38–47

Whelan-Berry KS, Somerville KA (2010) Linking change drivers and the organizational change process: a review and synthesis. J Chang Manag 10:175–193

11 Der Chief Digital Officer (CDO): Eine empirische Untersuchung

Manuela Walchshofer und René Riedl

Zusammenfassung

Der Chief Digital Officer (CDO), eine neuartige Management-Position, wird zunehmend geschaffen, um die digitale Transformation in Unternehmen zu planen und umzusetzen. Angesichts dieser Entwicklung stellt sich die Frage, ob nicht auch der Chief Information Officer (CIO) die digitale Transformation in Organisationen verantworten kann. Aufgabenbereiche und Anforderungen an den CDO wurden auf Basis von Analysen von Stelleninseraten im deutschsprachigen Raum sowie Experteninterviews in Deutschland und Österreich identifiziert. Die Ergebnisse zeigen, dass der Vollzug des digitalen Wandels im Unternehmen zu den zentralen Aufgaben des CDO zählt. Dazu ist es notwendig, digitale Trends zu beobachten, eine Digitalstrategie zu erarbeiten, effiziente Strukturen zu schaffen, persönliche Netzwerke zu pflegen und als Schnittstelle und digitaler Experte bereichsübergreifend zu agieren. Die Ergebnisse zeigen weiter, dass für die Wahrnehmung der Aufgaben annähernd dieselben Anforderungen gestellt werden wie jene, die auch für den CIO relevant sind (z. B. Technikkompetenz, betriebswirtschaftliche Kenntnisse, Projektmanagementkompetenz, Führungskompetenz und Soft Skills). Ein wesentlicher Befund ist zudem, dass die Erfahrung als aktiver Change-Manager wesentlich ist, um digitale Transformation erfolgreich steuern zu können. Schließlich legen die Untersuchungsergebnisse nahe, dass die Position des CDO idealerweise im Top-Management, jedenfalls aber in direkter Berichtslinie zum Chief Executive Officer (CEO) angesiedelt sein sollte, um volle Handlungseffektivität entfalten zu können.

M. Walchshofer (✉)
Linz, Österreich
E-Mail: manuela.walchshofer@gmail.com

R. Riedl
Digital Business Management, Fachhochschule Oberösterreich – Fakultät für Management, Steyr, Österreich
E-Mail: rene.riedl@fh-steyr.at

S. Meinhardt, A. Pflaum (Hrsg.), *Digitale Geschäftsmodelle – Band 1*, Edition HMD, https://doi.org/10.1007/978-3-658-26314-0_11

Schlüsselwörter
Aufgaben · Anforderungen · Chief Digital Officer · CDO · Chief Information Officer · CIO · Digitalisierung · Transformation

11.1 Der CDO als neuartige Management-Position

Die digitale Transformation verändert gesellschaftliche und wirtschaftliche Bereiche. Für Unternehmen kann dieser Wandel die fundamentale Neuausrichtung des Geschäftsmodelles und die Reorganisation etablierter Geschäftsprozesse mittels disruptiver Technologien (z. B. Augmented Reality) bedeuten. Für Unternehmen ist es daher wichtig, Trends der Digitalisierung wie z. B. Big Data aktiv zu begegnen. Eine Möglichkeit, die digitale Transformation erfolgreich voranzutreiben, besteht in der Schaffung der Management-Position des Chief Digital Officer (CDO) (Grossman und Rich 2012). Weltweit schaffen Unternehmen diese Position, letztlich mit dem Ziel, dass der CDO den digitalen Wandel orchestrieren soll. International wurden in den letzten Jahren in diversen Unternehmen CDOs bestellt. Mittlerweile bildeten sich sogar Interessensvereinigungen wie der CDO-Club, der 2011 gegründet wurde und aktuelle Informationen und Wissen zu dieser neuartigen Position bereitstellt; der Fokus liegt hierbei auf dem US-amerikanischen Raum, vgl. z. B. die CDO-Talent-Map 2013 (CDO-Club 2014).

Der neuen Position des CDO steht der Wandel der Position des Chief Information Officer (CIO) gegenüber. Die digitale Transformation hat auch zu Veränderungen in den Aufgabenbereichen und Verantwortlichkeiten des CIO geführt. Die Spanne dieser Rolle reicht aktuell vom C-Level-Manager, der auf Unternehmensstrategie, Geschäftsprozesse und den digitalen Wandel fokussiert ist, bis hin zum Technikverantwortlichen, der auf Kostenminimierung achtet und ausschließlich den Betrieb der IT-Infrastruktur verantwortet (Weill und Woerner 2013; Chun und Mooney 2009).

Zunehmend stellt man sich in der Praxis die Frage, ob ein CDO tatsächlich notwendig ist, um die digitale Transformation in Unternehmen zu steuern, oder ob nicht auch der CIO dafür verantwortlich sein sollte. Im Diskurs zur Beantwortung dieser Frage gehen die Meinungen weit auseinander. Samuels (2015) hat dazu mehrere Stellungnahmen von Marktforschern und Praktikern untersucht und kommt zu dem Schluss, dass IDC und Gartner eine stark ansteigende Bedeutung des CDO prognostizieren, wohingegen Forrester sowie viele CIOs die Bedeutung des CDO in Frage stellen. Eine eher kritische Sichtweise zur Bedeutung und Notwendigkeit des CDO kann auch im akademischen Diskurs festgestellt werden. Gerth und Peppard (2016, S. 61) schreiben beispielsweise: „Some commentators have even suggested that it is now time to replace the CIO role with that of CDO (Chief Digital Officer). This line of thinking ignores the inherent organizational dynamics that lead to the derailment of the executive in charge of IT; merely changing the job title won't fix the problem." Angeheizt wird die Diskussion zudem durch Beiträge, die CIOs davor warnen, sich nicht vom CDO den Rang ablaufen zu lassen. Woods (2014, S. 1) spricht beispielsweise folgende Warnung aus: „Attention CIOs … the best part of your job is under attack. If you don't get ahead of the trend toward the Chief Digital Officer role, your job may become a technology backwater, which is never what you had in mind."

Vor dem Hintergrund des aktuellen Diskurses zum CDO und seinem Verhältnis zum CIO wird im vorliegenden Beitrag die neuartige Management-Position des CDO näher untersucht. Vor allem werden die Aufgaben und Anforderungen beschrieben und die mögliche Einordnung in die Unternehmensorganisation wird diskutiert; weiter werden die Unterschiede und Gemeinsamkeiten von CDO und CIO erläutert. Die Datengrundlage des vorliegenden Beitrags bilden eine Sichtung der einschlägigen Fachliteratur, eine qualitative Analyse von CDO-Stelleninseraten im deutschsprachigen Raum sowie Ergebnisse von Interviews mit CDOs in Deutschland und Österreich.

11.2 Stand der CDO-Forschung

Die CDO-Talent-Map 2013 zeigt erstmalig in umfassender Weise Zahlen und Fakten zur Position des CDO. Demnach gab es im Jahr 2013 bereits etwa 500 Personen weltweit, die unter dem Jobtitel CDO agierten. Von diesen 500 Personen war die Mehrheit in Nordamerika tätig. Im darauffolgenden Jahr änderte sich dieses Verhältnis. In Europa stieg die Anzahl an CDOs seit 2013 signifikant an. Die Branchenverteilung der CDOs weltweit zeigt ein klares Bild. In der Werbebranche werden die meisten CDOs angestellt, gefolgt von den Branchen Medien und Verlagswesen. Doch auch andere Sektoren wie Non-Profit, Einzelhandel sowie Finanzdienstleistungen holen sich immer öfter einen CDO ins Management, um den digitalen Wandel zu bewerkstelligen. Der CDO-Talent-Map 2013 zufolge ist der typische CDO männlich, hellhäutig und zwischen 40 und 49 Jahre alt. CDOs haben unterschiedliche Ausbildungen und Berufserfahrung. Die meisten jedoch haben Expertise im Bereich Marketing, Vertrieb/Logistik, Technologie oder Consulting (CDO-Club 2014).

Neben der bloßen Darstellung deskriptiver Faktoren wie Verbreitung von CDOs und ihre Verteilung nach Branchen werden zunehmend öfter auch erklärende sowie normative Arbeiten veröffentlicht. In einer Studie des Beratungsunternehmens PWC widmeten sich Friedrich et al. (2015) unter anderem dem Zeitpunkt für den Einsatz eines CDO im Unternehmen. Es wird argumentiert, dass dieser Zeitpunkt primär vom jeweiligen Niveau der Digitalisierung eines Unternehmens abhängt. Befindet sich ein Unternehmen erst in der Entdeckungsphase (discovery phase) der Digitalisierung und begegnet es dieser Phase durch den Einsatz erster digitaler Applikationen ohne Koordination und ohne Kontrolle, so ist die Notwendigkeit der Schaffung der Position eines CDO nicht akut gegeben. Ebenso wenig ist Bedarf für die Schaffung, wenn ein Unternehmen die digitale Transformation (transformation phase) bereits komplett vollzogen hat und somit die Digitalisierung das Unternehmen durchdrungen hat und die gesamte Wertschöpfung digital gestaltet ist. Anders ist die Situation jedoch in den Phasen des Aufbaus (construction phase) und der Industrialisierung (industrialization phase). In der Aufbauphase kann ein CDO für die Schaffung einer Vision zur digitalen Transformation verantwortlich sein,

Initiativen starten, für adäquate Strukturen und Programme sorgen und dazugehörige Standards setzen. In der darauffolgenden Industrialisierungsphase kann der CDO maßgeblich zur Veränderung der IT-Funktionen beitragen, Messgrößen zur Datenanalyse definieren und eine tiefere Digitalisierung auch in anderen Funktionen und Anwendungsbereichen im Unternehmen forcieren (Friedrich et al. 2015).

Was in Studien von Beratungs- und Marktforschungsunternehmen oft unbeachtet bleibt, ist die Frage, ob die Rolle des CDO tatsächlich notwendig ist oder ob es nicht in der Verantwortung des CIO liegt, die digitale Transformation in Unternehmen zu steuern. Die akademische Forschung befasst sich hier im Gegensatz zu Studien aus der Praxis mit der Thematik in einer tiefergehenden Weise. Beispielsweise argumentieren Gerth und Peppard (2016, S. 62) auf der Basis Befunde empirischer Forschung wie folgt: „Indeed, frustrated by the perceived inability of their CIOs to drive the digital agenda, some organizations are now either replacing them with Chief Digital Officers (CDOs) or hiring CDOs specifically to drive their digital initiatives ... This practice only serves to demonstrate the naïveté within many management teams, which operate under the misguided belief that the digital realm is different than good old-fashioned IT. The irony is, when one reads the job specification for this role, it clearly mirrors what a CIO should be doing." Die von Gerth und Peppard angesprochene „job specification" wird im Folgenden näher betrachtet, gruppiert in Aufgaben und Anforderungen.

11.2.1 Aufgaben

CDOs tragen nach Friedrich et al. (2015) Verantwortung für die gesamte digitale Transformation eines Unternehmens. Somit zeichnet der CDO für die technische Infrastruktur und das Datenmanagement, den kulturellen Organisationswandel sowie die digitale Organisation und Steuerung, welche auf das operative Geschäft, den Kunden und die Produkte abgestimmt sein soll, verantwortlich. Konkret entstehen Aufgaben durch die Einführung von digitalen Innovationen zur Interaktion mit Kunden, Lieferanten und Partnern und zur Wandlung der Unternehmenskultur und -organisation.

Horlacher und Hess (2016) beschreiben die Aufgaben des CDO als sehr nachfrageorientiert. So soll die Person strategische Optionen zum Unternehmens-, Markt- und Erlöswachstum aufzeigen und das in erster Linie zur Schaffung IT-basierter Innovationen. Neben der Entwicklung einer Digitalstrategie soll der CDO den notwendigen Wandel im Unternehmen koordinieren und dabei die gesamte Belegschaft motivieren und entsprechend trainieren und befähigen. Im Rahmen der Digitalisierung sollen vom CDO ausgehend eingefahrene Mentalitäten und ein traditionelles Silo-Denken aufgebrochen werden. Der CDO sollte auch interne und externe Netzwerke und Beziehungen aufbauen, erweitern und pflegen.

Naimi (2012) beschreibt wie Horlacher und Hess die Verantwortlichkeiten des CDO als sehr nachfrageorientiert. Der CDO ist für die gesamte digitale Kundenerfahrung verantwortlich. Die Gestaltung einer personalisierten und interaktiven Kundenansprache über alle Kanäle hinweg (digital customer journey) gehört zu seinen wesentlichen Aufgaben.

Um einen Wandel im Unternehmen zu vollziehen und eine entsprechende Aufbruchsstimmung im Unternehmen zu erzeugen, liegt es nach Ansicht einer Veröffentlichung von McKinsey (Rickards et al. 2015) in der Verantwortung des CDO, Agilität und Tempo zu fordern und zu fördern. Ein höheres Prozesstempo kann durch kürzere Zielerreichungszeiten realisiert werden. Weiter können durch flexible Budgetverwaltung und rasche Ressourcenzuteilung Projekte bzw. Produkte, die erste Erfolgsanzeichen zeigen, schnell skaliert werden.

11.2.2 Anforderungen

Dumeresque (2014) beschreibt die Eigenschaften und Fähigkeiten des CDO mit einer kundenzentrierten Denkweise und sehr guten Kenntnissen der Technologielandschaft. Zudem sollte der CDO bedeutende Berufs- und Management-Erfahrung aufweisen können und Wissen und Erfahrung im Change-Management besitzen.

Horlacher und Hess (2016) nennen neben IT-Know-how starke Fähigkeiten in Strategieentwicklung, Change-Management und Kommunikation als wesentliche Anforderungen. Außerdem soll der CDO kundenzentriertes Verständnis für kaufmännische und betriebswirtschaftliche Aspekte haben (z. B. Geschäftsmodelle, Prozesse und Kundenbedürfnisse). Als guter Kommunikator sollte der CDO fähig sein, die strategische Vision sowie Ziele gegenüber Mitarbeitern und Kollegen zu artikulieren. Überdies sollte ein CDO die Fähigkeit besitzen, über Abteilungsgrenzen hinauszudenken, das Unternehmen als Ganzes zu sehen und funktionsübergreifend zu handeln. Durch das Überwinden vom Denken in abgegrenzten Silos können unterschiedliche Abteilungen verbunden und Synergien entwickelt werden.

Grossmann und Rich (2012) präzisieren die nötige digitale Expertise eines CDO. Erfahrung in E-Commerce, Online-Marketing und Social Media sind unumgänglich. Als empathische Führungspersönlichkeit sollte der CDO zudem über internationale Erfahrung verfügen.

11.2.3 Fazit zur bisherigen CDO-Forschung

Eine Sichtung der aktuell vorliegenden Publikationen zum CDO zeigt, dass ein Großteil der Studien von Beratungs- und Marktforschungsunternehmen veröffentlicht wurde. Weiter existieren Studien von Interessensvereinigungen, allen voran sind hier die vorwiegend deskriptiven Untersuchungen des CDO Club zu nennen. Forschungsbefunde, die auf der Basis anerkannter empirischer Forschungsmethoden erarbeitet wurden (vgl. z. B. Horlacher und Hess 2016) und die somit als wissenschaftlich zu charakterisieren sind, gibt es bislang kaum. Inhaltlich fällt auf, dass die von Beratungs- und Marktforschungsunternehmen sowie von Interessensvereinigungen publizierten Studien in der Regel nicht hinterfragen, ob die Rolle des CDO überhaupt notwendig ist. Das Infragestellen der Rolle des CDO ergibt sich aus dem Umstand, dass nach Ansicht mancher Autoren (z. B. Gerth und Peppard 2016) existierende CIO-Rollenbeschreibungen bereits die wesentlichen Aufgaben eines CDO umfassen. Verschärft wird der aktuelle Diskurs durch den Umstand, dass das Thema „Digitalisierung“ Eigenschaften eines Modethemas hat (vgl. Steininger et al. 2009). Mertens und Barbian (2015) kritisieren mit Blick auf das Thema „Digitalisierung“ unter anderem „die Subsumption von Vorhandenem“. Es wird also etwas bereits Vorhandenes in eine neue Mode übernommen. Umgelegt auf den Kontext des vorliegenden Beitrags stellt sich somit die *Frage, ob die Management-Position des CDO tatsächlich neu ist oder lediglich neuartig erscheint*, weil bereits Vorhandenes (die Rollenbeschreibung des CIO inklusive seiner Aufgaben und Anforderungen) unter einem neuen Begriff (Chief Digital Officer bzw. CDO) diskutiert wird. Im Folgenden wird über eine empirische Untersuchung berichtet, die einen Beitrag zur Beantwortung dieser Frage leistet.

11.3 Methodik der empirischen Untersuchung

Um tiefere Einblicke in die CDO-Rolle sowie Aufgaben und Anforderungen zu erlangen, wurden (i) Stelleninserate in Deutschland, Österreich und der Schweiz analysiert und (ii) Experteninterviews mit CDOs in Deutschland und Österreich geführt.

Bei der Analyse des Stellenmarktes nach offenen CDO-Positionen lag der Fokus auf Online-Jobbörsen sowie Suchmaschinen und Karriereseiten von Tageszeitungen im DACH-Raum. Dabei wurde auf die Bekanntheit und Marktpräsenz der Jobportale und Tageszeitungen geachtet. Zur 3-monatigen Überwachung (01.02.–30.04.2016) der Stelleninserate wurden Job-Alerts mit der Wortkombination „Chief Digital Officer“ bei folgenden Online-Jobportalen und Tageszeitungen angelegt: monster.de, jobisjob.de, monster.at, karriere.at, monster.ch und jobs.ch sowie Frankfurter Allgemeine Zeitung, Süddeutsche Zeitung, Der Standard, Die Presse, Neue Zürcher Zeitung und Tages-Anzeiger. Durch Archivanfragen und Kontaktierung eines führenden Anzeigendienstleisters konnte der Beobachtungszeitraum der Stelleninserate auf 40 Monate (01.01.2013–30.04.2016) ausgeweitet werden. Insgesamt konnten so 18 Stellenausschreibungen identifiziert werden, von denen fünf nicht weiter analysiert wurden, da der Jobtitel den Begriff „Chief Digital Officer“ zwar beinhaltete, jedoch Zusätze wie „Referent des“, „Personal Assistant“ oder „Executive Assistant to the“ vorangestellt waren. Die 13 im Detail untersuchten Stellenausschreibungen bezogen sich auf folgende Branchen und Staaten: Dienstleistungsbranche (6), Industrie (2), Medien (2), Konsumgüter (2) und Politik (1) sowie Deutschland (10), Österreich (2) und Schweiz (1).

Zur Kontaktaufnahme mit möglichen Interviewpartnern wurden Kontaktdaten von CDOs im deutschsprachigen Raum gesammelt. Die sozialen Geschäftsnetzwerke Xing und LinkedIn, Fachartikel in Online-Medien (z. B. cio.de) und Unternehmens-Websites waren Quellen der Suche. Es konnten so 52 CDOs (Stand: März 2016) in Deutschland, Österreich und der Schweiz aus unterschiedlichen Branchen identifiziert werden. Davon wurden 18 CDOs für ein Experteninterview kontaktiert, sodass sich die Branchenverteilung aus der Grundgesamtheit widerspiegelt. Sechs Interviews mit CDOs aus Deutschland und Österreich konnten letztendlich in den Monaten März und April 2016 geführt werden. Konkret wurden 4 CDOs in Deutschland aus den Branchen Dienstleistung (2), Medien (1) sowie Marketing und Werbung (1) persönlich befragt. In Österreich stand jeweils ein CDO aus der Banken- und Versicherungsbranche sowie aus Marketing und Werbung zur Verfügung. Im Mittelpunkt der Befragung standen die Klärung der Aufgaben und Anforderungen sowie die organisatorische Einordnung der Position in der Unternehmenshierarchie. Die Interviews dauerten im Durchschnitt 30 Minuten, wurden digital aufgezeichnet und anschließend transkribiert. Diese Transkripte dienten wiederum als Grundlage zur weiteren qualitativen Analyse der Interviews. Zur einheitlichen Analyse wurde jeweils ein Kodierleitfaden mit Kategoriensystem für Aufgaben und Anforderungen erstellt. Anhand der beiden Leitfäden wurden Textelemente aus Stelleninseraten den definierten Kategorien zugeordnet.

Schlussendlich wurden die Daten aus der Analyse der Stelleninserate und der transkribierten Interviews zu einem Rollenprofil des CDO zusammengeführt. Auf Basis dieses Rollenprofiles kann der CDO dem CIO gegenübergestellt werden. Alle Stelleninserate sowie der Interviewleitfaden stehen als Online-Material zur Verfügung.

11.4 Ergebnisse der Untersuchung

11.4.1 Aufgaben

Der CDO ist für die *Erarbeitung der Digitalstrategie* verantwortlich. Diese Strategie wird von der Unternehmensstrategie abgeleitet und soll vom CDO umgesetzt und im Unternehmen verankert werden. Der CDO ist zudem für die digitale Transformation, also für die *Steuerung des digitalen Wandels* im Unternehmen verantwortlich (vgl. Matt et al. 2015). Eine wesentliche Aufgabe des CDO ist weiter die *Prüfung und Erarbeitung alternativer, disruptiver Geschäftsmodelle* im Digitalbereich. Durch Akquisitionen von Start-ups, strategische Partnerschaften oder neue disruptive Innovationen sollen neue Geschäftsmodelle entstehen und zum Wachstum bzw. zur Geschäftsentwicklung beitragen.

Zentrale Aufgabe des CDO ist auch die *Schaffung effizienter Strukturen*. Durch Digitalisierung und Vereinfachung von Geschäftsprozessen soll ein höheres Prozesstempo erreicht und Agilität sichergestellt werden. Effizientere Strukturen betreffen sowohl interne Arbeitsabläufe als auch die Interaktion mit Externen wie z. B. Kunden und Lieferanten. Durch die Nachfrageorientierung des CDO (vgl. Horlacher und Hess 2016) liegt ein Fokus auf der Gestaltung der Customer Journey.

Die *Änderung der Unternehmenskultur* soll der CDO aktiv mitgestalten. Durch Unterstützung und Leitung eines Change-Prozesses soll ein Mentalitätswandel und kultureller Wandel im Unternehmen bereichsübergreifend vollzogen werden. Neben der *Mitarbeiterführung und -motivation* ist auch die *Mitarbeiterentwicklung* Aufgabe des CDO. Der CDO soll Mitarbeiter hinsichtlich Digitalisierungsagenden befähigen, trainieren und deren Kompetenzen erweitern.

Der CDO soll *interne und externe Netzwerke pflegen* und ausbauen. Das ist auch in Anbetracht seiner Aufgabe als *Schnittstellenkoordinator* wichtig. Enge Abstimmungen mit der Geschäftsführung, dem CIO und den Fachbereichen liegen im Aufgabenbereich des CDO. Eine weitere Aufgabe liegt in der *Repräsentation nach außen*.

Der CDO tritt als Leiter von Projekten im digitalen Bereich auf. Die *Projektentwicklung, -umsetzung und -leitung* unterstreicht seine Schnittstellenfunktion bei bereichsübergreifenden Projekten. Zur Arbeit des CDO gehört explizit auch die *Überprüfung des Fortschrittes* von Projekten. Durch Controlling mittels geeigneter Kennzahlen soll der Erfolg der Umsetzung der Digitalstrategie geprüft werden. Der CDO soll *Technologietrends beobachten* und deren mögliches Potenzial für das Unternehmen erkennen. Hier schließt sich ein Kreis und führt wieder zur Prüfung und Erarbeitung alternativer, disruptiver Geschäftsmodelle, die durch neue Technologien möglich werden.

11.4.2 Anforderungen

In allen Stelleninseraten wird ein abgeschlossenes wirtschaftliches oder technisches Studium oder mehrjährige Berufserfahrung in einem ähnlichen Umfeld gefordert. Dieses Bild spiegelt sich in den Ausbildungen und Erfahrungen der Interviewpartner wider. Alle Interviewpartner haben ein Hochschulstudium absolviert oder eine Ausbildung im geforderten Umfeld abgeschlossen. Abhängig von der Branche und der Unternehmensorganisation ist ein technisches Grundverständnis bis hin zu einer tiefen *Technik- und IKT-Kompetenz* eine wesentliche Jobanforderung. Diese Kompetenz sollte auf einem Hochschulstudium bzw. auf Berufserfahrung beruhen. Ein abgeschlossenes Studium im Wirtschaftsbereich (z. B. Betriebswirtschaft) und/oder dementsprechende Berufserfahrung prägen das geforderte *geschäftsorientierte Denken*. Zudem ist *Wissen in Teilbereichen der Betriebswirtschaft* wie z. B. im Personalmanagement, Geschäftsprozessmanagement sowie Marketing und Vertrieb ebenso wichtig wie Verständnis für Geschäftsstrategien. Ein *digitales Know-how* ist unumgänglich und breitgefächert. Wiederum abhängig von der Branche soll der CDO Experte im digitalen Fachbereich sein und über aktuelles Wissen zu technologischen Trends verfügen. Das digitale Know-how kann durch Berufserfahrung im Digitalbereich (z. B. in einem Start-up) erworben worden sein. Idealerweise hat die Person *Erfahrung in der Umsetzung von Digitalisierungsstrategien*. Als Leiter und Unterstützer bei Change-Prozessen soll die Person *Erfahrung im Change-Management* aufweisen. Dazu sind *Einfühlungsvermögen* ergänzt um Verhandlungsgeschick und mediatorische Fähigkeiten genauso nötig wie *Durchsetzungskraft*. Eine gewisse *Frustrationstoleranz*, der Wille bei Rückschlägen weiterzumachen und hohe Eigenmotivation sind laut Angaben der Interviewpartner in Änderungsprozessen als individuelle Fähigkeiten nötig. Die *Fähigkeit, funktionsübergreifend zu denken*, spiegelt sich in gedanklicher Flexibilität und der gedanklichen Überwindung von Abteilungsgrenzen im Unternehmen. Offenheit und Agilität sind dazu ebenso hilfreich wie Innovationskraft und „Out-of-the-box"-Denken. Zur Erfüllung seiner Aufgabe als Schnittstellenkoordinator soll die Person über *starke Kommunikationsfähigkeiten* verfügen. Schließlich zeigt die Analyse der Daten, dass *Führungserfahrung* sowie die Fähigkeit, sich selbst und andere zu motivieren, vorausgesetzt werden.

11.4.3 Einordnung in die Unternehmensorganisation

In der Fachliteratur wird eine Einordnung des CDO in direkter Berichtslinie zum CEO vorgeschlagen, sofern nicht überhaupt eine Verankerung auf Vorstandsebene gefordert wird (Dumeresque 2014; Zisler et al. 2016). In acht Stelleninseraten wird diese Positionierung in direkter Berichtslinie auch angegeben. Unterstrichen wird diese Positionierung von den Interviewpartnern. Alle sechs Personen gaben an, hierarchisch dem CEO direkt untergeordnet zu sein. Alle Interviewpartner untermauerten zudem, dass digitale Agenden auf Top-Management-Ebene oder direkt darunter angesiedelt sein sollten, um strategischen Einfluss auf oberster Ebene wirksam ausüben zu können.

11.5 Unterschiede und Gemeinsamkeiten von CDO und CIO

Im zweiten Abschnitt dieses Beitrags wurde die Frage gestellt, ob die CDO-Rolle tatsächlich neu ist oder nur neuartig erscheint, weil lediglich – so die Ansicht mancher Autoren (z. B. Gerth und Peppard 2016) – CIO-typische Aufgaben und Anforderungen unter dem Begriff „Chief Digital Officer" bzw. „CDO" diskutiert werden. Handelt es sich also bei der CDO-Position lediglich um „alten Wein in neuen Schläuchen"? Nachfolgend wird auf der Basis der Ergebnisse der vorliegenden Studie und unter Bezugnahme auf CIO-Rollenbeschreibungen (vgl. z. B. Heinrich et al. 2014, S. 73–84; Krcmar 2015, S. 466–472) diskutiert, welche Unterschiede und Gemeinsamkeiten von CDO und CIO aktuell bestehen.

Ähnlichkeit in den Aufgaben herrscht bei zukunftsweisenden Überlegungen und Ausführungen in Form der Visions- bzw. Strategieentwicklung; ebenso sollen beide Rollen neue Trends und Technologien und deren Potenziale erkennen. Hier ist das Aufgabenspektrum des CDO aber etwas breiter gestaltet. Der CDO soll neue Trends und Technologien nicht nur erkennen, sondern grundlegende Neuerungen und Innovationen schaffen und disruptive Geschäftsmodelle entwickeln. Bei der Aufgabe der Effizienzsteigerung liegt der Tätigkeitsschwerpunkt des CIO auf der Verbesserung der Leistung der technischen Informationsinfrastruktur (z. B. weniger Systemausfälle und kürzere Systemantwortzeiten) und der Verbesserung von Geschäftsprozessen durch die IT (Sackarendt 2003). Der CDO fokussiert hingegen auf interne und externe Verbesserungen. Durch seine Kundenzentrierung sollen nicht nur interne Strukturen und Abläufe verbessert werden, sondern auch externe wie z. B. die Vereinfachung der Customer Journey. Weiter stehen beim CIO bei der Mitarbeiterführung und -entwicklung die IT-Abteilung und deren Belegschaft im Mittelpunkt (Thiemann 2014). Der Tätigkeitsbereich des CDO ist hingegen nicht auf einzelne Abteilungen beschränkt, sondern betrifft alle Bereiche eines Unternehmens. Digitalagenden sollen global im Unternehmen verankert werden. Dieser übergeordnete Tätigkeitsbereich spiegelt sich in der Aufgabe der Schnittstellenkoordination wider. So liegt es im Aufgabenbereich des CDO, interne und externe Schnittstellen zu harmonisieren. Ähnliche Aufgaben erledigen CIO und CDO im IT-Controlling sowie im IT-Projektmanagement. Die weiteren Aufgaben des CIO betreffen allesamt die Sicherung und Vernetzung der IT sowie die Gestaltung und Entwicklung von Geschäftsprozessen und Anwendungen (Penzel 2001). Dem gegenüber stehen die weiteren Aufgaben des CDO. Diese betreffen kommunikative Aspekte, wie Repräsentation nach außen oder aktives Netzwerken und strategische Aspekte, wie Wandlung der Unternehmenskultur und gesamte Steuerung der Digitalisierung.

Hinsichtlich der Anforderungen wurde festgestellt, dass CDO und CIO jeweils über Technikkompetenz, betriebswirtschaftliche Kenntnisse in Kombination mit geschäftsorientiertem und strategischem Handeln und Denken, aber auch über Führungskompetenz verfügen sollten (Portela et al. 2010). Zudem ist sowohl für den CDO als auch den CIO Projektmanagementkompetenz unerlässlich. Die Soft Skills sind beinahe gänzlich übereinstimmend. Eine Abgrenzung des CDO zum CIO kann im Aktivitätsniveau während eines Change-Prozesses vorgenommen werden. So ist der CDO aktiver Change-Manager. Bei der Aufgabe „Wandlung der Unternehmenskultur“ leitet und steuert der CDO den Prozess aktiv und dafür ist Erfahrung in Change-Management-Prozessen erforderlich. Eine solch aktive Rolle bei Veränderungsprozessen wird in der Regel vom CIO nicht erwartet (auch wenn in manchen Quellen die Rolle des CIO als Change-Manager explizit genannt wird, z. B. in Krcmar 2015, S. 468–469).

Die wesentlichen Unterschiede und Gemeinsamkeiten von CDO und CIO hinsichtlich Aufgaben und Anforderungen sind in Abb. 11.1 im Überblick dargestellt. Man sieht, dass es sowohl bei den Aufgaben als auch bei den Anforderungen signifikante Schnittmengen gibt. Es wird jedoch auch transparent, dass CDO- und CIO-spezifische Aufgaben existieren. Es fällt zudem auf, dass es keine Anforderungen an den CIO gibt, die nicht auch für den CDO relevant wären. Insgesamt kann bei den Anforderungen festgestellt werden, dass kaum Unterschiede existieren (Ausnahme: Aktivität bei Veränderungsprozessen). Zu beachten ist, dass es sich bei den dargestellten CDO-Aufgaben und -Anforderungen um die Summe der durch die Analyse der Stelleninserate und Interviews gewonnenen Erkenntnisse handelt, so dass im Einzelfall in einer spezifischen Organisation in der Regel nicht alle genannten Aufgaben und Anforderungen schlagend werden.

Als Resümee kann die Arbeit des CDO im Vergleich zu jener des CIO als übergeordnet (im Sinne von strategischer ausgerichtet) bezeichnet werden. Die Person ist funktionsübergreifend tätig und die Digitalisierung bzw. die digitale Transformation des Unternehmens stehen im Fokus. Das unterstreicht die Erkenntnis von Horlacher und Hess (2016), wonach der CDO für strategische Aspekte verantwortlich ist, während der CIO oft für organisatorische und technische Aspekte verantwortlich ist. Untersuchungen zeigen zudem, dass im deutschen Sprachraum der CIO in vielen Fällen nicht Mitglied der Geschäftsleitung ist (Riedl et al. 2008; Hütter und Riedl 2011). Dies ist auch ein Indikator dafür, dass viele CIOs nicht (primär) auf der strategischen Ebene agieren.

Ergebnisse aktueller Forschung legen jedoch nahe, den Befund, dass der CDO dem CIO als übergeordnet anzusehen ist, kritisch zu hinterfragen. Eine aktuelle Synopse, in der 98 Fachartikel zur CIO-Thematik aus den letzten drei Jahrzehnten analysiert wurden, zeigt, dass CIOs in unterschiedlichen Rollen agieren (Hütter und Riedl 2017). Manche dieser Rollen sind eher operativ-administrativ angelegt

(„Technology Provider" oder „Integration Advisor"), andere eher strategisch („Business Thinker" oder „Innovation Driver"). Weiter zeigt diese Synopse, dass von CIOs zunehmend erwartet wird, in allen, zumindest aber in mehreren Rollen zu agieren. Zudem legen die Ergebnisse von Hütter und Riedl (2017) nahe, dass eine Liste aller in der Fachliteratur bislang formulierten CIO-Aufgaben de facto auch alle Erwartungen abdeckt, die aktuell an CDOs gestellt werden.

Ob es sich also bei der CDO-Position um „alten Wein in neuen Schläuchen" handelt, hängt entscheidend davon ab, ob als Vergleichsmaßstab *Einzelarbeiten* zu CIO-Aufgaben herangezogen werden oder eine Liste aller in der *gesamten Fachliteratur* genannten CIO-Aufgaben und -Anforderungen. Tut man letzteres, dann würden die in Abb. 11.1 links dargestellten CDO-spezifischen Aufgaben und Anforderungen leere Mengen, weil sich die dort genannten Aufgaben und Anforderungen in die mittig dargestellten Schnittmengen verschieben würden. In diesem Zusammenhang sei auch erwähnt, dass aktuelle Beiträge zur CIO-Thematik in hoch gerankten Fachzeitschriften Aussagen enthalten, die nahe legen, dass heutzutage eher dem CDO zugeschriebene Aufgaben mittel- bis langfristig in das Aufgabenportfolio des CIO übergehen werden. Benlian und Haffke (2016) schreiben: „Mid to long term, CIOs might be able to reduce or fully remove negative prejudices by demonstrating their high level of business understanding and proactively guiding business strategy, particularly by bringing in their perspective on emerging technology trends, IT-driven innovation, and digital transformation … the CIO's responsibilities are expected to grow in an increasingly digital economy" (S. 116 f.).

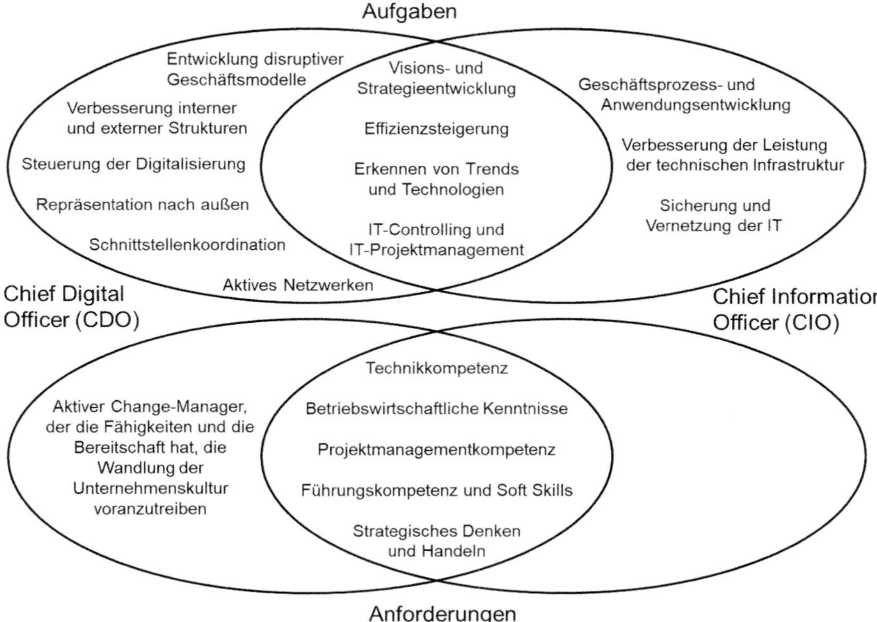

Abb. 11.1 Unterschiede und Gemeinsamkeiten von CDO und CIO

11.6 Der CDO – ein zeitlich begrenztes Phänomen?

Die geänderten Verantwortungs- und Aufgabenbereiche des CIO in Zeiten der digitalen Transformation führen zu teilweisen Überschneidungen mit den Aufgaben des CDO. Eine Abgrenzung der beiden Positionen zeigt, dass der CDO eine übergeordnete Sicht auf unterschiedliche Agenden und Bereiche im Unternehmen hat. Als aktiver Gestalter und Treiber der Transformation und der Kulturänderung ist es eine seiner Aufgaben, Veränderungsprozesse aktiv zu steuern. Verstärkt wird diese Aufgabe durch die Schnittstellenkoordination des CDO. Im Gegensatz zum CIO zeichnet sich der CDO durch eine kundenzentrierte Denkweise aus und ist eher nachfrageorientiert als angebotsorientiert (Horlacher und Hess 2016). Die Anforderungen an die beiden Positionen sind nahezu identisch. Ein durch Hochschulstudium oder mehrjährige Berufserfahrung erlangtes Wissen in Technik und Betriebswirtschaft ergänzt um Führungskompetenz und Soft Skills zeichnen sowohl CDOs als auch CIOs aus.

Es bleibt abzuwarten, wie sich die Rolle des CDO weiterentwickeln wird. Dazu sollte diese Management-Position auch in den kommenden Jahren beobachtet und analysiert werden. Wenn in Zukunft mehr und mehr Unternehmen die vier Phasen der digitalen Revolution durchlaufen haben und somit die Transformation vollzogen ist und die Digitalisierung alle Bereiche eines Unternehmens durchdrungen hat (siehe Friedrich et al. 2015), dann sind im Wesentlichen jene Aufgaben des CDO obsolet, die ihn heute vom CIO unterscheiden. Es könnte daher sein, dass aus zukünftiger Sicht rückblickend gesehen die Position des CDO eine temporär begrenzte Erscheinung der digitalen Revolution war.

Eine wesentliche Implikation der vorliegenden Studie für die Praxis ist zudem, dass Unternehmen nicht vorschnell einen CDO installieren sollten. Wenn es im Unternehmen bereits einen CIO gibt, der die an einen CDO gestellten Anforderungen erfüllt, dann kann auch diese Person den digitalen Wandel orchestrieren. Hierbei sollte man sich jedoch folgende Fragen stellen:

- Ist der CIO vom Wesen her ein aktiver Change-Manager, der den Wandel effektiv und effizient umsetzen kann?
- Wenn nicht, kann sich der CIO durch Qualifizierungsmaßnahmen ausreichend kompetent machen, ist also ein Hineinwachsen in die CDO-Rolle möglich?
- Hat der CIO überhaupt Ambitionen, aus seiner oftmals eher passiven Rolle, die sich vorwiegend mit administrativen und teilweise operativen Aufgaben des IT-Managements befasst, in eine eher aktive Rolle mit Fokus auf strategische Aufgaben und organisationale Transformation zu schlüpfen?
- Verfügt der CIO überhaupt noch über ausreichende zeitliche Ressourcen, um sein Aufgabenspektrum zu erweitern?
- Wenn nicht, können durch Umgestaltung der IT-Organisation im Allgemeinen sowie des Arbeitsumfeldes im Speziellen (z. B. durch Schaffung zusätzlicher IT-Projektleiterstellen) ausreichend zeitliche Ressourcen geschaffen werden, damit der CIO zusätzliche Aufgaben der digitalen Transformation wahrnehmen kann?

Diese und weitere Fragen müssen die Verantwortlichen beantworten, um zu entscheiden, ob ein aktuell vorhandener CIO auch die mit der digitalen Transformation einhergehenden Aufgaben übernehmen sollte. Entscheidet man sich hingegen dafür, in der Organisation neben einem bereits vorhandenen CIO einen CDO zu installieren, so ist zu beachten, dass damit auch Konfliktpotenzial geschaffen wird. Weisungsbefugnisse, Zugriff auf Ressourcen personeller und finanzieller Art, Zielkonflikte sowie Absicherung und Ausbau von Macht sind hierbei nur einige Faktoren, die aufzeigen, dass es einer Reihe von Entscheidungen und Maßnahmen bedarf, wenn der CIO und CDO in einem Unternehmen wirksam zusammenarbeiten sollen. Wie auch immer Geschäftsleitungen in Zukunft den organisatorischen und personellen Rahmen für die digitale Transformation gestalten, fest steht jedenfalls, dass die voranschreitende Digitalisierung in vielen Unternehmen etablierte Organisationsformen verändern wird.

Literatur

Benlian A, Haffke I (2016) Does mutuality matter? Examining the bilateral nature and effects of CEO-CIO mutual understanding. J Strateg Inf Syst 25:104–126

CDO-Club (2014) Chief digital officer talent map 2013. Chief Digital Officer Club (Hrsg.). http://cdoclub.com. Zugegriffen am 29.01.2016

Chun M, Mooney J (2009) CIO roles and responsibilities: twenty-five years of evolution and change. Inf Manage 46:323–334. https://doi.org/10.1016/j.im.2009.05.005

Dumeresque D (2014) The chief digital officer: bringing a dynamic approach to digital business. Strateg Dir 30:1–3. https://doi.org/10.1108/SD-12-2013-0104

Friedrich R, Péladeau P, Mueller K (2015) The 2015 chief digital officer study – adapt, disrupt, transform, disappear. Strategy&. pwc (Hrsg)

Gerth AB, Peppard J (2016) The dynamics of CIO derailment: how CIOs come undone and how to avoid it. Bus Horiz 59:61–70

Grossman R, Rich J (2012) The rise of the chief digital officer. Russell Reynolds Associates. http://www.russellreynolds.com/insights/thought-leadership/the-rise-of-the-chief-digital-officer. Zugegriffen am 20.02.2016

Heinrich LJ, Riedl R, Stelzer D (2014) Informationsmanagement – Grundlagen, Aufgaben, Methoden, 11. Aufl. de Gruyter Oldenbourg, München

Horlacher A, Hess T (2016) What does a chief digital officer do? Managerial tasks and roles of a new C-level position in the context of digital transformation. In: 2016 49th HICSS, 5126–5135. https://doi.org/10.1109/HICSS.2016.634

Hütter A, Riedl R (2011) Der Chief Information Officer (CIO) in Deutschland und den USA: Verbreitung und Unterschiede. Inf Manag Consult 26(3):61–66

Hütter A, Riedl R (2017) Chief Information Officer (CIO) role effectiveness: literature review and implications for research and practice. In: Becker J (Hrsg) SpringerBriefs in information systems. Springer International Publishing, Cham

Krcmar H (2015) Informationsmanagement, 6. Aufl. SpringerGabler, Berlin/Heidelberg

Matt C, Hess T, Benlian A (2015) Digital transformation strategies. Bus Inf Syst Eng 57(5):339–343

Mertens P, Barbian D (2015) Digitalisierung und Industrie 4.0 – Moden, modische Überhöhung oder Trend? Arbeitsbericht Nr. 1/2015. Friedrich-Alexander-Universität Erlangen-Nürnberg,

Naimi O (2012) The emerging chief digital officer. WebSite Magazine

Penzel H-G (2001) Hat der CIO im Vorstand eine Zukunft? Wirtschaftsinformatik 43:409

Portela L, et al (2010) A review of chief information officer – main skills. In: WSKS 2010. Teil 2. CCIS 112:387–392

Rickards, T., Smaje, K, Sohoni, V. (2015) Transformer in chief: the new chief digital officer. McKinsey Digital

Riedl R, Kobler M, Roithmayr F (2008) Zur personellen Verankerung der IT-Funktion im Vorstand börsennotierter Unternehmen: Ergebnisse einer inhaltsanalytischen Betrachtung. Wirtschaftsinformatik 50(2):111–128

Sackarendt M (2003) Der CIO aus dem Blickwinkel des Business. In: Gora W, Schulz-Wolfgramm C (Hrsg) Informationsmanagement – Handbuch für die Praxis. Springer, Berlin/Heidelberg, S 157–170

Samuels M (2015) Chief data and digital officers rise to threaten the CIO. Computerweekly.com, S. 15–17

Steininger K, Riedl R, Roithmayr F, Mertens P (2009) Moden und Trends in Wirtschaftsinformatik und Information Systems: Eine vergleichende Literaturanalyse. Wirtschaftsinformatik 51(6):478–495

Thiemann S (2014) Der CIO im Wandel – vom Verwalter zum Gestalter. Heidrick & Struggles (Hrsg.). http://www.heidrick.com/~/media/PublicationsandReports/. Zugegriffen am 23.05.2016

Weill P, Woerner S (2013) The future of the CIO in a digital economy. MIS Q Exec 12:65–75

Woods D (2014, April 14). Don't let a chief digital officer steal the best part of your job. Forbes. Unter http://www.forbes.com/sites/danwoods/2014/04/14/dont-let-a-chief-digital-officer-steal-the-best-part-of-your-job/. Zugegriffen am 24.01.2017

Zisler K et al (2016) Chief digital officer. Z Führung Org 85:76–83

Teil III
Digitale Geschäftsmodell-Innovation

Erfolgreiche Konzepte und Handlungsempfehlungen für digitale Geschäftsmodellinnovationen

12

Markus Lassnig, Petra Stabauer, Gert Breitfuß und Julian M. Müller

Zusammenfassung

Zahlreiche Forschungsergebnisse im Bereich Geschäftsmodellinnovationen haben gezeigt, dass über 90 Prozent aller Geschäftsmodelle der letzten 50 Jahre aus einer Rekombination von bestehenden Konzepten entstanden sind. Grundsätzlich gilt das auch für digitale Geschäftsmodellinnovationen. Angesichts der Breite potenzieller digitaler Geschäftsmodellinnovationen wollten die Autoren wissen, welche Modellmuster in der wirtschaftlichen Praxis welche Bedeutung haben. Deshalb wurde die digitale Transformation mit neuen Geschäftsmodellen in einer empirischen Studie basierend auf qualitativen Interviews mit 68 Unternehmen untersucht. Dabei wurden sieben geeignete Geschäftsmodellmuster identifiziert, bezüglich ihres Disruptionspotenzials von evolutionär bis revolutionär klassifiziert und der Realisierungsgrad in den Unternehmen analysiert.

Die stark komprimierte Conclusio lautet, dass das Thema Geschäftsmodellinnovationen durch Industrie 4.0 und digitale Transformation bei den Unternehmen angekommen ist. Es gibt jedoch sehr unterschiedliche Geschwindigkeiten in der Umsetzung und im Neuheitsgrad der Geschäftsmodellideen. Die

Vollständig überarbeiteter und erweiterter Beitrag basierend auf Lassnig et al. (2018) Geschäftsmodellinnovationen im Zeitalter der Digitalisierung und Industrie 4.0, HMD – Praxis der Wirtschaftsinformatik Heft 320, 55(2):284–296.

M. Lassnig (✉) · P. Stabauer
Innovation Research Lab, Salzburg Research Forschungsgesellschaft mbH, Salzburg, Österreich
E-Mail: markus.lassnig@salzburgresearch.at; petra.stabauer@salzburgresearch.at

G. Breitfuß
Know-Center GmbH, Graz, Österreich
E-Mail: gbreitfuss@know-center.at

J. M. Müller
Studiengang Betriebswirtschaft, Fachhochschule Salzburg GmbH, Puch/Salzburg, Österreich
E-Mail: julian.mueller@fh-salzburg.ac.at

S. Meinhardt, A. Pflaum (Hrsg.), *Digitale Geschäftsmodelle – Band 1*, Edition HMD, https://doi.org/10.1007/978-3-658-26314-0_12

schrittweise Weiterentwicklung von Geschäftsmodellen (evolutionär) wird von den meisten Unternehmen bevorzugt, da hier die grundsätzliche Art und Weise des Leistungsangebots bestehen bleibt. Im Gegensatz dazu gibt es aber auch Unternehmen, die bereits radikale Änderungen vornehmen, die die gesamte Geschäftslogik betreffen (revolutionäre Geschäftsmodellinnovationen). Entsprechend wird im vorliegenden Artikel ein Clustering von Geschäftsmodellinnovatoren vorgenommen – von Hesitator über Follower über Optimizer bis zu Leader in Geschäftsmodellinnovationen.

Schlüsselwörter
Geschäftsmodellinnovation · Digitale Transformation · Industrie 4.0 · Neue Geschäftsmodelle · Geschäftsmodellmuster · Digitale Geschäftsmodelle

12.1 Die Bedeutung digitaler Geschäftsmodellinnovationen

Die digitale Transformation hat langfristig weitreichende Auswirkungen, die sich neben ökonomischen Folgen auch in sozialer Hinsicht zeigen (Kiel et al. 2017). Es wird erwartet, dass durch Industrie 4.0 bestehende Geschäftsmodelle produzierender Unternehmen unter Druck geraten und sich neue Modelle entwickeln und etablieren (Müller et al. 2018a). Es reicht heute nicht mehr, sich nur auf Produkt- und Prozessinnovationen zu konzentrieren. Ein Hinterfragen des gesamten Geschäftsmodells einschließlich Organisation, Ressourcen und Partner wird immer wichtiger (Schallmo et al. 2017; Hoffmeister 2015). Bei diesem Transformationsprozess ist es unumgänglich, Mitarbeiter, Führungsebene und auch die eigenen Kunden und Lieferanten konsequent zu berücksichtigen und aktiv miteinzubinden (Kiel et al. 2017).

Das vorliegende Paper fasst das Ergebnis einer umfassenden Studie zum Thema „Digitale Transformation durch Industrie 4.0 und neue Geschäftsmodelle" in Österreich zusammen. Ziel des Beitrags ist es für Praktiker die Vorgehensweise anderer Unternehmen im Hinblick auf digitale Geschäftsmodellinnovationen und deren Werttreiber zu veranschaulichen und die Erfolgsfaktoren mit Handlungsempfehlungen zu adressieren– basierend auf einem ganz konkreten Bild der praktischen Anwendungsszenarien für digitale Geschäftsmodelle sowie deren Relevanz.

12.2 Theoretische Grundlagen zu Geschäftsmodellen und Geschäftsmodellmuster und Methodik

12.2.1 Geschäftsmodelle

Immer mehr Publikationen setzen sich mit dem Thema Geschäftsmodelle (GM) auseinander (Baden-Fuller und Morgan 2010). Ebenso vielfältig sind die unterschiedlichen Definitionen des Begriffs (Massa et al. 2016). Dieser Beitrag sowie die zugrundeliegende Studie basiert auf dem Geschäftsmodellverständnis nach Gassmann

(Gassmann et al. 2014), welcher Geschäftsmodelle in vier Dimensionen unterteilt: Wer? (Kundensegmente, Kundenkanäle), Was? (Nutzenversprechen), Wie? (Supply Chain)? und Wert? (Kosten- und Erlösstruktur) sowie der detaillierteren Darstellungsmöglichkeit nach Osterwalder und Pigneur (2010) mit der Unterteilung eines Geschäftsmodells in neun Komponenten (Schlüsselpartner, Schlüsselaktivitäten, Schlüsselressourcen, Werteversprechen, Kundenbeziehung, Vertriebskanal, Zielkunden, Kostenstruktur und Erlösmodell). Diese Darstellungsform eines Geschäftsmodells hat sich sowohl als praxisnahes als auch als differenziertes Betrachtungsinstrument bewiesen.

12.2.2 Geschäftsmodellmuster

Bei Geschäftsmodellmustern handelt es sich um generelle Beschreibungen der Funktionsweisen von Geschäftsmodellen. Ihr Charakteristikum ist deren Ähnlichkeit in Bezug auf Konfiguration, Struktur und Aufbau der Modellbausteine. Als globale Gestaltungshilfen sind diese Muster unabhängig von Branchen und Organisationsgrößen definiert, also mehr oder weniger allgemein gültig. Demzufolge können jeweils geeignete Geschäftsmodellmuster durch geschickte Ausgestaltung und Anpassung prinzipiell in jedem Unternehmen oder jeder Organisation Anwendung finden. Zahlreiche Forschungsergebnisse im Bereich Geschäftsmodellinnovation haben gezeigt, dass über 90 Prozent aller Geschäftsmodelle der letzten 50 Jahre aus einer Rekombination von existierenden Konzepten entstanden sind. Diese Wissensbasis soll nun bestmöglich genutzt werden, um für die Herausforderungen der Digitalisierung beziehungsweise für Industrie 4.0 gerüstet zu sein (Gassmann et al. 2014; Fleisch et al. 2014).

12.2.3 Geschäftsmodellinnovationen im Kontext von Digitalisierung und Industrie 4.0

Geschäftsmodellinnovationen bezeichnen Änderungen an Elementen innerhalb eines Geschäftsmodells, die nicht inkrementell sind, oder maßgebliche Änderungen an der Verbindung dieser Elemente (Foss und Saebi 2017). Die wissenschaftliche Literatur untersucht dabei zunehmend auch technologische Treiber für Geschäftsmodellinnovationen (Baden-Fuller und Haefliger 2013). Dazu gehören maßgeblich technologische Treiber als Folge von Digitalisierung, im industriellen Kontext oft auch als Geschäftsmodellinnovationen durch Industrie 4.0 bezeichnet (Ehret und Wirtz 2017). Geschäftsmodellinnovationen durch Industrie 4.0 stellen für Unternehmen sowohl Chance als auch Herausforderung dar. So können diese zwar einerseits Kundenprobleme noch effektiver lösen, neue Erlösmodelle kreieren und ganz neue Kundensegmente adressieren (Müller et al. 2018a). Andererseits äußert eine zunehmende Anzahl von Unternehmen auch Bedenken hinsichtlich der Bedrohung ihrer bisherigen Geschäftsmodelle. Dazu gehört auch die Gefahr, das eigene, gut funktionierende Geschäftsmodell zu kannibalisieren (Kiel et al. 2017; Müller et al.

2018a). Es zeigt sich, dass insbesondere kleine und mittlere Unternehmen bei der Entwicklung neuer Geschäftsmodelle im Kontext von Industrie 4.0 zurückhaltend agieren (Müller et al. 2018b). Zudem lassen sich diese Ergebnisse auch auf den internationalen Kontext übertragen. Die deutsche Initiative Industrie 4.0, international auch als „Industrial Internet of Things" oder in China als „Internet Plus" oder „Made in China 2025" bezeichnet, ruft unter ihren jeweiligen Namenspendants beispielsweise in China ähnliche Bedenken hinsichtlich digitaler Geschäftsmodelle hervor (Müller und Voigt 2018). Entsprechend der prognostizierten Chancen, deren Erreichung jedoch von einigen Risiken begleitet wird, sind weitere, insbesondere noch spezifischere empirische Untersuchungen notwendig. Der vorliegende Beitrag hat daher zum Ziel, Unternehmen praxisnahe Beispiele sowie konkrete Handlungsempfehlungen zu präsentieren.

12.2.4 Geschäftsmodell-Entwicklungsprozesse

Trotz der Vielzahl an Literatur zum Thema Geschäftsmodellinnovation und digitale Transformation existieren noch wenige Methoden und Tools, um diese systematisch und durchgängig planen, entwickeln und umsetzen zu können. Erste Ansätze wurden im „IoT Business Model Builder" (Bilgeri et al. 2015) beschrieben. Die Autoren betonen hierbei die ganzheitliche Betrachtung von multidirektionalen Wert- und Serviceströmen über unterschiedliche Stakeholder (Partner, Kunden, Nutzer, etc.) hinweg. Im Gegensatz zu linearen Wertströmen bei traditionellen Industriegeschäftsmodellen, erfordern Industrie-4.0-Geschäftsmodelle eine neue Sichtweise, weg vom einzelnen Unternehmen, hin zu Ökosystemen, die den Zusatznutzen für alle im Netzwerk beteiligten Stakeholder bereitstellen. Da neue Geschäftsmodelle im Umfeld der Digitalisierung oftmals mit der Generierung, Bereitstellung und Nutzung von großen Datenmengen einhergehen, fokussieren aktuelle wissenschaftliche Beiträge beziehungsweise die darin beschriebenen Vorgehensmodelle speziell auf „Data-Driven Business Models". Exner et al. (2017) entwickelten einen ausführlichen Fragenkatalog zur Entwicklung von Data-Driven Business Models inklusive einer Kategorisierung in den folgenden vier Dimensionen:

- Customer & Solution,
- Data-Driven Value Creation,
- Finance,
- Management.

Ein ganzheitliches Prozessmodell für daten getriebene Geschäftsmodelle wurde erstmals von Hunke et al. (2017) beschrieben. Neben den traditionellen Prozesselementen werden auch die Bereiche Organisation, Daten und Ökosystem betrachtet. Alle erwähnten Vorgehensmodelle beziehungsweise Prozesse eint die theoretische Basis „Design Science Research" (Hevner et al. 2004), die den Kunden beziehungsweise die Kundenbedürfnisse in das Zentrum der Betrachtung stellt.

Durch eine stringente Kunden- beziehungsweise Nutzerzentrierung, die auf die Entwicklung eines einfachen und schnell testbaren Prototypen abzielt, können neue Geschäftsmodellideen rasch evaluiert und verifiziert werden. Um die Potenziale hinsichtlich Geschäftsmodellentwicklung durch die Digitalisierung voll ausschöpfen zu können, müssen noch praxistaugliche und einfach anwendbare Methoden und Tools (weiter) entwickelt und getestet werden.

12.2.5 Methodik

Dieser Beitrag basiert, wie eingangs bereits beschrieben, auf Ergebnissen einer umfassenden Studie zum Thema „Digitale Transformation durch Industrie 4.0 und neue Geschäftsmodelle". Diese wurde über den Zeitraum von einem Jahr durchgeführt und umfasst, neben einer umfangreichen Literaturanalyse, 68 qualitative, leitfadenbasierte Interviews mit mehrheitlich österreichischen Unternehmen. Bewusst wurde bei der Auswahl der Unternehmen darauf geachtet, kleine als auch große Unternehmen unterschiedlicher Sektoren zu befragen, um einen allgemeinen Überblick zum aktuellen Kenntnisstand österreichischer Unternehmen zu erheben.

12.3 Anwendungsszenarien: Geschäftsmodellmuster: Evolutionär und revolutionär

Es existiert bis dato schon eine sehr große Bandbreite an unterschiedlichen Geschäftsmodellmustern mit Bezug auf die digitale Transformation. Insgesamt wurden im Zuge der zugrundeliegenden Studie Geschäftsmodellmuster nach Gassmann, Hoffmeister und Schallmo (Gassmann et al. 2014; Hoffmeister 2015; Schallmo et al. 2017) identifiziert. Diese Vielfalt schafft einerseits Redundanz aufgrund fehlender Trennschärfe der Muster, aber auf der anderen Seite viele Möglichkeiten und kreative Zugänge für innovative Anwendungen in der Praxis. Basierend auf den theoretischen Grundlagen wurden mit insgesamt 68 österreichischen Unternehmen qualitative Interviews im Hinblick auf die aktuellen und zukünftig geplanten Aktivitäten im Bereich Geschäftsmodellinnovationen geführt und die Ergebnisse der Interviews wurden mit den literaturbasierten Erkenntnissen abgeglichen und darauf basierend erfolgversprechende Muster identifiziert.

12.3.1 Evolutionäre Geschäftsmodellmuster

Die nachfolgend beschriebenen Geschäftsmodellmuster werden deshalb als evolutionär bezeichnet, weil die grundsätzliche Art und Weise des Leistungsangebotes bestehen bleibt. Die schrittweise Weiterentwicklung erfolgt meist durch digitale Mehrwertdienste und durch Effizienzsteigerungen, die sich hinsichtlich Innovationsgrad und Umsetzungsaufwand noch in Grenzen halten.

12.3.1.1 Smart Automation

Zukünftig werden Produktions- und Logistikprozesse durch Vernetzung, Automation und intelligente Optimierung effizienter gestaltbar. Sämtliche Maschinen und Anlagen, Rohstoffe sowie Halb- und Fertigprodukte werden zukünftig noch stärker als bisher miteinander kommunizieren und teilweise selbstständige Optimierungsschritte vornehmen können. Auch das Konzept der kundenindividuellen Massenfertigung (sogenannte Mass Customization) gewinnt vor dem Hintergrund der neuen technischen Potenziale an Bedeutung. Damit können hochindividuelle Produkte in kleinen Losgrößen zu wirtschaftlich attraktiven Konditionen schnell und zuverlässig angeboten werden (VDI 2016).

Beispiel: Plansee (Experten für Komponenten aus Molybdän, Wolfram, Tantal, Niob und Chrom): Produktionsausstattung mittels smarter Sensorik vor allem im Bereich Traceability und Trackability zur Bestimmung der Herkunft der Rohstoffe und zum Aufbau eines smarten Bestandsmanagements (geringe Lagerhaltung, transparente Dispositionsmöglichkeit) in Kooperation mit Lieferanten.

12.3.1.2 Digitale Zusatzservices

Dank der zunehmenden Vernetzung und dem Industrial Internet of Things können immer mehr digitale Zusatzangebote zu physischen Produkten gemacht werden. Dabei gibt es bezüglich des Geschäftsmodells unterschiedliche Varianten, die möglich sind.

Bei digitalen Zusatzservices handelt es sich um physische Produkte, die um nutzenstiftende digitale Komponenten erweitert werden (Fleisch et al. 2014). Die physische Komponente wird in manchen Fällen recht günstig (geringe Marge) angeboten, der Zukauf der digitalen Services soll dazu führen, dass der Kunde mehr ausgibt. Die Kunden profitieren von einem variablen Angebot, das an spezifische Bedürfnisse angepasst werden kann. Eine weitere Variante ist das „Freemium-Modell" beziehungsweise „Physical Freemium". Hier werden beim Kauf der physischen Produkte digitale Basisservices bis zu einem gewissen Ausmaß ohne Zusatzkosten (free) bereitgestellt. Das kostenlose Basisangebot soll viele Kunden anziehen, um dann einer kleinen Kundengruppe ein kostenpflichtiges „Premium Angebot" zu verkaufen (Gassmann und Sutter 2016).

Beispiele: Digitale Zusatzservices: Tesla bietet (zum Teil kostenlose) Softwareupdates (zum Beispiel Autopilot), Atomic Custom Online Shop (Kunde wird zum Designer und gestaltet sich eigenen Ski), Freemium: Dropbox (viele Nutzer der kostenlosen Basisversion, bei Bedarf von mehr Speicherplatz oder zusätzlichen Funktionen wird ein kostenpflichtiges Modell angeboten).

12.3.1.3 Connected Products und Data-driven Services

Mittels sensorbasierter Erfassung von Daten vernetzter Produkte (zum Beispiel Nutzerverhalten, Nutzer und Umwelt) kann eine Vielzahl von Informationen generiert werden. Daraus lassen sich Aussagen zur Zuverlässigkeit und Verfügbarkeit der Anlage ableiten, Ausfallrisiken bewerten und letztlich Entscheidungen für die Verbesserung der Planung von Betriebs- und Instandhaltungsprozessen ableiten. Auf Basis dieser Daten können bestehende Services optimiert, neue Services (zum

Beispiel Fernwartung oder Condition Monitoring) oder neue Geschäftsmodelle entwickelt werden (VDI 2016).

Beispiel: Zumtobel Group: Garantiert eine dauerhafte Funktionalität ihrer Beleuchtungsprodukte über einen gewissen Zeitraum, wofür die Sensorik an den Leuchten natürlich die Voraussetzung ist. Dieser Service ist Teil des neuen Dienstleistungsangebots NOW!, mit dem ein völlig neues Geschäftsmodell etabliert wurde.

12.3.1.4 Object Self-Service

Dieses Muster eignet sich für jene Geschäftsprozesse, die eher wenig zum Kundennutzen beitragen, aber hohe Kosten verursachen. Durch das Industrial Internet of Things entstehen immer mehr Möglichkeiten zum Beispiel durch online Bestellungen, eigene Produktkonfigurationen, oder „Self Service“ durch autonome Nachbestellung von Vorprodukten, Rohmaterialien oder Ersatzteilen. Unter dieses Muster fällt zum Beispiel das sogenannte Vendor Managed Inventory (VMI). Dabei übernimmt der Lieferant die Verantwortung für den Lagerbestand seiner Produkte beim Kunden. Entsprechende Sensorik und Vernetzung über das Internet of Things helfen bei der Überwachung des Lagerbestandes und lösen völlig automatisiert Nachbestellungen aus.

Beispiel: Haberkorn: Einsatz eines innovativen Kanban-Systems zur automatisierten Nachbestellung von Waren und einer optimierten Produktionsprozesssteuerung.

12.3.2 Revolutionäre Geschäftsmodellmuster

Im Gegensatz zu den evolutionären Mustern werden bei revolutionären Mustern radikale Veränderungen im Geschäftsmodell vorgenommen. Diese Änderungen können die gesamte Geschäftslogik betreffen und sind sowohl vom Innovationsgrad als auch vom Umsetzungsaufwand her als hoch einzustufen.

12.3.2.1 Everything-as-a-Service

Everything as a Service (XaaS) bezeichnet einen Ansatz alle Leistungen eines Unternehmens als Service zur Verfügung zu stellen und zu konsumieren. Grundsätzlich sind Geschäftsmodelle im Bereich Industrie 4.0 durch eine konsequente Serviceorientierung gekennzeichnet. Dies beginnt auf der Ebene der Bereitstellung eines echten Mehrwerts beziehungsweise eines entsprechenden Wertversprechens der Bedürfniserfüllung (Value as a Service). Dementsprechend kann auch Software und/oder Hardware als Service bereitgestellt werden. Ein integriertes Angebot aus Hardware und Software könnte somit als Plattform as a Service (PaaS) angeboten werden, wie zum Beispiel Cloud-Plattformen oder die Software-Entwicklungsplattform SAP HANA (High Performance Analytic Appliance) (Wieselhuber und Fraunhofer IPA 2015).

Beispiel: Plattform as a Service: Amazon Web Services: Komplettangebot an Server, Speicher, Netzwerk, Datenbank, Entwicklung, Verzeichnis, Verwaltung und sonstiger Services.

12.3.2.2 Pay-per-X

Im Sog der „Sharing Economy" wurden in den letzten Jahren viele Geschäftsmodelle realisiert, deren Grundlage der Trend weg vom Besitz eines Produkts hin zu dessen bedarfsabhängiger Nutzung ist. Die Hersteller der Produkte stellen dabei das Produkt zur Verfügung und kümmern sich meist auch um die Wartung. Die Kunden bezahlen nach tatsächlich konsumierter Leistung, zum Beispiel mithilfe der Maschine eines gewissen Herstellers gefertigte Quadratmeter oder Betriebsstunden einer Maschine. Die Produkte selbst sind aber im Unterschied zum Muster „Everything as a Service" meist nicht digitaler Natur. Durch die Vernetzung der Produkte sowie Produktionsanlagen und -prozesse wird die Bepreisung der Produkte und Services in Abhängigkeit von der tatsächlichen Nutzungsintensität ermöglicht.

Beispiele hierfür sind Car-Sharing-Modelle, aber auch im Anlagenbau sind ähnliche Geschäftsmodelle immer häufiger anzutreffen. Bei Flugzeugen beispielsweise werden Rolls Royce Turbinen nicht mehr nur als Kaufobjekte angeboten, sondern mit einem Preis pro absolvierter Flugstunde. Die Turbine bleibt dabei ähnlich einem Leasing-Modell im Eigentum des Anbieters, Wartung und Instandhaltung sind im Preis inkludiert. Es wird aber kein fixer zeitlich gestaffelter Preis für die Nutzung verrechnet (wie bei klassischem Leasing), sondern der Preis ist nutzungsabhängig nach geleisteten Betriebsstunden.

12.3.2.3 Digital Lock-In

Kunden werden im Ökosystem eines Herstellers und seiner Ergänzungsprodukte „eingeschlossen". Der Wechsel zu anderen Anbietern ist deutlich erschwert beziehungsweise mit erheblichen Umzugskosten verbunden, was das Unternehmen davor schützen soll, Kunden zu verlieren. Dieser Effekt kann auch durch den Aufbau einer digitalen Plattform wo Waren und Services ausgetauscht werden mittels Größe (Anzahl der Nutzer) und Breite (Vielfalt des Angebots) erreicht werden. Durch Zugangsbeschränkungen wie Zertifizierungen oder Bereitstellung für einen geschlossenen Kundenkreis lassen sich auch „Lock-In" Modelle realisieren (Breitfuß et al. 2017).

Beispiel: Klüber (Hersteller von Spezialschmierstoffen): Wandel vom reinen Produktverkauf zum Produkt-Service-Bündel. Zusätzlich zu den gekauften Schmierstoffen wird eine Service-Software (Efficiency Manager) angeboten, ein Tool zum Management aller produktionsrelevanten Ressourcen und Instandhaltungsmaßnahmen, sowie der Abbildung der Produktionsstruktur und Wartungskomponenten mit Dokumentationsmöglichkeit der durchgeführten Wartungen. Dieses Tool für das Instandhaltungsmanagement (Basisversion kostenlos) ist auf Klüber Produkte abgestimmt und wird dem eigenen Kundenkreis angeboten. Ein Wechsel zu anderen Anbietern wird durch die Bereitstellung und Nutzung des Tools erschwert.

12.4 Cluster für Geschäftsmodellinnovatoren

Mit Hilfe eines Clustering-Algorithmus ermittelten die Autoren vier Cluster, denen die Unternehmen zugeordnet werden. Die identifizierten Cluster unterscheiden sich hinsichtlich der Umsetzung und Planung der sieben gängigsten digitalen

Geschäftsmodellmuster. Konkret wurden die Unternehmen in Bezug auf Supply Chain Stufe, Branche und Realisierungsgrad der einzelnen Geschäftsmodellmuster analysiert und eingeteilt.

Bei der Codierung wurden die Unternehmen auch dahingehend zugeordnet, welche der identifizierten sieben Geschäftsmodellmuster in ihrer Digitalisierungsstrategie einen Platz haben. Dabei wurde unterschieden, ob die jeweilige Geschäftsmodelländerung bereits umgesetzt ist oder ob sich diese bisher nur in Planung befindet beziehungsweise als Idee vorhanden ist.

Die Ergebnisse sind dabei rein indikativ und erheben daher – nicht zuletzt wegen der geringen Fallzahlen in einigen Clustern – keinen Anspruch auf absolute Repräsentativität beziehungsweise Validität im statistischen Sinne. Die identifizierten Cluster unterscheiden sich hinsichtlich der Umsetzung und Planung der sieben Geschäftsmodellmuster. Unter Berücksichtigung dieser Information wurden folgende Labels für die Cluster definiert: Leader, Optimizer, Follower und Hesitator.

12.4.1 Beschreibung der Cluster

Die Unternehmen im Cluster Leader zeichnen sich dadurch aus, dass es bereits viele Umsetzungen von neuen Geschäftsmodellmustern sowohl im evolutionären aber vereinzelt auch im revolutionären Bereich gibt. Außerdem sind sehr viele Ideen in beiden Bereichen angedacht. Unternehmen aus allen Branchen sind unter den Leader.

Die Optimizer haben hauptsächlich das Geschäftsmodellmuster „Smart Automation" als Realisierung vorzuweisen. Weitere evolutionäre Muster sind als Idee vorhanden, jedoch gibt es nur wenige Ideen zu revolutionären Mustern. Dieses Cluster enthält bei weitem die meisten der befragten Unternehmen, wobei sich besonders viele Hersteller von elektrischen und optischen Erzeugnissen sowie Hersteller von Metallerzeugnissen in diesem Cluster befinden.

Unternehmen im Cluster Follower haben bisher nur Ansätze im evolutionären Bereich realisiert, aber es gibt viele Ideen in diese Richtung (vor allem Connected Products & Data-driven Services). Wie auch bei den Optimizern sind nur wenige Ideen bezüglich revolutionärer Muster angedacht. Besonders häufig sind Maschinenbauer in diesem Cluster zu finden.

Die Hesitator weisen bisher noch keine Realisierungen auf und es sind auch nur vereinzelt evolutionäre Ideen vorhanden. Dieses Cluster sammelt jene Unternehmen, für die Industrie 4.0 bisher kaum eine Rolle gespielt hat. Dabei kann man die Unternehmen in diesem Cluster weiter unterscheiden in jene, die keine Aktivitäten bezüglich Industrie 4.0 geplant haben – Unternehmen, die die digitale Transformation also komplett verweigern – und jene, die verspätet aber doch – mit einigen evolutionären Ideen – auf den Industrie 4.0 Zug und entsprechende digitale Geschäftsmodellinnovationen aufspringen wollen.

Tab. 12.1 zeigt eine Zusammenfassung der Clustereigenschaften. Die Farben dienen als Anhaltspunkt für die Anzahl der Realisierungen beziehungsweise Ideen (schwarz = viele, grau = wenige, weiß = keine).

Tab. 12.1 Zusammenfassung der Cluster-Eigenschaften

		Idee vorhanden		Bereits realisiert	
CLUSTER	**n**	**evolutionär**	**revolutionär**	**evolutionär**	**revolutionär**
Leader	13				
Optimizer	26				
Follower	7				
Hesitator	10				

Unternehmen im Cluster Leader zeichnen sich also dadurch aus, dass es besonders viele Ideen und auch schon einige Umsetzungen – als einziges Cluster auch im revolutionären Bereich – gibt. Optimizer und Follower unterscheiden sich darin, dass Erstere evolutionäre Ideen und vor allem Smart Automation weitgehend umgesetzt haben, während Zweitere darüber nachdenken und erst in die Umsetzungsphase kommen. Hesitator weisen bisher nur Ideen auf, aber keinerlei Realisierungen.

12.4.2 Realisierungsgrad der Geschäftsmodellmuster

Abb. 12.1 zeigt einen Vergleich der Realisierungsgrade für die verschiedenen Geschäftsmodellmuster. Diese wurden als relative Häufigkeit an Unternehmen, die das jeweilige Muster bereits realisiert haben und als relative Häufigkeit an Unternehmen, die das jeweilige Muster zumindest als Idee angedacht oder geplant haben, berechnet.

Die Abbildung zeigt, dass das Muster „Smart Automation" mit Abstand den höchsten Realisierungsgrad aufweist. Fast 75 Prozent der befragten Unternehmen haben Umsetzungen diesbezüglich realisiert und bei weiteren fast 20 Prozent sind zumindest Ideen vorhanden. Das heißt, dieses Muster kann in gewisser Weise als Vorstufe beziehungsweise als Voraussetzung für weitere Umsetzungen von neuen Geschäftsmodellen in Bezug auf Industrie 4.0 gesehen werden.

Auffällig ist auch der recht große Gap zwischen den tatsächlichen Realisierungen und dem Vorhandensein von Ideen bezüglich des Musters „Digitale Zusatzservices". Über 50 Prozent der befragten Unternehmen denken demnach zwar über das Angebot digitaler Zusatzservices nach, realisiert wurde dieses Geschäftsmodell allerdings bisher nur bei rund 15 Prozent der Unternehmen.

Des Weiteren ist ersichtlich, dass die als eher evolutionär eingestuften Geschäftsmodelle (in Abb. 12.1 grau schattiert) einen deutlich höheren Realisierungsgrad aufweisen, als die als revolutionär eingestuften Muster. Die schrittweise Weiterentwicklung von Geschäftsmodellen (evolutionär) wird von den meisten der befragten Unternehmen also bevorzugt, da hier die grundsätzliche Art und Weise des Leistungsangebots bestehen bleibt. Im Gegensatz dazu gibt es aber auch Unternehmen, die bereits radikale Änderungen vornehmen, die die gesamte Geschäftslogik betreffen. Die Hauptunterschiede der Cluster lassen sich in der Geschwindigkeit der Umsetzung und im Innovationsgrad der Geschäftsmodellideen zusammenfassen (Breitfuß et al. 2017).

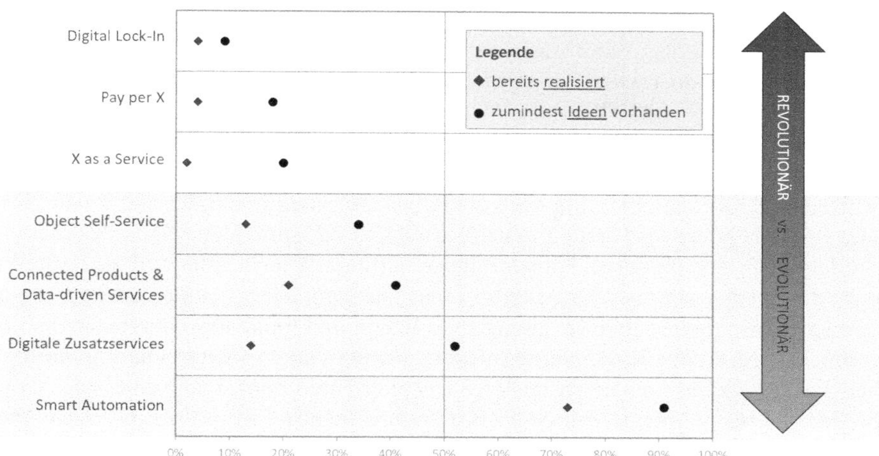

Abb. 12.1 Realisierungsgrad der Geschäftsmodellmuster

12.5 Handlungsempfehlungen für die erfolgreiche Realisierung digitaler Geschäftsmodellinnovationen

Basierend auf den identifizierten Erfolgsfaktoren können den Unternehmen folgende Handlungsempfehlungen gegeben werden, wie sie die digitale Transformation für sich möglichst gewinnbringend in Angriff nehmen beziehungsweise umsetzen können. Diese empirisch abgesicherten Handlungsempfehlungen fundieren auf wissenschaftlichen Erkenntnissen gepaart mit den realen Herausforderungen für Unternehmen.

12.5.1 Digitale Transformation in Unternehmensstrategie integrieren

Bei der Mehrheit der Unternehmen ist Industrie 4.0 immer noch mehr ein Thema des operativen als des strategischen Managements. Diese Herangehensweise basiert auf der grundlegenden Einschätzung vieler Unternehmen, die die digitale Transformation als evolutionären Prozess sehen, der nicht disruptiv sei, sondern nur eine logische Weiterentwicklung des bisherigen Trends zur Automatisierung der Produktion. Diese verkürzte Sichtweise birgt die Gefahr, neue Technologien und Anwendungsfälle und noch viel mehr potenzielle Geschäftsmodellinnovationen nicht am unternehmerischen Radar zu haben. Verläuft die künftige Entwicklung dann doch revolutionärer als von den Unternehmen erwartet, so könnten manche Unternehmen aus heutiger Sicht gute Startvoraussetzungen für eine erfolgreiche, forcierte Implementierung von Industrie 4.0 Lösungen teilweise verspielt haben.

Die Handlungsempfehlung lautet somit, die digitale Transformation nicht nur operativ im Rahmen des Tagesgeschäfts zu managen, sondern systematisch in die

Unternehmensstrategie zu integrieren. Die digitale Transformation ist eindeutig ein Thema für das strategische Management! Nachgelagert macht es natürlich Sinn, Industrie 4.0 im operativen Management umzusetzen, aber das muss im Rahmen einer bewussten Strategie erfolgen. Wird das Thema Industrie 4.0 unternehmensintern ausschließlich operativ angegangen, so bleibt sein Effekt teilweise zufällig und wesentlich stärker risikobehaftet als wenn systematisch eine digitale Strategie entworfen wird, die dann in zahlreichen operativen Schritten runtergebrochen und konkret implementiert wird. Jedem Unternehmen ist zu empfehlen, einen dezidierten Strategieplan zur digitalen Transformation aufzustellen. Damit wird klargestellt, dass das Thema von Geschäftsführung und oberstem Management getragen wird und jeder Mitarbeiter über die langfristige Vision und Pläne des Unternehmens informiert wird. Auch dieser interne Informationsfluss zu den Mitarbeitern ist höchst bedeutsam, wie im Folgenden noch im Detail erläutert wird. Die Einbettung in einen dezidierten Strategieplan oder ein verschriftlichtes Leitbild soll sicherstellen, dass die einzelnen operativen Schritte alle in die richtige Richtung gehen, damit sowohl eine in sich konsistente Produktions- und Arbeitsumgebung geschaffen wird, wie auch die langfristige (digitale) Vision des Unternehmens systematisch stufenweise realisiert werden kann.

12.5.2 Mit Stakeholdern im Wertschöpfungsnetzwerk technisch-inhaltlich abstimmen

Zahlreiche Unternehmen berichten, dass sie beim Einsatz von Industrie 4.0 Technologien teilweise in Warteposition sind, weil sie erst technische Systementscheidungen von vor- oder nachgelagerten Geschäftspartnern abwarten. Teilweise ist diese Strategie nachvollziehbar – beispielsweise wenn ein solcher Stakeholder eine Marktmacht hat, mit der er spezielle technische Standards de facto durchsetzen kann und bislang noch nicht klar ist, auf welchen Standard dieser Akteur setzt. Mitunter kann das aber auch zu Pattstellungen und völligem Stillstand führen, denn jede Geschäftsverbindung – egal ob vor- oder nachgelagert in der Wertschöpfungskette – beruht auf Gegenseitigkeit. Wenn alle Stakeholder in Wartestellung verharren, macht am Ende niemand den ersten Schritt und das gesamte Wertschöpfungsnetzwerk erstarrt im Stillstand – zum Nachteil für alle Beteiligten.

Gleichzeitig sehen etliche Unternehmen in bislang noch nicht umfassend etablierten Standards auch eine Chance: Sie können selbst Standards setzen beziehungsweise zumindest stark beeinflussen, wenn sie rechtzeitig zielgerichtet agieren. Als Treiber von solchen neuen de facto Standards haben diese führenden Unternehmen die Möglichkeit, die eingesetzte Technik für sie vorteilhaft zu gestalten, während Nachzügler dann bereits etablierte Industriestandards übernehmen müssen, egal wie gut oder schlecht sie in ihre Arbeitsumgebung passen.

Real kann kaum ein Unternehmen Industriestandards ganz alleine setzen – selbst wenn es in seinem Bereich Weltmarktführer ist –, sondern Standards werden meist in einem Wertschöpfungsnetzwerk von den aktivsten Stakeholdern gemeinsam gesetzt. Für das einzelne Unternehmen geht es darum, hier frühzeitig eingebunden zu werden, damit es die technische Entwicklung entweder direkt beeinflussen kann oder zumindest rechtzeitig informiert wird, welche technischen Systeme es mittragen muss, wenn es weiterhin im Wertschöpfungsnetzwerk eingebunden bleiben will. Schlimmstenfalls beobachtet das Unternehmen dann die Einführung von für sich selbst eigentlich nicht bevorzugten Standards, aber es kann sich zumindest rechtzeitig darauf einstellen, welche Standards es von den zentralen Stakeholdern übernehmen muss. Die Handlungsempfehlung lautet also ganz klar, sich möglichst frühzeitig und proaktiv mit den relevanten Stakeholdern im Wertschöpfungsnetzwerk technisch-inhaltlich abzustimmen, damit das eigene Unternehmen die Etablierung technischer Standards für sich möglichst vorteilhaft beeinflussen kann und in jedem Fall keine Entwicklung in seinem Wertschöpfungsnetzwerk verpasst.

12.5.3 IT- und Datensicherheit proaktiv sicherstellen

Die Mehrheit der Unternehmen deklariert IT- und Datensicherheit als die größte Barriere für digitale Geschäftsmodellinnovationen, vor allem aufgrund der hohen Komplexität und des schwer messbaren Risikos. Dabei sehen sie das Thema keineswegs als unüberwindbares Problem, sondern eher als große Herausforderung, die sie aber erfolgreich bewältigen. Durch die steigende Menge an Daten und das Vorhandensein sensibler Daten wird die Verwundbarkeit der Unternehmen immer größer und gleichzeitig steigt die Anzahl an Hackerangriffen laufend an. Gleichzeitig macht die zunehmende Vernetzung mit Industrie 4.0 nicht nur unternehmensintern das Thema IT- und Datensicherheit höchst bedeutsam, sondern auch entlang der Wertschöpfungskette unternehmensextern hin zu Lieferanten und Kunden.

IT- und Datensicherheit müssen proaktiv sichergestellt werden – ein rein reaktives Verhalten wäre höchst riskant. Es würde das Unternehmen nicht nur einem unkalkulierbaren Risiko aussetzen, sondern auch die Position des Unternehmens im jeweiligen Wertschöpfungsnetzwerk schwächen, da die in der Vernetzung mit Industrie 4.0 führenden Unternehmen ein extrem hohes Niveau an IT- und Datensicherheit nicht nur bei sich selbst garantieren, sondern auch von ihren Partnern im Wertschöpfungsnetzwerk fordern. Berechtigterweise, denn in Zeiten des Internet der Dinge und von Industrie 4.0 ist jede Wertschöpfungskette so stark wie ihr schwächstes Glied – damit steht und fällt auch jedes digitale Geschäftsmodell. Mangelnde IT- und Datensicherheit bei einem Unternehmen hätte auch potenziell direkte Rückwirkungen auf seine Partner im Wertschöpfungsnetzwerk. Da jedes Unternehmen verständlicherweise Kooperationspartner bevorzugt, die ihre entsprechenden Hausaufgaben bereits gemacht haben, muss jeder Betrieb proaktiv für sich selbst IT- und Datensicherheit sicherstellen. Ebenso verständlicherweise will kein Betrieb, der bei sich selbst intern höchste Anforderungen an IT- und Datensicherheit umsetzt, über die Vernetzung mit diesbezüglich eventuell nicht vollkommen zuverlässigen Partnern gefährliche Eintrittstore für Hacker und Datenmissbrauch öffnen. Will ein Unternehmen also künftig in den erfolgreichen Wertschöpfungsnetzwerken mitspielen, so benötigt es eine proaktive Strategie zur Sicherstellung seiner IT- und

Datensicherheit. Rein reaktives Verhalten oder eine Vernachlässigung des Themas wirkt negativ auf die Wettbewerbsfähigkeit des Unternehmens und muss in jedem Fall durch eine proaktive Handlungsweise ersetzt werden.

12.5.4 Eigene Datenstrategie entwickeln

Bislang verhält sich der Großteil der Unternehmen tendenziell passiv im Hinblick auf die sich ergebenden Möglichkeiten zur Datenanalyse bis hin zu Big Data Analytics in neuen digitalen Geschäftsmodellen. Die meisten Unternehmen deklarieren, dass die Datenstrategie vom jeweiligen Kunden vorgegeben wird. An proaktiven Datenstrategien seitens der Hersteller mangelt es. Teilweise ergibt sich sogar die Situation, dass Unternehmen nicht wissen, wo und wie welche Daten gespeichert sind. Ebenso ist die Qualität der Daten häufig unklar (wie vollständig sind die Datensätze, wie viele fehlerhafte Einträge gibt es etc.). Vielen Unternehmen ist durchaus klar, dass eine mehrwertstiftende Nutzung von Daten ein starker Innovationstreiber sein kann – bis hin zu absolut disruptiven Geschäftsmodellinnovationen. Teilweise erhält man den Eindruck, dass es speziell dem herstellenden Gewerbe lieber ist, sämtliche Daten beim Kunden zu belassen und selbst möglichst wenig zu speichern, um die Anforderungen an die eigene IT- und Datensicherheit vermeintlich niedriger halten zu können und sich nicht um Datenschutzreglements kümmern zu müssen. Dieser vermeintlich einfachere Weg verhindert in der Folge sämtliche Möglichkeiten, die datenbasierte Geschäftsmodelle bieten können. Es birgt eindeutig Wettbewerbsnachteile, die Datenstrategie zur Gänze anderen Akteuren zu überlassen.

In der IoT-basierten Wirtschaft sind Daten ein Rohstoff, der veredelt werden soll – und ein zentrales Element von digitalen Geschäftsmodellen. Dafür benötigt jedes Unternehmen seine eigene Datenstrategie. In der Strategiefindung sollte sich jedes Unternehmen ausführlich Gedanken über die verantwortungsvolle Nutzung der Daten, über Datensicherheit und Privatsphäre machen. Rechtliche Rahmenbedingungen wie die EU-Datenschutzgrundverordnung müssen berücksichtigt werden. Nur mit einer klaren Datenstrategie kann der Mehrwert von Datenanalysen bis hin zu Big Data Analytics realisiert werden. Und jedes Unternehmen sollte eine solche Datenstrategie für sich selbst entwerfen und verfolgen. Teilweise muss die Datenstrategie mit jener von wichtigen Kunden abgestimmt werden, aber auch hier ist eine wesentlich bessere Position gegeben, wenn eine klar formulierte eigene Datenstrategie die Verhandlungsposition für solche Abstimmungsprozesse klarstellt. Kompromisse zugunsten der Datenstrategie des jeweiligen Kunden sind dann immer möglich, aber die erreichbaren Vorteile durch eine durchdachte eigene Datenstrategie werden auf diese Art und Weise auch den Partnern im Wertschöpfungsnetzwerk verdeutlicht. Optimalerweise wird in der Abstimmung von deklarierten Datenstrategien verschiedener Unternehmen ja eine Win-Win-Situation zwischen Hersteller und Kunden erreicht. Dafür ist der proaktive Entwurf einer eigenen Datenstrategie unabdingbar.

12.5.5 Aktive Kommunikation mit Mitarbeitern

Ängste der Mitarbeiter vor Veränderungen – wie sie auch die digitale Transformation mit sich bringt – liegen in der Natur des Menschen und werden von den meisten Unternehmensführungen auch so wahrgenommen. Deshalb konstatieren die meisten Unternehmen selbst, dass Mitarbeiter in Prozesse der Veränderung eingebunden werden müssen – vor allem durch angepasste, transparente Kommunikation über diese Prozesse. Neben allen auch medial geschürten Ängsten vor durch die Digitalisierung induzierten Veränderungen kann die digitale Transformation auch als positive Entwicklung für Arbeitnehmer gesehen werden, beispielsweise indem neue Systeme Arbeitserleichterungen bieten und die Qualität der Arbeitsplätze steigern können.

Wichtig ist, dass Mitarbeiter nicht das Gefühl bekommen, dass ihnen „etwas weggenommen" würde oder dass sie in ihrer Arbeit massiv überwacht würden. Ängste vor dem Einsatz von digitalen Systemen bis hin zu primär digitalen Geschäftsmodellen können auch durch entsprechende Kommunikation im Rahmen von Schulungen und Weiterbildungsmaßnahmen für Mitarbeiter (siehe folgendes Kapitel) reduziert werden. Unternehmen, die bereits erfolgreich Digitalisierungsprojekte umgesetzt haben, berichten mehrfach, dass sie als Verbesserungsvorschlag für künftige Projekte noch massiver Kommunikationsmaßnahmen gegenüber den Mitarbeitern planen würden. Einerseits sind die Bedürfnisse der Mitarbeiter an eine offene und transparente Kommunikation in dieser Thematik sehr stark. Andererseits sind der Aufwand und die Kosten für die aktive Kommunikation mit den Mitarbeitern in Relation zu den übrigen Projektkosten eher überschaubar beziehungsweise muss dieser Aufwand zeitlich und ressourcenmäßig einfach bei der Implementierung von Industrie 4.0 Systemen von Anfang an mit geplant werden. Passiert dies nicht, so übersteigen die Nachteile durch die Schwierigkeiten und Widerstände in der Implementierung auf Seiten der Mitarbeiter bei weitem die vermeintlich eingesparten Aufwände. Im umgekehrten positiven Fall können Mitarbeiter bei einer aktiven Kommunikationsstrategie des Unternehmens ihre Anforderungen einbringen und so zum Erfolg der digitalen Geschäftsmodellinnovationen beitragen.

12.5.6 Weiterbildungsmaßnahmen für Mitarbeiter

Die Verfügbarkeit qualifizierter Fachkräfte hat allerhöchste Priorität – darüber sind sich alle Unternehmen einig. Mitarbeiter mit entsprechenden Qualifikationen sind der wichtigste Faktor, wenn es unter anderem um die Einführung neuer Technologien, die Entwicklung neuer Softwarelösungen, die intelligente Vernetzung der Produktion bis zur Einführung neuer digitaler Geschäftsmodelle geht. Nun wünschen sich die Unternehmen beim Thema Aus- und Fortbildung entsprechende Initiativen der öffentlichen Hand, aber auch die Unternehmen selbst können und sollten ihren Beitrag zu einem erfolgreichen Bildungssystem im Zeitalter der digitalen Transformation leisten. Das betrifft einerseits das duale Bildungssystem, das nur unter

Beteiligung der Unternehmen funktionieren kann, und andererseits auch aufbauende Aus- und Weiterbildungssysteme, die am besten in der Kooperation zwischen Bildungseinrichtungen und Unternehmen funktionieren.

Etliche Unternehmen setzen vor allem im Bereich der Weiterbildung selbst erfolgreich Aktivitäten. Sie stimmen sich mit Bildungseinrichtungen bei der Gestaltung von Lehrplänen ab und ermöglichen ihren Mitarbeitern mit flexiblen Arbeitsmodellen die Vereinbarkeit von Aus- und Weiterbildung und Berufstätigkeit. Diese Aktivitäten sollten möglichst Mitarbeitern auf allen Stufen die jeweils benötigten Weiterbildungen ermöglichen, da auch in Zukunft der Faktor Mensch und dessen Wissen und Erfahrungen nie vollständig ersetzt werden können und IoT- beziehungsweise Industrie 4.0 Kompetenz auf so gut wie allen Ebenen des Personals notwendig sein wird. Interdisziplinäre Qualifikationen und mehrdimensionale Bildungswege sind notwendig, um auch digitale Geschäftsmodelle erfolgreich voran zu bringen.

12.5.7 Neue Geschäftsmodelle als Intra-Entrepreneurships treiben

Die am stärksten disruptiven Auswirkungen hat die digitale Transformation im Bereich von Geschäftsmodellinnovationen. Schließlich wird hier nicht mehr nur das angebotene Produkt oder Service inkrementell innoviert, sondern ein Unternehmen wird potenziell in den Grundfesten seiner Geschäftstätigkeit erschüttert. Disruptive Geschäftsmodellinnovationen bergen ein enormes Potenzial, aber sie wirken eben auch disruptiv gegenüber bestehenden Geschäftsmodellen. Will ein Unternehmen disruptive Geschäftsmodellinnovationen im Rahmen der klassischen Organisationsstrukturen treiben, so führt das zu massiven Konflikten aufgrund von teilweise entgegengesetzten Zielsetzungen innerhalb der einzelnen Abteilungen des Unternehmens. Dabei besteht die Gefahr von Überreaktionen auf (potenzielle) Disruptionen. Unternehmen sollten ihr bestehendes profitables Geschäft nicht gleich aufgeben – also gewissermaßen nicht zu 100 Prozent auf Disruption setzen. Es ist auch keine gute Idee, ein neues disruptives Geschäftsmodell einfach innerhalb des alten Geschäftsmodells aufzubauen.

Die Empfehlung lautet, Geschäftseinheiten zu schaffen, die sich nur auf die Wachstumschancen des disruptiven Geschäfts konzentrieren. Diese Einheiten sollten getrennt vom Kerngeschäft laufen, denn sie brauchen eine völlig andere Organisationsstruktur, Firmenkultur und Vision. Manche Unternehmen lösen diese Herausforderung, indem sie laufend Start-Ups sondieren. Finden sie ein Start-Up Unternehmen, das eine für sie interessante Disruption treibt, so beteiligen sie sich oder übernehmen das Start-Up komplett, um dort – gewissermaßen ausgelagert – das disruptive Geschäftsmodell betreiben zu können. Will ein Unternehmen eine solche Strategie intern umsetzen, so sollte es Intra-Entrepreneurships einrichten, die wie ein Start-Up (mit entsprechender Systemlogik und teilweise Firmenkultur) innerhalb des eigenen Hauses funktionieren. Damit werden die für den Erfolg des disruptiven Modells notwendigen organisatorischen Voraussetzungen geschaffen, ohne im Tagesgeschäft direkt die bestehende profitable Tätigkeit des Unternehmens zu konterkarieren. Langfristig kann so idealerweise ein fließender Übergang von einem Geschäftsmodell zum anderen sichergestellt werden, sodass nicht neu entstehende Konkurrenten den etablierten Playern das Wasser mit disruptiven Innovationen abgraben, sondern die heute mit bestehenden Geschäftsmodellen erfolgreichen Unternehmen auch bei disruptiver Entwicklung in Zukunft erfolgreich den Markt bearbeiten können (Lassnig et al. 2017b).

Sämtliche gegebenen Handlungsempfehlungen erfordern eine aktive Adressierung durch Unternehmen. Das Einnehmen einer reinen Abwarteposition, eines „wir beobachten mal die Marktentwicklung" oder „wir fahren eine Follower-Strategie, um eventuelle Kinderkrankheiten der Industrie 4.0 Lösungen zu überspringen" birgt in jedem Fall wesentlich mehr Nachteile und Risiken als Vorteile – ganz besonders wenn es um die Entwicklung neuer digitaler Geschäftsmodelle geht, weil hier die First-Mover-Advantages besonders stark ausgeprägt sind. Ebenso ist es trügerisch und gefährlich, das Thema digitale Geschäftsmodellinnovationen bewusst zu negieren mit der Begründung beziehungsweise Einschätzung, dass die digitale Transformation der Wirtschaft eine rein evolutionäre Entwicklung sei und deshalb keiner besonderen Aufmerksamkeit bedürfe. Es mag zwar manche Entwicklung – beispielsweise der Einsatz von Sensorik in neuen Produktionsanlagen – den Eindruck erwecken, dass Industrie 4.0 nur Teil des logischen technischen Fortschritts sei und damit im Unternehmensalltag auch keinerlei spezieller Strategie bedürfe. Fakt ist aber, dass die digitale Transformation absolut disruptive Potenziale birgt, die für vorausschauende proaktive Akteure eindeutige Wettbewerbsvorteile mit sich bringen und im Gegenzug für rein passive Akteure nicht zu unterschätzende Gefahren bergen. Besonders digitale Geschäftsmodellinnovationen bergen ein enormes disruptives Potenzial (Lassnig et al. 2017a).

Sowohl bei der Digitalisierung seines bestehenden Geschäftsmodells als auch bei der Entwicklung eines völlig neuen Geschäftsmodells ist die ganzheitliche Betrachtung aller Elemente des Geschäftsmodells (wie oben im Business Model Canvas dargestellt) zentral für die erfolgreiche digitale Transformation eines Unternehmens. Neben dem detaillierten Verständnis welche Faktoren die digitale Transformation insgesamt beziehungsweise in der jeweiligen Branche beeinflussen müssen für digitale Geschäftsmodellinnovationen Antworten auf Kundenseite, auf Produktionsseite und auf Technologieseite definiert werden (Schmeiss und Dopfer 2017).

Eine proaktive Strategie ist also gefordert. Grundsätzlich muss sich jedes Unternehmen der strategischen Tragweite der digitalen Transformation im Hinblick auf Geschäftsmodellinnovationen bewusst werden – mit Betonung auf „strategisch", weshalb es einer entsprechenden Unternehmensstrategie bedarf. Ein rein operatives Management von Industrie 4.0 Konzepten und Industrial Internet of Things Lösungen ist nicht genug. Die digitale Transformation muss in die Unternehmensstrategie integriert werden. Diese Erkenntnis liefern sowohl die Wissenschaft als auch die empirische Datenlage aus der Praxis. Das zeigt, dass das Thema digitale Transformation und neue Geschäftsmodelle auch in der wirtschaftlichen Realität längst keine rein theoretische Diskussion mehr ist, sondern vorhandene Best Practice Beispiele aus der Industrie veranschaulichen, wie führende Unternehmen sich mit digitalen Geschäftsmodellen einen Wettbewerbsvorsprung verschaffen.

12.6 Fazit

Das Thema Geschäftsmodellinnovationen durch Industrie 4.0 und digitale Transformation ist bei den Unternehmen angekommen. Es gibt jedoch große Unterschiede bezüglich Umsetzungsgeschwindigkeit und Neuheitsgrad der Geschäftsmodellideen. Die schrittweise Weiterentwicklung von Geschäftsmodellen (evolutionär) wird von den meisten der befragten Unternehmen bevorzugt, da hier die grundsätzliche Art und Weise des Leistungsangebots bestehen bleibt. Im Gegensatz dazu gibt es aber auch Unternehmen, die bereits radikale Änderungen vornehmen, die die gesamte Geschäftslogik betreffen. Dazu müssen neue interaktive und agile Entwicklungsprozesse eingeführt werden, die ein rasches Kundenfeedback gewährleisten. In diesem dynamischen Umfeld von unsicheren Planungsanforderungen und permanenten Neuorientierungen sind eine gute Vision und eine Digitalisierungsstrategie empfehlenswert. Da Veränderungen im Geschäftsmodell oft funktions-, bereichs-, aber auch unternehmensübergreifende Auswirkungen haben, ist eine Zusammenarbeit über bestehende Grenzen hinweg unerlässlich. Dies gestaltet sich in den meisten Unternehmen aufgrund von bestehenden Strukturen eher schwierig und führt oftmals zu Konflikten. Eine proaktive Kommunikation auf allen Organisationsebenen ist somit bei Transformationsprojekten ein wesentlicher Erfolgsfaktor. Grundsätzlich lässt sich festhalten, dass das Bewusstsein und auch die Ideen für neue digitale Geschäftsmodelle vorhanden sind, die Unternehmen aber bei der Umsetzung zukünftig noch mutiger sein müssen. Eine stärkere Aktionsorientierung ist gefragt.

Dennoch ist festzuhalten, dass diese Aussagen keine Allgemeingültigkeit haben und auf den Aussagen der befragten Unternehmen sowie der zugrundeliegenden Literaturanalyse beruhen. Obwohl bei der Auswahl der Unternehmen darauf geachtet wurde klein- und mittelständische Betriebe sowie den Dienstleistungssektor nicht auszuschließen gibt es eine Tendenz zu größeren Unternehmen sowie zum produzierenden Gewerbe.

Literatur

Baden-Fuller C, Haefliger S (2013) Business models and technological innovation. Long Range Plann 46(6):419–426

Baden-Fuller C, Morgan MS (2010) Business models as models. Long Range Plann 32(2/3):156–171. Bosch Internet of Things & Services Lab

Bilgeri D, Brandt V, Lang M, Tesch J, Weinberger M (2015) The IoT business model builder, Bosch Internet of Things & Services Lab. Universität St. Gallen

Breitfuß G, Mauthner K, Lassnig M, Stabauer P, Güntner G, Stummer M, Freiler M, Meilinger A (2017) Analyse von Geschäftsmodell-Innovationen durch die digitale Transformation mit Industrie 4.0. Band 3 der Studie im Auftrag des österreichischen Bundesministeriums für Verkehr, Innovation und Technologie (BMVIT) sowie der Österreichischen Forschungsförderungsgesellschaft (FFG). Salzburg/Wien

Ehret M, Wirtz J (2017) Unlocking value from machines: business models and the industrial internet of things. J Mark Manag 33(1/2):111–130

Exner K, Stark R, Kim JY. (2017) Data-driven business model – A methodology to develop smart services. In: International Conference on Engineering, Technology and Innovation (ICE/ITMC), Funchal

Fleisch E, Weinberger M, Wortmann F (2014) Geschäftsmodelle im Internet der Dinge. Bosch IoT Lab White Paper. Universität St. Gallen

Foss NJ, Saebi T (2017) Fifteen years of research on business model innovation: how far have we come, and where should we go? J Manag 43(1):200–227

Gassmann O, Frankenberger K, Csik M (2014) The business model navigator: 55 models that will revolutionise your business. Pearson/Financial Times Publishing, Harlow

Gassmann O, Sutter P (2016) Digitale Transformation im Unternehmen gestalten: Geschäftsmodelle Erfolgsfaktoren Fallstudien. Carl Hanser, München

Hevner A, March S, Park J, Sudha R (2004) Design science research in information systems. MIS Q 28(1): 67–93

Hoffmeister C (2015) Digital Business Modelling. Digitale Geschäftsmodelle entwickeln und strategisch verankern. Carl Hanser, München

Hunke F, Seebacher S, Schüritz, R, Illi A (2017) Towards a process model for data-driven business model innovation. In: IEEE Conference on Business Informatics (CBI), Thessaloniki

Kiel D, Müller JM, Arnold C, Voigt K-I (2017) Sustainable industrial value creation: benefits and challenges of Industry 4.0. Int J Innov Manag 21:8

Lassnig M, Stabauer P, Selhofer H (2017a) Geschäftsmodellinnovationen durch Industrie 4.0 – Wie sich Geschäftsmodelle im Industrial Internet verändern. Salzburg Research – Innovation-Lab Arbeitsberichte, Bd 4. Book on Demand, Norderstedt. ISBN 978-3-744872-67-6

Lassnig M, Stabauer P, Güntner G, Breitfuß G, Mauthner K, Stummer M, Freiler M, Meilinger A (2017b) Handlungsempfehlungen zur digitalen Transformation durch Industrie 4.0 und neue Geschäftsmodelle. Band 4 der Studie im Auftrag des österreichischen Bundesministeriums für Verkehr, Innovation und Technologie (BMVIT) sowie der Österreichischen Forschungsförderungsgesellschaft (FFG). Salzburg/Wien

Massa L, Tucci CL., Afuah A (2016) A critical assessment of business model research. Acad Manag Ann 11(1): 73–104

Müller JM, Voigt K-I (2018) Sustainable industrial value creation in SMEs: a comparison between industry 4.0 and made in China 2025. Int J Precis Eng Manuf – Green Technol 5(5):659–670

Müller JM, Buliga O, Voigt K-I (2018a) Fortune favors the prepared. How SMEs approach business model innovations in Industry 4.0. Technol Forecast Soc Chang 132:2–17

Müller JM, Kiel D, Voigt K-I (2018b) What drives the implementation of industry 4.0? The role of opportunities and challenges in the context of sustainability. Sustainability 10(1): 1–24

Osterwalder A, Pigneur Y (2010) Business model generation: a handbook for visionaries, game changers, and challengers. Wiley, Hoboken

Schallmo D, Rusnjak A, Anzengruber J, Werani T, Jünger M (Hrsg) (2017) Digitale Transformation von Geschäftsmodellen. Grundlagen, Instrumente und Best Practices. Springer Gabler, Wiesbaden

Schmeiss J, Dopfer M (2017) Die digitale Geschäftsmodell-Transformation – Chancen, Risiken und Strategien für den deutschen Mittelstand. In: Büllingen F, Stetter A (Hrsg) Mittelstand – Digital: Wissenschaft trifft Praxis – Digitale Geschäftsmodelle: Erfolgsfaktoren und Praxisbeispiele. Bad Honnef. ISSN: 2198-8544

VDI/VDE-Gesellschaft Mess- und Automatisierungstechnik (2016) Statusreport: Digitale Chancen und Bedrohungen – Geschäftsmodelle für Industrie 4.0

Wieselhuber und Partner GmbH & Fraunhofer IPA (2015) Geschäftsmodellinnovation durch Industrie 4.0 – Chancen und Risiken für den Maschinen- und Anlagenbau

13 Nutzungs- und Akzeptanzbarrieren bei digitalen Geschäftsmodellen

Eine fallstudienbasierte Evaluation der Nutzungs- und Akzeptanzdeterminanten

Axel Sprenger, Manuel Skrzypczak und Johann Valentowitsch

Zusammenfassung

Der Wandel von analogen zu digitalen Geschäftsmodellen führt zu einer radikalen Änderung der Erlösmodelle und der Bemessung kundenseitiger Akzeptanz. Gängige Methoden zur Bestimmung der Kundenbedürfnisse und des vom Kunden wahrgenommenen Mehrwerts greifen oft zu kurz. Im Ergebnis führt das zu Anwendungen mit geringer Nutzungsbereitschaft und einem enttäuschenden Business-Case, weil die Erlösmodelle digitaler Geschäftsmodelle in der Regel auf Nutzung basieren: No Use – No Revenue.

Der bei analogen Geschäftsmodellen dominierende Ansatz, den Erfolg am Erfüllungsgrad des Leistungsversprechens zu messen, blendet viele Aspekte aus, die für den Erfolg digitaler Geschäftsmodelle entscheidend sind. Manager müssen auch die Nutzungsbarrieren bewerten und antizipieren, wie potenzielle und bereits vorhandene Kunden das Leistungsversprechen eines Geschäftsmodells im Kontext wahrnehmen.

Der vorliegende Beitrag greift diese Problematik auf und stellt eine agile Bewertungsmethode vor, die die kundenseitigen Akzeptanz- bzw. Nutzungstreiber und -barrieren in einem Mental-Accounting-Ansatz integriert. In der Entwicklungspraxis dient dieser als PAIN-GAIN-Index bezeichnete weitgehend standardisierte und agile Ansatz als Proof-of-Concept aus Kundensicht und ergänzt

Vollständig neuer Original-Beitrag

A. Sprenger (✉)
UScale GmbH, Stuttgart, Deutschland
E-Mail: axel.sprenger@uscale.digital

M. Skrzypczak · J. Valentowitsch
Chair of Innovation and Service Management, University of Stuttgart, Stuttgart, Deutschland
E-Mail: manuel.skrzypczak@bwi.uni-stuttgart.de; johann.valentowitsch@bwi.uni-stuttgart.de

S. Meinhardt, A. Pflaum (Hrsg.), *Digitale Geschäftsmodelle – Band 1*, Edition HMD, https://doi.org/10.1007/978-3-658-26314-0_13

Design-Thinking-Ansätze um eine Kennzahl und konkreten Anforderungen für das Lastenheft. Im Markt liefert der PAIN-GAIN-Index die entscheidenden Hinweise für die Erhöhung der Konversion sowie der Diffusion in neue Kundensegmente.

Schlüsselwörter
Digitale Geschäftsmodelle · Geschäftsmodellinnovation · Akzeptanz · Product-Market-Fit · Pain-Gain-Index

13.1 Einleitung

Moderne Informations- und Kommunikationstechnologien setzten in den letzten drei Dekaden einen disruptiven Prozess in Gang, der die Denkweisen etablierter Unternehmen nachhaltig beeinflusste, Branchen neu definierte und gesellschaftliche Verhaltensmuster radikal veränderte (Borell 2016; Kreidenweis 2018).

Die Digitalisierung stellt Manager etablierter Unternehmen vor die Herausforderung, technologische Neuerungen im Bereich künstlicher Intelligenz, Robotik sowie Datenverarbeitung adäquat in bewährte Geschäftsmodelle einzubinden, um mit Wettbewerbern schritthalten und neue Märkte erschließen zu können. Die durch die Digitalisierung hervorgebrachten Investitionsalternativen sind vielfältig und führen nicht selten zur Neuausrichtung bewährter Wertschöpfungsprozesse und schaffen gänzlich neue Geschäftseinheiten (Grohmann et al. 2017; Menez et al. 2015; Schallmo et al. 2018). Die Digitalisierung führt auch dazu, dass sich der vorherrschende Wertschöpfungsfokus nicht mehr allein auf den Absatz eines Produktes oder einer Dienstleistung richtet, sondern sich auf die nachgelagerte Nutzungsphase der Produkte und Services ausweitet (Hoffmeister 2013). Dieser erweiterte Wertschöpfungsfokus begünstigt die Implementierung neuer Erlösmodelle wie zum Beispiel SaaS, Pay-on-Demand oder Pay-per-Use und forciert die Generierung, Verarbeitung und Kommerzialisierung aktiver und passiver Nutzer- und Nutzungsdaten.

Dabei ist der disruptive Charakter der Digitalisierung für Entscheidungsträger oft Fluch und Segen zugleich: Obwohl die Digitalisierung eine Vielzahl neuer Unternehmen und Geschäftsmodelle hervorbrachte, ist sie hauptsächlich für das Scheitern der Hälfte der Fortune 500 Unternehmen seit dem Jahr 2000 verantwortlich (Nanterme 2017). Um das Scheitern digitaler Geschäftsmodellinnovationen zu verhindern, ist eine möglichst umfassende Ermittlung der Akzeptanz und Nutzungsbereitschaft potentieller Kunden unerlässlich.

Digitale Geschäftsmodelle basieren oft auf neuartigen Produkten und Dienstleistungen oder stellen völlig neue Plattformen bereit, über die bisher bekannte Produkte und Dienstleistungen in einer neuen Art und Weise vertrieben werden. Akzeptanzbarrieren entstehen, wenn potenzielle Kunden den durch das digitale Geschäftsmodell realisierten Mehrwert nicht adäquat beurteilen können (Jonda 2004). In der Unternehmenspraxis existiert heute eine große Anzahl von Methoden und Instrumenten, die diese Problematik in den Entwicklungs- und Testphasen adressieren. Zu den gängigsten Verfahren zählen Ideenwettbewerbe oder Design-Thinking-Workshops, die eine marktgerechte Konzeption von innovativen Geschäftsmodellen sicherstellen sollen. Dennoch ist immer wieder zu beobachten, dass Manager bei der Konzeption und Entwicklung digitaler Geschäftsmodelle den Mehrwert der eigenen Innovation überbewerten und die Notwendigkeit kundenbezogener Verhaltensänderungen nicht richtig antizipieren (Gourville 2006).

Der folgende Beitrag entwickelt einen konzeptionellen Rahmen, der diese Problematik adressiert. Hierzu gehen wir zunächst darauf ein, wie sich durch die Neuerung einzelner Geschäftsmodellkomponenten auch die Evaluation des gesamten Geschäftsmodells aus Kundensicht ändern kann. Dabei wird deutlich, dass Kunden gerade bei digitalen Geschäftsmodellinnovationen häufig Probleme haben, den Mehrwert digitaler Produkte, Services oder Plattformen zu erkennen und zu antizipieren. Dies senkt ihre individuelle Akzeptanz- und Nutzungsbereitschaft. Anschließend stellen wir ein Verfahren vor, das den vom Kunden wahrgenommenen Mehrwert, die sogenannten GAINS eines Geschäftsmodells, mit den Akzeptanz- und Nutzungsbarrieren, den Neuen PAINS, die jede Innovation mit sich bringt, in einer Kennzahl zusammenführt. Die konkrete Anwendbarkeit dieses Konzepts wird anhand dreier Fallstudien demonstriert, in denen Akzeptanzbarrieren und Nutzen digitaler Geschäftsmodellinnovationen gemessen, Kundensegmente verglichen und, darauf aufbauend, konkrete Handlungsempfehlungen abgleitet werden.

13.2 Akzeptanz und Akzeptanzbarrieren digitaler Geschäftsmodellinnovationen

13.2.1 Digitale Geschäftsmodelle und Geschäftsmodellinnovationen

Die Auseinandersetzung der betriebswirtschaftlichen Forschung und Managementpraxis mit Geschäftsmodellen und Geschäftsmodellinnovationen hat nicht zuletzt durch den wachsenden Einfluss der Digitalisierung eine steigende Bedeutung erfahren (Holzmann 2015). Obwohl die Diskussion um Geschäftsmodelle in eine Vielzahl unterschiedlicher Definitionen mündete, hebt die Mehrheit der Veröffentlichungen die Beschreibung und konzeptionelle Darstellung unternehmerischer Wertschöpfungsstrukturen und interrelationaler Wertschöpfungsprozesse unter Einbeziehung einer klar definierten Schnittstelle zum Kunden als konstitutive Merkmale von Geschäftsmodellen hervor (Veit et al. 2014; Zott und Amit 2008; Saebi et al. 2017).

In der Literatur existieren mehrere Überblicksarbeiten, die wesentliche Komponenten von Geschäftsmodellen ausweisen (Foss und Saebi 2017 und andere). Zusammenfassend lassen sich drei wesentliche Komponenten identifizieren: (a) ein in klar ausgewiesenes Nutzenversprechen, (b) eine geeignete Wertschöpfungsstruktur, die alle zur Erfüllung des Nutzenversprechens notwendigen Ressourcen und Kompetenzen bereitstellt (Chesbrough und Rosenbloom 2002) sowie (c) ein auf den Zielmarkt ausgerichtetes Erlösmodell (Saebi et al. 2017).

Foss und Saebi zeigen in einem umfassenden Literaturrückblick, dass ein Großteil der veröffentlichten Studien zu Geschäftsmodellen in drei Themenbereiche eingeteilt werden können (Foss und Saebi 2017): Der erste Bereich umfasst *Ansätze zur Abgrenzung und Klassifikation von Geschäftsmodellen,* um die aufkommende und schnell wachsende Unternehmenslandschaft im E-Commerce zu strukturieren. Die Forschung stand Mitte der 1990er-Jahre vor der Herausforderung, dass Unternehmen rein immaterielle Wertschöpfungsmodelle etablierten, deren Erfolg mit bestehenden Wertschöpfungskonzepten nicht effektiv erklärt werden konnte (Veit et al. 2014).

Geschäftsmodelle im E-Business zeichnen sich vor allem durch ein hohes Maß an Intangibilität aus. Weill und Vitale (2001) heben in diesem Kontext drei bedeutende Unterschiede zwischen digitalen und analogen Geschäftsmodellen hervor. Die Bereitstellung von Produkten und Produktinformationen, der „Content“, erfolgt online. Konsequenterweise bedingt dies, dass die Distribution und Transaktion sowie die Kundenerfahrung, die „Customer Experience“, virtuell erfolgt. Unternehmen müssen daher nicht nur sicherstellen, dass ihre Produkte in einem günstigen Licht erscheinen, sondern auch antizipieren, welche Informationen für Kunden kaufentscheidend sind und dargestellt werden müssen. Ferner ist für den Erfolg digitaler Geschäftsmodelle entscheidend, wie Unternehmen Geschäftsprozesse, Technologien und Informationen effektiv auf die Bereitstellung von Informationen ausrichten (Weill und Woerner 2015).

Ein weiterer Forschungsast konzentriert sich auf die Frage, welche äußeren Faktoren und Umstände erfolgreiche Geschäftsmodelle auszeichnen. Veröffentlichungen in diesem Kontext schlugen vor, Wettbewerbsvorteile und Unternehmenserfolg auf *Heterogenitätsmerkmale zwischen Unternehmen* zurückzuführen (Wirtz et al. 2016).

Der letzte Forschungsbereich sieht Geschäftsmodelle als potenziellen *Gegenstand der Innovation* (Schneider und Spieth 2013). Geschäftsmodelle sind für das Innovations- und Technologiemanagement deshalb von Bedeutung, weil sie unterschiedliche Ansatzpunkte liefern, um bestehende Aktivitäten und Wertschöpfungsstrukturen weiterzuentwickeln und neue zu schaffen (Desyllas und Sako 2013). Dieser Aspekt soll im folgenden Unterkapitel näher beleuchtet werden.

13.2.2 Digitale Geschäftsmodellinnovationen

Geschäftsmodellinnovationen werden in der Literatur unterschiedlich definiert. Kontroversen ergeben sich vor allem in der Definition des Objekts, auf das sich die Veränderung oder Neuerung bezieht. Einige Autoren gehen davon aus, dass Geschäftsmodellinnovationen gänzlich neue und sich vom Wettbewerb unterscheidende Ansätze darstellen, wie Unternehmen Wert generieren (Gambardella und McGahan 2010). Andere Autoren heben hervor, dass eine Geschäftsmodellinnovation lediglich eine Änderung des Contents, indem neue Aktivitäten etabliert werden, der Struktur, indem bestehende Aktivitäten neu ausgerichtet werden oder der Koordination, indem neue Akteure eingesetzt werden, voraussetzt (Amit und Zott 2015). Um die Tragweite potenziell möglicher Geschäftsmodellinnovationen zu beschreiben, greift eine rein über die Architektur des Geschäftsmodells wirkende Bemessung von Innovation zu kurz. Von entscheidender Bedeutung ist vielmehr, welche Komponenten eines Geschäftsmodells verändert werden und als wie neuartig diese Änderungen im Vergleich zum bisherigen Geschäftsmodell wahrgenommen werden (Foss und Saebi 2017).

Geschäftsmodellinnovationen können dabei sowohl auf der Architektur- als auch auf der Aktivitätenebene inkrementelle oder auch radikale Veränderung erfahren (Schallmo 2016). Inkrementelle Veränderungen beschreiben eine Weiterentwicklung der bestehenden Architektur oder die Weiterentwicklung bestehender Komponenten. Radikale Veränderungen hingegen beschreiben gänzlich neue Lösungen und schlagen sich auf alle Komponenten des Geschäftsmodells nieder. Werden wie im Zuge der Digitalisierung ganze Geschäftsmodelle fundamental innoviert, sodass die Architektur der Wertschöpfung eines Geschäftsmodells verändert wird, sind die Veränderungen viel umfassender als bei reinen Produkt- oder Prozessinnovationen. Durch die Innovation ändert sich die gesamte Geschäftslogik des Unternehmens (Menez et al. 2015).

Aus Sicht des innovierenden Unternehmens kann die Geschäftsmodellinnovation dazu dienen, die Wertschöpfungsstruktur derartig zu verändern, dass bereits vorhandene Kundenbedürfnisse besser adressiert und befriedigt werden können. Alternativ wird die Geschäftsmodellinnovation bewusst dazu verwendet gänzlich neue Bedarfe zu generieren und damit neue Märkte zu erschließen (Stähler 2002). Die Analyse von Geschäftsmodellinnovationen erfordert daher „eine ganzheitliche systemische Betrachtung der Organisation, ihrer Aktivitäten und Umweltbeziehungen entlang ihrer Wertschöpfung“ (Menez et al. 2015).

Sowohl die Erfahrungen der unternehmerischen Praxis als auch die Erkenntnisse der am digitalen Umbruch interessierten Wissenschaften weisen darauf hin, dass ein Großteil der digitalen Geschäftsmodellinnovationen scheitert (Barrett et al. 2015; Christensen 1997). Auch wenn die Gründe für ein missglücktes Geschäftsmodell im Einzelfall sehr unterschiedlich sein können, wird in der einschlägigen Fachliteratur häufig die mangelnde Einbindung der Kundenperspektive in den Innovationsprozess als Grund für das Scheitern von digitalen Geschäftsmodellen genannt (Schaarschmidt und Kilian 2014; Song et al. 2013; Wu et al. 2013). In den nachfolgenden Abschnitten wird diese Problematik näher beleuchtet und die kritische Rolle der Kunden für den Erfolg von digitalen Geschäftsideen herausgearbeitet.

13.2.3 Akzeptanz, Resistenz und digitale Geschäftsmodellinnovationen

Die Frage, unter welchen Bedingungen neue Produkte und Dienstleistungen am Markt scheitern, beschäftigt die betriebswirtschaftliche Forschung seit mehreren Jahrzehnten. Die meisten der in diesem Kontext veröffentlichten Studien lassen sich der Adoptionsforschung zuordnen, die verhaltenswissenschaftliche und entscheidungsbezogene Aspekte der Übernahme und Nutzung einer Innovation durch ein Individuum in den Mittelpunkt stellt (Gounaris und Koritos 2012).

Der wahrscheinlich bekannteste Ansatz in diesem Themengebiet stammt von Rogers (2003), der die Adoption einer Innovation als mehrstufigen Prozess konzeptualisiert. Dieser beginnt mit der individuellen Wahrnehmung der Innovation durch einen interessierten Nachfrager und endet schließlich mit der tatsächlichen Übernahme der Innovation sowie ihrer anschließenden Nutzung.

Innerhalb des Adoptionsprozesses spielen die Akzeptanz sowie die Resistenz eine bedeutende Rolle (Davis 1989). Beide werden in diesem Prozess als positive beziehungsweise negative Ergebnisse der Evaluationsphase verstanden, die den weiteren Verlauf des Adoptionsprozesses determinieren. Akzeptanz führt dabei eher zu einer Übernahmeentscheidung und Nutzung (Nabih et al. 1997). Resistenz hingegen führt eher zu einer Ablehnungsentscheidung (Kuester und Hess 2007). Die Auseinandersetzung mit dem Zustandekommen von Akzeptanz ist deshalb für die erfolgreiche Umsetzung von Geschäftsmodellinnovationen entscheidend.

Manager begegnen dieser Problematik häufig, indem sie die Vorteile der Geschäftsmodellinnovation aus Sicht potenzieller Kunden evaluieren. Diese Vorgehensweise ist nicht nur deshalb problematisch, weil Manager oft dazu tendieren die Nutzenkomponente eigener Geschäftsmodelle besser zu bewerten, sondern auch weil Verhaltensänderungen potenzieller Kunden nicht adäquat berücksichtigt werden. Kunden sehen den Nutzen neuer Geschäftsmodellinnovationen skeptischer und geben sich schneller mit Lösungen zufrieden, die sie bereits kennen (Gourville 2006). Hinzu kommt, dass die Nachfrage eines Produkts oft auch an eine Verhaltensänderung erfordert, deren Ausmaß die Akzeptanz neuer Geschäftsmodelle maßgeblich beeinflusst. Gourville (2006) schlägt in diesem Kontext ein Framework vor, das die aus einer Adoption des Geschäftsmodells resultierende Verhaltensänderung – gering vs. hoch – mit dem induzierten Nutzen – gering vs. hoch – des Geschäftsmodells verknüpft.

Den Einfluss der induzierten Verhaltensänderung führt Gourville auf die Bedeutung des von Thaler (1980) erwähnten Endowment-Effects zurück. Der Endowment-Effect beschreibt in diesem Kontext, dass Konsumenten Innovationen aus der Perspektive jener Produkte bewerten, die sie selbst besitzen. Die Adoptionsentscheidung geht damit immer mit bestimmten Gewinnen und Verlusten einher. So überlegt sich beispielsweise ein Konsument, der vor der Entscheidung steht, Spotify zu nutzen und damit Musik unabhängig von Ort und Zeit online zu streamen, ob seine Sammlung an Musik-CDs in Zukunft redundant sein wird. Ein Kunde, der vor der Entscheidung steht ein Elektrofahrzeug zu beschaffen überlegt, ob die geringere Umweltverschmutzung des Fahrzeugs den Reichweitenverlust aufwiegt.

Erschwerend kommt hinzu, dass sich die Einschätzung des Nutzens einer Geschäftsmodellinnovation für Kunden mit steigendem Innovationsgrad verzerrt. Diese Verzerrungen sind bei inkrementellen Änderungen des Nutzenversprechens oder einzelner Wertschöpfungsaktivitäten nicht besonders schwerwiegend, da sie per definitionem Weiterentwicklungen bereits etablierter Lösungsmuster darstellen und sich somit einfacher nachvollziehen lassen. Radikale Innovationen hingegen definieren neue Produktkategorien, was dazu führt, dass Nutzen und Funktionalität für Konsumenten schwer einschätzbar sind (Hoeffler 2003).

13.2.4 Bewertung des Product-Market-Fits von Geschäftsmodellinnovationen in der Praxis

Für Unternehmen stellt sich die Frage, wie sie sicherstellen, dass Konsumenten den Nutzen erkennen und das neue Angebot annehmen. Die enttäuschenden Erfahrungen vieler Unternehmen im Bereich der Digitalisierung (Dholakia et al. 2002) haben dazu geführt, dass in den letzten Jahren eine ganze Reihe von Strategien, Verfahren, Methoden und Prozessen entwickelt wurde, die den Kunden in die Produktentwicklung einbeziehen. Die meisten Unternehmen versuchen, die Kundenperspektive zu einem möglichst frühen Zeitpunkt über Ideenwettbewerbe, Design-Thinking-Workshops oder verschiedene Consumer-Testverfahren in den Entwicklungsprozess einzubringen (Breitschneider et al. 2009).

Als Beispiel sei Open Innovation als Strategie des Innovationsmanagements genannt, das den Kunden in den Innovationsprozess einbezieht. Design Thinking als Methode zielt darauf, den Kunden systematisch in die Entwicklung von Konzepten und Lösungsideen einzubeziehen. Bei großen und komplexen Projekten wird der Kunde nach dem Vorgehensmodell von Scrum sogar direkt in die Entwicklung eingebunden und nimmt regelmäßig Zwischenstände ab.

Bei Produkten, die auf einen breiteren Kundenkreis zielen, stellt sich erst später heraus, ob der Kundeninput in der Konzeptphase ausreichend war und die Entwickler in die richtige Richtung geleitet hat. Falls nicht, wurden wertvolle finanzielle und zeitliche Ressourcen verschwendet und Mitarbeiter wie Kunden verärgert. Erschwerend kommt hinzu, dass Unternehmen einen Imageschaden erleiden, wenn sich die Unzufriedenheit der Kunden in den öffentlich sichtbaren Ratings der App-Stores bemerkbar macht (Genc-Nayebi und Abran 2017).

Entscheidungsträger in der Praxis sind also mehr denn je auf agile und aussagefähige Testverfahren und Kriterien angewiesen, mit denen sie Erfolgswahrscheinlichkeiten von Innovationen quantitativ bewerten, Budgets lenken und Entscheidungen treffen können.

Funktionale Tests

Im Markt hat sich heute eine ganze Reihe von Testverfahren für digitale Produkte etabliert (van Aerssen und Buchholz 2018). Die meisten Verfahren konzentrieren sich auf die Evaluation der Funktionalität digitaler Angebote (Memon und Xie 2005). Dazu gehören Smoke-Tests, Bug-Testing-Verfahren oder User-Interface-Tests. Alle diese Verfahren haben gemeinsam, dass sie ausschließlich gegen die Spezifikation testen. Sie überprüfen also, ob die Vorgaben aus dem Lastenheft vom fertigen Produkt erfüllt werden. Solche funktionalen Testverfahren sind im Rahmen der Produktentwicklung notwendig, für das Treffen von Managemententscheidungen im oben genannten Sinne aber nicht hinreichend. Verfehlt die Spezifikation den Marktbedarf, stellen funktionale Tests also nur sicher, dass das Produkt auf zuverlässige Weise den Marktbedarf verfehlt.

Die zweite Gruppe von Testverfahren ist die der sogenannten Nutzertests. Sie prüfen, ob Nutzer eine Anwendung verstehen und leicht bedienen können. Am bekanntesten sind UX-Tests und die Bewertung mit der System-Usability-Scale.

User-Experience-Testing

Im sogenannten UX-Testing haben sich zahlreiche Methoden im Markt herausbildet, die alle die Verständlichkeit einer Bedienoberfläche und das Look & Feel einer Software bewerten. Sie geben Auskunft darüber, ob Kunden ein Softwareprodukt gut bedienen können, aber nicht, ob das Produkt ein Kundenproblem löst oder einen Mehrwert für den Kunden bringt (Quirmbach 2013). Auch UX-Tests sind also aus praktischer Sicht notwendig, aber nicht hinreichend.

System Usability Scale (SUS)

Die standardisierte Befragung nach der SUS erfasst die Gebrauchstauglichkeit von Systemen, prüft damit eine Voraussetzung für Akzeptanz und liefert zudem quantitative Ergebnisse (Bangor et al. 2008). Nachteil der Methode ist, dass sie keine Aussage über die Eignung eines Produkts macht, ob es einen echten Mehrwert für den Kunden liefert. Die SUS hat also keinen Bezug zum Business Case einer Innovation.

UX- und SUS-Tests machen keine Aussage darüber, ob ein zukünftiger Nutzer das digitale Angebot auch annehmen und nutzen wird, sprich ob die Anwendung ausreichend Nutzer für einen positiven Business-Case finden wird. Aussagen über die Akzeptanz eines Geschäftsmodells machen Zufriedenheitsbefragungen und Lautes Denken.

Zufriedenheitsbefragungen

Kundenbefragungen geben Auskunft über Probleme mit der „harten Qualität" und der Frage, ob die Erwartungshaltung von Kunden erfüllt wird. Liefert eine Anwendung also nicht den vom Kunden erhofften Mehrwert, wird das in einer Zufriedenheitsbefragung deutlich werden (Beitz 1996). Der entscheidende Nachteil dabei ist jedoch, dass nur diejenigen Kunden befragt werden können, die ein Produkt auch tatsächlich über längere Zeiträume nutzen und sich zu den Funktionen des Produkts sinnvoll äußern können. Kunden, die sich z. B. bei einer Website oder App registriert, den Service aber noch nicht aktiv genutzt haben, können keine Zufriedenheitsbefragung ausfüllen. Da es bei digitalen Produkten, die meist auf Pay-Per-Use-Basis funktionieren, im Kern darauf ankommt, ob der Kunde ein Produkt nutzt, helfen Zufriedenheitsbefragungen in der digitalen Welt demnach nicht weiter. Erst wenn digitale Angebote etabliert sind und mehrere Konkurrenten um Marktanteile kämpfen, werden Feinheiten relevant. Erst dann machen Zufriedenheitsbefragungen Sinn und liefern Hinweise auf wichtige Details, die das buchstäbliche Zünglein an der Waage ausmachen können.

Lautes Denken

Bei diesem Verfahren geht es um die Verbalisierung von Gedanken beim Test von digitalen Produkten. Nutzer geben dabei auch ihre Eindrücke wieder, ob und in welchem Umfang ein Produkt überhaupt einen Nutzen liefert (van Aerssen und Buchholz 2018). Nachteil der Methode ist, dass sie nur qualitative Ergebnisse liefert, d. h. kein Kriterium für Go/No-Go-Entscheidungen anbietet und zudem recht aufwändig ist.

Quantitative Akzeptanztests

Wichtiger aus der Perspektive des Unternehmens ist demgegenüber, dass digitale Produkte im Markt nicht an Akzeptanzbarrieren scheitern und beim Kunden erkennbaren Mehrwert erzeugen. Beides muss erfüllt werden, damit eine Verhaltensänderung beim Kunden eintreten und dieser das digitale Angebot nutzen kann. Die aktive oder passive Nutzung durch den Kunden stellt bei den meisten digitalen Geschäftsmodellen eine unerlässliche Voraussetzung für die Realisierung des gewählten Erlösmodells dar.

13.2.5 Ein praktikabler Ansatz zur Messung von Akzeptanz und des Product-Market-Fits: Der PAIN-GAIN-Akzeptanztest

Die unternehmerische Praxis benötigt eine Testmethode, die folgende Kriterien erfüllt:

- Quantitative Bewertung möglicher Akzeptanzbarrieren aus Kundensicht
- Quantitative Bewertung des wahrgenommenen Nutzens aus Kundensicht
- Kennzahl über voraussichtliche Nutzung des Geschäftsmodells durch die anvisierte Kundengruppe – falls noch in der Entwicklung
- Proof-of-Concept für Investoren und Product Owner – falls noch in der Entwicklung
- Kennzahl über das Maß der Bindung aktueller Kunden – falls bereits im Markt
- Qualitative Ergebnisse, aus denen Maßnahmen zur Erhöhung der Konversion und Diffusion abgeleitet werden können

Der PAIN-GAIN-Akzeptanztest greift die theoretischen Ansätze zur Akzeptanz und Resistenz auf und führt diese in einer standardisierten Befragung zusammen. Im Einzelnen erfasst der Test dabei folgende Aspekte:

- Welchen Mehrwert (GAIN) erkennt der Kunde in dem Angebot? Mehrwerte können dabei ganz unterschiedlicher Natur sein und verschiedene Dimensionen umfassen: Zeit, Kosten, Komfort, Sicherheit, Unsicherheitsvermeidung, Image, Zugehörigkeit zu einer Gruppe u. a.
- Welche Probleme (PAIN) antizipiert bzw. erfährt der Kunde bei der Nutzung eines Angebots? Auch die Probleme umfassen unterschiedliche Aspekte: erwartete Schwierigkeiten bei der Registrierung, bei der Bedienung oder der Verständlichkeit der Bedienoberflächen, fehlender Fit zum eigenen Ökosystem, Sicherheits- und Datenschutzbedenken, Kostenaspekte, „Losses“ durch Aufgabe aktueller Nutzungsgewohnheiten u. a.
- Zusammenfassende Bewertung von GAINs und PAINs

Aus den Gesamtbewertungen für PAIN und GAIN wird dann ein Quotient gebildet und der sogenannte PAIN-GAIN-INDEX (PGI) berechnet (Abb. 13.1).

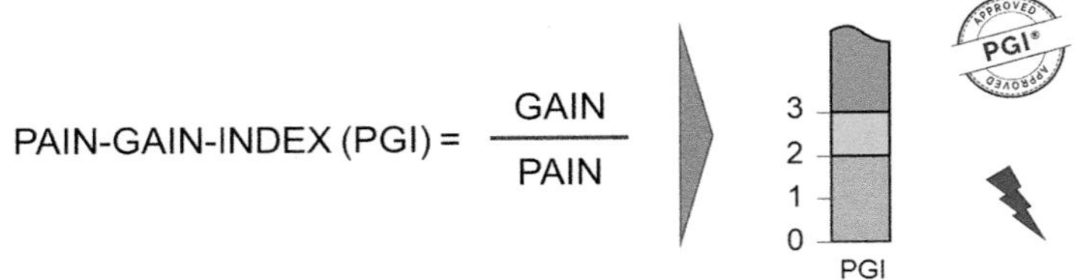

Abb. 13.1 Berechnung des PAIN-GAIN-Index (PGI) als Kennzahl für voraussichtliche Kundennutzung und Kundenbindung im Markt

Gourville zeigt in seinen Untersuchungen zur Adaption von Innovationen (Gourville 2006), dass die wahrgenommenen GAINs nennenswert höher sein müssen als die „Losses", das heißt der PAIN. Nach Gourville kann ein Geschäftsmodell nur dann Erfolg haben, wenn das Verhältnis beider Größen größer 3 ist, d. h. der GAIN dreimal so hoch bewertet wird wie der PAIN.

Ein Index von kleiner 1 bedeutet, dass ein Produkt in der Gesamtbetrachtung mehr PAIN als GAIN erzeugt. Ein solches PAIN-GAIN-Verhältnis wird von potenziellen Kunden sicher zur Ablehnung der zugrundeliegenden Geschäftsidee führen. Auch Index-Werte zwischen 1 und 2 reichen in den allermeisten Fällen nicht aus, um nennenswert viele Kunden zu gewinnen. Index-Werte zwischen 2 und 3 hingegen bilden eine Grauzone: Je klarer der Wert in Richtung 3 geht, desto größer sind die Chancen, das Konzept durch geeignete Maßnahmen zu einem überzeugenden Angebot auszubauen. Je näher der Wert bei der 2 liegt, desto schwieriger wird es, Kunden zur aktiven Nutzung zu bewegen.

Ein universelles Modell

Da der Ansatz individuelle kognitive Aspekte einzelner Kunden bzw. Nutzer erfasst, ist er unabhängig von möglichen Branchenspezifika. Folglich bestehen keine Einschränkungen hinsichtlich der Anwendung. Abhängig davon, in welcher Phase des Lebenszyklus sich ein Produkt befindet, kann der Test in leicht angepasster Form durchgängig eingesetzt werden. Im folgenden Kapitel zeigen wir die Anwendung des PAIN-GAIN-Ansatzes in unterschiedlichen Lebenszyklusphasen und bei verschiedenen Nutzergruppen anhand von drei Beispielen:

1. Entwicklung einer Vermittlungsplattform für osteuropäische Pflegekräfte. Ziel: Proof-of-Concept in der frühen Entwicklungsphase und Input für die Requirements Definition und das Lastenheft.
2. Weiterentwicklung einer Industrieplattform zur Beschaffung von lasergeschnittenen und gebogenen Blechteilen. Ziel: Marktdurchdringung und Konversion erhöhen.
3. Einführung einer Spracherkennungssoftware in einem Dienstleistungsunternehmen. Ziel: Hohe unternehmensinterne Adaptionsquote zur Realisierung der anvisierten Einsparpotenziale.

13.3 Fallstudien

Fallstudie 1: Entwicklung einer Vermittlungsplattform für osteuropäische Pflegekräfte

Branche: Gesundheits- und Pflegemanagement
Produkt: Vermittlungsplattform für Pflegekräfte
Ziel: Proof-of-Concept in der frühen Entwicklungsphase und marktgerechte Produktauslegung
Kundensegment: b2c
Phase: 9 Monate vor Markteinführung

Geschäftsmodell

Die im Rahmen der ersten Fallstudie betrachtete Vermittlungsplattform für Pflegekräfte richtet sich an private Personen, die Unterstützung bei der Betreuung eines ihnen nahestehenden Familienangehörigen suchen und hierzu eine Pflegekraft aus Osteuropa engagieren möchten. Aktuell erfolgt die Vermittlung über Agenturen, die zu Werbezwecken eine Internetseite betreiben, die Vermittlung aber direkt durch Mitarbeiterinnen und Mitarbeiter vornehmen. Die Idee der Plattform ist, das Erfolgsprinzip von Parship auf den Dienstleistungsmarkt zu übertragen und das optimale Matching von Pflegekraft und pflegebedürftiger Person durch geeignete Algorithmen zu erzielen. Der Ansatz sieht vor, dass ein suchender Kunde auch außerhalb der üblichen Öffnungszeiten einige wichtige Eckdaten in ein Online-Formular eingibt und sofort eine Auswahl von möglichen Pflegekräften vorgeschlagen bekommt, die auch unmittelbar kontaktiert werden können.

Gemäß der Definition von Amit und Zott beziehen sich Innovationen auf den Content, die Struktur oder die Koordination von Aktivitäten und Akteuren (Amit und Zott 2015). Folgt man dieser Definition, so wirkt die Innovation im Beispiel der Vermittlungsplattform vornehmlich auf die Struktur des Zusammenspiels von Angebot und Nachfrage. Durch die Plattform werden auf der Nachfrageseite die Transaktionskosten für Anbahnung und Auswahl erheblich gesenkt. Zudem können durch die plattformbasierte Vermittlung potenzielle Hemmschwellen bei der Kontaktaufnahme erheblich gesenkt werden.

Ziel des Akzeptanztests

Obwohl das Geschäftsmodell auf den ersten Blick klare Vorteile bietet – wie dem verbesserten Matching oder der 24/7-Erreichbarkeit – muss bei Markteinführung mit Akzeptanzbarrieren gerechnet werden. Hier wird eine Dienstleistung an eine Plattform delegiert, die in hohem Maße die persönliche Integrität der Suchenden berührt. Sachlichen Vorteilen stehen also voraussichtlich hohe emotionale Barrieren gegenüber.

Im Test wurde den Probanden das Angebot in Form einer kurzen Beschreibung und einigen Screenprints vorgestellt, wie sie ein möglicher Kunde in dieser Form auch im Internet finden und angeboten bekommen würde. Alle Testteilnehmer haben bereits eine Pflegekraft zur Betreuung eines nahen Angehörigen gesucht oder engagiert, sind also mit dem Thema gut vertraut.

Ergebnisse
Der Test ergab einen PAIN-GAIN-Index (PGI) von 1,6. Die GAIN-Werte liegen also nur 60 % über den PAIN-Werten. Unter Berücksichtigung der oben genannten Kriterien für den Erfolg eines Geschäftsmodells (PGI > 3) bedeutet das, dass eine Umsetzung in der geplanten Form im Markt auf nennenswerte Widerstände stoßen und nur geringen Erfolg haben wird (Abb. 13.2).

Die Detailergebnisse zeigen Handlungspotenzial auf beiden Seiten der Skala: Aus den Bewertungen lassen sich zahlreiche Empfehlungen ableiten, mit denen sowohl die GAIN-Werte erhöht als auch die PAIN-Werte verringert werden können.

Der Mehrwert der Plattform liegt aus Sicht der Befragten in der 24/7-Verfügbarkeit und der Möglichkeit, direkt in Kontakt mit möglichen Pflegekräften zu treten. Da es heute jedoch schwer ist, überhaupt eine Pflegekraft zu finden, die zeitlich und räumlich verfügbar ist, löst die passgenaue Vermittlung kein Kernproblem der Betroffenen. Das schnelle und passgenaue Matching als wesentlicher Stärke der Plattform wurde demnach weniger wahrgenommen als erwartet. Für die Entwicklung der Plattform bedeutet das, dass die erkannten GAINs deutlich als sichtbare USPs herausgearbeitet werden müssen, während der technische USP im Hintergrund bleiben kann.

Hoch priorisiert auf Seiten der PAINs stand die Frage, ob denn ein persönlicher Ansprechpartner verlässlich zur Verfügung steht, wenn es vor Ort zu Problemen kommt und schnell Hilfe benötigt wird. Das Online-Web-Angebot muss also glaubwürdig mit dem Offline-Angebot verknüpft werden. Darüber hinaus äußerten die Testteilnehmer Fragen zu rechtlichen, versicherungstechnischen und kostenseitigen Randbedingungen, die die Plattform leicht zugänglich beantworten muss.

Maßnahmen
Mit den Maßnahmen aus dem Test können die Entwickler zielgerichtet die Schwächen der Plattform eliminieren und die für Kunden wichtigen USPs herausarbeiten und inszenieren. So können PAIN- und GAIN-Werte deutlich verbessert werden.

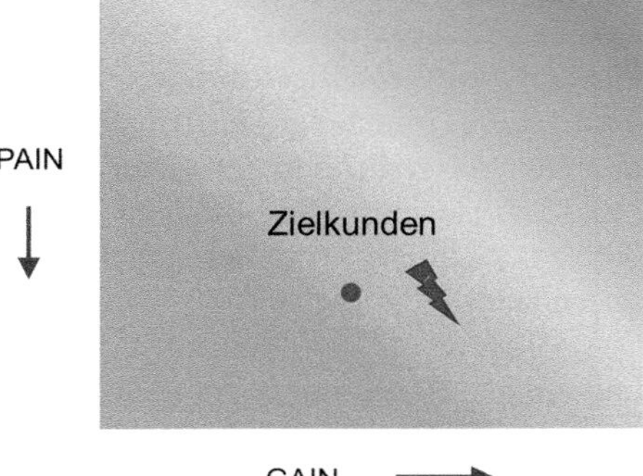

Abb. 13.2 Pain-Gain-Bewertungen der Testkunden

Sobald die Maßnahmen umgesetzt sind, kann der Akzeptanztest wiederholt werden, um die Wirksamkeit der Maßnahmen zu überprüfen.

Fallstudie 2: Weiterentwicklung einer Industrieplattform zur Beschaffung von lasergeschnittenen und gebogenen Blechteilen

Branche: Industrie
Produkt: Plattform zur Auftragsabwicklung
Ziel: Erhöhung der Konversion und Beschleunigung der Marktdurchdringung
Kundensegment: b2b
Phase: 6 Monate nach Markteinführung

Geschäftsmodell

In dieser Fallstudie wird eine Plattform betrachtet, die zur Beschaffung laserbearbeiteter Blechteile konzipiert wurde. Die Plattform zielt darauf, die Aufwände für die nachfragenden Unternehmen zu reduzieren, die sich aus dem Prozess der Angebotseinholung, dem Lieferantenmanagement und der Beschaffung ergeben. Insbesondere bei kleineren Losgrößen und hohem Termindruck ist es oft schwer, unkompliziert einen Lieferanten zu finden, der die Werkstücke fristgerecht bereitstellen kann.

Das Geschäftsmodell hinter der Plattform sieht vor, dass die Nutzer CAD-Zeichnungen ihrer Werkstücke hochladen. Das System prüft die Werkstücke auf technische Herstellbarkeit und erstellt innerhalb weniger Sekunden ein Angebot und einen möglichen Liefertermin. Der Nutzer löst die Bestellung mit einem Klick aus, erhält eine Bestätigung und wenig später die bestellten Bauteile.

Folgt man der Definition von Amit und Zott, dass sich Innovationen auf den Content, die Struktur oder die Koordination von Aktivitäten und Akteuren beziehen, ergibt sich das Innovative der Plattform aus der Koordination (Amit und Zott 2015). Das Zusammenfinden von Angebot und Nachfrage erfolgt im Markt der industriellen Auftragsfertigung bisher ohne Vermittler. Der Plattformbetreiber tritt also als neuer Spieler auf und übernimmt die Steuerung von Angebot und Nachfrage. Darüber hinaus nimmt er den Nachfragenden einen erheblichen Teil der Transaktionskosten ab, die durch Anbahnung und Vertragsabwicklung entstehen.

Ziel des Akzeptanztests

Registrierungen im vierstellen Bereich machen die hohe Akzeptanz des bereits bestehenden Geschäftsmodells deutlich. Von einem generellen Akzeptanzproblem kann also nicht die Rede sein. Trotzdem besteht Bedarf, die Kunden besser zu verstehen, um die richtigen Investitionsentscheidungen für die zukünftige Entwicklung zu treffen. Schließlich wollen sowohl das Unternehmen als auch die Investoren sicher sein, dass sie ihre zukünftigen Investitionsentscheidungen richtig priorisiert sind.

Dazu kommt, dass nur ein Viertel der registrierten Kunden aktiv ist und Aufträge über die Plattform generiert. Ein Teil der übrigen drei Viertel ist passiv, ein anderer Teil nutzt die Plattform, löst aber keine Bestellungen aus. Das Unternehmen möchte daher wissen, ob und wie diese Leads in den Bezahlbereich konvertiert werden können.

Ergebnisse

Die PAIN-GAIN-Bewertungen der aktiven Kunden lieferten einen Index von 3,0 (Abb. 13.3). Der hohe Wert unterstreicht die hohe Akzeptanz des Modells deutlich. Die Nutzer sehen somit in der Plattform einen sehr hohen Mehrwert und verbinden diese mit nur wenigen Problemen. Die Detailergebnisse zeigen, mit welchen Angeboten weitere Umsätze entwickelt werden können. Durch Reduzierung einiger PAIN-Themen kann zwar die Akzeptanz und der Umsatz nicht weiter gesteigert werden, aber die Kundenbindung erhöht werden. Dies ist wichtig, wenn weitere ähnliche Angebote auf den Markt kommen und die Konkurrenz zunimmt.

Zur Überraschung lag der PAIN-GAIN-Index der passiven Nutzer bei einem Wert von immerhin 2,0. Damit ist der Index-Wert weit entfernt von der 3,0 der vollständig überzeugten Nutzer, aber auch auf deutlichem Abstand zu einem 1,0-Wert, bei dem die GAINs nicht höher eingeschätzt werden als die Probleme.

Die Detailergebnisse machen deutlich, dass die passiven Kunden den Mehrwert der Plattform sehen, es aber eine Reihe von Gründen dafür gibt, dass keine Bestellungen ausgelöst werden. Die wichtigsten Gründe lagen in den angebotenen Verfahren und Materialien, den akzeptierten CAD-Formaten und Kostenaspekten. Mit einem überarbeiteten Angebot können diese Kunden also in den Bezahlbereich konvertiert werden.

Besonders interessant war eine Kundengruppe von Fachleuten, die die Plattform ausschließlich zur Kalkulation nutzte, ohne dabei eine Bestellung auslösen zu wollen. Diese Kunden nutzen also eine unbewusst angebotene Freemium-Leistung zur Erleichterung ihrer eigenen Arbeit.

Maßnahmen

Für das Management der Plattform konnte durch die Pain-Gain-Analyse eine aussagekräftige Liste priorisierter Maßnahmen erstellt werden, mit denen sich Umsatz und Kundenbindung der aktiven Nutzer langfristig erhöhen lassen. Dazu kommen Maßnahmen, mit denen passive Kunden in den Monetarisierungsbereich geführt und das Freemium-Angebot für Marketingzwecke eingesetzt werden können.

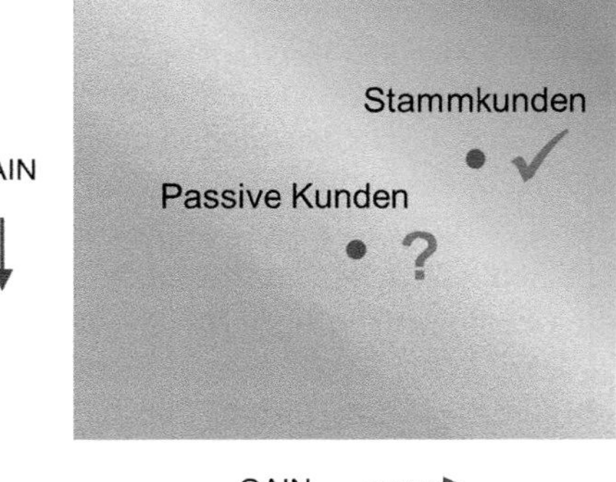

Abb. 13.3 Pain-Gain-Bewertungen der Stammkunden und der passiven Kunden der Plattform

Fallstudie 3: Prozessoptimierung mittels Einführung einer Spracherkennungssoftware in einem Dienstleistungsunternehmen

Branche: Dienstleistung
Produkt: Roll-out DRAGON Spracherkennungssoftware
Ziel: Erhöhung der Adaptionsquote zur Realisierung der avisierten Einsparpotenziale
Kundensegment: intern
Phase: 3 Monate nach Technologieeinführung

Geschäftsmodell

Die dritte Fallstudie bezieht sich auf ein digitales Geschäftsmodell zur Prozessoptimierung innerhalb eines Unternehmens. Im konkreten Fall sollen durch die Einführung einer Spracherkennungssoftware Personal im Sekretariatsbereich einer Kanzlei eingespart werden. Zu beachten ist, dass es nicht primär um den Abbau von Personal geht. Da die Rekrutierung geeigneter Fachkräfte als zunehmend schwierig wahrgenommen wird, war es ein weiteres Ziel, die Arbeitsfähigkeit des Unternehmens generell zu erhalten.

Gemäß Definition von Amit und Zott beziehen sich Innovationen auf den Content, die Struktur oder die Koordination von Aktivitäten (Amit und Zott 2015). Hiernach stellt der Content in diesem Fallbeispiel den eigentlichen Innovationskern dar. Die sogenannten Berufsträger im Unternehmen übernehmen neue Aufgaben – die Bedienung einer komplexen Software –, wobei ihnen nicht notwendigerweise klar ist, was die Software tatsächlich leistet, wie sie bedient werden kann und ob sich dadurch auch tatsächlich ein Mehrwert für sie und das Unternehmen ergibt.

Ziel des Akzeptanztests

Die Situation ist mit vielen Unternehmen in anderen Branchen vergleichbar, in denen neue Prozesse oder Arbeitsmittel eingeführt werden sollen, die bei dem Personal zunächst auf Ablehnung stoßen. Dies führt dazu, dass viele Betroffene so lange wie möglich die alten Prozesse parallel weiter bedienen oder mit Work-Arounds arbeiten. Das erklärt, warum neue Prozesse zur Effizienzerhöhung die Effizienz nicht sofort verbessern, sondern zunächst sogar reduzieren. Ein Unternehmen ist also daran interessiert zu verstehen, was die Akzeptanzbarrieren für neue Prozesse sind und wie derartige Hindernisse schnellstmöglich überwunden werden können.

Im Test wurden alle anwaltlichen Mitarbeiterinnen und Mitarbeiter nach den erlebten GAINs und PAINs in der Bedienung der Software befragt. Mitarbeiter, die die Software noch nicht einsetzen, wurden dabei nach den GAINs und PAINs befragt, die nach ihrer Einschätzung voraussichtlich mit der Nutzung einhergehen. Die Rückmeldungen wurden getrennt nach Nutzern und Nicht-Nutzern ausgewertet.

Ergebnisse

Für die Nutzer ergab sich ein PAIN-GAIN-Index von 2,7 (Abb. 13.4). Der Wert zeigt, dass die Software grundsätzlich akzeptiert und genutzt wird, aber dennoch

Abb. 13.4 Pain-Gain-Bewertungen für Aktiver Nutzer der Spracherkennung und Nicht-Nutzer

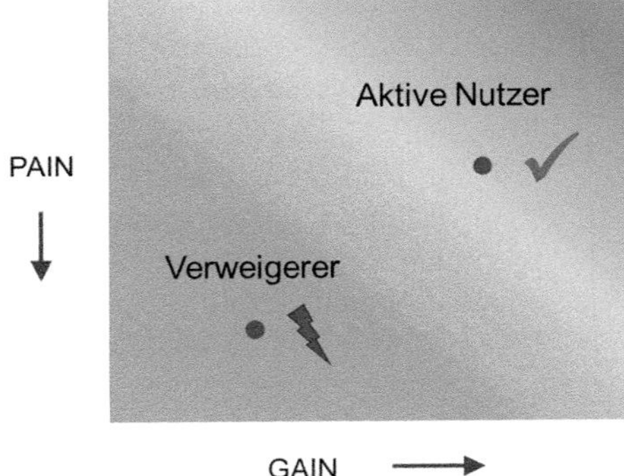

Verbesserungspotential besteht. Die Detailrückmeldungen zeigten zudem Probleme bei der Erkennung bestimmter Textformate, was die Gesamtwahrnehmung der Performance negativ beeinflusst. Viele nannten die Software „sehr hilfreich, aber noch nicht ausgereift".

Bei den Nicht-Nutzern hingegen ergab sich ein gänzlich anderes Bild. Die PAIN-GAIN-Bewertung führte zu einem Index-Wert von 1,1. Dieses Ergebnis macht eine massive Ablehnung der neuen Technologie deutlich. Als wichtigste Gründe wurden der hohe Lernaufwand und die fehlende Notwendigkeit zur Umstellung genannt. Dazu kamen die Berichte der Nutzer zum mangelnden technischen Reifegrad, die die Nicht-Nutzer in ihrer Ablehnung weiter bestärkten. Insgesamt wird die Software also von dieser Gruppe als nennenswerte Komforteinbuße ohne Vorteile bei fehlender Notwendigkeit wahrgenommen.

Wegen der Probleme bei der Rekrutierung von Fachangestellten zur Übernahme der Schreibarbeit möchte das Unternehmen die Software flächendeckend einführen. Aus den Befragungsergebnissen wurden priorisierte Maßnahmen für den weiteren Roll-out abgeleitet.

Maßnahmen

Die starke Ablehnung der Nicht-Nutzer macht deutlich, dass bei einem sofortigen Roll-out der Software hohe Kosten durch Lizenzgebühren anfallen würden, ohne dass diesen Kosten eine Einsparung durch Entlastung der Sekretariatsmitarbeiterinnen gegenüberstehen würde. Der sofortige Roll-out der Software bei den Nicht-Nutzern wurde deshalb verworfen.

Stattdessen wurden folgende Maßnahmen priorisiert und beschlossen:

- Erhöhung der GAIN-Werte für aktuelle Nutzer durch Einführung von Templates
- Verringerung der PAIN-Werte aktueller Nutzer durch Schulung zum Umfang mit schwierigen Textformaten. Es wird erwartet, dass durch richtige Handhabung der Software die Mehrzahl der Probleme gelöst werden kann.
- Erzeugung von Erfolgsgeschichten für die Nicht-Nutzer

- Identifizierung bestimmter Nicht-Nutzer mit dem dringendsten Bedarf als Zielgruppe für die nächste Phase im Roll-out
- Nutzung der vorgenannten Gruppe als Testimonial für die verbleibenden Nicht-Nutzer

13.4 Fazit

Der Mehrwert innovativer digitaler Geschäftsmodelle wird von den innovierenden Unternehmen selbst häufig sehr positiv bewertet. Die unternehmerische Praxis zeigt jedoch, dass Kunden diese positive Sichtweise oft nicht teilen. Gerade die Entwicklung digitaler Geschäftsmodellinnovationen führt daher häufig dazu, dass die investierten Ressourcen irreversibel verloren gehen, weil der erhoffte Markterfolg nicht erzielt und der gewünschte Return-of-Investment nicht erreicht werden kann.

Investoren und Product Owner müssen aus diesem Grund frühzeitig wissen, ob ein digitales Geschäftsmodell überhaupt Aussicht auf Erfolg hat oder nicht. Unter operativen Gesichtspunkten müssen Unternehmen im Markt daher schnell die wichtigsten Stellhebel für Konversion und Marktdurchdringung identifizieren.

Aktuell praktizierte Testverfahren können diese Fragen nicht beantworten. In Reaktion auf den Mangel an geeigneten Verfahren in der aktuellen betriebswirtschaftlichen Praxis wurde in diesem Beitrag ein völlig neues, einfaches und agiles Verfahren entwickelt, das die vom Kunden antizipierten bzw. wahrgenommenen PAINs und GAINs auf unkomplizierte und standardisierte Weise misst und zueinander in Relation setzt. Der vorgestellte PAIN-GAIN-INDEX dient dem Management als KPI zur Steuerung digitaler Projekte.

Mit Hilfe von ausgewählten Praxisbeispielen wurde verdeutlicht, dass der Ansatz branchen- und phasenunabhängig eingesetzt werden kann. Als schneller und unkomplizierter Test liefert er allen Prozessbeteiligten operativ umsetzbare Ergebnisse, die sich wie folgt zusammenfassen lassen:

- Proof-of-Concept für Investoren und Product Owner
- Kennzahl für die voraussichtliche Akzeptanz und den Markterfolg eines innovativen Produkts oder Geschäftsmodells
- Kennzahl für die Bindung aktiver Kunden im Markt
- Qualitative Insights zu Nutzungstreibern und Barrieren aus Sicht verschiedener Kundengruppen
- Priorisierte Maßnahmen für weitere Investitionen: Wo muss der nächste Euro investiert werden, um den größten Effekt auf Umsatz und Kundenbindung zu erzielen?
- Treiber und Barrieren für die Einführung von neuen Technologien zur Prozessoptimierung

Literatur

Amit R, Zott C (2015) Creating value through business model innovation: could your company benefit from a new business model? Consider these six questions. MIT Sloan Manag Rev 53(3):36–44

Bangor A, Kortum PT, Miller JT (2008) An empirical evaluation of the system usability scale. Int J Hum Comput Interact 24(6):574–594

Barrett M, Davidson E, Prabhu J, Vargo SL (2015) Service innovation in the digital age: key contributions and future directions. MIS Q 39(1):135–154

Beitz W (1996) Customer Integration im Entwicklungs- und Konstruktionsprozeß. In: Kleinaltenkamp M, Fließ S, Jacob F (Hrsg) Customer Integration: Von der Kundenorientierung zur Kundenintegration. Gabler, Wiesbaden, S 285–293

Borell N (2016) Das Industrie 4.0 Arbeitsbuch: Digitalisierung – Industrie 4.0 – Disruption. Tredition, Hamburg

Breitschneider U, Leimeister JM, Krcmar H (2009) Methoden der Kundenintegration in den Innovationsprozess – Eine Bestandsaufnahme, Arbeitspapiere des Lehrstuhls für Wirtschaftsinformatik, Nr, Bd 34. Technische Universität München, München

Chesbrough H, Rosenbloom RS (2002) The role of the business model in capturing value from innovation: evidence from Xerox Corporation's technology spin-off companies. Ind Corp Chang 11(3):529–555

Christensen C (1997) The innovator's dilemma: when new technologies cause great firms to fail. Harvard Business School Press, Boston

Davis FD (1989) Perceived usefulness, perceived ease of use, and user acceptance of information technology. MIS Q 13(3):319–339

Desyllas P, Sako M (2013) Profiting from business model innovation: evidence from Pay-As-You-Drive auto insurance. Res Policy 42(1):101–116

Dholakia UM, Basuroy S, Soltysinski K (2002) Auction or agent (or both)? A study of moderators of the herding bias in digital auctions. Int J Res Mark 19(2):115–130

Foss NJ, Saebi T (2017) Fifteen years of research on business model innovation: how far have we come, and where should we go? J Manag 43(1):200–227

Gambardella A, McGahan AM (2010) Business-model innovation: general purpose technologies and their implications for industry structure. Long Range Plann 43(2–3):262–271

Genc-Nayebi N, Abran A (2017) A systematic literature review: opinion mining studies from mobile app store user reviews. J Syst Softw 125:207–219

Gounaris S, Koritos CD (2012) Adoption of technologically based innovations: the neglected role of bounded rationality. J Prod Innov Manag 29(5):821–838

Gourville JT (2006) Eager sellers and stony buyers: understanding the psycholpogy of new-product adoption. Harv Bus Rev 84(6):98–106

Grohmann A, Borgmeister A, Buchholz C, Haußmann N, Ilhan S (2017) Digitale Transformation, das Internet der Dinge und Industrie 4.0. In: Borgmeiser A, Grohmann A, Gross SF (Hrsg) Smart Services und Internet der Dinge. Carl Hanser, München, S 3–22

Hoeffler S (2003) Measuring preferences for really new products. J Mark Res 40(4):406–420

Hoffmeister C (2013) Digitale Geschäftsmodelle richtig einschätzen. Carl Hanser, München

Holzmann P (2015) Geschäftsmodellinnovation. Zeitschrift für KMU und Entrepreneurship 63(2):183–189

Jonda M (2004) Szenario-Management digitaler Geschäftsmodelle: Skizze einer Geschäftsmodellierung am Beispiel von Mobile-Health-Dienstleistungen. Dissertation an der Universität, Oldenburg

Kreidenweis H (2018) Digitaler Wandel in der Sozialwirtschaft: Grundlagen – Strategien – Praxis. Nomos, Baden-Baden

Kuester S, Heß SC (2007) Adoptionsbarrieren bei Produktinnovationen. In: Bayón T, Herrmann A, Huber F (Hrsg) Vielfalt und Einheit in der Marketingwissenschaft. Gabler, Wiesbaden, S 77–96

Memon AM, Xie Q (2005) Studying the fault-detection effectiveness of GUI test cases for rapidly evolving software. IEEE Trans Softw Eng 31(10):884–896

Menez R, Wühr D, Pfeiffer S (2015) Business model innovation in der Antriebstechnik – eine Literaturstudie. Working Paper 03-2015, Lehrstuhl für Soziologie, Universität Hohenheim, Stuttgart

Nabih MI, Bloem SG, Poiesz TBC (1997) Conceptual issues in the study of innovation adoption behavior. Adv Consum Res 24(1):190–196

Nanterme P (2017) Digital disruption has only just begun. https://www.weforum.org/agenda/2016/01/digital-disruption-has-only-just-begun/. Zugegriffen am 06.10.2018

Quirmbach SM (2013) User Experience Testing 3.0: Status Quo, Entwicklung und Trends. entwickler.press

Rogers EM (2003) Diffusion of innovations, 5. Aufl. Free Press, New York

Saebi T, Lien L, Foss NJ (2017) What drives business model adaptation? The impact of opportunities, threats and strategic orientation. Long Range Plann 50(5):567–581

Schaarschmidt M, Kilian T (2014) Impediments to customer integration into the innovation process: a case study in the telecommunications industry. Eur Manag J 32(2):350–361

Schallmo DRA (2016) Jetzt digital transformieren: So gelingt die erfolgreiche Digitale Transformation Ihres Geschäftsmodells. Gabler, Wiesbaden

Schallmo DRA, Reinhart J, Kuntz E (2018) Digitale Transformation von Geschäftsmodellen erfolgreich gestalten: Trends, Auswirkungen und Roadmap. Springer, Berlin

Schneider S, Spieth P (2013) Business model innovation: towards an integrated future research agenda. Int J Innov Manag 17(1):1340001

Song W, Ming X, Xu Z (2013) Risk evaluation of customer integration in new product development under uncertainty. Comput Ind Eng 65(3):402–412

Stähler P (2002) Geschäftsmodelle in der digitalen Ökonomie: Merkmale, Strategien und Auswirkungen, 2. Aufl. EUL, Köln

Thaler R (1980) Toward a positive theory of consumer choice. J Econ Behav Organ 1(1):39–60

Van Aerssen B, Buchholz C (Hrsg) (2018) Das große Handbuch Innovation: 555 Methoden und Instrumente für mehr Kreativität und Innovation im Unternehmen. Vahlen, München

Veit D, Clemons E, Benlian A, Buxmann P, Hess T, Kundisch D, Leimeister JM, Loos P, Spann M (2014) Business models – an information systems research agenda. Bus Inf Sys Eng – Res Notes 6(1):45–53

Weill P, Vitale MR (2001) Place to space: migrating to eBusiness models. Harvard Business Press, Boston

Weill P, Woerner SL (2015) Optimizing your digital business model. MIT Sloan Manag Rev 53(3):28–36

Wirtz BW, Pistoia A, Ullrich S, Göttel V (2016) Business models: origin, development and future research perspectives. Long Range Plann 49(1):36–54

Wu J, Guo B, Shi Y (2013) Customer knowledge management and IT-enabled business model innovation: a conceptual framework and a case study from China. Eur Manag J 31(4):359–372

Zott C, Amit R (2008) The fit between product market strategy and business model: implications for firm performance. Strateg Manag J 29(1):1–26

Category Creation im Kontext digitaler Geschäftsmodelle

14

Bastian Halecker, Henrik Rackow, Matthias Hartmann und Katharina Hölzle

Zusammenfassung

Digitale Geschäftsmodelle stellen etablierte Unternehmen vor die Notwendigkeit neue Differenzierungsstrategien zu entwickeln. Um die Möglichkeiten sich wandelnder Marktbedingungen zu nutzen, wird die Kompetenz der Category Creation zunehmend bedeutend. Mit neuen Lösungen innerhalb einer selbst geschaffenen Category können Unternehmen aktiv neue Markparameter und Marktparadigmen definieren und neues Marktpotenzial erschließen. In diesem Beitrag werden die Grundlagen von Category Creation dargestellt und anhand von Beispielen verdeutlicht. Der Fokus der Analyse liegt auf dem bisher wenig untersuchten Zusammenhang zwischen digitalen Geschäftsmodellen und Category Creation. Aus den generierten Erkenntnissen werden Muster für erfolgreiche Category Creation identifiziert und praxisrelevante Implikationen hergeleitet. Unternehmen, die dieses Vorgehen erfolgreich implementieren, erweitern ihre produkt- und serviceorientierten Innovationsprozesse und stellen sich zukunftssicher für disruptive Zeiten auf.

Vollständig neuer Original-Beitrag

B. Halecker (✉)
Beuth Hochschule für Technik Berlin, Berlin, Deutschland
E-Mail: bastian.halecker@beuth-hochschule.de

H. Rackow · K. Hölzle
Universität Potsdam, Potsdam, Deutschland
E-Mail: henrik.rackow@ime.uni-potsdam.de; katharina.hoelzle@ime.uni-potsdam.de

M. Hartmann
HTW Berlin, Berlin, Deutschland
E-Mail: matthias.hartmann@htw-berlin.de

S. Meinhardt, A. Pflaum (Hrsg.), *Digitale Geschäftsmodelle – Band 1*, Edition HMD, https://doi.org/10.1007/978-3-658-26314-0_14

Schlüsselwörter
Category Creation · Corporate Innovation · Digitale Geschäftsmodelle · Digitale Transformation · Disruption

14.1 Einführung und Hintergrund

Digitale Geschäftsmodelle stellen etablierte Unternehmen vor vielfältige Herausforderungen. Vorhandene Strukturen werden hinterfragt und neue Kompetenzen sind gefordert. Eine zentrale Herausforderung liegt darin, eine zukunftsorientierte und ganzheitliche Unternehmensstrategie zu entwickeln, welche notwendige Transformationsprozesse über alle Unternehmensbereiche umfasst. Dabei ist insbesondere die Integration eines systematischen Vorgehens notwendig, um neue digitale Marktchancen konsequent zu realisieren und langfristig in einem sich dynamisch wandelnden Marktumfeld zu bestehen (Al Ramadan et al. 2016).

Im Jahr 1999 präsentierte der ehemalige Oracle-Manager Marc Benioff auf einer Konferenz in Monte Carlo den ersten Prototypen seines mitgegründeten Internet-Startups Salesforce. Salesforce setzte erstmalig das Konzept um, Unternehmensanwendungen über das Internet bereitzustellen. Benioff versprach, dass jedes Unternehmen seine Vertriebsabteilung für nur 50 US-Dollar pro Monat und Benutzer über das Internet automatisieren lassen würde – dies bezeichnete er bewusst als „Das Ende der Software" (Benioff and Adler 2009). Es gelang Salesforce sich früh als Pionier im Bereich Software-Dienstleistungen zu positionieren und eine Category zu erschaffen, die heute unter Cloud Computing oder Software as a Service zusammengefasst wird. Mit einem Umsatz von knapp 10,5 Milliarden US-Dollar und über 150.000 Kunden ist Salesforce heute eines der am schnellsten wachsenden Unternehmen weltweit (Salesforce 2018).

Dieses Szenario steht exemplarisch für die Entwicklung von Pionierunternehmen digitaler Geschäftsmodelle, die wie Salesforce Category Creation betreiben, d. h. neue Marktkategorien erschaffen, und gleichzeitig eine führende Marktposition darin herstellen. In diesem Beitrag werden die Grundlagen von Category Creation dargestellt und anhand von Beispielen verdeutlicht. Der Fokus der Analyse liegt auf dem bisher wenig untersuchten Zusammenhang zwischen digitalen Geschäftsmodellen und Category Creation. Aus den generierten Erkenntnissen werden Muster für erfolgreiche Category Creation identifiziert und praxisrelevante Implikationen hergeleitet.

14.2 Begriffliche Grundlagen und Zusammenhänge

Unternehmen stehen heute immer mehr vor der Herausforderung sich klar vom Wettbewerb zu differenzieren. Dabei sind die Unternehmen besonders erfolgreich, welche die dominante Logik eines Marktes hinterfragen, auf den Kopf stellen und damit den Wettbewerb weitgehend ignorieren. Unternehmen schaffen die

Voraussetzungen für langfristiges Wachstum und eine einzigartige Position, indem sie nicht nur neue Geschäftsmodelle entwickeln und am Markt etablieren, sondern innovationsgetrieben und systematisch neue Marktkategorien identifizieren und erschaffen. Die Wichtigkeit von Category Creation und den Zusammenhang zu digitalen Geschäftsmodellen gilt es zu verstehen.

14.2.1 Grundlagen von Category Creation

Clayton Christensen und Derek van Bever definieren in ihrem HBR-Artikel „The Capitalist's Dilemma" (2014) drei Innovationstypen: *Leistungsverbessernde Innovationen*, *effizienzfördernde Innovationen* und *marktkreierende Innovationen*. Abb. 14.1 zeigt die Charakteristika dieser Innovationstypen auf und veranschaulicht die unterschiedlichen Ausprägungen anhand von Beispielen im Bereich von Mobiltelefonen.

Auf diesem klassischen Verständnis von Innovationen aufbauend, entsteht Category Creation durch ein iteratives Vorgehen, bei dem bestehende Attribute und bekannte Leistungsparameter eines Marktes neu angeordnet und interpretiert werden. Unabhängig davon, ob das Vorgehen zur Category Creation auf das Handeln eines etablierten Unternehmens oder eines Startups zurückzuführen ist, wird dabei eine Differenzierungsstrategie verfolgt, um neue Rahmenbedingungen im Markt rechtfertigen zu können (Karpik 2010; Weber et al. 2008). Die neue Kategorie basiert zwar auf einer ursprünglichen Produkt- oder Servicekategorie, bietet aber solch große Vorteile, dass die neue Kategorie ihre ursprüngliche Produkt- oder Servicekategorie verlässt. Kennzeichen einer Category Creation ist außerdem, dass sie mit einem speziellen (digitalen) Geschäftsmodell einhergeht (Yoon und Deeken 2013). Abb. 14.2 stellt die Kernelemente von Category Creation graphisch dar.

Charakteristisch für das Initiieren einer neuen Category ist das Aufbrechen bestehender Marktlimitationen (Casasanto und Lupyan 2015). Category Creation

	Leistungsverbessernde Innovationen	Effizienzfördernde Innovationen	Marktkreierende Innovationen
Charakteristika	Ersetzen alte Produkte oder Services durch neue Modelle	Helfen Unternehmen reife und etablierte Produkte und Services den gleichen Kunden zu einem niedrigem Preis anzubieten	Verändern komplizierte oder teure Produkte oder Services so radikal, dass sie eine neue Kundengruppe oder neue Märkte erschließen
Beispiel (Mobiltelefon)	Das Nokia N95 liefert bessere Eigenschaften und Funktionen als das Nokia 6300	Das Low-Budget Handy Samsung C3322 liefert ähnliche Eigenschaften und Funktionen wie das Nokia 6300	Der App Store für das Apple iPhone verbindet App-Entwickler und Nutzer und erschafft einen neuen Markt für mobile Apps

Abb. 14.1 Innovationstypen. (*Quelle:* In Anlehnung an Christensen und van Bever 2014)

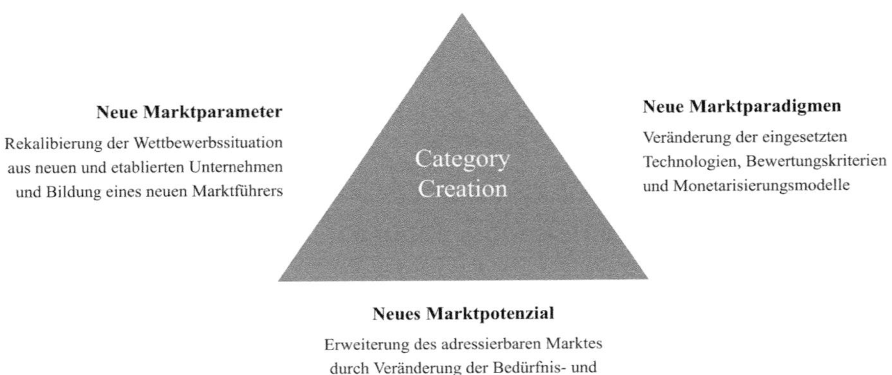

Abb. 14.2 Kennzeichende Charakteristika von Category Creation (eigene Darstellung)

bedeutet dabei nicht, bestehende Marktstrukturen vollständig obsolet zu machen oder zu ersetzen. Die Neuausrichtung bestehender Komponenten führt vielmehr zu einem Umbruch, in dem die neue Category zusätzliche Marktpotenziale für Pioniere der Category Creation eröffnet. Das ausschlaggebende Merkmal von Category Creation ist die grundlegende Form der Neudefinition von Marktparametern und -paradigmen. Diese folgen nicht dem Prinzip Bestehendes inkrementell weiterzuentwickeln, sondern sind konsequent darauf ausgerichtet, neue Bedürfnisse zu erkennen, zu wecken und zu bedienen.

Die bedeutendste unternehmerische Triebkraft von Category Creation ist der Erwerb eines strategischen Vorteils durch die Erweiterung des Gesamtwertes des adressierbaren Marktes. Unternehmen können die Anzahl der nebeneinander wirtschaftlich erreichbaren Categories erhöhen und eine verbesserte Wettbewerbsposition schaffen (Al Ramadan et al. 2016). Erfolgreiche Category Creation reduziert den Wettbewerbsdruck, weil Lösungen initial nicht auf die Substitution oder den Ersatz von Wettbewerbslösungen innerhalb eines bereits bestehenden Marktes abzielen (Suarez et al. 2015). Infolgedessen suchen Unternehmen nach systematischen Ansätzen, um die Voraussetzungen für proaktive Category Creation zu schaffen.

14.2.2 Grundlagen von digitalen Geschäftsmodellen

Das Geschäftsmodell „beschreibt, welcher Nutzen auf welche Weise für Kunden und Partner gestiftet wird“ und zeigt auf, wie „der gestiftete Nutzen in Form von Umsätzen an das Unternehmen zurückfließt. Der gestiftete Nutzen ermöglicht eine Differenzierung gegenüber Wettbewerbern, die Festigung von Kundenbeziehungen und die Erzielung eines Wettbewerbsvorteils“ (Schallmo 2013).

Wesentliche Elemente digitaler Geschäftsmodelle sind digitale Plattformen, Datenanalysen und digitale Services (Locher 2018). Unter einer digitalen Plattform wird allgemein ein mindestens zweiseitiger Markt verstanden, auf dem Produkte und Dienstleistungen ausgetauscht werden. Digitale Plattformen bilden nicht nur das Bindeglied zwischen Angebot und Nachfrage, sie unterstützen vor allem auch datengetriebene Geschäftsmodelle: Die zentrale Position des Plattform-Betreibers ermöglicht, Daten in kritischer Masse zu generieren und den daraus resultierenden Mehrwert Plattform-Nutzern zugänglich zu machen. Durch digitale Services werden Leistungen digital erbracht oder zugänglich gemacht. Dies umfasst beispielsweise die Bereitstellung von personalisierten Zusatzdienstleistungen oder digitalen Assistenzsystemen.

Buchungsportale in der Hotelbranche wie Booking.com, HRS oder Trivago nutzen digitale Geschäftsmodelle. Als digitale Plattformen bilden sie einen globalen Markt für Hotelbetreiber und Reisende. Ihre Datenanalysen ermöglichen Transparenz über Bewertungen, Preise und Verfügbarkeiten. Als digitale Services lassen sich inzwischen Transfer-Services vom Flughafen in die Stadt sowie Aktivitäten am Reiseziel buchen. Zudem werden Buchungsanfragen zum Großteil mithilfe eines automatisierten Chat Bots beantwortet.

14.2.3 Zusammenhang zwischen Category Creation und digitalen Geschäftsmodellen

Digitale Geschäftsmodelle sind aufgrund ihrer hohen Skalierbarkeit und potenziellen Reichweite prädestiniert für Monopolbildungen. Wie bei konventionellen Geschäftsmodellen ermöglichen auf Anbieterseite positive Skaleneffekte eine Optimierung der Kostenstruktur. Dieser Effekt wird bei digitalen Geschäftsmodellen durch die geringen Grenzkosten verstärkt . Zwar ist der Aufbau und Erhalt der technischen Infrastruktur kostenintensiv, die entstehenden Transaktionskosten pro Nutzer werden jedoch durch eine effiziente Ressourcennutzung minimiert. Auf Nachfrageseite besteht ein positiver Zusammenhang zwischen der Anzahl der Nutzer einer Lösung und dem Nutzen für jeden einzelnen Nutzer (Parker und van Alstyne 2005). So verbessern steigende Nutzerzahlen beispielsweise die Präzision von algorithmenbasierten Analysemethoden. In Bezug auf den globalen Charakter spielen diese Netzwerkeffekte bei digitalen Geschäftsmodellen insbesondere in Zusammenhang mit der unmittelbaren Distributionsfähigkeit eine besonders große Rolle.

Sobald potenzielle Kunden die Signifikanz eines Problems realisiert haben und damit die Relevanz der neuen Category hergestellt haben, bildet sich durch Marktdynamiken schnell eine Marktführerschaft. Aufgrund von globalen Netzwerken, Suchmaschinen und Sozialen Medien ist die Identifikation der populärsten Lösung für das Problem unmittelbar möglich. Bei digitalen Geschäftsmodellen besteht keine Notwendigkeit Alternativlösungen zu verwenden, weil die vermeintlich beste Lösung in der Regel gleichermaßen verfügbar und zugänglich ist. Das Unternehmen mit der als Marktführer wahrgenommenen Lösung wird in die Lage versetzt, große Marktanteile zu gewinnen und die selbst geschaffene Category langfristig zu dominieren. Die positiven, sich verstärkenden Effekte digitaler Geschäftsmodelle können dazu führen, dass Unternehmen schnell zu dominierenden Lösungsanbietern und damit zu den Stellvertretern der neu geschaffenen Categories werden.

Kombinieren Unternehmen Category Creation und digitale Geschäftsmodelle, ermöglicht erworbene Marktführerschaft innerhalb der Category exponentielles Wachstum. Exemplarisch lässt sich dieser Prozess an der Vermietungsplattform Airbnb nachvollziehen, welche mit einem digitalen Geschäftsmodell zunächst eher linear und später als etablierter Marktführer exponentiell gewachsen ist – und noch heute marktdominierend auftritt.

Beispiel: Exponentielles Wachstum – Airbnb
Airbnb, heute weltweit größter Online-Marktplatz für die Buchung und Vermietung von Unterkünften, steht exemplarisch für exponentielles Wachstum durch die Kombination von einem digitalen Geschäftsmodell und Category Creation. Mit Airbnb ist ein digitales Geschäftsmodell in den Markt der Vermittlung von Unterkünften eingetreten. Dabei wurde die neue Category Peer-to-Peer Accomodation mit zusätzlichen Marktpotenzial kreiert: Über eine weltweit einheitliche Plattform wurden private Anbieter von Zimmern, Wohnungen und Häusern mit ihren Kunden verbunden. Abb. 14.3 liefert Kennzahlen über die Unternehmensentwicklung von Airbnb.

Von der Gründung 2008 bis zum Jahr 2011 hat die Plattform ein vernachlässigbares Geschäftsvolumen gezeigt und war weitgehend unbekannt – nur 120.000 Unterkünfte waren global buchbar, bei einer jährlichen Buchungsanzahl von 47.000. Erst nach dem Jahr 2011 erfolgte ein hochdynamisches Wachstum: Jährlich verdoppelten sich die auf Airbnb inserierten Unterkünfte auf mehr als 4,5 Mio. im Jahr 2018. Noch stärker wuchs die Anzahl der Buchungen – über 100 Mio. Gäste übernachten jährlich mit Airbnb (Airbnb 2018), wie die Abb. 14.4 zeigt.

Ein solches exponentielles Wachstum ist mit konventionellen Geschäftsmodellen aufgrund sprungfixer Kosten (z. B. Aufbau von Fertigungsstandorten), längerer Anlaufzeiten (z. B. Absatz- und Distributionslogistik) und erhöhten Komplexitätskosten (z. B. Koordinationsaufwand der physischen Ressourcen) kaum möglich

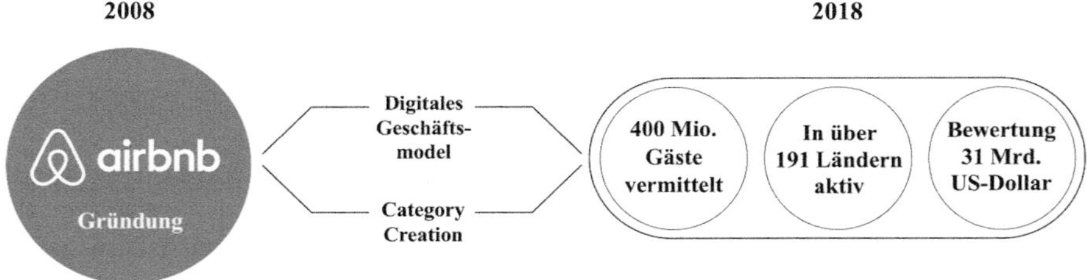

Digitales Geschäftsmodell

Airbnb vereint wichtige Vorteile digitaler Geschöftsmodelle: Hohe Skalierbarkeit, niedrige Grenzkosten, globale Reichweite und starke Netzwerkeffekte.

Category Creation

Airbnb hat eine neue Category mit zusätzlichen Marktpotenzial kreiert: Die Vermittlung von privaten Unterkünften über eine weltweit einheitliche Plattform.

Abb. 14.3 Unternehmensentwicklung von Airbnb (eigene Darstellung; *Quelle:* Airbnb 2018)

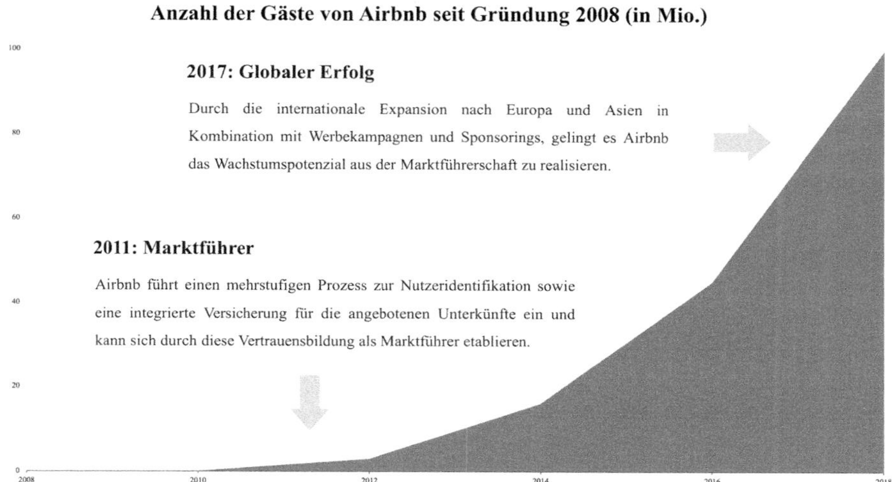

Abb. 14.4 Exponentielles Wachstum von Airbnb (eigene Darstellung; *Quelle:* Airbnb 2018)

(Baltes und Freyth 2017). Das digitale Geschäftsmodell von Airbnb basiert auf der Integration von Daten und der Vermittlungsfunktion von Angebot und Nachfrage, ohne den Aufbau eigener Vermögensgegenstände durch die Nutzung bestehender Infrastruktur. Die erfolgskritischen Anforderungen an Airbnb bestehen in der globalen Nutzerfreundlichkeit und Sicherheit der Plattform sowie der Qualitätssicherung der bereitgestellten Daten.

Dank des exponentiellen Wachstums ist Airbnb innerhalb von 5 Jahren nach der Gründung zum größten Anbieter von Unterkünften weltweit geworden. Heute vermittelt Airbnb weltweit mehr Übernachtungen als die fünf größten Hotelketten zusammen. Die deutschen Airbnb-Wettbewerber 9 Flats und Wimdu hingegen haben trotz einer Fusion das Ende ihrer Geschäftsaktivitäten erklären müssen (Schlenk et al. 2018).

14.3 Notwendigkeit und Erfolgswirkung von Category Creation

Eine Analyse von über 4000 durch Venture Capital finanzierten Startups mit digitalen Geschäftsmodellen in den USA zeigt, dass die Marktführer einer neu geschaffenen Category die überwiegende Mehrheit des Shareholder Value innerhalb des geschaffenen Segments beanspruchen, typischerweise bis zu 80 % zum Zeitpunkt eines Börsengangs (Al Ramadan et al. 2016). Die Unternehmensnamen und ihre Produkte und Services werden austauschbar und gleichbedeutend mit ihren Märkten – wahre Category Champions! Im angloamerikanischen Sprachgebrauch stilisieren sich dominierende Unternehmen sogar zu weit verbreiteten Verben: „Google it", „Slack me" oder „Uber over".

Unternehmen, die systematisch Category Creation betreiben, können überdurchschnittliches Umsatzwachstum und eine überdurchschnittlich hohe Marktkapitalisierung erzielen. Im Jahr 2010 konnten die 20 am schnellsten wachsenden Unternehmen ihre Marktkapitalisierung um durchschnittlich 3,40 US-Dollar pro gestiegenem Umsatzwachstum in Höhe von 1,00 US-Dollar steigern. Bei der Hälfte der 20 analysierten Unternehmen basierte das Umsatzwachstum auf Category Creation, bei diesen lag die gestiegene Marktkapitalisierung sogar bei 5,60 US-Dollar pro gestiegenem Umsatzwachstum von 1,00 US-Dollar (Yoon und Deeken 2013).

Trotzdem ist Category Creation durch Großunternehmen eine Ausnahme. Gemäß einer Auswertung des Datenanbieters Nielsen haben nur 13 % der weltweit führenden Unternehmen von 2008 bis 2010 eine bahnbrechende Innovation eingeführt – noch weniger haben auch ein innovatives Geschäftsmodell geschaffen (Yoon und Deeken 2013). Obwohl große Unternehmen klare Wachstumsziele verfolgen und über die Ressourcen verfügen, um Category Creation voranzutreiben, entwickeln primär Startups neue Categories auf Basis digitaler Geschäftsmodelle.

Im Gegensatz zu Startups scheitern etablierte Unternehmen oft daran, konsequent Ressourcen für die Erschaffung einer fundamental neuen Category zu bündeln. Solange keine neuen, sichtbar erfolgreichen Marktteilnehmer als Wegbereiter einer Category und damit eine messbare Signifikanz für die Relevanz einer neuen Category existiert, konzentrieren sich Großunternehmen auf inkrementelle Innovationen und die Gewinnung von Marktanteilen aus bestehenden Categories. Die mangelnde Kompetenz Category Creation systematisch umzusetzen, führt zu einer Schwächung der langfristigen Wettbewerbsposition. Das dialektische Vorgehen von Großunternehmen und Startups sowie die damit einhergehenden Herausforderungen für etablierte Player wird anhand der Erfolgsgeschichte von Salesforce deutlich.

Beispiel: Salesforce vs. Etablierte Unternehmen

Salesforce gilt als Pionier der Category Customer-Relationship-Management-Systeme (CRM-Systeme) und Urheber von Cloud Computing bzw. Software as a Service. Im Gegensatz zu klassischen „On-premise"-Lösungen stellt Salesforce seine standardisierte „On-demand"-Lösung über das Internet zur Verfügung. Der Erfolg von Salesforce ist auf die drei wesentlichen Bestandteile von Category Creation zurückzuführen: Neue Marktparameter, neue Marktparadigmen und neues Marktpotenzial.

Salesforce hat neue Marktparameter hergestellt, indem es hochflexible Unternehmensanwendungen über den Webbrowser zur Verfügung stellt. Kunden werden keine Software-Lizenzen berechnet, stattdessen fallen nutzungsabhängige Gebühren an. Damit konnte Salesforce schnell namhafte Unternehmen wie Canon, Dell und Morgan Stanley als Kunden gewinnen und früh breite Akzeptanz als Marktführer im Bereich der CRM-Lösungen erlangen. Große IT- und Serviceanbieter sind nur langsam, aber inzwischen fast vollständig, diesem Trend auf Basis eines digitalen Geschäftsmodells gefolgt.

Salesforce hat neue Marktparadigmen eingeführt, indem es Kosten und Komplexität minimiert hat und gleichzeitig volle Skalierbarkeit gewährleistet. Implementierungen von Salesforce nehmen nur 1–12 Wochen in Anspruch und können ohne spezielle

Betriebssysteme, Server oder technische Berater durchgeführt werden. Salesforce aktualisiert seine Lösungen kontinuierlich und bietet Tools, um Funktionen an die sich wandelnden spezifischen Geschäftsprozesse anzupassen.

Mit dem Modell Software auf Abruf zur Verfügung zu stellen, entfällt bei der Nutzung von Salesforce die Notwendigkeit von großen vorfinanzierten Kapitalinvestitionen und die langwierige Implementierung von Computersystemen. Dadurch konnte Salesforce neben Großunternehmen auch neues Marktpotenzial mit kleinen und mittleren Unternehmen erzeugen und den insgesamt adressierbaren Markt für Customer-Relationship-Management-Lösungen vergrößern.

Während Salesforce von Anfang an ausschließlich auf Lösungen aus der Cloud setzte, versuchten große Software-Unternehmen Cloud Computing erst als Ergänzung ihres Portfolios zu etablieren. Besonders im Segment Enterprise-Resource-Planning (ERP) waren Lösungen noch mit hohen initialen Kosten, geringer Interoperabilität und wenig flexibler Konfigurierbarkeit verbunden. Führende Unternehmen wie SAP, Oracle und Microsoft befanden sich in einem Dilemma: Einerseits sollten keine kannibalisierenden Konkurrenzprodukte zu bestehenden Lösungen aufgebaut werden, andererseits wurden die hohen Zeit- und Kosteneinsparungen bei der Implementierung und während des Betriebs von Software as a Service-Lösungen für (Neu-) Kunden immer entscheidender. Die Schwierigkeit als etabliertes Unternehmen in eine Category vorzustoßen, die nicht selbst geschaffen wurde, ist messbar: Europas größter Softwarekonzern SAP macht erst im Jahr 2018 das erste Mal mehr Umsatz mit dem Cloud-Geschäft als mit traditionellen Software-Lizenzen. Im CRM-Segment hat SAP bislang nur einen Marktanteil von 6,5 Prozent, verglichen mit 19,6 Prozent bei Marktführer Salesforce (Handelsblatt 2018). Als Konsequenz daraus kündigte SAP an, das auf Online-Marktforschung spezialisierte US-Unternehmen Qualtrics für acht Milliarden US-Dollar zu übernehmen. SAP-Chef Bill McDermott will mit der Kombination aus Unternehmensdaten und Kundenfeedback „eine neue Category schaffen“ und damit wiederum den langjährigen Rivalen Salesforce angreifen (Kerkmann 2018).

Die Notwendigkeit und Erfolgswirkung von Category Creation für Großunternehmen lässt sich anhand eines modellierten Category-Lebenszyklus genauer darstellen (vgl. Abb. 14.5). In der frühesten Phase des Category Creation-Prozesses steigt die Anzahl an Unternehmen in dieser aufkommenden Category rasant an. Diese Phase der Category Definition zeichnet sich dadurch aus, dass eine wachsende Zahl an Marktteilnehmern bemüht ist, das bestehende oder neue Problem auf innovative Weise zu lösen. Um eine bestmögliche Positionierung in der neuen Markthierarchie herzustellen, treiben die Unternehmen einen Diskurs voran, durch den eine Problemrelevanz seitens der potenziellen Kunden hergestellt und ausreichend Aufmerksamkeit für das einzelne Unternehmen als bester Problemlöser erzeugt werden soll. Die intersubjektive Akzeptanz der neu geschaffenen Category wirkt sich auf den strategischen und wirtschaftlichen Nutzen aus, die Unternehmen aus der Category Creation ziehen können.

In der Category Development-Phase konsolidiert sich die Anzahl der Unternehmen und ein dominierender Marktführer mit großer Marktkapitalisierung entsteht (Abb. 14.5). Aufgrund des Eigeninteresses an der Konstruktion und Vermittlung des

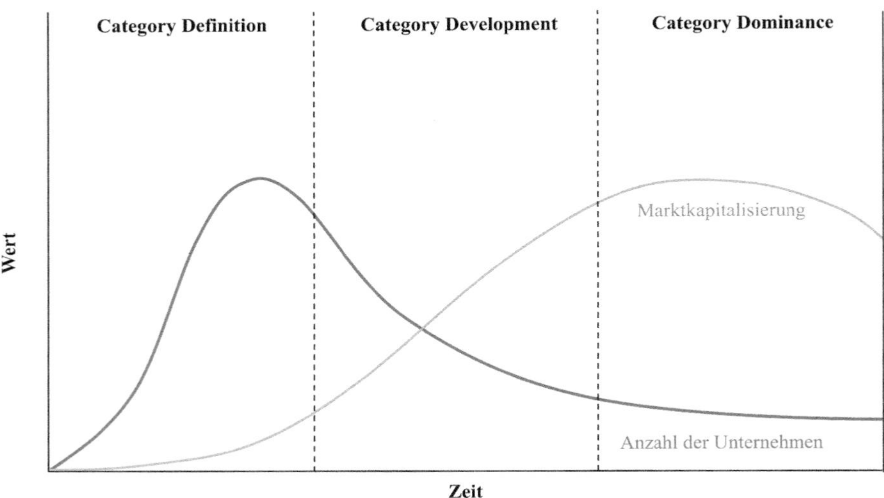

Abb. 14.5 Idealisierter Category-Lebenszyklus. (Quelle: in Anlehnung an Geroski 2009)

Wertes einer neuen Category können diskursive Maßnahmen von Unternehmen bei der Category Creation von anderen Marktteilnehmern, insbesondere von privaten Verbrauchern, mit Ablehnung begegnet werden (Vaara und Monin 2010). Wenn jedoch unabhängige Dritte (Glynn und Lounsbury 2005; Pollock und Rindova 2003) Unternehmen dabei unterstützen, wird den Maßnahmen der Category Creation mehr Vertrauen entgegengebracht und sie erhalten mehr Wirkung (siehe den Fall von Bio-Lebensmitteln in Lee et al. 2016). Eine früh wahrgenommene Marktführerschaft, z. B. durch die Etablierung einer einprägsamen Marke, verschafft dem Unternehmen einen entscheidenden Selektionsvorteil.

In der letzten Phase, Category Dominance, reduziert sich die Anzahl an Wettbewerbern weiter, weil der entstandene Marktführer die kreierte Category monopolähnlich dominiert. Unternehmen, die erfolgreiche Category Creation betreiben, können zudem ihren Status als Pionier für wirtschaftliche und kulturelle Trends festigen. Als Urheber wichtiger Marktentwicklungen bekannt zu sein, bietet Unternehmen einen erheblichen Reputationsvorteil und hilft unter anderem dabei, geeignetes Personal für weitere Category Creation zu rekrutieren.

Die Allgegenwärtigkeit von hoher Skalierbarkeit digitaler Geschäftsmodelle, geringen Grenzkosten durch Cloud-Technologie und blitzschneller Verbreitung durch Suchmaschinen und Soziale Medien, setzt etablierte Unternehmen unter Druck. Gemäß einer Winner-takes-all-Ökonomie müssen etablierte Unternehmen selbst Category Creation als Chance interpretieren und umsetzen. Andernfalls erhält ein aufstrebender Markteilnehmer Zugang zu den besten Daten, den besten Mitarbeitern und den besten Partnern, sobald er als Marktführer wahrgenommen wird. Dieser sich selbst verstärkende Mechanismus der Marktführerschaft greift potenziell auch auf finanzieller Ebene, denn Investoren finanzieren in der Regel nur das als Marktführer identifizierte Unternehmen und bündeln in diesem eine große

Menge Kapital. Da ein Marktführer dadurch wirtschaftlich befähigt wird, Akquisitionen zu tätigen, kann die führende Position mittelfristig weiter gefestigt und ausgebaut werden.

14.4 Zusammenfassung und Schlussbetrachtung

Durch Makrotrends hervorgerufene Veränderungen im Marktumfeld stellen etablierte Unternehmen vor neue Anforderungen und Chancen. Es reicht nicht mehr aus, den Status quo zu hinterfragen und zu prüfen, ob ein bestehendes Geschäftsmodell hinsichtlich der Entwicklungen in Bereichen wie Technologie und Märkte, Wettbewerber und Partner, Regulation und Politik noch angemessen ist. Um die Möglichkeiten der neuen Marktbedingungen zu nutzen, wird die Kompetenz zur Category Creation zunehmend bedeutend. Diese kann in Kombination mit dem geeigneten digitalen Geschäftsmodell als kritischer Erfolgsfaktor bezeichnet werden, über den sich erfolgreiche Unternehmen differenzieren. Mit neuen Lösungen innerhalb einer selbst geschaffenen Category kann ein Unternehmen aktiv neue Markparameter und -paradigmen definieren und neues Marktpotenzial erschließen. Unternehmen, die dieses Vorgehen erfolgreich implementieren, erweitern ihre produkt- und serviceorientierten Innovationsprozesse und stellen sich zukunftssicher für disruptive Zeiten auf. In diesem Zusammenhang ist in der bestehenden Literatur noch unzureichend untersucht worden, wie etablierte Unternehmen ihre Bemühungen zur Category Creation institutionalisieren oder wie sie mit Disruptoren zusammenarbeiten können. Interessant ist zudem eine detaillierte Untersuchung über den Zeitpunkt und das Timing von Category Creation. Während Salesforce direkt nach dem Dotcom-Crash aufgebaut werden konnte und in den frühen 2000er-Jahren zum Category Champion gelangte, wurde Airbnb inmitten der Finanzmarktkrise 2008 gegründet.

Literatur

Airbnb (2018) Airbnb's fast facts. In airbnb.com https://press.airbnb.com/de/fast-facts. Zugegriffen am 15.10.2018
Al Ramadan et al (2016) Play bigger. Harper Collins, London
Baltes G, Freyth A (2017) Die radikal neuen Anforderungen unserer Zeit und die Konsequenz für Veränderungsarbeit. In: Baltes G, Freyth A (Hrsg) Veränderungsintelligenz – Agiler, innovativer, unternehmerischer den Wandel unserer Zeit meistern. Springer Gabler, Wiesbaden
Benioff M, Adler C (2009) Behind the cloud: the untold story of how Salesforce.com went from idea to billion-dollar company and revolutionized an industry. Wiley-Blackwell, San Francisco
Casasanto D, Lupyan G (2015) All concepts are ad hoc concepts. In: Margolis E, Laurence S (Hrsg) The conceptual mind: new directions in the study of concepts. MIT Press, Cambridge
Christensen CM, van Bever DCM (2014) The capitalist's Dilemma. Harv Bus Rev 92(6):60–68
Geroski P (2009) The evolution of new markets. Oxford University Press, Oxford
Glynn MA, Lounsbury M (2005) From the critics' corner: logic blending, discursive change and authenticity in a cultural production system. J Manag Stud 42:1031–1055

Handelsblatt (2018) Ein Paradigmenwechsel – SAP macht mit der Cloud erstmals mehr Umsatz als mit traditioneller Software. handelsblatt.com. https://www.handelsblatt.com/unternehmen/it-medien/softwarekonzern-ein-paradigmenwechsel-sap-macht-mit-der-cloud-erstmals-mehr-umsatz-als-mit-traditioneller-software/22915004.html. Zugegriffen am 15.10.2018

Karpik L (2010) Valuing the unique: the economics of singularities. Princeton University Press, Princeton

Kerkmann C (2018) Das steckt hinter der größten Übernahme in der Geschichte von SAP. handelsblatt.com https://app.handelsblatt.com/unternehmen/it-medien/qualtrics-das-steckt-hinter-der-groessten-uebernahme-in-der-geschichte-von-sap/23624692.html?ticket=ST-3407200-plSrmF5kWaEE-EmNoSbf6-ap2. Zugegriffen am 12.11.2018

Lee B, Hiatt S, Lounsbury M (2016) Market mediators and the tradeoffs of legitimacy-seeking behaviors in a nascent category. University of Southern California Marshall School of Business, Los Angeles

Locher C (2018) Digitale transformation. In: Fend L, Hofmann J (Hrsg) Digitalisierung in Industrie-, Handels- und Dienstleistungsunternehmen. Springer, Berlin

Parker G, van Alstyne MW (2005) Two-sided network effects: a theory of information product design. Manag Sci 51(10):1494–1504

Pollock TG, Rindova VP (2003) Media legitimation effects in the market for initial public offerings. Acad Manag J 46:631–642

Salesforce (2018) Salesforce announces record fourth quarter and full year fiscal 2018 results. investor.salesforce.com. https://investor.salesforce.com/about-us/investor/investor-news/investor-news-details/2018/Salesforce-Announces-Record-Fourth-Quarter-and-Full-Year-Fiscal-2018-Results. Zugegriffen am 15.10.2018

Schallmo DRA (2013) Geschäftsmodelle erfolgreich entwickeln und implementieren: Mit Aufgaben und Kontrollfragen. Springer, Berlin

Schlenk C, Penke M, Scherkamp H (2018) Wimdu macht dicht – und entlässt mehr als 100 Mitarbeiter. https://www.gruenderszene.de/business/wimdu-macht-dicht-und-entlaesst-mehr-100-mitarbeiter. Zugegriffen am 15.10.2018

Suarez F, Grodal S, Gotsopoulos A (2015) Perfect timing? Dominant category, dominant design, and the window of opportunity for firm entry. Strateg Manag J 36:437–448

Vaara E, Monin P (2010) A recursive perspective on discursive legitimation and organizational action in mergers and acquisitions. Organ Sci 21:3–22

Weber K, Heinze KL, DeSoucey M (2008) Forage for thought: mobilizing codes in the movement for grass-fed meat and dairy products. Adm Sci Q *53*:529–567

Yoon E, Deeken L (2013) Why it pays to be a category creator. Harv Bus Rev 91(3):21–23

Teil IV

Enabler für digitale Geschäftsmodelle

15 Digitale Zwillinge – Eine explorative Fallstudie zur Untersuchung von Geschäftsmodellen

Robin Klostermeier, Steffi Haag und Alexander Benlian

Zusammenfassung

Der digitale Zwilling lässt sich als intelligentes digitales Abbild eines realen Produktes oder Prozesses beschreiben. Als innovative Technologie bietet er Industrie und Wirtschaft große Möglichkeiten, aber birgt auch noch große Herausforderungen. In der Forschung gewinnen digitale Zwillinge deshalb zunehmend an Bedeutung. Die bisherigen wissenschaftlichen Arbeiten fokussieren vor allem die technische Seite des Phänomens. Das Ziel des Artikels ist eine erste Untersuchung des digitalen Zwillings aus einer Geschäftsmodellperspektive. Hierfür wurden explorative Fallstudien in vier Unternehmen, die sich in ihrer Größe und dem jeweiligen Kerngeschäft voneinander unterscheiden, durchgeführt. Eine vergleichende Analyse basierend auf dem Business Model Canvas zeigt deutliche Unterschiede in der Interpretation der Begrifflichkeit des digitalen Zwillings und dessen Verwendung als Geschäftsmodell auf. Diese Unterschiede nehmen vor allem Einfluss auf das jeweilige Produktangebot der Unternehmen. Insgesamt verdeutlichen die Ergebnisse, dass der digitale Zwilling alle Komponenten

Unveränderter Originalbeitrag Klostermeier et al. (2018) Digitale Zwillinge – Eine explorative Fallstudie zur Untersuchung von Geschäftsmodellen, HMD – Praxis der Wirtschaftsinformatik Heft 320, 55(2):297–31.

R. Klostermeier (✉)
Karon Beratungsgesellschaft mbH, Rüsselsheim am Main, Deutschland
E-Mail: Robin.Klostermeier@karon.de

S. Haag
Institut für Wirtschaftsinformatik, Juniorprofessur für Wirtschaftsinformatik, Friedrich-Alexander Universität Erlangen-Nürnberg, Nürnberg, Deutschland
E-Mail: steffi.haag@fau.de

A. Benlian
Fachgebiet Information Systems & E-Services, Technische Universität Darmstadt, Darmstadt, Deutschland
E-Mail: benlian@ise.tu-darmstadt.de

S. Meinhardt, A. Pflaum (Hrsg.), *Digitale Geschäftsmodelle – Band 1*, Edition HMD, https://doi.org/10.1007/978-3-658-26314-0_15

von Geschäftsmodellen beeinflusst. Als größte Herausforderung für die Entwicklung digitaler Zwillinge erweisen sich fehlende monetäre Argumente und das Überwinden von Schnittstellenproblematiken. Gleichzeitig erwarten die Unternehmen große Potenziale im Business to Business Bereich (B2B) und mittelfristig auch im Business to Customer Bereich (B2C). Implikationen und Untersuchungspotenziale für die Wirtschaft und Forschung werden aufgezeigt.

Schlüsselwörter
Digitaler Zwilling · Digitale Geschäftsmodelle · Digitale Transformation · Business Model Canvas · Potenziale · Herausforderungen

15.1 Geschäftsmodelle Digitaler Zwillinge

Der digitale Zwilling oder englisch „digital twin" lässt sich allgemein als das virtuelle Abbild eines real existierenden Gegenstands beschreiben. Erstmals aufgegriffen wurde der Begriff 2010 von Forschern der NASA (Shafto et al. 2010). Die zugrundeliegende Konzeption von „Zwillingen" ist allerdings um einiges älter. Bereits während der Apollo Mission wurde simultan zum eigentlichen Raumfahrzeug ein zweites, identisches Raumfahrzeug entwickelt. Dieser noch real existierende „Zwilling" diente Astronauten vor der Mission zur Vorbereitung und Ingenieuren während der Mission, um auf Basis von Daten des aktiven Raumfahrzeugs notwendige Lösungen zu erarbeiten (Rosen et al. 2015). Zu ganz ähnlichen Zwecken wird heutzutage auch der digitale Zwilling verwendet, nur dass anstatt eines zweiten realen Gegenstandes ein digitales Modell des Originals erstellt wird. Die Einsatzmöglichkeiten sind dabei sehr vielfältig. Wissenschaftler versprechen sich von digitalen Zwillingen zum Beispiel die Optimierung von Wartungszyklen oder Einsatzrouten oder schlicht einen verbesserten Produkteinsatz. Was 2011 noch mit „*Is this Science Fiction?*" (Tuegel et al. 2011) hinterfragt wurde, ist 2017 bereits Realität. Nach Einschätzungen des Think Tanks Gartner zählt der digitale Zwilling nun zu den „Top Trends 2017" (Panetta 2016).

Auch eine Vielzahl wissenschaftlicher Arbeiten hebt das große Potenzial der innovativen technologischen Entwicklung des digitalen Zwillings hervor (Rosen et al. 2015). Die perspektivische Ausrichtung liegt dabei vor allem auf technischen Fragestellungen: Wie lässt sich ein System mit digitalem Zwilling aufbauen? Welche Systemvoraussetzungen sind notwendig? Wie lässt sich ein Zusammenspiel aus digitalem und realem Produkt technisch realisieren und welche Daten werden dabei ausgetauscht?

Wie sich der digitale Zwilling jedoch in die bisherigen Geschäftsmodelle von Unternehmen integrieren lässt bzw. als Grundlage neuer Geschäftsmodelle dient, um von diesem großem technologischen Potenzial auch wirtschaftlich zu profitieren, wurde noch nicht untersucht. In der bisherigen Literatur gibt es zudem weder eine einheitliche Definition der Begrifflichkeit des digitalen Zwillings, noch werden mögliche Anwendungsbereiche aufgezeigt. Die folgende Studie hat deshalb das Ziel, die ökonomischen Aspekte des digitalen Zwillings in den Mittelpunkt zu rücken und digitale Zwillinge hinsichtlich möglicher Geschäftsmodelle zu untersuchen. Hierzu wird zunächst eine umfassende Definition des digitalen Zwillings erarbeitet und die wesentlichen wirtschaftlichen Anwendungsbereiche aufgezeigt. Mittels einer explorativen Fallstudie wird anschließend der digitale Zwilling hinsichtlich möglicher Geschäftsmodelle und seiner Aus- bzw. Wechselwirkungen auf die jeweiligen Elemente der Geschäftsmodelle untersucht.

Das folgende Kapitel entwickelt auf Basis grundlegender Forschungsergebnisse in den Bereichen digitaler Zwillinge und Geschäftsmodelle das explorative Rahmenwerk der Fallstudie. Im Anschluss daran werden in Kapitel drei die im Rahmen der Fallstudie untersuchten vier Unternehmen vorgestellt. Kapitel vier präsentiert die Ergebnisse der Arbeit, ehe abschließend die Implikationen für Wissenschaft und Praxis diskutiert werden.

15.2 Forschungshintergrund

15.2.1 Digitaler Zwilling: Definition und Anwendungsbereiche

Eine erste Definition des digitalen Zwillings findet sich in einer Veröffentlichung der Technology Area 11 der NASA aus dem Jahr 2010 (Shafto et al. 2010). Dabei ist die Definition der NASA mit einer spezifischen Einsatzvorstellung verbunden, was es notwendig macht, im Rahmen einer gesamtheitlichen Betrachtung eine abstrahierte Beschreibung zu finden. Laut Fraunhofer Institut für Produktionsanlagen und Konstruktionstechnik (IPK), besteht der digitale Zwilling aus *„einer intelligenten Verbindung einer einzigartigen Instanz eines universalen digitalen Vorlagemodells und des individuellen digitalen Schattens“* (Stark 2017). Intelligente Verbindungen beschreiben in diesem Kontext Algorithmen, Simulationen oder dergleichen. Der digitale Schatten bezeichnet die erzeugten Zustands- oder Prozessdaten, also den digitalen Fingerabdruck eines Produktes. GE Digital greifen beispielsweise die historische Herkunft des Begriffes auf, ordnen aber die aktuellen Entwicklungen eindeutig dem Bereich Internet of Things (IoT) zu (Volkmann 2016).

Je nach Fokus liegt somit eine unterschiedliche Definition vor, was eine einheitliche generelle Beschreibung für den Begriff „digitaler Zwilling“ erschwert. Dennoch lassen sich die wesentlichen Komponenten im Verständnis identifizieren, welche den meisten gängigen Definitionen genügen. Der digitale Zwilling definiert demnach mindestens *das individuelle, virtuelle Abbild eines physischen Objektes oder Prozesses, welches die vom physischen Objekt bereitgestellten Daten intelligent für verschiede Anwendungsfälle nutzbar macht.*

Auch die wissenschaftliche Einordung der Anwendungsbereiche digitaler Zwillinge unterliegt einem fortlaufenden Wandel. So konkretisieren Wissenschaftler der U.S. Air Force 2011 folgende erste Anwendungsfälle auf Basis der NASA Definition (Tuegel et al. 2011):

1. Simulierte Flüge eines entwickelten und noch nicht produzierten Fluggeräts. Die Ergebnisse lassen sich für Designentscheidungen verwenden, um Wartung zu verbessern und Schadenswahrscheinlichkeiten zu reduzieren.

2. Die Nutzung des digitalen Zwillings in Koexistenz zum realen Fluggerät. Über eine Reihe von Sensoren gibt das reale Fluggerät dabei Daten an den digitalen Zwilling weiter. Diese Daten lassen sich nutzen, um Wartungsintervalle anzupassen oder besonders belastete Bauteile zu identifizieren, welche auf den spezifischen Einsätzen des Fluggeräts basieren.

Betrachtet man diese beiden genannten Punkte abstrahiert, lassen sich daraus zwei wesentliche Einsatzmöglichkeiten digitaler Zwillinge ableiten, auf denen auch die meisten aktuellen Konzepte basieren: Digitale Zwillinge unterstützen zum einen die Entwicklung und zum anderen die Nutzung eines Produktes durch Simulation.

Darauf baut ein weiterer Anwendungsfall auf, der den digital Zwilling als wesentliche Weiterentwicklung im Bereich der Simulationstechnologie sieht (Rosen et al. 2015).

Neben der Entwicklung und Nutzung Betrieb von Produkten und Systemen sowie der ganz konkreten Simulationsanwendung in der Entwicklung sehen aktuelle Studien einen weiteren dritten Anwendungsbereich des digitalen Zwillings durch einen umfassenden Einsatz innerhalb des Product Lifecycle Managements (PLM). Der Produktlebenszyklus beinhaltet wiederum auch die virtuelle Repräsentation von Prozessen. Demnach lassen sich digitale Zwillinge vor allem in den Bereichen Produktdesign und -entwicklung, Produktion sowie Service einsetzen (Boschert und Rosen 2016). Tao et al. (2017) erarbeiten in diesem Zusammenhang umfassende Konzeptionen, wie sich digitale Zwillinge in diesen verschiedenen Bereichen verwenden lassen.

Abb. 15.1 fasst die fortschreitende Entwicklung möglicher Anwendungsbereiche digitaler Zwillinge, die die bisherige Literatur diskutiert, grafisch zusammen. Es zeigt sich, dass der digitale Zwilling eine zunehmende Zahl an Anwendungsmöglichkeiten aufweist. Dabei umfasst letztlich der Einsatz entlang des gesamten Produktlebenszyklus auch die vorgestellten Anwendungsbereiche im Einsatz in der

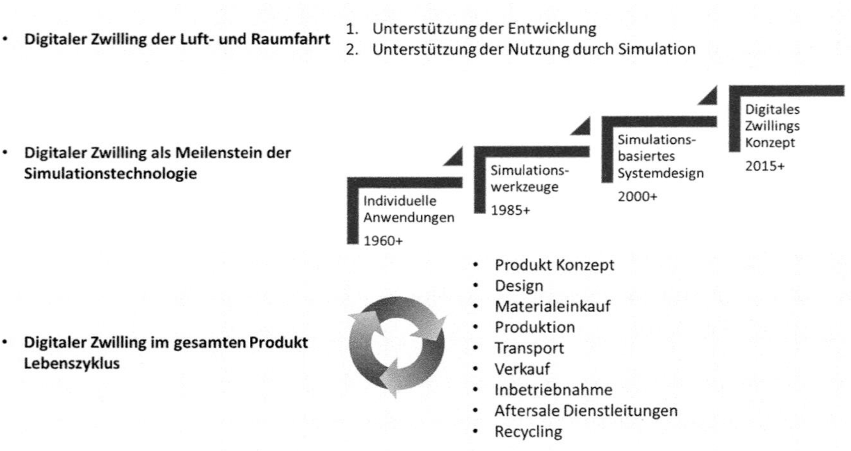

Abb. 15.1 Entwicklung der Anwendungsbereiche des digitalen Zwillings

Luft- und Raumfahrtechnik sowie in der Simulationstechnologie. Da es sich allerdings noch um eine sehr neue Technologie handelt, sind langfristig auch völlig neue Konzepte denkbar.

15.2.2 Geschäftsmodelle

Die Literatur zum Themenkomplex Geschäftsmodell ist zu großen Teilen recht jung, liefert allerdings bereits eine Vielzahl an unterschiedlichen Definitionen und Konzepten. Eine ausführliche Arbeit zur Begriffsherkunft und Konzeptgegenüberstellung liefern Wirtz et al. (2016). Veit et al. (2014) erarbeiten darüber hinaus eine ausführliche Übersicht zum Forschungsstand und entwickeln aufbauend hierauf eine umfassende Forschungsagenda für den Bereich Wirtschaftsinformatik. Für eine detaillierte Untersuchung von Geschäftsmodellkonzepten und weiterführender Literatur sei deshalb auf die entsprechenden Arbeiten verwiesen.

Diese Arbeit basiert auf dem kumulierten Geschäftsmodell-Verständnis von Wirtz et al. (2016), also dem Geschäftsmodell als Repräsentation wesentlicher Aktivitäten zur Erzeugung von Produkten, Wissen oder Dienstleistungen. Vor allen Dingen der kontinuierlichen Weiterentwicklung aller Komponenten und dem Geschäftsmodell als solches, der so genannten Business Model Innovation (BMI), kommt eine substanzielle Bedeutung zu (Wirtz et al. 2016). Eines der bekanntesten und umfassendsten Systeme, welches versucht alle wesentlichen Elemente eines erfolgreichen Geschäftsmodells zu visualisieren und in ein skalierbares System zu bringen, ist das Business Canvas Modell von Osterwalder und Pigneur (2010). Die wesentlichen Komponenten, bzw. Building Blocks sind in Abb. 15.2 dargestellt. Wesentlicher Baustein dieses Konzeptes ist die Werterzeugung (value proposition),

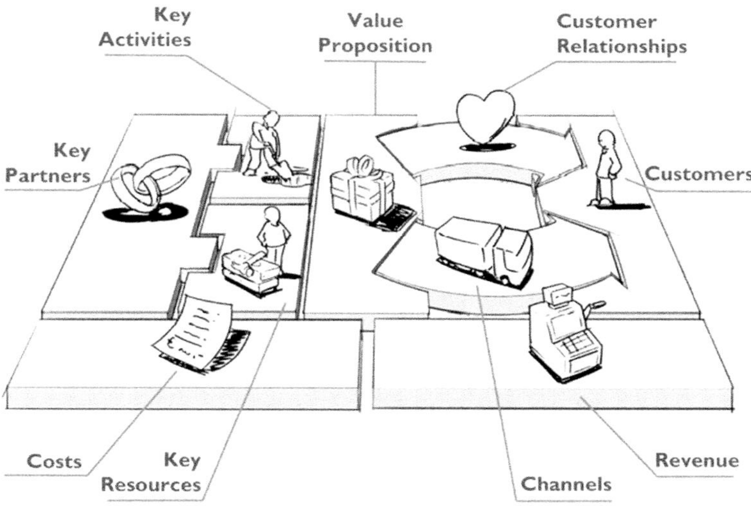

Abb. 15.2 System der Building Blocks im Business Canvas Modell (Zeichnung basierend auf: (Osterwalder und Pigneur 2010) Direkte Quelle der Zeichnung: (Sammer 2015))

also die Erzeugung eines Nutzens durch das Produkt oder die Dienstleistung. Dabei ist entscheidend über welche Kanäle der Wert dem Kunden (customers) zu Verfügung gestellt wird. Ein gutes Kundenverhältnis (customer relationships) sichert dabei langfristige Einkommensströme (revenue) ab. Dem Einkommensstrom stehen die Kosten (costs) gegenüber, die für die Schlüsselaktivitäten (key activities), -ressourcen (key resources) und -partnerschaften (key partners) aufgebracht werden müssen.

15.3 Forschungsmethode und Vorstellung der Fallunternehmen

Um digitale Zwillinge vor dem Hintergrund möglicher Geschäftsmodelle zu analysieren, wurde eine explorative Fallstudie durchgeführt. Qualitative Forschungsmethoden bieten sich besonders zur Erforschung neuer oder komplexer Forschungsfelder an, um ein besseres Lagebild zu erarbeiten und zu abstrahieren (Stickel-Wolf und Wolf 2009).

Das primäre Ziel der Studie war es, verschiedene Fallstudien und damit die verschiedenen Konzepte und Geschäftsmodelle digitaler Zwillinge miteinander zu vergleichen. Wissenschaftlichen Empfehlungen folgend Eisenhardt (1989) wurden deshalb vier Fallunternehmen ausgewählt, die jeweils verschiedene Ansätze in Bezug auf Geschäftsmodelle rund um den digitalen Zwilling verfolgen.

Aufgrund ihres explorativen Charakters wurden zur Datenerhebung im Wesentlichen Experteninterviews durchgeführt. Hierfür erarbeiteten die Autoren vorab einen Interviewleitfaden, der sich hauptsächlich an den Building Blocks des oben vorgestellten Business Canvas Model orientiert. Dadurch sollte eine möglichst gesamtheitliche Betrachtung der Geschäftsmodellbestandteile im Interview erreicht werden. Ergänzt wurden die Interviewdaten mit Inhaltsanalysen öffentlich zur Verfügung stehender Dokumente der Unternehmen.

Für die Datenanalyse wurden die Inhalte der Experteninterviews auf Muster untersucht. Diese inhaltlich zusammenhängenden Muster wurden zu vier Blöcken zusammengefasst, welche in einem nächsten Schritt auf argumentative Ähnlichkeiten und Unterschiede hin analysiert wurden.

Neue Technologien stellen etablierte Unternehmen vor Herausforderungen und ziehen für gewöhnlich neue Unternehmen an. Dementsprechend wurde ein Querschnitt von vier Fallunternehmen ausgewählt, der etablierte und junge Unternehmen unterschiedlicher Größen aus der IT als auch dem produzierenden Gewerbe betrachtet

Fall 1 – Der Technologiekonzern

Fallunternehmen 1 ist ein großes deutsches Technologieunternehmen mit einer über hundert jährigen Firmenhistorie. Als internationale Aktiengesellschaft, stellt es den Fall eines etablierten Unternehmens aus der fertigenden Industrie dar. Die Hauptgeschäftsfelder liegen traditionell in der Elektrotechnik und Elektronik. Vor allen Dingen die fortlaufende Entwicklung und Neuorientierung des Unternehmens im Zuge der Digitalisierung und das Engagement im Bereich PLM qualifizieren das Unternehmen zu dieser Studie. Für das Experteninterview konnte ein Vertreter aus dem Marketingbereich der Digital Enterprise Sparte des Konzerns gewonnen werden, welcher seit fünf Jahren in dem entsprechenden Aufgabenbereich tätig ist. Ergänzt wird die Fallstudie um Informationen aus einer Veröffentlichung des Vorstandsvorsitzenden.

Fall 2 – Der Softwarekonzern

Fallunternehmen 2 ist eine deutsche Aktiengesellschaft, die eines der umsatzstärksten Softwareunternehmen in Europa darstellt. Dabei reicht die Unternehmensgeschichte bis in die 70er-Jahre zurück und ist folglich in der schnelllebigen Softwareindustrie eine konstante Größe. Der Konzern konzentriert sich vor allen Dingen auf Industrie- und Unternehmenslösungen. Die aktuelle Ausrichtung hin zu Cloud-basierten Lösungen, die Verarbeitung von Big Data und den Anwendungen im IoT Kontext führten zu der Initiierung einer neuen Abteilung als Dienstleister der digitalen Transformation. Gerade dieses Engagement qualifiziert den Konzern als relevanten Teilnehmer dieser Fallstudie. Für das Experteninterview konnte ein Technical Product Owner dieser neuen Abteilung gewonnen werden, der seit einem dreiviertel Jahr die entsprechende Stelle im Unternehmen begleitet. Ergänzt werden diese Informationen um die Veröffentlichung des Interviews eines Solution Architects des Unternehmens.

Fall 3 – Das Simulationsunternehmen

Fallunternehmen 3 bietet seit der Firmengründung in der 80er-Jahren Serviceleistungen für Simulationsaufgaben an und vertreibt Produkte eines börsennotierten Simulationssoftwareherstellers aus Pennsylvania. Als Gesellschaft mit beschränkter Haftung, von mehr als 200 Mitarbeitern und einem Umsatz im mittleren zweistelligen Millionen-Bereich, zählt das Unternehmen zum Mittelstand. Vor allem die in Abschn. 15.2.1 erörterte Relevanz des digitalen Zwillings für die Entwicklung der Simulationstechnologie prädestiniert das Unternehmen für die Fallstudienanalyse. Für das Experteninterview konnte ein Business Development Manager des Unternehmens gewonnen werden, welcher 1,5 Jahre Erfahrung im Bereich digitaler Zwillinge mit sich bringt. Zusätzlich liegt ein White Paper bezüglich digitaler Zwillinge des Unternehmens vor.

Fall 4 – Das Start Up

Fallunternehmen 4 stellt als Startup einen Kontrast zu den schon langjährig etablierten Firmen dar. Mit seinen neun Mitarbeitern ist es auch das kleinste Unternehmen. Gegründet wurde es 2014 aus einer Kooperation mit einer renommierten deutschen Universitäten mit einem großen deutschen Automobilhersteller. Dabei bietet das Unternehmen Lösungen im Bereich Prozesssimulation an und verwendet zu diesem Zweck digitale Zwillinge. Die notwendigen Informationen für diese Fallstudie stammen aus einem Interview mit dem CEO des Unternehmens.

15.4 Ergebnisse

15.4.1 Definition digitale Zwillinge

Die Literatur zu digitalen Zwillingen hat bereits gezeigt, dass bezüglich der Definition und der individuellen Interpretation der Begrifflichkeit deutliche Unterschiede bestehen. Dieser Eindruck ließ sich auch in den Experteninterviews der verschiedenen Unternehmen bestätigen. Wichtig für die Vergleichbarkeit der Ergebnisse ist allerdings ein Grundkonsens. Die in Abschn. 15.2 vorgestellte Mindestdefinition digitaler Zwillinge deckt sich mit den Ergebnissen dieser Fallstudie. Die Auswertung der Experteninterviews zeigt zudem, dass ein Zusammenhang zwischen strategischer Ausrichtung bzw. dem Kerngeschäft eines Unternehmens und der Schwerpunktlegung bei der Definition des digitalen Zwillings besteht. Abb. 15.3 unterstützt diesen Zusammenhang grafisch. Sie zeigt modellhaft eine Wertschöpfungskette und einen Datenrückfluss über eine Cloud.

Der gestrichelte Rahmen verdeutlicht das Verständnis des Technologieunternehmens. Als großer Hersteller für Lösungen im Bereich PLM sieht das Unternehmen den digitalen Zwilling als Lösung entlang der gesamten Wertschöpfungskette. Dieses breite Verständnis deckt sich damit, dass das Unternehmen Produkte und Dienstleistungen zu allen Abschnitten der Wertschöpfungskette vertreibt.

Das Kerngeschäft eines Softwareunternehmens ist hingegen die Gewinnung, Speicherung und Verarbeitung von Daten. Folglich orientiert sich auch hier das Kernverständnis digitaler Zwillinge an der unternehmerischen Ausrichtung. Der durchgezogene Rahmen in Abb. 15.3 verdeutlicht die Konzentration auf die Datenbereitstellung und Auswertung als Wesen des digitalen Zwillings in Clouds.

Das Simulationsunternehmen ist als Mittelständler auf viel differenziertere Geschäftsfelder fokussiert. Auch hier findet sich das Verständnis, was einen digitalen Zwilling ausmacht, in der Spiegelung des Kerngeschäfts wieder. Der strich-punkt Rahmen beschreibt dabei, dass das Simulationsunternehmen erst von einem digitalen Zwilling spricht, wenn das reale Produkt oder der Prozess parallel dazu bestehen. Rein digitale Modelle wie Sie beispielsweise in der Planungsphase verwendet werden sind hier ausgeschlossen.

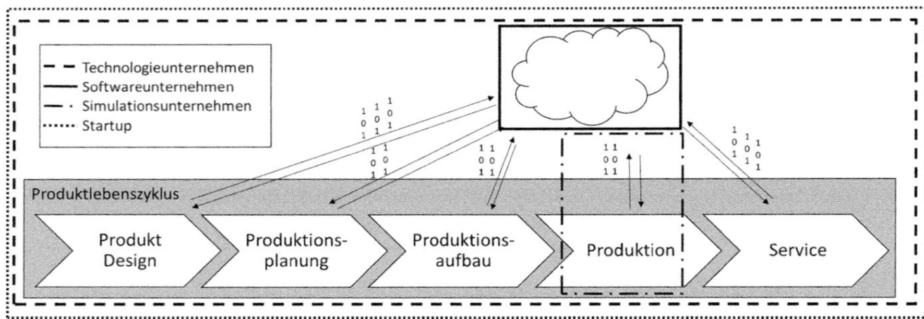

Abb. 15.3 Schwerpunkt der Definitionen digitaler Zwillinge

Der gepunktete Rahmen verdeutlicht des Weiteren die Argumentation des Start-ups, dass der digitale Zwilling als Sammelbegriff zu verstehen ist und auch andere Vorstellungen hierunter fallen könnten. Entsprechend der bisherigen Argumentation lässt sich also auch hier ein Zusammenhang aus flexiblem Kerngeschäft und flexibler Definition feststellen, welche sich momentan vor allen Dingen an den Vorstellungen der jeweiligen Kunden orientiert.

15.4.2 Digitaler Zwilling als Produkt

Die Interviews haben gezeigt, dass nicht nur die Definitionen, sondern auch die Produkte, die im Zusammenhang mit dem digitalen Zwilling vertrieben, entwickelt oder geplant werden, recht vielseitig sind. Konzeptionell lassen sich Produkte, die infrastrukturelle Voraussetzungen schaffen, wie beispielsweise IoT Betriebssysteme oder PLM Software, von den eigentlichen digitalen Zwillingsprodukten abgrenzen. Abb. 15.4 verdeutlicht, welche verschiedenen Arten an Produktkategorien in den Fallstudien identifiziert werden konnten.

Toolbox 15.1 Virtuelle Sensoren

Virtuelle Sensoren *erlauben, Daten am digitalen Zwilling zu erfassen, welche am realen Modell nicht, oder nur kostenintensiv messbar sind. Ermöglicht wird dies durch die modellhafte Abbildung des digitalen Zwillings und seiner Umgebung. Das Modell wird via Sensoren mit notwendigen Informationen aus der realen Umwelt versorgt. Ein Beispiel ist der digitale Zwilling einer Pumpe parallel zum realen Produkt. Bei gegebenen Informationen wie Flüssigkeitsdichte und Geschwindigkeit lassen sich die Reaktionen innerhalb der Pumpe simulieren. Dabei lassen sich der Systemzustand und das Verhalten innerhalb der Pumpe an einer Position messen, darstellen und analysieren, an der der Einsatz realer Sensorik unmöglich wäre. Der digitale Zwilling erlaubt in diesem Fall eine deutlich bessere Kontrolle des Pumpverhaltens der realen Pumpe.*

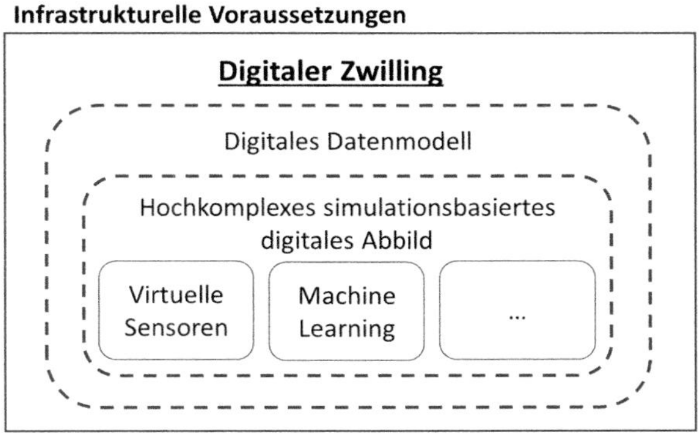

Abb. 15.4 Produktkategorien digitaler Zwilling basierend auf den Fallstudienergebnissen

Im Bereich infrastruktureller Vorrausetzungen sind die großen DAX Unternehmen tätig. Auffällig an dieser Stelle ist auch die Umorientierung des vormals vor allem im fertigenden Bereich tätigen Technologieunternehmens. Die verstärkte Ausrichtung, insbesondere zur Auswertung und effizienten Nutzung von großen Datenmengen durch ein IoT Betriebssystem, weist auf eine vermehrte Digitalisierung des Geschäftsmodells hin, welches eng mit der Nutzung digitaler Zwillinge verknüpft ist. Zu diesem Zwecke bedient sich das Unternehmen auch einer strategischen Kooperation mit dem Softwareunternehmen. Hinsichtlich des digitalen Zwillings als Produkt lassen sich zwei Abstufungen feststellen, vgl. hierzu Abb. 15.4. Übergeordnet ist hier die intelligente Nutzung von digitalen Datenmodellen anzuführen. Hierunter fallen, vor allem dem Verständnis des Softwareunternehmens folgend, relativ einfache Modelle, die allerdings auf Produktdaten basieren, die in Cloudanwendungen erhoben und verwendet werden. Auf einer differenzierteren Ebene lassen sich die hochkomplexen simulationsbasierten Modelle anführen, die der Definition des Simulationsunternehmens entsprechen. Kern dieser Modelle ist beispielsweise der Einsatz von virtuellen Sensoren oder Machine Learning Ansätzen (für erläuternde Ausführungen zu virtuellen Sensoren siehe Toolbox 15.1). Der Übergang zwischen den Ebenen ist fließend und lässt sich nicht exakt definieren. Die Abstufung soll dabei allerdings zeigen, dass das Produktangebot im Bereich digitaler Zwilling vom jeweiligen Verständnis des Unternehmens abhängt, welches direkt mit dessen Kerngeschäft verknüpft ist.

15.4.3 Digitaler Zwilling als Geschäftsmodell

An dieser Stelle verdeutlichen die Aussagen der Experten vor allen Dingen, dass ein digitaler Zwilling alleine keinen Mehrwert beim Kunden schafft. Erst durch die entsprechende Nutzung, durch Datenanalyse und Simulation, ist es möglich, einen Nutzen beim Kunden zu erzeugen. Der Wert stellt sich dabei meist als Optimierung bestehender Produkte, Prozesse, des Marketings oder Services dar. Darüber hinaus wird auch ein verbessertes Systemverständnis angeführt. Vor allen Dingen das Softwareunternehmen betont an dieser Stelle, dass der Nutzen beim Kunden stark vom jeweiligen Produkt abhängt und nur schwer zu verallgemeinern ist. Laut Simulationsunternehmen stellt dies eine Herausforderung dar, da es schwierig sei, dem Kunden den Nutzen in Form monetärer Argumente zu vermitteln. Hier fehlen bis dato jedoch die Erfahrungswerte.

Zum Thema Kosten, geben die Experten unterschiedliche, sich allerdings nicht ausschließende, Einschätzungen ab. Dabei vertritt das Softwareunternehmen die Meinung, dass langfristig der digitale Zwilling nur in Verbindung mit dem realen Produkt zu bewerten sei, da er für sich alleine keinen Gegenwert besitzt. In diesem Zusammenhang ist auch die Argumentation des Simulationsunternehmens schlüssig, dass der produktabhängige Detailierungsgrad des digitalen Modells einen wesentlichen Einfluss auf den Aufwand und damit die Kosten hat. Dabei verfolgt das Startup den Ansatz, in diesem Bereich voraussichtlich anfallende Kosten aufbauend auf neuen Projekterfahrungen zu bestimmen.

„Equipment as a Service“ und „Predictive Maintance“ sind darüber hinaus zwei konkrete Basiskonzepte für Geschäftsmodelle, die sehr stark durch den Einsatz digitaler Zwillinge begünstigt werden. So könne zukünftig, laut Experte des Technologieunternehmens, „*ein Hersteller von Schweißrobotern nicht mehr den Roboter, sondern die Schweißnaht als Service anbieten*“ und mit diesem „Equipment as a Service“ einen sowohl effizienteren als auch effektiveren Einsatz des Roboters erreichen. Auch die zustandsorientierte Wartung dient im Vergleich zur reaktiven oder vorbeugenden Wartung letztendlich einer Optimierung des Einsatzes und damit der Reduzierung der Kosten.

Vor dem Hintergrund des Business Model Canvas zeigt die vergleichende Fallstudie in allen Bereichen der Building Blocks Einflüsse digitaler Zwillinge, die Anpassungen bestehender Geschäftsmodelle bis hin zur Entwicklung neuer Geschäftsmodelle notwendig macht. Abb. 15.5 listet die wesentlichen Einflüsse digitaler Zwillinge auf die Building Blocks auf. So stellt die Prozessoptimierung den am häufigsten genannten Mehrwert (Value Proposition) für den Kunden dar. Dieser Mehrwert wird zumindest auf nahe Sicht den Business Kunden (Customers) vorbehalten sein und meist über Clouddienste (Channels) zur Verfügung stehen. Nachholbedarf besteht noch in der Vermittlung dieses Kundennutzens, um langfristig Kundenbeziehungen (Costumer Relationships) aufzubauen. Der dabei erzielte Erlös (Revenue) könnte sich vermehrt vom Verkauf des Produkts zu dessen Dienstleistung hin verschieben. Als Hauptaktivitäten (Key Activities) stehen die Simulation und die Entwicklung infrastruktureller Voraussetzungen im Mittelpunkt. Dabei gilt es Standards zu schaffen (Key Ressources) und Erfahrung zur Kostenkalkulation zu sammeln (Costs). Sinnvoll sind in diesem Zusammenhang Kooperationen, wie das Beispiel des Technologie- und Softwareunternehmens zeigt (Partners).

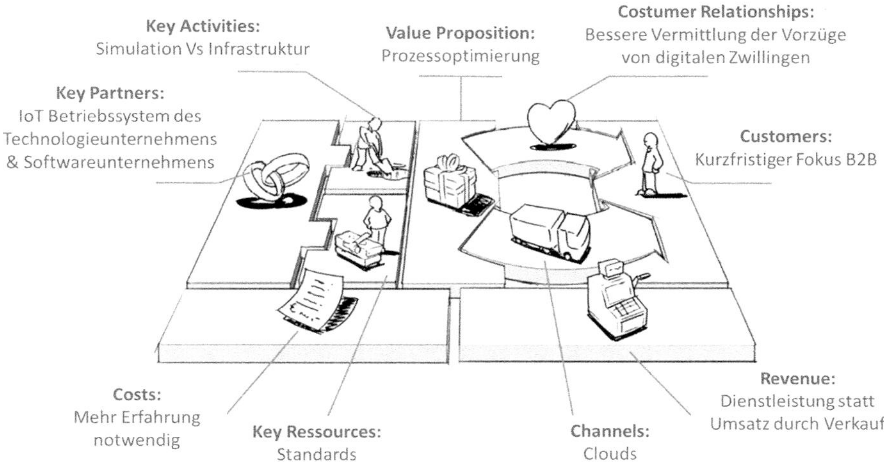

Abb. 15.5 Der Einfluss digitaler Zwillinge auf die Building Blocks des Business Model Canvas

15.4.4 Entwicklung und Potenziale digitaler Zwillinge

Die Zukunft digitaler Zwillinge bleibt offen. Jedoch stimmen alle Experten im großen Potenzial der Technologie überein. Der Vertreter des Simulationsunternehmens spricht in diesem Zusammenhang davon, dass ein womöglich nicht profitables Engagement heute auch eine Investition in die Zukunft darstellt. Wie das Beispiel digitaler Bildsensoren zeigt, haben bereits Technologien, die in der Vergangenheit der Raumfahrt vorbehalten waren, ihren Weg zum privaten Endverbraucher gefunden. Solche Sensoren, die in jedem Smartphone und jeder Kamera verbaut sind, oder auch Solarzellen, stellen nur zwei Beispiele dar. Momentan findet sich die Technologie digitaler Zwillinge vor allen Dingen im B2B Bereich, was laut Expertenaussagen zu einem großen Teil auch an den entsprechenden Investitionssummen liegt. Einer flächenendeckenden Etablierung der Technologie steht aktuell jedoch noch eine Reihe an Hindernissen gegenüber. In der Fallstudie konnten unter anderem Schnittstellenschwierigkeiten, fehlende Geschäftsmodelle, sowie das Fehlen adäquater Sensorik und Netzwerkschnittstellen bei vielen Produkten identifiziert werden. Zwar arbeiten vor allem die großen Unternehmen im Bereich PLM an integrativen Gesamtkonzepten und Cloudlösungen zur Datenbereitstellung und Aufbereitung. Allerdings ergeben sich hier häufig Schnittstellenproblematiken zu anderen großen Anbietern. Laut Softwareunternehmen entstehe ein echter digitaler Zwilling allerdings erst, wenn die notwendigen Daten für Hersteller und Betreiber gleichermaßen einsehbar und analysierbar sind. Kleine und mittelständische Unternehmen arbeiten hier noch mit einer Vielzahl an Systemen und sind gezwungen Schnittstellenprobleme projektspezifisch zu lösen.

Hinsichtlich der Fragestellung, von wem digitale Zwillinge in Zukunft erzeugt werden, sind sich die Experten weitestgehend einig. Langfristig wird es wohl Unternehmen geben, die als Zulieferer digitale Zwillinge entwickeln. Andererseits werden fertigende Unternehmen in diesem Bereich auch selbst Kompetenzen aufbauen und entsprechende Lösungen entwickeln. Aus Sicht des Simulationsunternehmens ist dabei weniger entscheidend, wer den digitalen Zwilling erzeugt, sondern vielmehr, wer ihn langfristig betreiben wird. Denn hier liege das größere wirtschaftliche Potenzial.

Im Bereich B2C sind es vor allen Dingen die Schnelllebigkeit der Produkte und die damit verbundenen effizienten Workflows, die einem umfassenden Einsatz aktuell noch im Weg stehen. In diesem Zusammenhang sei auch noch einmal auf die unterschiedlichen Vorstellungen bezüglich der Definition verwiesen. Smart Home Anwendungen sind hier ein Beispiel bei denen die erzeugten Daten je nach Auslegung bereits einfache digitale Zwillinge darstellen. Hier könnten auch datenschutztechnische Probleme mittelfristig ein Hemmnis darstellen. Das detaillierte Erfassen, Speichern und Analysieren wie ein Produkt im Alltag genutzt wird, stellen traditionelle Kritikpunkte von Datenschützern dar (Hornung und Hofmann 2015).

Zusammenfassend lässt sich festhalten, dass sich das Geschäft mit dem digitalen Zwilling noch in einer sehr frühen Phase befindet. In den Experteninterviews werden zwar die vielseitigen Potenziale deutlich, diesen stehen allerdings noch eine Vielzahl an offenen Fragen gegenüber, die es in Zukunft zu beantworten gilt. Vor allen Dingen bei Fallunternehmen 3 und 4 wird deutlich, wie offen die Frage nach dem richtigen Geschäftsmodell nach wie vor ist. Gleichzeitig stellen die Fallunternehmen 1 und 2 zwar bereits infrastrukturelle Lösungen vor, inwieweit diese sich für die Entwicklung und den Betrieb digitaler Zwillinge etablieren, steht allerdings noch nicht fest. Eine leistungs- und konkurrenzfähige Open Source Lösung könnte möglicherweise die Entwicklung deutlich beschleunigen.

15.5 Implikationen für Forschung und Praxis

Der vorliegende Beitrag stellt die erste wissenschaftliche Studie dar, die den digitalen Zwilling aus einer Geschäftsmodellperspektive heraus untersucht. Aufgrund dieses explorativen Charakters stellen die Ergebnisse nicht den Anspruch, die Thematik vollständig zu erfassen und zu bewerten, sondern viel mehr das Themengebiet digitaler Zwillinge erstmalig zu sondieren. Um der internen Validität als Gütekriterium gerecht zu werden, wurden große und kleinere Unternehmen, Bereitsteller und Nutzer der Technologie, historisch gewachsene und junge Unternehmen untersucht. Letztendlich verspricht ein solcher Querschnitt mehrerer Stakeholder eine fundierte Datengrundlage. Um eine Vergleichbarkeit zu gewährleisten, muss weiterhin ein gemeinsamer Konsens der Begrifflichkeit des digitalen Zwillings identifiziert werden.

Diese Arbeit hat deshalb die ausreichende inhaltliche Übereinstimmung der Definitionen digitaler Zwillinge zunächst aufgezeigt und daraufhin die Fallstudienergebnisse analysiert und verglichen. Darauf basierend lassen sich die folgenden Implikationen und Anforderungen bezüglich ökonomischer Aspekte digitaler Zwillinge an die Praxis ableiten:

1. Definition: Die Definitionen liegen bei vielen Unternehmen sehr weit auseinander. Auch innerhalb dieser Arbeit können, deutliche Unterschiede im Definitionsverständnis festgestellt werden. Momentan können die Vorstellungen, welches Produkt ein Kunde erwartet und was ein Unternehmen anbietet, deutlich voneinander abweichen. Dabei schafft der „digitale Zwilling" als Trendbegriff momentan noch Aufmerksamkeit. Langfristig wird es notwendig sein, ein differenzierteres Verständnis zu entwickeln, um dem Kunden die Eigenschaften und damit die Vorzüge der Technologie begreiflich zu machen. Dieser Ansatz wird unter Punkt 3 fortgeführt.
2. Infrastrukturelle Herausforderungen: Die bisherigen Betriebssysteme, die unter anderem von Fallunternehmen 1 vertrieben werden, sind vergleichsweise teuer. Durch die Vielzahl noch zu überbrückender Schnittstellen wird die Entwicklung des Weiteren ausgebremst. Hier besteht ein großes Potenzial zur Standardisierung. Unternehmen, die etablierte Betriebssysteme vertreiben, werden sich langfristig gegen ausgereifte Open Source Anwendungen behaupten müssen.
3. Geschäftsmodelle: Zwar existieren auf dem Markt bereits einige Geschäftsmodelle, die den digitalen Zwilling in ihr Zentrum rücken. Ein Verbesserungspotenzial besteht allerdings in der Vermittlung der Vorteilhaftigkeit beim Kunden, vor

allen Dingen auch mit monetären Argumenten. Darüber hinaus bietet die neue Technologie unter Umständen ganz neue Geschäftsmodellmöglichkeiten, weshalb bestehende Konzepte im Sinne der BMI ständig weiterentwickelt werden sollten (Wirtz et al. 2016). Darüber hinaus ist eine Integration in die Digitalisierungsstrategie von Unternehmen (Digital Transformation Strategies) denkbar (Hess et al. 2016).
4. Privater Konsum: Private Konsumenten stellen ein sehr großes Potenzial dar. Unternehmen sollten evaluieren inwieweit dieses Potenzial langfristig fokussiert oder erschlossen werden kann.
5. Aus wissenschaftlicher Sicht bieten sich aufbauende Untersuchungen an. Als explorative Studie können die Ergebnisse dieser Arbeit als konzeptueller Rahmen für weiterführende, validierende Untersuchungen, beispielsweise quantitativ mit Fragebögen, einer größeren Anzahl an Unternehmen dienen. Hinsichtlich der Geschäftsmodellperspektive ist zudem eine differenziertere Untersuchung der Kundenbedürfnisse sowohl im Business als auch im Customer Bereich denkbar. Darüber hinaus scheinen auch differenziertere Studien in einzelnen Geschäftsmodellbereichen sinnvoll. So könnten quantitative Studien in den Themenkomplexen „Predictive Maintance“ und „Equipment as a Service“ dazu beitragen, Vorzüge digitaler Zwillinge mit entsprechender Datenbasis zu untermauern.

Zusammenfassend lässt sich festhalten, dass die Arbeit eine erste explorative Untersuchung des Einflusses digitaler Zwillinge auf Geschäftsmodelle liefert. Diese ökonomische Perspektive auf digitale Zwillinge zeigt neben einer Vielzahl an Potenzialen auch noch eine ebenso große Zahl an ungelösten Problemstellungen. Letztendlich befindet sich das Konzept des digitalen Zwillings noch in einer sehr frühen und dynamischen Phase und bedarf, insbesondere bei der Umsetzung in digitale Geschäftsmodelle, aufbauende Forschungs- und Entwicklungsarbeit.

Literatur

Literaturverzeichnis – Theoretischer Hintergrund

Boschert S, Rosen R (2016) Digital twin—the simulation aspect. In: Hehenberger P, Bradley D (Hrsg) Mechatronic futures: challenges and solutions for mechatronic systems and their designers. Springer International Publishing, Cham, S 59–74. https://doi.org/10.1007/978-3-319-32156-1_5

Eisenhardt KM (1989) Building theories from case study research. Acad Manage Rev 14(4):532–550

Hess T, Matt C, Benlian A, Wiesböck F (2016) Options for formulating a digital transformation strategy. MIS Q Exec 15(2):123–139

Hornung G, Hofmann K (2015) Datenschutz als Herausforderung der Arbeit in der Industrie 4.0. In: Hirsch-Kreinsen H, Ittermann P, Niehaus J (Hrsg) Digitalisierung industrieller Arbeit, Bd 1. Nomos Verlagsgesellschaft mbH & Co. KG, Baden-Baden, S 166–183. https://doi.org/10.5771/9783845263205-166

Osterwalder A, Pigneur Y (2010) Business model generation: a handbook for visionaries, game changers, and challengers. Wiley, Hoboken

Panetta K (2016) Gartner's Top 10 strategic technology trends for 2017. http://www.gartner.com/smarterwithgartner/gartners-top-10-technology-trends-2017/. Zugegriffen am 05.05.2017

Rosen R, von Wichert G, Lo G, Bettenhausen KD (2015) About the importance of autonomy and digital twins for the future of manufacturing. IFAC-PapersOnLine 48(3):567–572. https://doi.org/10.1016/j.ifacol.2015.06.141

Sammer W (2015) Der Business Model Canvas: Dein Geschäftsmodell kompakt. https://ut11.net/blog/dein-geschaftsmodell-kompakt-der-business-model-canvas/. Zugegriffen am 05.06.2017

Shafto M, Conroy M, Doyle R, Glaessgen E, Kemp C, LeMoigne J, Wang L (2010) Draft modeling, simulation, information technology & processing roadmap. Technol Area 11:1–32

Stark R (2017) Smarte Fabrik 4.0 – Digitaler Zwilling. Themenblatt Fraunhofer-Institut für Produktionsanlagen und Konstruktionstechnik IPK:1–3. https://www.ipk.fraunhofer.de/fileadmin/user_upload/IPK/publikationen/themenblaetter/vpe_digitaler-zwilling.pdf

Stickel-Wolf C, Wolf J (2009) Wissenschaftliches Arbeiten und Lerntechniken: Erfolgreich studieren – gewusst wie! Gabler Verlag

Tao F, Cheng J, Qi Q, Zhang M, Zhang H, Sui F (2017) Digital twin-driven product design, manufacturing and service with big data. Int J Adv Manuf Technol:1–14. https://doi.org/10.1007/s00170-017-0233-1

Tuegel EJ, Ingraffea AR, Eason TG, Spottswood SM (2011) Reengineering aircraft structural life prediction using a digital twin. Int J Aerosp Eng 2011:1–15

Veit D, Clemons E, Benlian A, Buxmann P, Hess T, Kundisch D, Leimeister JM, Loos P, Spann M (2014) Geschäftsmodelle. Wirtschaftsinformatik 56(1):55–64. https://doi.org/10.1007/s11576-013-0400-4

Volkmann D (2016) The rise of digital twins. GE Digital. https://www.ge.com/digital/blog/rise-digital-twins. Zugegriffen am 03.05.2017

Wirtz BW, Pistoia A, Ullrich S, Göttel V (2016) Business models: origin, development and future research perspectives. Long Range Plann 49(1):36–54. https://doi.org/10.1016/j.lrp.2015.04.001

Literaturverzeichnis (anonymisiert) – Fallstudien

Fall 1, Technologieunternehmen (2015) Veröffentlichung zur Thematik digitale Geschäftsmodelle

Fall 2, Softwareunternehmen (2016) Interview eines Solutions Architects zum Thema Digitaler Zwilling

Fall 3, Simulationsunternehmen (2017) White Paper zu Vorteilen der Simulation mit digitalen Zwillingen

Fall 4, Startup (2017) Praxisbeispiel eines Kooperationsprojekts basierend auf dem Einsatz eines Digitalen Zwillings

Chancen und Herausforderungen der Blockchain am Fallbeispiel der Zeitarbeit

16

Jan Heinrich Beinke, Stefan Tönnissen und Frank Teuteberg

Zusammenfassung

Nahezu alle Unternehmen sehen sich aktuell mit den Herausforderungen der Digitalisierung konfrontiert. Insbesondere die Blockchain-Technologie erfährt dabei große Aufmerksamkeit. Der Blockchain-Technologie wird attestiert bestehende Geschäftsmodelle (bspw. im Finanzsektor) massiv verändern zu können. In diesem Beitrag wird anhand der Zeitarbeitsbranche das Disruptionspotenzial der Blockchain-Technologie dargestellt, in dem zunächst der aktuelle Prozess der Arbeitnehmerüberlassung erfasst sowie dargestellt und darauf aufbauend ein schematischer Soll-Prozess für die beteiligten Akteure entwickelt und präsentiert wird. Des Weiteren werden die Implikationen eines Blockchain-basierten Systems aus sozialer, ökonomischer, rechtlicher und ethischer Perspektive analysiert und die Veränderungen für die Branche dargestellt. Die Analyse zeigt, dass die Einführung eines Blockchain-basierten Systems in der Zeitarbeit Vorteile wie bspw. höhere Transparenz sowie eine höhere Automatisierung durch Smart Contracts für Unternehmen bieten kann, jedoch Herausforderungen in Bereichen wie bspw. Technologieakzeptanz sowie Datenschutz noch zu adressieren sind.

Überarbeiteter Beitrag basierend auf Beinke et al. (2018) Disruptionspotenzial und Implikationen der Blockchain-Technologie am Fallbeispiel der Zeitarbeit – Eine Prozess- und Schwachstellenanalyse, HMD – Praxis der Wirtschaftsinformatik, online-first, https://doi.org/10.1365/s40702-018-0430-x.

J. H. Beinke (✉) · S. Tönnissen · F. Teuteberg
Unternehmensrechnung und Wirtschaftsinformatik, Universität Osnabrück, Osnabrück, Deutschland
E-Mail: jan.beinke@uni-osnabrueck.de; stoennissen@uni-osnabrueck.de; frank.teuteberg@uni-osnabrueck.de

S. Meinhardt, A. Pflaum (Hrsg.), *Digitale Geschäftsmodelle – Band 1*, Edition HMD, https://doi.org/10.1007/978-3-658-26314-0_16

Schlüsselwörter
Blockchain · Smart Contracts · Digitale Geschäftsmodelle · Prozessanalyse · Zeitarbeit

16.1 Einleitung

Das US-amerikanische Forschungs- und Beratungsunternehmen Gartner prognostiziert in dem von ihnen veröffentlichen Hype Cycle of Emerging Technologies, dass die Blockchain-Technologie in fünf bis zehn Jahren das „Plateau of Productivity" erreicht haben wird (Gartner 2017). Als Vorteile der Blockchain können unter anderem Transparenz, die hohe Verfügbarkeit und die (nahezu) unmögliche Manipulation der gespeicherten Daten angeführt werden. Weiterhin kann bei Transaktionsprozessen auf eine zentrale Instanz verzichtet werden, die die Transaktion validiert, und somit eine Kostenreduktion sowie eine Effizienzsteigerung durch Disintermediation erreicht werden.

Diese Faktoren sind in sehr vielen Branchen von hoher Relevanz, sodass folglich ein Einsatz der Blockchain-Technologie in diversen Branchen, wie bspw. im Finanzsektor (Beinke et al. 2018a, b), diskutiert und teilweise bereits erprobt wird (Tapscott und Tapscott 2016). Daraus resultiert der Bedarf bereits existierende Geschäftsmodelle zu analysieren und die (vermutete) disruptive Wirkung der Blockchain auf diese zu untersuchen. Dabei sind die Chancen und Herausforderungen aus Sicht aller beteiligten Akteure von besonderem Interesse.

Ein in der deutschen Wirtschaft verbreitetes, mögliches Einsatzgebiet stellt die Zeitarbeitsbranche dar. Im Jahr 2016 waren ca. 800.000 Arbeitnehmerinnen und Arbeiternehmer in der Zeitarbeit, die zur Überbrückung von Leistungsspitzen und -schwankungen genutzt wird, tätig. Der gesamte Prozess ist dabei in vielen Fällen durch diverse Medienbrüche und langwierige, ineffiziente Kommunikation geprägt (vgl. Abschnitt drei). Ein Blockchain-basiertes System könnte aufgrund der anfangs skizzierten Vorteile diesen Prozess maßgeblich verändern und somit das bestehende Geschäftsmodell des „verleihenden" Unternehmens nachhaltig verändern (Beinke et al. 2018c).

Aus diesen Überlegungen ist die folgende Forschungsfrage abgeleitet, die in diesem Beitrag adressiert wird:

Welche Auswirkungen hat die Einführung eines Blockchain-basierten Systems auf das Geschäftsmodell der Zeitarbeitsbranche und wo liegen die Vor- und Nachteile auf Prozessebene?

In diesem Beitrag wird zunächst in Abschnitt zwei die methodische Vorgehensweise dargestellt. In Abschnitt drei werden Grundlagen der Zeitarbeitsbranche beschrieben und der bisherige Arbeitnehmerüberlassungsprozess schematisch dargestellt. Darauf aufbauend, wird erläutert inwiefern eine Blockchain-basierte Applikation diesen Prozess beeinflussen kann und Chancen sowie mögliche Problemfelder eruiert

(Abschnitt vier). Abschließend erfolgt eine zusammenfassende Darstellung des Beitrags sowie ein Ausblick auf zukünftige Entwicklungen, Handlungsfelder und weiteren Forschungsbedarf.

16.2 Vorgehensweise

In Anlehnung an Webster und Watson (2002) sowie vom Brocke et al. (2009) wurde ein systematischer Literaturreview durchgeführt.[1] Primäres Ziel der Recherche ist die Identifikation und Analyse bereits existierender Arbeiten, die das Disruptionspotenzial der Blockchain auf Prozessebene betrachten. Im Zuge der Recherche konnten lediglich sechs relevante verwandte Arbeiten identifiziert werden. Deubel et al. (2017) untersuchen in ihrem Beitrag basierend auf einer Literaturanalyse und einer Delphi-Studie das Einsatzpotenzial der Blockchain im Zahlungsverkehr. Dabei steht die Transaktionsart der weit verbreiteten SEPA-Überweisung im Fokus. Im Bereich des Bankensektors betrachten Cocco et al. (2017) die potenziellen Veränderungen der globalen Finanzinfrastruktur und die damit verbundenen Folgen. Schöner et al. (2017) zeigen eine Blockchain-basierte Lösung für den Supply Chain Prozess in der pharmazeutischen Industrie auf während Gietl et al. (2016) eine Blockchain-basierte Lösung für den Workflowprozess von Gesundheitsdaten entwickelt haben. Die Digitalisierung der Integration einer Supply Chain durch die Blockchain ist Gegenstand einer Untersuchung von Korpela et al. (2017) mit dem Ergebnis, dass fehlende technologische Standards eine Adaptierung zurzeit deutlich erschweren und Blockchain-basierte Anwendungen Chancen bieten können dieses zu verbessern. Der Adaptierungsprozess einer Blockchain-basierten Anwendung ist durch Beck und Müller-Bloch (2017) in die Phasen *discovery*, *incubation* und *acceleration* unterteilt worden mit dem Fokus auf die organisatorischen Herausforderungen für die Unternehmen. Beck und Müller-Bloch (2017) zeigen dabei auf inwiefern derartige Anwendungen die gesamte Unternehmensstruktur beeinflussen können.

Zudem wurden von den Autoren des vorliegenden Beitrags zwischen September und Oktober 2017 drei semi-strukturierte Expertengespräche mit Vertretern eines „leihenden" sowie eines „verleihenden" Unternehmens durchgeführt, um sowohl den Prozess der Arbeitnehmerüberlassung aufzunehmen als auch Probleme und Verbesserungspotenziale zu erfassen. Zur Modellierung des Arbeitnehmerüberlassungsprozesses wurde sowohl die Seite des „leihenden" und des „verleihenden" Unternehmens sowie die Sicht des Zeitarbeiters miteinbezogen, um den Prozess möglichst präzise darzustellen und ganzheitlich zu betrachten. Für den Prozess der Arbeitnehmerüberlassung wurden die Personalabteilung eines Unternehmens aus der Logistik-Branche (in 2016: ca. 5500 Mitarbeiter; ca. 1,7 Mrd. Euro Umsatz) und zwei Personaldisponenten einer Zeitarbeitsfirma interviewt. In einem weiteren Schritt wurde der in BPMN modellierte Prozess den Interviewten vorgelegt, diskutiert und angepasst (Abschn. 16.3).

[1] Suchstring: („blockchain" OR „distributed ledger" OR „decentralized consensus system") AND („process analy*" OR „Prozessanalyse").

16.3 Grundlagen der Zeitarbeit

Die Zeitarbeit besitzt eine große Bedeutung für den deutschen Arbeitsmarkt – mittlerweile sind im Jahresdurchschnitt fast eine Millionen Menschen in dieser Branche beschäftigt (Bundesagentur für Arbeit 2017). Diverse Unternehmen in Deutschland nutzen Zeitarbeiter u. a. zur Überbrückung von Kapazitätsschwankungen in den betrieblichen Prozessen. Der gesamte Prozess für die Beauftragung, Zeiterfassung, Abrechnung, Rechnungsprüfung etc. ist aktuell mit zahlreichen Medienbrüchen und Prozessineffizienzen verbunden. Seit der Einführung der Arbeitnehmerüberlassung im Jahre 1972 ist eine nahezu kontinuierlich steigende Anzahl an Beschäftigten in der Zeitarbeit zu identifizieren (Bundesagentur für Arbeit 2017).

Das Aufgabenspektrum der Leiharbeiterinnen und Leiharbeiter diesem Bereich erstreckt sich dabei von Produktionsberufen (ca. 42 %), über kaufmännische und unternehmensbezogene Dienstleistungsberufe (ca. 12 %) bis hin zu IT- und naturwissenschaftlichen Dienstleistungsberufen. Die Dauer der Arbeitnehmerüberlassung gestaltet sich variabel, deutlich mehr als die Hälfte aller Beschäftigungsverhältnisse der Zeitarbeitskräfte endet dabei nach spätestens 18 Monaten (Bundesagentur für Arbeit 2017). Daher ist die Zeitarbeit durch eine überdurchschnittlich hohe Dynamik und Fluktuation der Arbeitskräfte gekennzeichnet, was für Unternehmen einen hohen finanziellen und personellen Verwaltungsaufwand darstellt (Bundesagentur für Arbeit 2017).

Der Prozess für den Einsatz eines Leiharbeiters in einer Fabrik kann, nach der Auswertung der Experteninterviews, in 5 Phasen aufgeteilt werden (Christandl 2009; Abb. 16.1).

Zunächst wird im Werk bspw. aufgrund einer hohen Krankenquote und/oder aufgrund hoher Produktionsmengen ein zusätzlicher Bedarf an Fertigungsstunden für den Fertigungsprozess festgestellt. Dieser Bedarf inklusive der benötigen Qualifikation wird der Personalabteilung u. a. mit folgenden Informationen mitgeteilt: Anzahl Mitarbeiter, Einsatzseiten, benötige Qualifikationen, geschätzte Einsatzdauer, Einsatzort (Phase Bedarf). Die identifizierten Herausforderungen entstammen dabei den geführten Expertengesprächen.

Herausforderungen in der Phase „Feststellen des Bedarfs": Einhaltung des Arbeitnehmerüberlassungsgesetzes (AÜG) mit den (wichtigsten) Regelungen „Zeitarbeiter sollen künftig nur noch bis zu einer Überlassungshöchstdauer von 18 Monaten beim Entleiher eingesetzt werden können." sowie „Zeitarbeiter sollen künftig

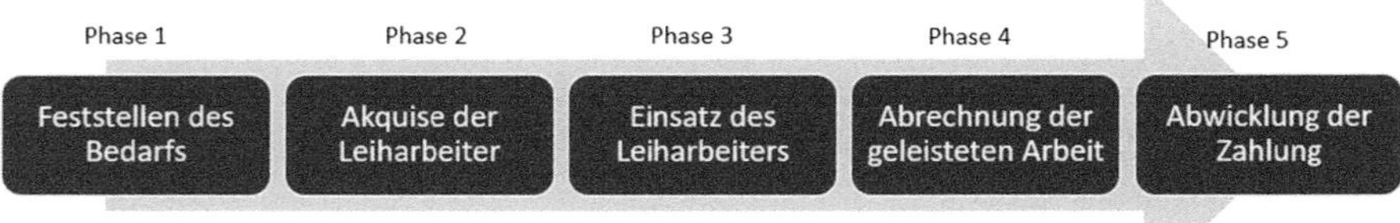

Abb. 16.1 Phasen der Arbeitnehmerüberlassung

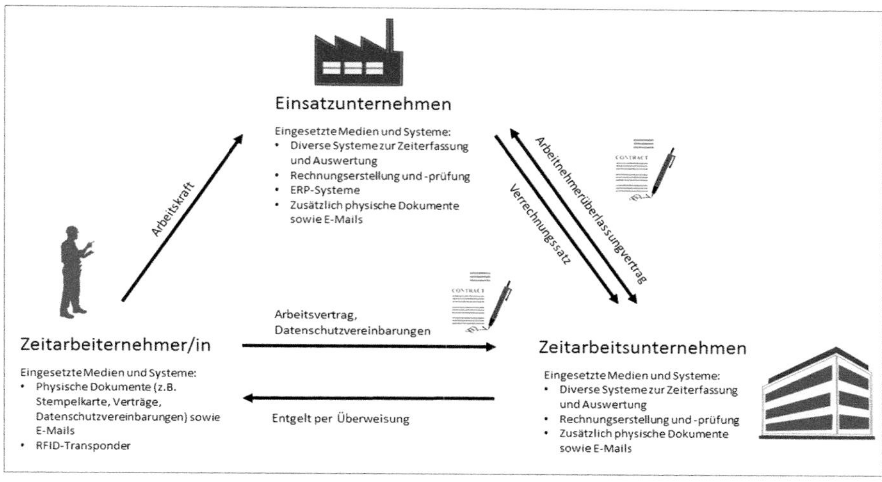

Abb. 16.2 Schematische Darstellung der Zeitarbeit mit den beteiligten Akteuren

nach neun Monaten hinsichtlich des Arbeitsentgelts mit den Stammarbeitern gleichgestellt werden (Equal Pay)". Durch einen Smart Contract könnten diese Regelungen automatisiert überprüft werden und bei Überschreitung der Grenzwerte eine Verlängerung des Arbeitsverhältnisses gestoppt sowie eine Meldung an die jeweiligen Organisationseinheiten der beteiligten Unternehmen versendet werden. Die Zusammenhänge zwischen den unterschiedlichen Akteuren ist kompakt und schematisch in Abb. 16.2 dargestellt. Die genauen Prozessabläufe sind als BPMN-Diagramm, unterteilt in die identifizierten Phasen, erfasst worden und werden unter der in der Fußnote angegebenen Adresse zur Verfügung gestellt.[2]

Die Personalabteilung stellt daraufhin diesen Bedarf dem Angebot der vertraglich gebundenen Zeitarbeitsfirmen gegenüber und fragt konkrete Arbeitskräfte an. Nach der Rückmeldung der Zeitarbeitsfirmen werden die Profile der Mitarbeiter dem im Werk verantwortlichen Kollegen zur Prüfung vorgelegt. Nach erfolgreicher Bestätigung unterschreibt die Personalabteilung einen Vertrag für den Einsatz der geplanten Arbeitskräfte (Phase Akquise).

Herausforderungen in der Phase „Akquise der Leiharbeiter": Für Unternehmen besteht die Herausforderung das entsprechend der Aufgabe qualifizierte Personal zur richtigen Zeit am jeweiligen Einsatzort zu finden. Insbesondere unter Berücksichtigung des Zeitdrucks aufgrund kurzfristiger Leistungsspitzen, besteht ein Spannungsverhältnis zwischen Entleiher, Verleiher und Leiharbeitnehmer. Dem verleihenden Unternehmen kommt dabei eine besondere Bedeutung zu, da die (Vor) Auswahl der Bewerber unter anderem ein entscheidender Faktor für die erfolgreiche Bearbeitung der Auftragsspitzen ist.

---

[2] https://tinyurl.com/BPMN-Zeitarbeit-Blockchain
Aufgrund des geringen Umfangs der Phase „Feststellen des Bedarfs" wurde diese zusammen mit der Phase „Akquise der Leiharbeiter" modelliert.

Herausforderungen in der Phase „Einsatz des Leiharbeiters im Unternehmen": Die Leistungserbringung des Leiharbeitnehmers bemisst sich an den geleisteten Stunden im Unternehmen des Einsatzunternehmens. Grundlage der Abrechnung sind die gestempelten Zeiten im Zeiterfassungssystem des Entleihers; auf dieses System hat jedoch weder der Leiharbeitnehmer noch der Verleiher Zugang. Des Weiteren liegen sowohl ein Medienbruch (Zeiterfassungssystem, Excel Datenaustausch, Erfassung der Stunden im IT-System des Verleihers) als auch ein zeitaufwendiger Prozessbruch vor.

Am Monatsende wertet die Personalabteilung die gestempelten Zeiten im Zeiterfassungssystem aus und teilt der Leiharbeitsfirma diese Daten zur Abrechnung mit. Die Leiharbeitsfirma erstellt auf dieser Basis eine Rechnung für die Leihfirma (Phase Abrechnung).

Herausforderungen in der Phase „Abrechnung der geleisteten Arbeit": Neben der aufwendigen Stammdatenpflege der Leiharbeitnehmer im Zeiterfassungssystem stellt die Auswertung der gestempelten Stunden eine weitere hohe Belastung für den Entleiher dar. Die Stunden müssen vor dem Versand an den Verleiher auf Richtigkeit, Vollständigkeit und Plausibilität geprüft werden.

Der Rechnungseingang wird zunächst fachlich geprüft (Merkmale einer Rechnung, Leistungsdatum, Steuer etc.) und dann von der Fachabteilung inhaltlich bezogen auf die abgerechneten Stunden sowie die vereinbarten Stundensätze geprüft. Nach der Abnahme geht die Rechnung in die Kreditorenbuchhaltung und wird in SAP-R/3 erfasst. Im nächsten Zahlungslauf wird der Rechnungsbetrag an die Verleihfirma überweisen (Phase Zahlung).

Herausforderungen in der Phase „Abwicklung der Zahlung": Die Zahlung ist geprägt von einer zeitaufwendigen Rechnungsprüfung beim Entleiher. Neben den geleisteten Stunden müssen Zuschläge und Stundensätze geprüft werden. Für den Verleiher erfolgt der Zahlungseingang mit einer erheblichen Verzögerung nach der erbrachten Leistung durch den Leiharbeitnehmer. In allen Phasen müssen von allen Seiten die rechtlichen Rahmenbedingungen beachtet werden und der gesamte Einsatz sowohl von Seiten des leihenden als auch des verleihenden Unternehmens koordiniert werden.

16.4 Chancen und Herausforderungen durch Blockchain-basierte Innovationen

Der Blockchain-Technologie wird im Allgemeinen das Potenzial zugesagt, etliche Bereiche der Gesellschaft (Schlatt et al. 2016; Hinerasky und Kurschildgen 2016) sowie bestehende Geschäftsmodelle zu verändern (Holotiuk et al. 2017). Des Weiteren bietet sie Unternehmen auf vielen Ebenen die Möglichkeit, die Transparenz und Effizienz in den Prozessabläufen zu erhöhen (Krah 2016).

Für den eingangs dargestellten Prozess des Einsatzes eines Leiharbeitnehmers von der Akquise bis zur Abrechnung ergeben sich aufgrund der Analyse der Literatur und Praxisberichte sowie der Auswertung der Experteninterviews, die in den Abschn. 16.4.1, 16.4.2, 16.4.3 und 16.4.4. diskutierten Chancen sowie die in

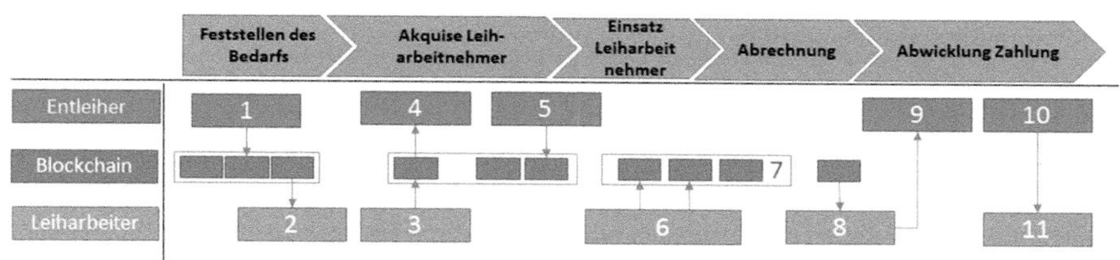

1 Bedarf erkannt und publiziert / 2 Bedarf aufgenommen / 3 Angebot erstellt / 4 Angebot geprüft / 5 Angebot angenommen / 6 Dienstzeiten in Zeiterfassung / 7 Smart Contract ermittelt Leistung und Entgelt / 8 Leistung und Entgelt als Basis für Rechnung / 9 Rechnung erhalten / 10 Zahlung angewiesen / 11 Betrag erhalten.

Abb. 16.3 Soll-Prozess auf Basis der Blockchain-Technologie

Abschn. 4.5 diskutierten Herausforderungen durch die Blockchain-Technologie. Abb. 16.3 verdeutlicht die Einsatzmöglichkeiten der Blockchain-Technologie entlang der Phasen der Arbeitnehmerüberlassung in der Zeitarbeit.

Der Prozess startet bei dem Entleiher mit der Feststellung des Bedarfes an zusätzlichen Arbeitskräften für den Produktionsprozess. Dieser Bedarf wird innerhalb des Unternehmens vom anfordernden Fachbereich an die Personalabteilung gemeldet und dort in eine konkrete und strukturierte Anforderung hinsichtlich der notwendigen Tätigkeit, gewünschten Qualifikation, Einsatzort und -dauer gebracht, um dann als Datensatz an die Blockchain übergeben zu werden. Ein potenzieller Zeitarbeiter erhält auf seiner Blockchain Smartphone App einen Hinweis, nimmt den Bedarf auf und prüft die Parameter der gewünschten Arbeitnehmerüberlassung. Auf dieser Basis erstellt er mit Hilfe der Blockchain Smartphone App ein entsprechendes Angebot und übergibt die Daten des Angebots an die Blockchain. Der Entleiher nimmt eine Prüfung des Angebotes vor und bestätigt die Annahme durch einen Datensatz auf die Blockchain. Die Phase des Einsatzes der Arbeitnehmerüberlassung beginnt, in dem der Zeitarbeiter sowohl den Dienstbeginn als auch das Dienstende durch eine Zeiterfassung auf die Blockchain durchführt. Hierzu könnte er mit der Blockchain Smartphone App einen QR-Code im Eingangsbereich des Entleihers sowohl bei Dienstbeginn als auch bei Dienstende lesen. Dieser Vorgang führt zu einem Datensatz mit der Identifikationsnummer des Leiharbeiters und einem Zeitstempel mit Datum und Uhrzeit auf der Blockchain. Der Konsensmechanismus auf der Blockchain prüft die Validität des Datensatzes und nimmt bei erfolgreicher Prüfung die Aufnahme in die Blockchain vor. Auf der Blockchain ist ein Smart Contract programmiert, der den Datensatz des Arbeitnehmers erkennt und anhand der hinterlegten Konditionen für diese Arbeitnehmerüberlassung das Entgelt für den Einsatztag ermittelt. Das kalkulierte Entgelt wird dem Leiharbeiter auf seiner Blockchain Smartphone App tagesgenau angezeigt und dient am Monatsende als Basis für eine Rechnung an den Entleiher. Der Entleiher führt eine Rechnungsprüfung anhand der bekannten Stempelzeiten und Konditionen auf der Blockchain durch und weist bei einer korrekten Rechnung die Zahlung des fälligen Betrages an. Der Leiharbeiter erhält sein Entgelt entsprechen der durch den Smart Contract durchgeführten Kalkulation.

16.4.1 Disintermediation

Das Fehlen des Personaldienstleisters als Intermediär zwischen dem Entleihunternehmen und dem Leiharbeitnehmer hat das Potenzial zur **Reduzierung von Zeit und Kosten** für eine Transaktion (Morabito 2017). Der Personaldienstleister tritt heute als Plattformbetreiber (z. B. Randstad Zeitportal) auf und verursacht damit Betriebskosten, die durch eine dezentrale Datenhaltung in der Blockchain vermieden oder zumindest reduziert werden können (Glaser 2017). Des Weiteren können durch die Blockchain-Technologie mit deren dezentraler Datenhaltung die bisher zentralen und nicht verknüpften Datensilos der Personaldienstleister aufgelöst werden. Somit erhalten die Eigentümer der Daten die Hoheit über diese und deren Struktur zurück. Darauf aufbauend liegt die Gestaltung der Prozesse und deren Regeln ohne einen Personaldienstleister als Intermediär und deren geschützten Datensilos in den Händen des Anbieters und Nachfragers einer Leistung (Glaser 2017). Des Weiteren kann eine Abstimmung zwischen den Leiharbeitnehmern und den Entleihunternehmen ohne einen Intermediären zeitlich **schneller erfolgen** (Christidis und Devetsikiotis 2016). Jedoch ist ebenfalls zu berücksichtigen, dass die Desintermediation der Zeitarbeitsbranche durch die Blockchain für die Leihunternehmen die Anzahl der notwendigen Geschäftsbeziehungen von heute 1:n, wobei für n eine (handhabbare) Anzahl von Zeitarbeitsfirmen steht, hin zu 1:m mit einer hohen Anzahl von Leiharbeitnehmern als Geschäftspartnern führen würde. In dem in Abschnitt zwei erwähnten Unternehmen sind teilweise mehr als 1000 Leiharbeitnehmer im Einsatz. Bei der Akquise von Leiharbeitnehmern zeigt sich jedoch nach einer Studie von Lünendonk & Hossenfelder im Auftrag von Allgeier Experts ein anderes Bild (Goetzfried 2017). Demnach wünschen sich 52 % der Befragten aus internationalen Konzernen und großen mittelständischen Unternehmen integrierte Personaldienstleistungen des Verleihers, um den Abstimmungsaufwand im Leihunternehmen gering zu halten. Der Anspruch lautet hier: „Ein Ansprechpartner für alle Services" (Goetzfried 2017). Darüber hinaus übernimmt das Zeitarbeitsunternehmen als Intermediär wichtige Funktionen, in dem es die relevanten Informationen über Angebot und Nachfrage sowie deren Preise und Anforderungen liefert sowie Angebot und Nachfrage zusammenführt (Turban et al. 2018). Des Weiteren tritt der Intermediär als Treuhänder auf und bietet Mehrwerte wie Zahlungsvereinbarungen oder Beratungen an (Turban et al. 2018). Die Funktion der Zeitarbeitsunternehmen kann nicht auf die Rolle eines reinen technischen Plattformbetreibers reduziert werden, dennoch bietet ein Blockchain-basiertes System die Möglichkeit **alle beteiligten Akteure zu entlasten**, insbesondere **durch automatisierte Smart Contracts** (bspw. Zahlungsabwicklung).

16.4.2 Dezentrale und transparente Datenhaltung mit hoher Datenintegrität

Die dezentrale Datenhaltung in Verbindung mit der Blockchain-Technologie kann bei den Akteuren zu einem höheren **Vertrauen in die aufgezeichneten Informationen** führen, unabhängig davon, wie die anderen Akteure handeln (Tapscott und Tapscott

2016). Die Grundlage für das Leistungsentgelt zwischen Leiharbeitnehmer und Entleihunternehmen ist, ohne eine zwischengeschaltete Personaldienstleistung als Intermediären, die geleistete Stunde des Leiharbeitnehmers multipliziert mit dem vereinbarten Stundensatz (und mögliche Zuschläge für bspw. Nachtarbeit, Feiertagsarbeit). In der Regel nutzt der Leiharbeitnehmer das Zeiterfassungssystem des Entleihunternehmens, ohne jedoch die Herrschaft über die Stempelzeiten als Leistungsgrundlage zu haben. Ein Misstrauen des Leiharbeitnehmers in die vom Kunden erfassten Stempelzeiten ist systemimmanent. Die Blockchain-Technologie erlaubt den handelnden Personen, die **volle Kontrolle über die Informationen einer Transaktion** und damit den Stempelzeiten zu haben (Hinerarsky 2016). Die Zeiterfassungsdaten in einer Blockchain sind stets konsistent und stehen jederzeit weltweit allen Beteiligten zur Verfügung (Hinerarsky 2016). Mit der Blockchain entfällt somit die Notwendigkeit, dass jeder Vertragspartner eine weitere eigene Datenbank vorhalten und pflegen muss. Die **Daten werden dauerhaft und manipulationssicher gespeichert**, da Transaktionen nicht rückgängig gemacht werden und jeder Veränderung in der Blockchain hinterlegt werden. Damit werden langfristig Zeit und Kosten reduziert als auch Fehler minimiert (Brandon 2016). Des Weiteren gibt es aufgrund des fehlenden Intermediären und der **dezentralen Datenhaltung** nicht mehr die Probleme mit der Offenlegung und der Rechenschaftspflicht zwischen Einzelpersonen und Institutionen, denn deren Interessen sind üblicherweise nicht aufeinander abgestimmt (Casey und Wong. 2017). In der Blockchain können Transaktionen revisionssicher gespeichert werden, nichtsdestotrotz muss angeführt werden, dass eine Einspeicherung falscher Daten (bspw. aus Zeiterfassungssystemen) weiterhin eine mögliche Fehlerquelle darstellt. Dies kann jedoch durch spätere Transaktionen korrigiert werden – bezüglich der **Transparenz** könnte dies auch ein Indiz für die Arbeitnehmer sein, sollte der jeweilige Arbeitgeber bspw. öfter nachträglich Stunden dem jeweiligen Konto zuschreiben, so könnte dies dazu führen, dass die Arbeitnehmer ihre Abrechnungen häufiger kontrollieren und mögliche Fehler aufgedeckt wird.

16.4.3 Hohe Prozessintegrität und Automatisierung durch Smart Contracts

Mit Hilfe einer Blockchain können Unternehmen und Leiharbeitnehmer **Daten gemeinsam nutzen** und auf dieser Basis die **Zusammenarbeit durch vereinbarte Prozesse gestalten** (Hull et al. 2016). Der Dienstbeginn eines Leiharbeitnehmers wird in diesem Fallbeispiel durch einen RFID-Transponder als Datensatz auf die Blockchain geschrieben und erlaubt den Beteiligten nach Dienstende die Auswertung der geleisteten Stunden. Diese **Auswertung erfolgt durch einen Smart Contract,** der zunächst anhand des zuvor auf der Blockchain vereinbarten und gespeicherten Vertrags die Leistungszeiten sowie Regelungen für Zuschläge prüft. Anhand der Leistungszeiten, Stundensätze und Zuschläge wird mit Hilfe eines Smart Contracts automatisch das vereinbarte Entgelt ermittelt und dieses wiederum als Guthaben für den Leiharbeitnehmer sowie als Verbindlichkeit für das Leihunternehmen auf der Blockchain gespeichert. Zu einem auf der Blockchain vereinbarten

Datum, z. B. der letzte Wochentag des Monats, wird den jeweils beteiligten Vertragspartnern über einen **implementierten Workflow** der Stand der Guthaben als auch Verbindlichkeiten mitgeteilt. Mit den Smart Contracts kann somit die **Durchführung von vertraglichen Vereinbarungen sichergestellt werden** (Tönnissen und Teuteberg 2018a, b). In einem Konfliktfall zwischen den Prozessbeteiligten hilft die **ganzheitliche Sicht auf die Daten** der Blockchain zudem die notwendige Transparenz zu erhalten und den Konflikt zu lösen (Hull et al. 2016). Diese Vorteile wären mit einer klassischen Open-Source-Software nicht zu erreichen. Diese könnte zwar auch in bestehende ERP-Systeme eingebunden werden, liefert aber unter anderem nicht die revisionssichere Speicherung der Daten und nicht die Sicherheit bez. der Automatisierung von Verträgen, die durch Smart Contracts abgebildet werden können.

16.4.4 Herausforderungen

Aufgrund der Tatsache, dass in der Zeitarbeitsbranche in hohem Maße personenbezogene Daten verarbeitet werden ergeben sich **Herausforderungen hinsichtlich der Datenschutz-Grundverordnung** (DSGVO), seit dem 25. Mai 2018 gilt. Wird die DSGVO ein Hindernis für neue digitale Geschäftsmodelle mit der Blockchain sein oder bietet die DSGVO sogar die notwendige Sicherheit, dass die neuen datenzentrierten Geschäftsmodelle von den Geschäftspartnern angenommen werden? Wenn die Daten eines Geschäftspartners als Gegenleistung für die Nutzung einer Blockchain angesehen werden, wie gelingt mit der Blockchain die Kopplung der Einwilligung der Verarbeitung, die nach Art. 7 Abs. 1 DSGVO durch den Verantwortlichen nachzuweisen ist? Sollte aufgrund einer vorliegenden Einwilligung eine Erfassung der Daten eines Geschäftspartners auf die Blockchain erfolgen so stellt sich die Frage, wem die Daten auf der Blockchain gehören (**Dateneigentum**). Sollten die Daten dem Betreiber oder Bereitsteller der Blockchain gehören, so ergibt sich daraus die Folgefrage, ob die Daten als ein immaterielles Wirtschaftsgut anzusehen sind. Wenn ja folgt die Frage bzgl. der **Bewertung der Daten** dem Grunde und der Höhe nach. Laut § 253 HGB sind Vermögensgegenstände höchstens mit den Anschaffungs- oder Herstellungskosten vermindert um Abschreibungen anzusetzen. Zu klären wäre folglich die Frage wie sich die Anschaffungs- bzw. Herstellungskosten für diese Daten zusammensetzen. Eine weitere aus der DSGVO relevante Herausforderung ist das Recht auf Löschung nach Art. 17 DSGVO, auch bekannt als **Recht auf „Vergessenwerden"**. Mit dem Abschluss einer Vertragsbeziehung zwischen dem Zeitarbeitnehmer und dem Zeitarbeitsunternehmen als auch Einsatzunternehmen entfällt die Notwendigkeit zur Speicherung von personenbezogenen Daten. Aufgrund der Unveränderlichkeit der Daten auf der Blockchain lässt sich dieses Recht jedoch nicht ohne weiteres umsetzen. Daher sind entweder technische oder (vertrags-) rechtliche Lösungen zu entwickeln, um die Anforderungen der DSGVO einzuhalten.

Die Unveränderlichkeit der Daten auf der Blockchain führt häufig zu dem Missverständnis, dass die Daten auf der Blockchain einen grundsätzlich richtigen Sachverhalt anzeigen. Richtig ist, dass einmal auf die Blockchain geschriebene Daten unveränderlich sind, falsch ist jedoch die Annahme, dass damit die Daten wahr sind (**Datenqualität**). Dass dies mitnichten der Fall ist, zeigte bereits Rückeshäuser (2017), in dem sie den Konsensmechanismus proof-of-work als nicht geeignet einstuft, ein sogenanntes „Management Override of Controls“ wirksam zu verhindern. Hieraus ergibt sich die Herausforderung für eine Blockchain-basierte Anwendung, nicht nur die Unveränderlichkeit der Daten zu versprechen, sondern ebenfalls dafür Sorge zu tragen, dass die gespeicherten Daten der Wahrheit entsprechen. Durch die Transparenz der Blockchain kann jedoch diese Überprüfung der Daten vereinfacht werden.

Daneben existieren einige technische Herausforderungen wie den 51 %-Angriffen, in der ein Teilnehmer des Peer-to-Peer Netzwerkes der Blockchain eine Verarbeitungsleistung besitzt die es ihm ermöglicht, die **Blockchain** zu **manipulieren** (Xu 2016) sowie allgemeinen **Implementierungsfehlern**, die in jedem umfangreichen IT-Projekt auftreten (Nelson 2007; Rust 1994). Weitere technische Restriktionen einer Blockchain sind der **hohe Energieverbrauch** bei einem proof-of-work Konsensmechanismus sowie die verbesserungsfähige **Skalierbarkeit** (Risius und Spohrer 2017). An dieser Stelle ist jedoch anzumerken, dass sich die Blockchain-Technologie aktuell in einem Entwicklungsstadium befindet, in dem unterschiedliche Lösungsansätze (z. B. Proof of Stake als „energiesparsamerer“ Konsensmechanismus) diskutiert und getestet werden.

Zudem ergibt sich die Herausforderung ausreichend Arbeitnehmer und Unternehmer zu überzeugen eine derartige Plattform tatsächlich zu nutzen (**kritische Masse an Anwendern**), da diese neuen Technologien ggf. kritisch gegenüberstehen. Erst ab einer gewissen Anzahl an Marktteilnehmern wird ein attraktives Angebot für die beiden Stakeholder sichergestellt. Die angeführten Vorteile (vgl. Abschnitt vier) und die hier diskutierten Implikationen (vgl. Abschnitt fünf) bieten jedoch eine fundierte Argumentationsgrundlage. Die Einführung neuer Systeme und Technologien ist immer eng mit der Frage der **Technologieakzeptanz** verbunden, für Unternehmen sind, so die Aussagen in den Experteninterviews, die mit einem Blockchain-basierten System verbundenen wirtschaftlichen und technologischen Vorteile (z. B. Fälschungssicherheit und hohe Prozessintegrität) von besonderer Bedeutung. Diese mit der Blockchain-Technologie verbundenen Vorteile müssen auch den Arbeitnehmern verdeutlicht werden. Insbesondere der Aspekt der Fälschungssicherheit der Daten können für diese Zielgruppe als dauerhafter Nachweis von Arbeitszeiten dienen. So könnte eine falsch abgespeicherte Arbeitszeit direkt am gleichen Tag vom Arbeitnehmer bemerkt und eine Änderung verlangt werden. Der gesamte Veränderungsprozess wird dabei transparent in der Blockchain hinterlegt und sorgt so für Sicherheit bei den Arbeitnehmern. Bei Endnutzern konnten in diversen Studien und Anwendungsfeldern (z. B. Online-Banking) eine Vielzahl an Faktoren identifiziert werden, die die Akzeptanz von Technologien fördern bzw. hemmen können (Lee 2009). Diese können als Grundlage genutzt werden bereits bei der Konzeption auf Faktoren wie bspw. den wahrgenommenen Nutzen für den Arbeitnehmer, eine gute Usability, Vertrauen in das neue System als auch auf die Reduktion von (datenschutz-)rechtlichen Hemmnissen zu achten (**Compliance by design**). Aufgrund der Tatsache, dass ein Großteil der Zeitarbeiter im sog. Helferbereich der

Zeitarbeitsbranche, in dem relativ gesehen mehr Arbeitnehmer mit niedrigem Bildungsniveau arbeiten, beschäftigt sind, muss dies ebenfalls berücksichtigt werden. So würden sich bspw. Gamification-Ansätze sowie Digital Nudging-Ansätze eignen, um auf der einen Seite den Mehrwert zu verdeutlichen und auf der anderen Seite die Nutzer an die Anwendung heranzuführen bzw. zu besseren (gewollten) Entscheidungen zu führen.

Für weitere Akteure wie Finanz- oder Arbeitsamt könnten relevante Daten (bspw. für steuerliche Behandlung oder Zahlung von unterstützenden Maßnahmen) ebenfalls zur Verfügung gestellt werden. Die Technologieakzeptanz öffentlicher Institutionen in Deutschland ist im Vergleich zu anderen Staaten (bspw. Estland) als relativ gering zu bezeichnen. Dennoch sollten mögliche Schnittstellen bereits bei der Konzeption eines derartigen Systems bedacht werden.

16.5 Diskussion der sozialen, ökonomischen, rechtlichen und ethischen Implikationen

Das hohe Disruptionspotenzial der Blockchain-Technologie wurde in diesem Beitrag auf Prozessebene demonstriert sowie die daraus resultierenden Chancen anhand der Zeitarbeit aufgezeigt. Es ist also zu diskutieren welche Implikationen mit der Einführung dieser Technologie, sowohl im Hinblick auf die im Beitrag vorgestellte Zeitarbeitsbranche als auch im Allgemeinen, für bereits existierende Geschäftsmodelle einhergehen.

Auf sozialer Ebene betrachtet verändert sich die Beziehung zwischen Arbeitnehmer und Arbeitgeber. Mittelfristig würde der Einfluss der Zeitarbeitsunternehmen als Intermediär deutlich abnehmen. Des Weiteren sorgt die fehlende Notwendigkeit für Vertrauensbeziehungen in den Intermediär und das Unternehmen zu einer direkteren Interaktion und einer höheren wahrgenommenen Sicherheit. Andererseits muss der Arbeitgeber nun mehr den Angaben der potenziellen Arbeiternehmer vertrauen, da eine Vorabprüfung durch das Zeitarbeitsunternehmen nicht mehr stattfindet. Durch eine Plattformlösung könnten Arbeitnehmer und Arbeitgeber direkt zueinander finden und so die Kosten für den Intermediär reduzieren. Der volkswirtschaftliche Marktmechanismus wäre aus diesem Blickwinkel betrachtet effektiver, da alle Angebote und Anfragen an einer Stelle zentral einsehbar sind und verwaltet werden. Das suchende Unternehmen könnte direkt, im Sinne des Crowdsourcings, eine Großzahl an Menschen adressieren, die sich auf die entsprechenden ausgeschriebenen Tätigkeiten bewerben. Weitere Speicherungen von persönlichen, jobrelevanten Daten der Arbeitnehmer auf der Blockchain sind ebenfalls denkbar, bspw. könnten so Arbeitszeugnisse, Zuverlässigkeit sowie Benchmarks hinterlegt werden und ggf. auch – nach Freigabe durch den Nutzer – an den potenziellen Arbeitgeber weitergeleitet werden. Rechtliche Herausforderungen ergeben sich in der Gestaltung von Smart Contracts, die bisher wenig in der wissenschaftlichen Literatur thematisiert werden. Dabei sind rechtssichere Verträge die Grundlage wirtschaftlicher Beziehungen, deren Effizienz durch Automatisierung gesteigert werden könnte. Des Weiteren muss die dauerhafte Datenspeicherung auf der Blockchain rechtlich weiter betrachtet werden, bspw. das im Grundgesetz verankerte Recht auf informelle Selbstbestimmung (Art. 2 Abs. 1 i.V.m. Art. 1 Abs. 1 GG) und datenschutzrechtliche Bestimmungen wie die europäische Datenschutzgrundverordnung müssten bei einer prototypischen Entwicklung berücksichtigt werden. Des Weiteren könnte sich langfristig das Verhältnis zwischen den Arbeitgebern und Arbeitnehmern grundsätzlich ändern: So könnten aus bisher (zum Großteil) sozialversicherungspflichtigen Jobs im Angestelltenverhältnis aufgrund der Plattformlösungen die Jobs in die Selbstständigkeit verlagert werden. Diese arbeitsrechtlichen Veränderungen müssen nicht nur auf unternehmerischer Seite, sondern auch auf staatlicher Seite adressiert werden. Dennoch ist davon auszugehen, dass zunächst die Zeitarbeitsfirmen als Intermediär erhalten bleiben; ein Experte merkte jedoch an, dass durch diese Vereinfachung möglicherweise eine weitere Konsolidierung in der Zeitarbeitsbranche stattfinden könnte. Der Fokus der Zeitarbeitsunternehmen würde sich, laut Aussage des Experten, dann noch stärker auf die Aufbereitung der Daten für die Leihunternehmen konzentrieren.

Ethische Herausforderungen können unter anderem in Verbindung mit der informellen Selbstbestimmung und der dauerhaften Speicherung der Daten identifiziert werden. Die hier vorgestellte mögliche Erfassung der Daten via RFID zur Erfassung von persönlichen Daten kann ebenfalls kritisch betrachtet werden. Die Untersuchung mit Hilfe eines Privacy Impact Assessments wäre an dieser Stelle eine interessante Perspektive. Anzumerken ist jedoch, dass die hier vorgestellte Erfassung exemplarisch ist.

16.6 Zusammenfassung und Ausblick

In diesem Beitrag wurde, auf Basis einer systematischen Literaturrecherche sowie einer Experten-gestützten Prozessmodellierung, das Disruptionspotenzial der Blockchain-Technologie in Form einer Fallstudie in der Zeitarbeitsbranche dargestellt und die damit einhergehenden Implikationen für das Geschäftsmodell der Branche diskutiert. Interessante Perspektiven für weitere Arbeiten bieten sich dabei unter anderem in einer Konzeptionierung sowie einer darauffolgenden prototypischen Implementierung, die Betrachtung ethischer und sozialer Implikationen bspw. in Form eines Privacy Impact Assessments sowie mögliche Simulationen zum wirtschaftlichen Potenzial Reduzierung von Kosten, (Ressourcen-)Effizienzsteigerungen, Cost-Benefit Sharing zwischen den beteiligten Akteuren. Das Potenzial der Blockchain-Technologie von einem „Peer-2-Peer-Bezahlungssystem“ hin zu einem „Peer-2-Peer-Evertyhing“ könnte zu einer massiven Reduktion von Intermediären führen und durch Blockchain-basierte Plattformen unter anderem zu einer Kosten- und Zeitreduktion führen – bei gleichzeitig sehr hoher Sicherheit. In einem ersten Schritt stünde bei einer Implementierung und Nutzung einer Blockchain-basierten Applikation jedoch die Veränderung des Fokus für die beteiligten Akteure (noch stärkerer Fokus auf Personalauswahl) und eine Entlastung (Automatisierung durch Smart Contracts) im Vordergrund.

Literatur

Beck R, Müller-Bloch C (2017) Blockchain as radical innovation: a framework for engaging with distributed ledgers. In: Proceedings of the 50th Hawaii International Conference on System Sciences, Hawaii

Beinke JH, Nguyen Ngoc D, Teuteberg F (2018a) Towards a business model taxonomy of startups in the finance sector using blockchain. In: Proceedings of the 2018 International Conference on Information Systems (ICIS 2018), San Francisco

Beinke JH, Samuel J, Teuteberg F (2018b) Diffusion der Blockchain-Technologie im Bankensektor – Revolution oder Evolution? erscheint in HMD Praxis der Wirtschaftsinformatik (Dezember 2018), 324

Beinke JH, Tönnissen S, Teuteberg F (2018c) Disruptionspotenzial und Implikationen der Blockchain-Technologie am Fallbeispiel der Zeitarbeit – Eine Prozess- und Schwachstellenanalyse. In: HMD – Praxis der Wirtschaftsinformatik

Brandon D (2016) The Blockchain: the future of business information systems? Int J Acad Bus World 10(2):2016

Bundesagentur für Arbeit (2017) Aktuelle Entwicklungen der Zeitarbeit. Berichte: Blickpunkt Arbeits-Markt – Aktuelle Entwicklungen der Zeitarbeit. Bundesagentur für Arbeit, Nürnberg

Casey MJ, Wong P (2017) Global supply chains are about to get better, thanks to Blockchain. https://hbr.org/2017/03/global-supply-chains-are-about-to-get-better-thanks-to-blockchain. Zugegriffen am 19.10.2017

Christandl F (2009) Zeitarbeit: Good-Practice-Beispiel in der debitel Group. In: Schwaab M-O, Durian A (Hrsg) Zeitarbeit. Chancen – Erfahrungen – Herausforderungen. Springer Gabler, Wiesbaden

Christidis K, Devetsikiotis M (2016) Blockchain and smart contracts for the internet of things. IEEE Access 4:2292. https://doi.org/10.1109/ACCESS.2016.2566339

Cocco L, Pinna A, Marchesi M (2017) Banking on Blockchain: costs savings thanks to the Blockchain technology. Future 9(3). https://doi.org/10.3390/fi9030025

Deubel M, Moormann J, Holotiuk F (2017) Nutzung der Blockchain-Technologie in Geschäftsprozessen. In: Eibl M, Gaedke M (Hrsg) INFORMATIK. Gesellschaft für Informatik, Bonn, S 829–842

Gartner (2017) Top Trends in the Gartner Hype Cycle for Emerging Technologies, 2017. http://www.gartner.com/smarterwithgartner/top-trends-in-the-gartner-hype-cycle-for-emerging-technologies-2017/. Zugegriffen am 25.09.2017

Gietl D, Brody P, de Crespigny AC, Beal A (2016) Blockchain in health. How distributed ledgers can improve provider data management and support interoperability

Glaser F (2017) Pervasive decentralisation of digital infrastructures: a framework for Blockchain enabled system and use case analysis. In: Proceedings of the 50th Hawaii International Conference on System Sciences

Goetzfried T (2017) Unternehmen wünschen integrierte Personal- und Projektservices. Lünendonk Umfrage. https://www.pressebox.de/pressemitteilung/allgeier-experts-se/Luenendonk-Umfrage/boxid/875193. Zugegriffen am 13.11.2017

Hinerasky A, Kurschildgen M (2016) Künstliche Intelligenz und Blockchain – neue Technologien in der Besteuerungspraxis. DER BETRIEB, Beilage 04 zu Heft Nr. 47

Holotiuk F, Pisani F, Moormann J (2017) The impact of Blockchain technology on business models in the payments industry. In: Leimeister JM, Brenner W (Hrsg) Proceedings der 13. Internationalen Tagung Wirtschaftsinformatik (WI), St. Gallen, S 912–916

Hull R, Batra VS, Chen Y-M, Deutsch A, Iii HFF, Vianu V (2016) Towards a shared ledger business collaboration language based on data-aware processes. Springer, Cham

Korpela K, Hallikas J, Dahlberg T (2017) Digital supply chain transformation toward Blockchain integration. In: Proceedings of the 50th Hawaii International Conference on System Sciences

Krah E-S (2016) Mit der Blockchain effizienter werden. Control Manag Rev 5/2016:43

Lee M-C (2009) Factors influencing the adoption of internet banking: an integration of TAM and TPB with perceived risk and perceived benefit. Electron Commer Res Appl. https://doi.org/10.1016/j.elerap.2008.11.006

Morabito V (2017) Business Innovation through Blockchain. The B3 perspective. Springer, Cham

Nelson RR (2007) IT project management: infamous failures, classic mistakes, and best practices. MIS Q Exec 6(2):67–78

Risius M, Spohrer K (2017) A Blockchain research framework. What we (don't) know, where we go from here, and how we will get there. Bus Inf Syst Eng 59(6):385–409

Rückeshäuser N (2017) Do we really want Blockchain-based accounting? Decentralized consensus as enabler of management override of internal controls. In: Leimeister JM, Brenner W (Hrsg) Proceedings der 13. Internationalen Tagung Wirtschaftsinformatik (WI), St. Gallen, S 16–30

Rust H (1994) Zuverlässigkeit und Verantwortung. Die Ausfallsicherheit von Programmen. Vieweg+Teubner/Springer, Wiesbaden

Schlatt V, Schweizer A, Urbach N, Fridgen G (2016) Blockchain: Grundlagen, Anwendungen und Potenziale. Projektgruppe Wirtschaftsinformatik des Fraunhofer-Instituts für Angewandte Informations- technik FIT

Schöner MM, Sandner P, Gonzalez E, Förster J (2017) Blockchain technology in the pharmaceutical industry. FSBC working paper

Tapscott D, Tapscott A (2016) Blockchain Revolution. How the technology behind bitcoin is changingmoney, business, and the world. Penguin Random House, New York

Tönnissen S, Teuteberg F (2018a) Towards a taxonomy for smart contracts. In: Conference Proceedings of European Conference on Information Systems (ECIS), Portsmouth

Tönnissen S, Teuteberg F (2018b) Abbildung von Intercompany-Verträgen auf der Blockchain durch Smart Contracts – eine Fallstudie am Beispiel von IT-Services. HMD Praxis der Wirtschaftsinformatik (55. Jahrgang, Dezember 2018), 324

Turban E, Outland J, King D, Lee JK, Liang T-P, Turban DC (2018) Electronic commerce 2018. A managerial and social networks perspective. Springer, Cham

Vom Brocke J, Simons A, Niehaves B, Riemer K, Plattfaut R, Cleven A (2009) Reconstructing the giant: on the importance of rigour in documenting the literature search process. ECIS Proc 9:2206–2217

Webster J, Watson RT (2002) Analyzing the past to prepare for the future: writing a literature review. MIS Q 26(2):xiii–xxiii

Xu JJ (2016) Are blockchains immune to all malicious attacks? Financ Innov. https://doi.org/10.1186/s40854-016-0046-5

Stichwortverzeichnis

S. Meinhardt, A. Pflaum (Hrsg.), *Digitale Geschäftsmodelle – Band 1*, Edition HMD, https://doi.org/10.1007/978-3-658-26314-0

Ihr Bonus als Käufer dieses Buches

Als Käufer dieses Buches können Sie kostenlos das eBook zum Buch nutzen. Sie können es dauerhaft in Ihrem persönlichen, digitalen Bücherregal auf **springer.com** speichern oder auf Ihren PC/Tablet/eReader downloaden.

Gehen Sie bitte wie folgt vor:

1. Gehen Sie zu **springer.com/shop** und suchen Sie das vorliegende Buch (am schnellsten über die Eingabe der eISBN).
2. Legen Sie es in den Warenkorb und klicken Sie dann auf: **zum Einkaufswagen/zur Kasse.**
3. Geben Sie den untenstehenden Coupon ein. In der Bestellübersicht wird damit das eBook mit 0 Euro ausgewiesen, ist also kostenlos für Sie.
4. Gehen Sie weiter **zur Kasse** und schließen den Vorgang ab.
5. Sie können das eBook nun downloaden und auf einem Gerät Ihrer Wahl lesen. Das eBook bleibt dauerhaft in Ihrem digitalen Bücherregal gespeichert.

EBOOK INSIDE

eISBN 978-3-658-26314-0

Ihr persönlicher Coupon 7Zty4ECj5XkDEFK

Sollte der Coupon fehlen oder nicht funktionieren, senden Sie uns bitte eine E-Mail mit dem Betreff: **eBook inside** an **customerservice@springer.com**.

Printed by Printforce, the Netherlands